昭通扶贫

昭通市脱贫攻坚大决战实录

彝良卷

政协昭通市委员会 组编

中国文史出版社
CHINA CULTURAL AND HISTORICAL PRESS

图书在版编目（CIP）数据

昭通市脱贫攻坚大决战实录. 彝良卷 / 政协昭通市委员会组编. -- 北京 : 中国文史出版社 , 2021.12

ISBN 978-7-5205-3176-4

Ⅰ. ①昭… Ⅱ. ①政… Ⅲ. ①扶贫—工作概况—彝良县 Ⅳ. ① F127.743

中国版本图书馆 CIP 数据核字 (2021) 第 187192 号

责任编辑：窦忠如　秦千里　方云虎
特约编辑：窦广利　张幼平　邓文华

出版发行：中国文史出版社
社　　址：北京市海淀区西八里庄路 69 号院　邮编：100142
电　　话：010－81136606　81136602　81136603（发行部）
传　　真：010－81136655
印　　装：廊坊市海涛印刷有限公司
经　　销：全国新华书店
开　　本：787 毫米 × 1092 毫米　1/16
印　　张：26.75
字　　数：368 千字
版　　次：2021 年 12 月北京第 1 版
印　　次：2021 年 12 月第 1 次印刷
定　　价：1980.00 元（全 19 册）

《昭通市脱贫攻坚大决战实录》丛书

编 委 会

《昭通市脱贫攻坚大决战实录·彝良卷》
编撰委员会

顾　　问：郑　磊　陈祥彬　陈　霖

主　　任：张　莹

常务副主任：李堂发

副 主 任：陈皓霁　余　平　李章和　文义娣　刘　涛

李珊梅　颜中祥　代　强　王方贤

委　　员：王礼忠　姜光文　吴征训　陈贵武　冯　荣

编撰委员会办公室

主　　任：王方贤

副 主 任：王礼忠

成　　员：陈贵武　冯　荣　李　萍　邬伦用

编 辑 部

主　　编：李堂发

执行主编：李珊梅

执行副主编：王方贤　王礼忠　王顺华

执行编辑：王礼忠　王顺华　梁正红　赵远禄　吴征训
汤朝阳　杨　明

图片搜集：彭　洪　肖　勇

校　　对：姜光文　王仕军　熊邦胜　吴征训　刘业东
杨　闯　李　萍　邬伦用　安　涧　陈贵武

审核人员

王方贤　王明银　王礼忠　王意如　张　斌

总　序

成联远

贫困是人类社会的顽疾，消除贫困是人类梦寐以求的理想，人类发展史就是与贫困不懈斗争的历史。

中国共产党从成立之日起，始终高度重视解决贫困问题，持续向贫困宣战。党的十八大以来，以习近平同志为核心的党中央，把脱贫攻坚摆在治国理政的突出位置，团结带领全党全国各族人民打响了人类历史上规模最大、力度最强、惠及人口最多的脱贫攻坚战。经过8年持续奋斗，如期完成了新时代脱贫攻坚目标任务，现行标准下近1亿农村贫困人口全部脱贫，贫困县全部摘帽，消除了绝对贫困和区域性整体贫困，脱贫地区处处呈现山乡巨变、山河锦绣的时代画卷！这是中国共产党团结带领全国各族人民艰苦奋斗所创造的又一个彪炳史册的人间奇迹，生动展示了中华民族摆脱贫困、走向复兴的强大力量。

昭通地处云、贵、川三省接合部的乌蒙山区腹地，是集革命老区、地震灾区、散居民族地区、生态敏感脆弱地区为一体的深度贫困地区，是全国贫困人口最多、贫困程度最深、脱贫任务最重、攻坚压力最大的地级市。全市11个县（市、区）中有国家级贫困县10个，1379个村（社区）中有贫困村1235个，629万人口中有贫困人口185.07万人，正可谓全国脱贫看云南、云南脱贫看昭通。

历史的洪流浩浩荡荡，精彩的答卷壮阔恢宏。近年来，特别是习近平总书记于2015年视察昭通以来，市委、市政府始终铭记习近平总书记的殷殷嘱托，感恩党中央的亲切关怀，始终把脱贫攻坚作为最大的政治任务，全面落实精准扶贫、精准脱贫方略，团结带领全市各族干部群众，攻坚克难、感恩奋进，发扬钉钉子精神，敢于啃硬骨头，奋力夺取了脱贫攻坚大决战全面胜利。全市现行标准下185.07万农村贫困人口、1235个贫困村、10个贫困县全部退出贫困序列，贫困群众人均收入由2015年的2703元增加到9899元，昭通千百年来的绝对贫困问题历史性地画上句号，全面建成小康社会取得历史性成就。昭通的奋力崛起、华丽转身，是云南乃至全国扶贫开发事业的一个缩影。

荆棘载途，玉汝于成。一切向前走，都不能忘记走过的路。在脱贫攻坚工作中，数万名扶贫干部倾力奉献、苦干实干，将最美的年华无私奉献给了脱贫事业，涌现出许多感人肺腑、可歌可泣的先进事迹。“感动南网”的彝良县牛街镇水田村第一书记吴长碧，用柔弱肩膀扛起扶贫重任；把病情报告单“藏”起来去扶贫的女干部金碧琼，一直坚守在扶贫第一线；特别是即将结婚却没有等到婚礼那一刻的“90后”扶贫干部王秋婷、积劳成疾牺牲在扶贫一线的驻村工作队队长李永春等25名扶贫干部，更是用生命诠释了共产党人的初心使命；还有216对“父子兵”、1284对“夫妻档”，572名干部“轻伤不下火线”，他们用身影、心血和汗水，交出了让党和人民满意的答卷。为全面记录新时代昭通艰苦卓绝、波澜壮阔的脱贫攻坚历史进程，客观反映乌蒙大地发生的翻天覆地历史性巨变，真实记录各级干部群众在脱贫攻坚中的感人故事，经市委同意，我们组织相关县市区、部门、专家对2015年至2020年我市开展脱贫攻坚的重大事件、典型故事进行搜集整理，编写《昭通市脱贫攻坚大决战实录》，旨在通过回望昭通脱贫攻坚的壮阔历程，探索总结蕴含其中的宝贵经验和深刻启示，赓续传承伟大的脱贫攻坚精神，从历史回望中照见未来，以更坚定的信心、更昂扬的斗志，继续走好新时代的长征路，奋力谱写昭通高质量跨越发展新篇章。

以昭通脱贫攻坚的壮阔历程资鉴后世。回望昭通脱贫攻坚的壮阔历程，市委、市政府团结带领全市各族人民披荆斩棘、栉风沐雨，攻克了一个又一个贫中之贫、坚中之坚，脱贫攻坚取得了重大历史性成就。昭通脱贫攻坚任务之艰前所未有，全市基础条件薄弱、致贫原因复杂、发展滞后明显，贫困面积大、贫困人口多、贫困程度深，贫困发生率高达 34.8%，“大山大水大峡谷、天寒地冻不出种、人多地少矛盾多”是昭通最大的市情。昭通脱贫攻坚规模之大前所未有，全市 11 个县市区中有国家级贫困县 10 个，其中深度贫困县 7 个；1235 个贫困村中，有深度贫困村 691 个；农村贫困人口高达 185.07 万人，占全省贫困人口的 1/5 以上，平均每天脱贫人数达到 1000 人以上。昭通脱贫攻坚成效之巨前所未有，全市累计投资 1658 亿元，规划的 12 条高速公路全部落地建设，打通了 11 个“出滇入川进黔”大通道，通车里程达 750 公里；累计新建或改造农村住房 55.89 万户；215.4 万人饮水安全得到巩固提升，自来水普及率达 94%；累计硬化农村公路 1.86 万公里，建成公路安全生命防护工程 1.05 万公里；因地制宜规划建设集中安置区 23 个，35.47 万名搬迁群众全部搬入新居；全市生产总值 5 年连跨 5 个百亿级台阶，年均增长 8%，达 1289 亿元。脱贫地区经济社会发展大踏步赶上来，整体面貌发生历史性巨变，极大增强了人民群众的获得感、幸福感、安全感。我们通过收集广大奋战在一线同志的真实故事，以“当事人”的亲身经历，将昭通脱贫攻坚艰苦卓绝、成效卓著的壮阔历程系统完整地记载下来，形成档案性的历史资料，以资后人，以鉴后世。

探索总结昭通打赢脱贫攻坚大决战的深层逻辑。习近平总书记强调：“办好中国的事情，关键在党。”有了党的坚强领导，脱贫攻坚就有了坐镇中军帐的“帅”，亿万人民就有了众志成城的“主心骨”。面对夺取脱贫攻坚大决战全面胜利的历史重任，市委、市政府始终坚持把党的领导贯穿各项工作全过程，坚持以脱贫攻坚统领经济社会发展全局、以党的建设统领推动各项工作落实“双统领”，强化铁的纪律和硬的作风“双保障”，努力实现党的建设和脱贫攻坚“双推进”。始终坚持以人民为中心的发展思想，提出“坚持以人民为中心、以群众工作为主线，抓住精准、统筹、务实三个关键，实现思想、工作和情感三个认同”的“133”工作思路，让人民群众真正成为脱贫攻坚这棵参天大树的主干。始终坚持精准扶贫、精准脱贫方略，围绕“扶持谁”“怎么扶”“怎么退”“退出后怎么办”四个重点，着力扣好精准识别、精准施策、精准退出、巩固提升“四粒扣子”，构建了一整套行之有效的政策体系、工作体系、制度体系，用发展的办法消除贫困根源。始终深入贯彻落实“五级书记抓扶贫”“党政同责促攻坚”的要求，坚持“一把手”负总责，切实强化市县抓落实机制，着力构建各级领导干部责任上肩、挂甲上任的组织体系。始终坚持集中精锐力量投向脱贫攻坚主战场，累计选派4592名驻村工作队队员、823名驻村督导员、6.37万名各级帮扶干部充实到扶贫一线，鲜红的党旗始终在脱贫攻坚主战场上高高飘扬。这些宝贵经验、深刻启示，我们通过编撰实录的形式如实记录，推动脱贫攻坚的认识和实践实现一个新的飞跃，为以后的改革发展提供重要的历史借鉴和方法指导。

赓续传承新时代脱贫攻坚昭通精神。伟大事业孕育伟大精神，伟大精神引领伟大事业。脱贫攻坚伟大斗争，锻造形成了“上下同心、尽锐出战、精准务实、开拓创新、攻坚克难、不负人民”的脱贫攻坚精神，这是中国精神、中国价值、中国力量的充分彰显。回望昭通脱贫攻坚大决战的壮阔历程，市委、市政府团结带领全市各族人民风雨同舟、携手与共、砥砺奋斗，努力闯出了一条以脱贫攻坚统领经济社会发展全局，倒逼产业形态、基础设施、城乡建设、生态文明等各个领域创新突破的“昭通路径”，奋力跑出了争先进位、赶超跨越的“昭通速度”，锻造锤炼了为民务实、实干求真的“昭通作风”，树立展示了“文明友善、开放包容”的“昭通形象”，淬炼形成了敢打善拼、坚韧求成、再硬的骨头也要嚼碎的脱贫攻坚“昭通精神”，这是一笔昭通当代脱贫攻坚人留给后世的宝贵精神财富。我们着力做好时代的忠实记录者，发挥文史资料“存史、资政、团结、育人”功能，赓续传承、大力弘扬新时代脱贫攻坚昭通精神，激励全市600多万名各族儿女在新征程上再鼓干劲、再聚合力、再立新功。

引领我们不断从胜利走向新的更大胜利。春江浩荡暂徘徊，又踏层峰望眼开。脱贫摘帽不是终点，而是新生活、新奋斗的起点。我们如期完成新时代脱贫攻坚目标任务，为实现两个百年奋斗目标以坚定信心、强劲动力，必将激励我们不断从胜利走向新的更大胜利。站在新的历史交汇点上，推动滇东北开发提速和崛起的奋斗史诗正在书写，我们必须从决战决胜脱贫攻坚的实践中汲取智慧和力量，进一步增强“四个意识”、坚定“四个自信”、做到“两个维护”，不断提升政治判断力、政治领悟力、政治执行力，在以习近平同志为核心的党中央的坚强领导下，永远保持慎终如始、戒骄戒躁的清醒头脑，永远保持不畏艰险、锐意进取的奋斗韧劲，永远保持永不懈怠、一往无前的精神状态，真抓实干、埋头苦干，脚踏实地、久久为功，在推动昭通高质量跨越发展的新征程上奋勇前进！

（作者时任中共昭通市政协党组书记、政协昭通市委员会主席）

本卷序言

全面小康，几代人追求的梦想；脱贫攻坚，全社会关注的焦点。习近平总书记强调："到2020年全面建成小康社会，实现第一个百年奋斗目标，是我们党向人民、向历史作出的庄严承诺。"为如期实现第一个百年奋斗目标，彝良县委、县政府举全县之力，展开了一场史无前例的脱贫攻坚大决战。

彝良是国家扶贫开发重点县，云南省5个革命老区县和27个深度贫困县之一。虽然，有"将军故里，天麻之乡"的美誉，但是，厚重的历史文化、独特的自然资源难掩窘困。由于交通不便、基础设施薄弱、产业发展滞后、资金投入不足，加之洪涝、泥石流等自然灾害频发等诸多因素制约着经济社会发展，彝良脱贫攻坚步履艰难。然而，面对困难，县委下定"不破楼兰终不还"的决心，充满"长风破浪会有时"的信心，发扬"越是艰险越向前"的精神，坚定"咬定青山不放松"的意志，身先士卒，勇毅笃行；组织干部尽锐出战；带领人民奋发图强。以将军为楷模，以英雄为榜样，发扬革命老区的光荣传统，众志成城，克难攻坚。严格贯彻上级指示，认真落实市委"133"工作思路，制订了彝良县"123456"脱贫攻坚思路。坚持精准扶贫、精准脱贫基本方略，紧盯"两不愁、三保障"突出问题精准施策。聚焦贫困退出"571"标准，先后制订、完善了动态管理、产业、就业、教育、健康扶贫等40余个政策措施。认真落实五级书记抓扶贫制度，严格党政一把手责任制。各级领导亲力亲为做表率，扶贫干部尽职尽责抓落实。省、市、县6244名干部职工全覆盖结对帮扶贫困户。他们“不忘初心，牢记使命”“舍小家、为大家”，为脱贫攻坚献计献策、出钱出物、出力出汗，不遗余力地为群众办实事、好事。在脱贫攻坚的征程中，广大扶贫工作者用耐心唤起全民皆兵，用实干描绘沧海桑田，用奉献书写着如歌岁月，用真情收获累累硕果。一个个感人肺腑的脱贫故事汇成了决胜全面小康的壮美诗篇。

雄关漫道真如铁，而今迈步从头越。通过全县各级各部门和广大干部群众的共同努力，2020年5月16日，云南省人民政府批准彝良退出贫困县序列，标志着彝良县脱贫攻坚大决战告捷。

脱贫攻坚大决战的胜利，是省、市挂联单位及包保干部关心支持的结果，是全县各级领导、干部职工、驻村第一书记（扶贫工作队队长）、工作队队员、督导员、督战员拼搏奋斗的结果，也是社会各界爱心帮扶的结果，更是全体乡、村、组干部夜以继日、负重拼搏、奋发努力的结果。为铭记攻坚历史，弘扬奋斗精神，展示成就、总结经验、启迪后人，市委决定，由市政协组织，以文史资料的形式编撰出版《昭通市脱贫攻坚大决战实录》系列丛书。系列丛书共19册，彝良县负责编撰其中之一的《昭通市脱贫攻坚大决战实录·彝良卷》。为认真负责地编撰好该书，由县委统筹，县政协具体组织编撰出版。

《昭通市脱贫攻坚大决战实录·彝良卷》紧紧围绕彝良扶贫工作总脉络，着眼全县脱贫攻坚全局，从领导调研、各类会议、扶贫协作、基础设施、产业就业等多个方面，分7篇全面展示脱贫攻坚各个时段工作场景，真实记录脱贫攻坚大决战历史。该书内容翔实，点面结合，既有大决战的成果展示和战略部署的经验总结，又有鲜活生动的感人故事，是存史、资政、团结、育人的重要史料。

历史照亮复兴路，征程书写新史诗。脱贫摘帽不是终点，而是新生活、新奋斗的起点。几十载惊涛拍岸，九万里风鹏正举。新中国波澜壮阔的发展历程，正激励我们昂扬向上，为实现中华民族伟大复兴的中国梦不懈奋斗！

是为前言。

编委办

2020 年 12 月

目　录

第一编　本卷综述

第二编　决战决胜展风采 一枝一叶总关情

第三编　基础设施破瓶颈　人居环境靓乡村

第四编　就业拓展促增收　产业兴旺富百姓

第五编　教育文化扶根本 健康自强感党恩

第六编　挂联驻村攻难关 结对帮扶暖民心

第七编　东西协作情谊深　社会帮扶携手行

第八编　乌蒙铁军战贫困
巍巍丰碑青史铭

第一编　本卷综述

概　述

彝良县地处滇、川、黔三省八县结合部的乌蒙腹地，是军事家罗炳辉、革命先烈刘平楷和时代英雄徐洪刚的家乡，被誉为“将军故里”“天麻之乡”“世界天麻原产地”。国土面积2804平方公里，最高海拔2780米，最低海拔520米。截至2019年年底，全县辖10个镇，5个少数民族乡，132个行政村，15个社区，2985个村（居）民小组。总人口63.15万人，有汉、苗、彝、水、回等21个民族，少数民族人口9.01万，占总人口的14.27%。

受历史、地理等条件制约，全县经济社会发展相对滞后，2001年12月，《中国农村扶贫纲要（2001—2010年）》实施后，彝良县被确定为国家扶贫开发重点县，2012年2月被划定为乌蒙山片区集中连片扶贫开发的重点区域，2017年9月，被确定为全省27个深度贫困县之一。2015年，全县生产总值47.59亿元，人均7579元，城镇常住居民人均可支配收入19748元，约为全省平均水平的75%、全国63%，农村常住居民人均可支配收入6777元，约为全省平均水平的82%、全国59%，地方财政收入2.84亿元、人均仅约430元，财政支出27亿元是财政收入的9.5倍，全县贫困发生率高达29.15%。

脱贫攻坚战全面启动以来，彝良县坚持以习近平总书记“精准扶贫、精准脱贫”基本方略为指引，严格贯彻党中央、国务院和省、市党委政府坚决打赢脱贫攻坚战的决策部署，围绕习近平总书记扶贫“四问”“五个一批”和“六个精准”的指示精神，认真落实市委“133”工作思路，以脱贫攻坚统揽经济社会发展全局。结合实际制订了“123456”脱贫攻坚思路，即：围绕“脱贫摘帽”这一目标，突出区域开发和精准扶贫两个重点，兼顾好大面、高寒边远山区和少数民族聚居区三个关系，落实扶贫与扶志（智）、安居与乐业、输血与造血、开发与保护四个结合，把全县按地域特点分为五个片区进行规划，集中实施民生改善、产业发展、基础设施、素质提升、社会事业、生态环保六大工程。举全县之力、凝全民之心、聚全民之智决战脱贫攻坚。

守标准、严程序，公平公正识真贫。坚持年度扶贫对象动态管理和季度常态化动态管理相结合，“准”字识别，“严”字把关，聚焦“两不愁、三保障”，2015 年以来严格按照“五查五看”“三评四定”要求，落实“一入户、一研判、一比对、一反馈、一核查”的“五个一”工作法，累计开展了 9 次扶贫对象动态管理工作，特别是 2017 年 5 月至 9 月，全县组织 134 支工作队 1609 名干部，完成 130025 户 556952 人的精准识别摸底调查工作，下好精准扶贫“先手棋”，确保了扶贫对象更加精准、持续精准，解决了“扶持谁”的问题。

聚合力、齐攻坚，尽锐出战扶真贫。坚持五级书记抓扶贫脱贫和党政同责、一岗双责，实行党政主要领导任扶贫开发领导组双组长，累计召开扶贫开发领导小组会议 26 次，对全县脱贫攻坚工作进行统一调度、专题部署。由县处级党员领导干部任 15 个乡镇脱贫攻坚第一书记，对乡镇脱贫攻坚工作牵头抓总，其他县处级领导包保脱贫任务较重的村，落实县级部门职能责任和各乡镇属地责任，选派了 139 支驻村扶贫工作队，省、市、县 619 名干部驻村开展扶贫工作。145 家各级帮扶单位（其中省级 9 家、市级 37 家、县级 99 家）6244 人全覆盖结对帮扶贫困户。建立完善了村级脱贫攻坚指挥部，发挥力量统筹作用，确保力量下沉、靠前指挥，指令统一、步调一致，形成了上下联动、立体高效的指挥调度和推进实施体系。

2019年，组织全县科级以上领导干部签订《脱贫摘帽政治生命承诺书》，其他干部签订《履职尽责承诺书》，所有工作都以户脱贫、村出列、县摘帽实效作为评判标准和依据，责任压力更加严实。挂乡镇第一书记、包村县级领导、县直挂联单位和乡镇领导干部职工、村（社区）“三委”干部，对所挂乡镇、所包村（社区）、所帮户及其分管行业扶贫领域脱贫攻坚工作“一包到底”，实行连带考核，其职务、职级晋升、职称评定全部与脱贫攻坚挂钩。县委明确在脱贫攻坚期间，严格落实新提拔干部80%要有脱贫攻坚一线工作经历的要求，对脱贫攻坚工作成绩突出的干部按条件优先提拔重用或优先评定职称。凡因作风不实、弄虚作假，影响脱贫攻坚工作的，结合签订的“政治生命承诺”“履职尽责承诺”，一律倒查责任、严肃处理。通过在“责任压实”上下功夫、在“指挥体系”上强统筹、在“合力攻坚”上出实招，解决了“谁来扶”的问题。

找贫根、抓精准，对症下药真扶贫。按照扶持对象精准、项目安排精准、资金使用精准、措施到户精准、因村派人精准、脱贫成效精准的要求，深入开展“挂包帮”“转走访”工作，遍访贫困村、贫困户，摸清摸实具体情况、找准贫困病根，对症下药出“药方”，因户、因人精准施策，制订符合实际的工作措施，确保任务分解、遍访调研、责任落实、机制建立实实在在，先后制订、完善了动态管理、产业、就业、教育、健康扶贫等40余个政策措施。2015年至2020年8月底，累计投入各类扶贫资金102.99亿元（其中统筹整合财政涉农资金30.19亿元），为脱贫攻坚提供了坚实的资金保障，切实解决了“怎么扶”的问题。

产业扶贫全面提质。按照“村村有亮点、组组有看点、户户有支撑”的目标。2016年以来累计投入产业扶贫资金27.27亿元，占全县扶贫资金的41.21%。全县产业扶贫项目覆盖有发展条件的建档立卡贫困户54527户25.2万人，实现每一项主导产业都有一家龙头企业带动，每户有产业发展条件的建档立卡贫困户都由农民专业合作社带动。累计发放扶贫小额信贷17198笔7.66亿元，惠及建档立卡户和边缘易致贫户16921户85551人，支持种植业发展 7648 户 3.49 亿元、养殖业 8968 户 4.04 亿元、农产品加工 305 户 0.13 亿元，有效破解了产业发展资金难题，较好地助推了产业发展。

就业扶贫全面推进。按照“就业一人、脱贫一户”目标，通过落实就业培训、稳岗补贴、建设扶贫车间、开发公益公服岗位等扶持措施，全县 145435 名建档立卡贫困劳动力，实现就业 124644 人，就业率 85.69%，2016 年至今有易迁劳动力 28281 人，已就业 25262 人，就业率 89.32%，易迁和卡户有劳动力的“零就业家庭”均实现动态清零，开发生态护林员、保洁员等岗位 12194 个，2019 年全县农村劳动力转移就业实现“三超一清零”，达到并超过历史最好水平。

农村危房全面清零。2015 年以来，共实施农村危房改造 36280 户，实现安全住房有保障。实施易地扶贫搬迁 11231 户 51007 人（卡户 9743 户 44470 人），解决“一方水土养育不了一方人”的实际困难。县外靖安新区、卯家湾安置区搬迁卡户 1240 户 6093 人，奎香、荞山、洛旺安置点搬迁卡户 781 户 3443 人，村级安置点 36 个，安置卡户 2333 户 10308 人。彝良县发界安置区安置 5630 户 25725 人（卡户 5390 户 24626 人），项目从 2018 年 6 月到 2019 年 12 月，用一年半时间就建设完成并搬迁入住，创造了易地扶贫搬迁“彝良速度”。

就医就学全面保障。按照“四查三比对”的方法，通过点名、排查、抽查等方式，开展义务教育控辍保学全覆盖大排查专项行动，义务教育阶段辍学学生已动态清零，义务教育均衡发展通过国家认定。6 年来共实施“雨露计划”补助 22974 人次，兑现补助资金 5041.05 万元。2016 年以来，财政为建档立卡户代缴的医疗保险部分达 1.37 亿元，全面落实贫困人口医疗救助政策，对 32 种大病开展专项集中救治，全县县、乡医院达到标准要求，县乡医共体基本建成，设置卫生室的村（社区）136 个卫生室建设已全部达标，定额资助建档立卡贫困人口 255915 人参保，实现基本医疗和大病保险全覆盖，建档立卡贫困人口基本医疗全部达标。

兜底保障全面落实。按照“不漏一户、不落一人”，实行精准施保，动态管理，做到“应保尽保”“应退尽退”。2016 年以来，农村低保先后实施了 5 次提标，补助标准由 2016 年的每人每年 2700 元提高到 4500 元，已略高于现行扶贫标准。截至 2020 年 9 月，建档立卡户中有城乡低保对象 53409 人。

基础设施全面夯实。2015 年以来，共完成饮水工程总投资 26161.89 万元，累计受益 25.35 万人（卡户 7.388 万人）；实施国土整治重大工程 3 个，总投资 13866.66 万元，受益 17600 余人（卡户 2646 人）；累计实施道路建设 3500 公里，完成生命防护工程波形护栏 14 万米、防撞墙 3 公里，实现了所有行政村通硬化路，村组公路基本建成。投资 14611 万元加强电力设施建设，建成和在建 110 千伏输变电工程 2 个，35 千伏变电站 4 个。投入农网升级改造和行业扶贫资金 7.27 亿元。完成 15093 户农危改通电工程、易地扶贫搬迁安置点电力配套建设，所有脱贫攻坚涉电指标全面完成。全县广播电视信号全覆盖。实施农村固定、移动网络全覆盖工程，139 个村（社区）网络覆盖全面达标。

内生动力全面激发。广泛深入开展“自强、诚信、感恩”和“感党恩、听党话、跟党走”主题教育、“三讲三评”“四同一实”活动及推进“勤、孝、俭、诚、礼、助”新民风建设及“十星级文明户”评选，有效激发群众内生动力。认真实施《农村人居环境整治三年行动方案》，2019 年以来，累计整合资金 5712.08 万元，改建无害化卫生户厕 39489 座；改建行政村公厕 149 座。群众环境卫生意识不断提高，农村人居环境明显改善，群众的幸福感和满意度大幅度提升。

攻坚合力全面凝聚。2016 年以来东莞支援我县财政资金额达 14166 万元，沪滇帮扶投入资金 650 万元，中国五矿集团累计投入帮扶资金 3699.27 万元，上海新沪商投入 3000 万元，北京通盈集团捐资 1500 万元，兴业证券投入 3800 万元，省烟草专卖局（公司）3 亿元，有力助推了全县脱贫攻坚进程。

把关口、算清账，实事求是真脱贫。以高度负责任的态度做好贫困退出工作，立足“达到标准”和“群众认可”，把好“贫困退出关”，多层次、全覆盖开展入户宣传，在真帮实扶、群众实惠，打通脱贫攻坚政策措施落实“最后一公里”基础上，帮助群众算清账，让政策家喻户晓，确保真脱贫、脱真贫。严格贫困县、贫困村、贫困人口退出标准和程序，实行有序退出不抢跑、不拖延，逐户销号、脱贫到人，对脱贫情况进行认真复核，确保群众真正实现不愁吃不愁穿，义务教育、基本医疗和安全住房有保障，做到了扶贫工作务实、脱贫过程扎实、脱贫结果真实，解决了“如何退”的问题。

幸福都是奋斗出来的。在全县上下的共同努力和社会各界的大力支持下，通过近几年来因村因户因人精准施策和“分年度分措施分人”精准脱贫，彝良发生了翻天覆地的变化，群众幸福感、获得感不断增强。截至2019年年底，累计脱贫退出137个村（社区）、减贫54421户246771人。2020年5月16日，云南省人民政府正式批准彝良县退出贫困县序列，彝良摘除困扰千百年的贫困帽子。未脱贫的2个村2227户8297人已于2020年6月30日顺利脱贫。实现了现行标准下农村贫困人口全部脱贫、贫困村全部退出目标，人民生活实现从温饱不足到迈向全面小康的历史性跨越。

人心齐，泰山移。在党中央、省、市领导关心支持下，在县委、县政府的正确领导下，举全县之力、凝全民之心、聚全民之智，彝良如期实现脱贫摘帽。2016年以来，胡春华、李纪恒、陈豪、阮成发、王予波、刘慧晏、陈舜、黄云波、纳云德、杨亚林、郭大进、王忠、朱家伟等中央、省、市领导及相关部门不辞辛劳，深入彝良调研指导、把脉问诊、指明方向。县委、县政府始终坚持把脱贫攻坚作为最大的政治、最硬的任务和最实的民生，一切力量向脱贫攻坚聚合、一切工作向脱贫攻坚聚焦、一切资源向脱贫攻坚倾斜，工作力度之大前所未有。各级帮扶干部职工进村入户，上下联动，群策群力、真帮实助，舍小家、顾大家，放弃周末、放弃节假日，奋战在一线，奔忙在村组前沿，深入田间地头，讲政策、办实事、送温暖，用心用情用力、落实落细落小，他们以“军令如山”的责任感、“背水一战”

的使命感，对标对表按下脱贫攻坚“快进键”，把初心书写在决战决胜脱贫攻坚战场，将使命践行在将军故土上。

岁月不居，时节如流。我们始终坚持在习近平新时代中国特色社会主义思想的指引下，精诚团结，共同奋斗，乘着新时代的浩荡东风，劈波斩浪、扬帆远航，书写无愧于时代、无愧于人民、无愧于历史的崭新答卷，让人民群众共享幸福、共沐荣光。

（编委办）

第二编　决战决胜展风采
一枝一叶总关情

铁肩担责践初心　志存云天砥砺行

陈祥彬

一栋栋高楼拔地而起，一条条致富路绵延远方，一张张笑脸洋溢幸福；产业就业持续增收，医疗教育蓬勃发展，高速高铁快速推进，彝良正悄然发生翻天覆地的变化。

2013 年 5 月，我从昭通市开发投资有限公司总经理调任彝良县委副书记、县长，接过这根沉甸甸的接力棒之后，我深知这是党组织对我的充分信任和无微不至的关怀，深感责任重大，使命光荣。

彝良被誉为“将军故里”“天麻之乡”，这片红色沃土孕育了军事家罗炳辉将军、革命先烈刘平楷、时代英雄徐洪刚，彝良因他们而骄傲自豪。我一到任，便马不停蹄地调研彝良的经济社会发展情况，总体来说，彝良由于受历史、地理等条件制约，基础差、底子薄，交通不畅、信息闭塞，历史欠账大，群众收入低，全县经济社会发展十分滞后，是国家级重点扶持贫困县、云南省 5 个革命老区县和 27 个深度贫困县之一，也是乌蒙山片区集中连片扶贫开发的重点区域。

截至 2015 年年底，全县生产总值仅为 47.59 亿元，地方财政收入 2.84 亿元，人均约 430 元。全县有建档立卡贫困户 52502 户 203609 人，贫困发生率 29.15%，这样的贫困程度，在全省排位第三，全市排名第二，要让千年积贫之县在三四年之内消除贫弱之困，犹如破茧成蝶、脱胎换骨、涅槃重生。彝良，脱贫摘帽时间之紧、难度之重、任务之艰、情况之复杂超乎常人想象。

统一思想，率先垂范破难题

良好的政治生态，可以凝心聚力、鼓舞士气、激发斗志，推动经济社会的发展。一度时期以来，彝良政治生态形势严峻，乱告状、乱炒作、乱上访“三乱”现象，已经严重制约着彝良经济社会的快速发展和脱贫攻坚工作的顺利推进。特别是信访量在全市居高不下，严重影响了彝良政府形象，我明显感觉彝良情况的复杂性和严峻性，于是积极主动与县委主要领导及其他班子成员沟通商量，及时研究破解制约影响彝良发展的因素和主要矛盾。首先从抓班子带队伍、转作风提效能、净化党内政治生态和群众信访工作等方面入手，旗帜鲜明讲政治，强化责任担当，全力解决当前亟待解决的问题。号召全县党员干部坚持照镜子、正衣冠、洗洗澡、治治病的要求，深入开展党的群众路线教育实践活动和“三严三实”专题教育，扎实推进“两学一做”学习教育活动常态化制度化。

信访工作是最现实最直接的群众工作，信访问题大多是关乎群众切身利益的民生问题，群众遇到问题向政府诉求，体现的既是一种盼望，更是一份信任；既是群众一家之利的小事，更是和谐干群关系的大事。我们及时成立信访工作领导小组，对一批信访“骨头案”“钉子案”特别是长达 30 多年未得到解决的历史遗留问题进行调查核实，我亲自带头深入开展领导干部接访、约访、下访、回访活动，进一步规范信访秩序，创新工作方法，破解信访难题，累计投入 2.38 亿元资金解决了 13 件 342 人次的历史遗留问题，如乡镇电力体制改革、农机公司、百货公司、饮食服务业公司、竹漆社、民族服装厂、李应召 11 次进京上访等一批焦点问题得到有效解决。城市征地拆迁、旧城改造、新场片区红砖厂取缔、双河水库移民搬迁、农民工工资兑现等一些复杂疑难问题得到有效化解。

小草坝镇大桥村观音村民小组蕨坡头被当地群众称为“麻风村”，自1958年以来，该地群众曾先后有5人患有麻风病，由于上百年根深蒂固的观念和周边群众对麻风病的错误认识，导致当地群体与该群体不相往来，长期生活在相对封闭的区域，造成学生就读无法融入当地学校而发生恶性群体性事件。针对这个关乎教育、民生的问题，我亲自带队，深入蕨坡头与群众同吃同住同劳动，面对面交心谈心，做实群众工作，主动与曾经麻风病患者拥抱握手留影，用我的实际行动影响感动了其他群众，使该群体最终融入了大集体，融入了社会。我带领县政府班子成员一道，通过大家的努力进一步理顺了工作中各方面的关系，彝良的政治生态实现了根本性的好转，党员干部作风得到有效转变，提振了干部精神，使彝良经济社会发展真正步入了“快车道”，为打赢脱贫攻坚硬仗奠定了坚实基础。

理清思路，深入一线察民情

习总书记在党的十九大报告上指出：“人民对美好生活的向往是我们的奋斗目标。”2015年，党中央、国务院把工作重心转向脱贫攻坚主战场，一场没有硝烟的战争全面打响。按照习近平总书记的指示和要求，到2020年我国现行标准下农村贫困人口实现脱贫，是我们的庄严承诺，一诺千金。我知道这是一场输不起的伟大战役，必须发扬“责任如山、担当如铁、奉献如常”的精神，才能完成各项任务。特别是我县一些少数民族和边远偏僻地区，更是贫中之贫，艰中之艰，是一块块必须啃下的硬骨头。针对彝良的贫困形势，我们结合市委脱贫攻坚“133”发展思路，制订了全县脱贫攻坚“123456”工作思路，举全县之力决战脱贫攻坚。

“小康路上，不能让一个贫困群众掉队。”我们聚焦少数民族和边远偏僻地区和特困群众，把少数民族村寨作为脱贫攻坚的堡垒和硬骨头。经过一段时间的调研和走访，我结合实际提出了彝良脱贫攻坚“短期靠务工、中期靠产业、长期靠教育”的理念。短期内，积极组织和动员广大群众积极外出务工，增加务工收入；中期内，重点加快天麻、竹笋、花椒、生猪、土鸡、山羊、蔬菜、水果、烟叶等产业的发展，积极培育新兴产业，让农民朋友的钱袋子鼓起来，有效解决大面贫困的问题；长期内，我们必须大力发展教育事业，不断提高贫困人口文化素质，加快推进脱贫致富奔小康的步伐。

2019 年 9 月 13 日，这一天是中秋佳节，我来到荞山镇咪呭村良子村民小组“探亲访友”，与已结下深情厚谊的苗族同胞共同过节。这里生活的 23 户人全是苗族，属贫困发生率高、贫困程度较深的村民小组之一。在村民院坝座谈会中，我详细询问他们有哪些困难急需帮助解决，村民们踊跃发言气氛热烈。当问到良子组有几个大学生时，大家沉默无语低着头。后来一个小姑娘说：“县长，我们这里根本没有一个大学生，到目前为止高中生都只有两个。”我就说哪两个？小姑娘说：“我是其中一个，另外一个在家里。”我立即让她去喊来。我心想，20 多户人就没有一个大学生，我们的脱贫攻坚长期还得靠教育。我把两个高中生喊来坐在我身边，两个高中生十分紧张地说：“县长，我们做梦都没有想到你会来这里看我们这些少数民族”，心酸的感觉油然而生，我鼓励大家要奋发努力，走出大山。

在发达村云落组调研产业发展，召开群众座谈会时，我谈到要支持他们发展集体经济，养鸡 1 万只，圈舍修建有补助时，一个青年立马跑到我面前跪下，放声大哭起来说：“感谢党、感谢政府，感谢各位领导来关心我们，帮助我们发展产业。”经过询问，他叫王时恩，他外出在贵州务工多年，今年受疫情影响，务工收入也不如以前，听说政府要帮助发展养鸡产业，特意把务工的钱带回来发展养鸡产业。现在已完成 1 万只的圈舍修建，王时恩已养殖了 5000 只，预计 2020 年 11 月底第一批 5000 只就可以出栏。

坚定信心，聚焦重点抓落实

“发界安置区如此庞大的工程建设、如此快的推进速度史无前例，我能参与其中感到无比激动，看到搬迁群众的笑脸我更是感觉到无比幸福。”这是彝良发界易地扶贫搬迁指挥部工作人员张秋秋的心声。

走进搬迁户陈昌会家，家里沙发、茶几、厨具应有尽有，看到自己的新家，62岁的陈昌会激动不已：“以前很少来县城，现在就住在县城边上，什么都方便了。”

“搬到这里，一方面孩子读书很近，能享受到高质量的教育；另一方面，几分钟就走得到医院，看病很方便。”陈昌会的儿子徐东开心地说。

搬不动山就搬人。易地扶贫搬迁是脱贫攻坚工作中矛盾最集中、领域最综合、工作链条最长的工程，是所有扶贫措施中难度最大、最难啃的一块硬骨头。我们针对居住在生存条件恶劣、生态环境脆弱、自然灾害频发等“一方水土养不好一方人”的贫困群众，大力实施易地搬迁工程，因发界安置区地理条件差，项目建设启动滞后，工程时间紧、任务重、难度大，在市委、市政府的正确领导下，我们及时调整工作思路，决定由我挂钩发界安置区，全面负责安置区建设。于是，我带领相关部门认真调研，提出了“三同步一监督”的管理制度，对人财物等进行全面监督检查，在相关部门的共同努力下，用了仅一年时间建好了53幢65万平方米的发界搬迁安置房，安置了全县15个乡镇的高山、边远、偏僻、落后贫困群众5630户25725人。同时，整体推进荞山、奎香、洛旺易地搬迁工程，做好群众搬迁安置工作，实现了彝良搬迁安置史上不可能完成的任务，创造了发界奇迹。

奋力拼搏，追逐梦想助脱贫

我作为一县之长，穿百姓之衣，吃百姓之饭，如果不为老百姓办事，对不起党，对不起百姓，对不起自己的良心。我立誓一定要让广大群众改变贫穷落后的面貌，过上幸福美满的生活。我的四大梦想是：一是解决交通“瓶颈”问题；二是发展产业；三是办好彝良教育；四是加快城市建设。功夫不负有心人。通过几年的努力，彝良的各项事业正在稳步推进。彝良人民深切地感受到共产党恩情比天高，共产党永远和我们心连心、同呼吸、共命运。

基础设施要改善，融资问题是关键。2015 年，全县财政支出 27 亿元，是财政收入的 9.5 倍。面对这样的财政压力，我们只能变压力为动力，及时成立了彝良县开发投资有限公司，主动向中央和省市有关领导和部门报告工作情况，积极争取上级支持，盘活现有资源，多方融资 416.36 亿元，固定资产投资 196.28 亿元，大力改善县内的交通、水利、电力、城市、通信等基础设施建设。

“垃圾遍地、尘土飞扬”曾经是彝良的真实写照。为尽快改变彝良的城市面貌，加快城市建设步伐，在“十三五”期间，我们对县城进行总体规划。同时，对县城的“硬化、绿化、亮化”进行打造，目前县城已经建成了财富中心、江韵豪庭、渔湖新城、仁和居等 10 多个小区，县城面貌发生了巨大的变化。现在，我们正在强化爱国卫生专项整治，使县城美起来、靓起来、干净起来；同步对农村人居环境、村容村貌进行全面改善和整治，使老百姓的生产生活更加健康有序地发展。

“要得富、先修路”，只要交通改善了，老百姓的隐形支出就减少了。10 年前的彝良部分地方曾经还是人背马驮、道路封闭的状况，为打通彝良交通大动脉，我们积极向上争取有关项目和资金，加快交通建设步伐。目前“渝昆”高铁彝良段已准备开工建设，“宜昭”高速今年年底通车，“泸昭”高速正在加紧建设。同时，“彝牛”二级路建成通车，实现了乡乡通硬化路、村村通水泥路的目标，全县交通网络实现了全覆盖，从根本上解决了彝良的交通“瓶颈”问题。

扶贫必扶智，治贫先治愚。要实现彝良脱贫致富奔小康，教育是必须长期坚持抓好的一项伟大事业。彝良教育经费投入不足，好教师流失严重，教育管理体制机制不健全、不完善，教育教学质量不高，多年没有高考生考入“985”“211”重点大学，家庭条件好一点的，都把学生送往四川、昆明、曲靖、昭通等地去读书了。面对这样的情况，我只能是看在眼里、急在心里。我作为一县之长，有责任有义务办好彝良教育。为进一步理顺彝良教育工作，我多次带领县教育部门有关领导向省市汇报工作，并加强与其他省份有资质、有实力的民营企业沟通对接，积极引进实力强、有教育教学管理经验的学校联合办学。现已成功引进四川天立学校在我县落成办学，彝良三中、新城中学、炳辉小学等学校建设稳步推进，为彝良明天的教育和脱贫致富奔小康铺平道路。

医疗有保障是人民群众较为关注的民生工程，为有效解决老百姓看病难、看病贵的问题，我带着县卫计局的同志直奔省市向有关部门反映我县问题，得到上级部门的资金项目支持后，我县的第一人民医院改扩建和县中医医院建设已经建好并投入使用，第二人民医院建设正在收尾，15 个乡镇的乡村卫生院、卫生室建设全面投入使用，极大地方便老百姓就地就近就医。截至目前，全县资助困难对象参加城乡居民基本医疗保险 79.09 万人次，资助参保金额 14180.09 万元；实施医疗救助 15.93 万人次，救助金额 9253.05 万元，医疗保障助力脱贫攻坚，让看病不再难和贵。

同时，引进了小草坝天麻国际交易中心项目落地建设运营，为品牌立县奠定基础，该项目是南宁（中国—东盟）商品交易所唯一授权的交易中心，标志着彝良的天麻交易打破了传统的交易方式，利用互联网交易平台，真正让彝良天麻走出昭通、走向全国、走向世界，对促进广大麻农增收脱贫以及全县经济发展具有十分重要的意义。

砥砺前行，情系百姓暖人心

2019年6月至12月，是我县脱贫攻坚“百日大会战”和“金秋冲刺”的关键时期，满心疲惫的我对全县脱贫摘帽产生着一种苦闷感，为彝良能不能如期实现脱贫摘帽捏了一把冷汗。面对各方面的压力，我既要对全县的工作进行全方位的督促和指导，又要对所挂钩的荞山镇脱贫出列承担责任。于是，我一方面带领县直有关部门不断深入全县重点地区、关键领域指导工作，另一方面，在挂钩荞山镇期间，亲自带头部署脱贫攻坚，亲自推动脱贫攻坚。长时间深入村组和农户督促指导住房、饮水、教育、医疗、群众收入等方面的工作，确保如期实现“两不愁、三保障”。

在官房村上游村民小组，我走进丁绪银的家里，看到屋内没有任何一样家具，家徒四壁，立即询问镇村干部这是什么情况。在镇村干部和丁绪银堂弟丁绪平的介绍下才得知，丁绪银患有间歇性精神病，本来镇上和村里都给他买了炊具和床上用品，但用不了多久，他精神病发作的时候，会将所有的炊具全部砸烂，把床铺点燃，十分危险。我给他送去1000元的慰问金、棉衣、棉被、食用油、大米等，他的眼泪刷的一下直冒出来，在又黑又瘦的脸上刷出两道深深的印迹，我眼眶湿润几度哽咽，我嘱咐他堂弟丁绪平，在过年的晚上要接丁绪银到家里吃饭，让他过一个好年。平时也多关心关照一下堂哥，不要让他饿到冷着。丁绪平说：“现在党的政策好，要不然他这种精神病人早就饿死了，他的吃的穿的全是政府送来的，他还有低保，看病不用钱，这些好政策都要感谢各位领导、感谢党。”

在马腹村坪上组走访群众，突然一个群众拉着我的手说：“县长，你又来了，看哈我们这里有变化没有，你看现在房子修好了，串户路也修好了，不像三年前你来看的那样了，这些都要感谢你的关心和帮助，感谢习近平总书记的脱贫攻坚政策，才会让我们这个苗族社有这么大的改变。”

在钟鸣镇麻窝村渔洞灾后恢复安置点看望搬迁的群众，走进麻窝村渔洞村民刘朝军家，一家人正在准备过春节的年货，突然看到我去了，欣喜若狂地跑过来紧紧握住我的手说："县长，感谢你一直关心我们灾后恢复重建，自从 2017 年 8 月 24 日和 25 日遭受暴雨袭击，山洪泥石流肆虐造成我们房屋垮塌，无家可归，你多次到渔洞指导规划设计，现在我们全部搬进新家，准备过一个热热闹闹的春节，这些都要感谢党，感谢陈县长你啊。"

群众工作大于天。坚持走群众路线，从群众中来，到群众中去，是我们党的优良作风。在彝良工作近八年来，我始终坚持把群众工作放在第一位，特别是在近几年的脱贫攻坚工作中，我长期深入基层、深入农户、深入实际，走遍了彝良所有少数民族村寨，访遍了边远偏僻地区的特困群众，与广大贫困群众交心谈心，加深了与群众的血肉联系，得到老百姓的认可和赞许。

几年下来，许多干部和群众说："县长，你在彝良这几年工作任务重，工作压力非常大，你的头发白了、胡子白了，心也可能累了，但身体却不能垮啊！"我说："为了老百姓过上更加幸福美满的生活，这辈子再苦再累也值了。"

勠力同心，决战脱贫奔小康

骏骥腾跃，志在千里。我带领战友们，秣马厉兵、知难而进，精准聚焦、因户施策，对症下药、靶向治疗；逐一攻克拦路虎、啃下硬骨头，将扶贫主责扛在肩上、抓在手上，带着真情实感、树立务实作风、秉持担当精神，坚持不搞形象工程、不求急功近利，脚踏实地扶真贫、真扶贫，以焕彩山河、裂变城乡的气概向贫困宣战，带领干部群众在脱贫攻坚的新长征路上攻城拔寨，如期完成了脱贫摘帽任务。

2019 年 12 月 18 日，我到龙安镇岩贤村酌房村民小组看望回访这里的苗族群众，一走进村子，个个群众脸上都洋溢着幸福的喜悦，并连忙说县长来我家坐、来我家坐。村民小组长告诉我：“如今大家的生活环境好了，踩在水泥地上，根本想象不出以前一下雨家家户户门口稀泥满地的样子。”村民韩义敏看到家乡的变化，由衷感谢党和政府，感谢来帮助他们的同志，还特意绣了一幅苗族特色刺绣“感谢党恩，感谢同志”的字表达她的感激之情，并亲手交到我手上。

在奎香乡松林村坪子社走访时，走进一户人家王天忠家，房屋修得比较好，进门一眼看到王天忠在家里坐着，头发又长又脏，胡子也没有刮，看起来就像一个野人一样，我随手在包里摸了几百块钱给他，特别对他说：“王天忠，你去好好理个发，好好地洗个澡，修理一下胡子，这样才像一个脱贫户的大男人嘛。”2019 年 11 月 30 日，我去回访时，王天忠老远就看到我，还喊我，我几乎没有认出来，简直就是变了一个人。王天忠不但改变了面貌，还积极的想发展产业。我告诫镇村干部，针对这些特殊群体要创新工作方式开展工作，结合实际，支持他们发展产业。

通过全县各级各部门和广大干部群众的共同努力，截至 2019 年年底，全县累计退出 137 个贫困村（其中 2019 年退出 103 个）、脱贫 54421 户 246771 人（其中 2019 年脱贫 20109 户 86560 人），有未脱贫人口 2227 户 8297 人、未退出村 2 个（角奎镇马腹村、发达村），全县综合贫困发生率降至 1.58%。2020 年 5 月 17 日，云南省人民政府按程序对彝良县退出进行公示审定，标志着彝良顺利摘掉国家级贫困县帽子。

漫漫扶贫路，悠悠为民心。在脱贫攻坚战场上的这几年，我带领全县干部群众一起栉风沐雨、苦干真干，一起爬坡过坎、攻坚克难，一起迎接挑战、经受考验。抚今思昔，我最大的收获就是看到了贫困群众一张张灿烂的笑容。脱贫攻坚的目标是让贫困群众满意，扶贫路上最美的风景是贫困群众的笑脸。在践行初心的道路上，虽然荆棘丛生、一路坎坷，但相比沿途的美景，这些困难又算得了什么。所幸的是经过这几年的洗礼和磨炼，彝良塑造出了知感恩、能奋斗的群众，淬炼出了特别能奉献、特别能攻坚、特别能创优的党员干部。每每想到这些，我的心里就会感受到这片土地蕴含的无限生机与希望。不忘初心迈征程，牢记使命再出发，脱贫攻坚，一头连着贫困群众的安危冷暖，一头连着伟大复兴的民族梦想，脱贫攻坚之路，就是我践行初心、勇担使命的道路，这条路固然任重道远，但只要以实干践行初心，用担当承载使命，必将赢得脱贫攻坚战的最终胜利，也必将为彝良迎来更加出彩的明天。

（作者时任中共彝良县委副书记、县长）

临阵受命攻坚克难　决战决胜不负使命

陈　霖

2019 年 6 月，按照市委安排，我到彝良县担任县委副书记一职。怀着景仰之心、崇敬之情，我踏上了这片被誉为“将军故里”“英雄之乡”和“天麻甲天下”的红色热土。当时正是脱贫摘帽决战决胜、冲锋冲刺的关键时刻，即将投入战斗的我倍感任重而道远，但又信心满怀。彝良是个好地方，资源丰富，民风淳朴，但受历史、地理等条件制约，基础差、底子薄、欠账大，经济社会发展相对滞后，是国家重点扶持的贫困县、云南省 5 个革命老区和 27 个深度贫困县之一，也是乌蒙山片区集中连片扶贫开发的重点区域。2019 年计划脱贫退出贫困村（社区）103 个、建档立卡贫困对象 20109 户 86560 人，实现整县脱贫出列，任务十分艰巨繁重。

在全县 15 个乡镇中，角奎镇体量最大、任务最重，是最难攻克的最硬堡垒，“云南脱贫攻坚看彝良、彝良脱贫攻坚看角奎”已成全县共识。根据县委安排，由我担任角奎镇脱贫攻坚第一书记，不算临危受命，但一定是临阵受命。脱贫摘帽这一年，“将士受命之日，则忘其家！临阵之时，则忘其亲！击鼓之时，则忘其身！”成了角奎镇全体扶贫干部和群众奋力拼搏的真实写照。回首自己走过的 44 年人生历程，特别是在角奎镇与干部群众一道同甘共苦奋勇攻坚，决战决胜 90 天最终兑现“军令状”，这一段饱含“酸辣苦咸甜”“五味”杂陈的往事，已铭刻于心、难以忘怀。

勇于担当，敢接“烫手山芋”

昭通市委、市政府高度重视彝良县脱贫攻坚工作，2019 年 8 月 30 日至 31 日，联系彝良县脱贫攻坚工作的市委王忠副书记带领相关部门负责人，坐镇彝良召开全县 15 个乡镇脱贫攻坚突出问题集中研判会。在研判角奎镇时会议持续了 4 个多小时，气氛比较紧张。我在汇报工作时，认真分析了角奎镇在“两不愁、三保障”方面存在的一些突出问题，以及问题背后一定程度仍有着“方向不明、思路不清，责任压实不到位、工作底数不清，作风不实、遗留问题多，缺乏担当、统筹不力”等弊病。回想当时的情形，至今印象依然深刻。当时我情绪比较激动，内心深处滋生出“莫等闲，白了少年头，空悲切”的急切感觉，陡然间我有了壮士断腕、狭路相逢勇者胜的豪情，提出了十分苛刻的过硬举措并郑重承诺：“我以工作为担保、以职位作抵押，全力以赴，坚韧求成，带领角奎镇的镇、村干部苦战 90 天，打好脱贫攻坚‘五大战役’，补齐弱项和短板；坚决做到人在阵地在，攻无不克、战不无胜，誓与角奎镇共存亡，用宁愿站着生也不坐着死的精、气、神和铁齿铜牙啃下角奎镇脱贫攻坚最后这块硬骨头，绝不拖全县脱贫摘帽的后腿。若因我统筹推进、督促落实不力，导致角奎镇不能如期脱贫，我主动接受组织对我作出的任何处理，绝无半点怨言！”我的话音刚落，“啪”的一声重响，市委领导在桌上用力一拍：“好！陈霖同志讲的，我完全赞同！不但角奎镇要按陈霖同志讲的干，彝良县也要按陈霖同志讲的干！”全场参会人员被我的表态发言所震撼，会场上响起了热烈的掌声。

攻城拔寨，敢啃“硬骨头”

当时，我到彝良工作才两个多月，挂任角奎镇脱贫攻坚第一书记的时间更短。但因为组织信任我和寄予了厚望，把角奎镇这副重担交付给我，再加上市委领导对我的表态发言予以了充分肯定和鼓舞，我信心更足，感觉一股从未有过的巨大力量在整个身体里积蓄着，随时都想爆发出来。所以，在协助县委统筹好全县脱贫攻坚工作的同时，我重点聚焦角奎镇，并暗自立下誓言："如果角奎镇真不能如期脱贫，我对不起组织，对不起自己的良心，更对不起角奎镇13万多父老乡亲。我一定要在90天内打好脱贫攻坚'五大战役'，补齐弱项短板，最终战胜这场输不起也不能输的战役，否则'乌纱帽'丢了事小，良心将一辈子不安啊！"如期实现角奎镇脱贫出列，这成了我的"军令状"。

男儿大丈夫一言九鼎，坚决兑现自己的承诺，更为了一方群众能如期脱贫，我在全方位掌握了解和深挖角奎镇"重症"根源的基础上，反复思考谋略策划，掰着手指算时间，盯着日历排工期，以倒逼进度、挂图作战的方式，采取超常规的工作举措强势推进，集中火力向着终极目标——彻底解决角奎镇所有存在问题而冲锋前进。

常言道：眼见为实、耳听为虚。我刚接手角奎镇的工作时，就了解到一个信息"角奎镇的部分干部职工作风漂浮，纪律涣散。"9月1日，早晨8点前我就守候在角奎镇政府大门口督查干部上下班纪律情况。8点半前只见少数干部稀稀松松到岗，直到9点钟了干部职工仍没有到齐。在与到岗干部集中谈话时，他们憋藏着一肚子气，无助地说："陈副书记，我们长期夜半三更的开会，长期加班加点，机器也会坏，何况我们是人。"我当场表扬了他们敢讲真话实话，并语重心长就认清当前严峻形势、转变工作作风、提升工作效能作了沟通交流。所有参会同志纷纷表示："感谢领导的倾听、理解和重视，有了你的关心和指导，我们将坚决转变工作作风，用工作成效践行使命与担当。"

良好的开端是事业成功的一半。9月2日，经请示县委同意，由我任组长，从县直属相关部门抽调出12名精干力量，组成县委工作组进驻角奎镇，高位推动脱贫攻坚工作。针对工作推动不力和干部士气低迷的问题，当天下午，我组织角奎镇22个贫困村（社区）的市级督导员、驻村队员、镇村干部、扶贫挂帮干部等人，在县政府行政中心主会场召开了脱贫攻坚誓师大会，进一步统一思想、鼓舞士气、提振信心、转变作风、压实责任。所有脱贫攻坚干部齐声高喊：“坚决落实角奎镇决战决胜脱贫攻坚规章制度，用铁的纪律和硬的作风来确保脱贫攻坚各项工作的落实，不脱贫便脱皮。”黄钟大吕般的誓言响彻整个会场，嘹亮的声音久久回荡着。

百尺竿头，更进一步。有了干事创业的好劲头，我接着来了个趁热打铁。针对村级脱贫攻坚指挥部统筹不力的问题，9月4日，我重新布置了村级脱贫攻坚指挥部各级力量的格局，我打破“论资排辈”的用人机制，明确“谁有能力谁统筹”为标准，在22个村（社区）的脱贫攻坚指挥部，不拘一格用人才选定村级“主心骨”，均确定1名最有统筹能力的干部任总指挥长（其中处级干部1人、科级干部18人、村干部3人），各自恪尽职守对本村（社区）脱贫攻坚负总责，所有人力、物力、财力均由其统一指挥调度，构建起坚强的村级指挥作战体系，彻底解决了“几股力量没有整合起来没有捆在一起、作用发挥上出问题甚至形成力量对耗”的问题。

谋事在人，成事在天。自打接手角奎镇脱贫攻坚工作起，我就一直酝酿斟酌“立竿见影”快速有效的好举措好办法，因为角奎镇拖欠的工作太多了太久了，已经到了“火烧眉毛”的境地。辗转反侧，深思熟虑。9月5日，我提出了“一线工作法”。具体要求是：县直属挂联单位调节出50%以上的力量、镇机关除应急值守外的其他干部，一律下沉到村到户，在一线发现问题、一线解决实际问题、一线解决突出问题、一线解决疑难杂症；小笔资金拨付不超过1天，大笔资金拨付不超过2天，坚持用项目进度来倒逼资金拨付；对农村危房改造、危旧房拆除、易地搬迁、控辍保学等重点工作实行1天1通报机制，形成“比学赶超”的良好态势。

找准病因、对症下药，开出良方、治病救人。针对工作思路不清的问题，9月16日至17日，我带领县委工作组、镇业务站所、村级总指挥部共36人到绥江县中城镇考察学习。励精图治，学有所获，借鉴的绥江经验随之转化为实实在在的工作方法和措施，有力有效推动了角奎镇的脱贫攻坚工作。针对工作成效不明显的问题，我提出自9月18日起必须精简会议，能不开的会尽量不开，能开短会的绝不开长会，能开视频会的坚决不开现场会，把干部从烦琐耗时的会议中解放出来，最大限度地将时间和精力投入一线去攻城拔寨。与此同时，用调度会的频率来控制整个工作节奏，解决实际问题。并明确强调：调度工作只注重成效，不流于形式。会议开门见山，不讲套话大话，各村级指挥部的指挥长带着问题来参会，县委工作组、业务站所现场解答解决，现场不能解决的安排专人限时到一线去解决，做到问题不销号不放手。

集中火力，精准发力。9月19日，县委工作组以问题为导向，直指问题“靶心”，围绕解决脱贫攻坚突出问题，重申了打好打赢脱贫攻坚“两不愁、三保障”突出问题的歼灭战、易地扶贫搬迁“搬得出、稳得住”的攻坚战、产业培育高质量发展的突击战、人居环境提升的人海战、强化党建引领推动作风转变的持久战的“五大战役”为主攻方向，着力解决了工作目标不明的问题。

有志者事竞成，打铁还须本身硬。内因是决定，外因是辅助。针对群众内生动力不足、群众满意度不高的问题，9月20日，我提出开好“三个会”、算清“六笔账”、开展“四个一”活动的工作要求，旨在筑牢群众工作基础、激发群众内生动力、提升群众满意度，为脱贫攻坚铺就出一条扎实有效的前进路。开好“三个会”，就是以村民小组为作战单元，进行网格化管理，集中3至5个村民小组的党员召开片区党员会议；集中每个村民小组的群众（户）代表召开群众（户）代表会，再将该村民小组进行网格化分割，集中邻近区域的小自然村群众召开群众会。会上，我们组织群众算清“六笔账”，就是算清“政府投入账”，讲清脱贫攻坚以来各级财政对本村的项目资金投入情况；算清“发展变化账”，讲清群众住房、出行、就医、就学条件的变化；算清“民主政治账”，讲清国际国内形势，讲明有国才有家、没有共产党就没有今天的幸福生活的道理；算清“干部付出账”，播放我们新近制作的《吴长碧：水田人民的好书记》《独臂老战士：扶贫战场立新功》宣传片，让群众真切感受到各级干部在脱贫攻坚中的艰辛付出；算清“自身贡献账”，让群众说出自身为本村作出了哪些贡献、在脱贫攻坚中支持配合政府和努力奋斗的情况，让群众说真话、说实话，激发群众知党恩、感党恩的为人之本；算清“法律账”，通报全县依法严厉惩治阻碍脱贫攻坚工作的行为、依法打击不赡养老人的行为、依法处理不送子女入学的行为等案例，提升群众的法律意识。“六笔账”算下来，许多群众感慨颇深热泪盈眶，大家都明白了幸福是靠奋斗出来的道理，充分认识到之前抱有的依赖思想和攀比心理是错误的，并纷纷表示要辛勤劳动自力更生。开展“四个一”活动，就是选树一批主动脱贫光荣户、诚实守信户、文明卫生示范户，让他们“现身说法”，形成榜样模范，让群众学有标杆、赶有方向；组织颁发一本《脱贫光荣证》，对诚实守信户和文明卫生示范户进行授牌，增强群众的荣誉感和价值感；讲述一批扶贫小故事，通过讲身边的人、讲身边的事，引导贫困户树立起幸福生活都是奋斗出来的意识；组织群众共唱一首红歌，激发群众爱党爱国爱家乡的热情。“四个一”活动的开展，卓有成效地转变了群众“等靠要”的落后观念，一股“要我脱贫”为“我要脱贫”的蓬勃朝气悄然兴起。

此外，针对全镇存在的一些诸如收入、住房、饮水等刚性指标不达标的问题，我提出从 9 月 21 日起要通过问题双向交办、专项督办等形式，结合实际、穷尽措施、切实有效全面解决刚性指标不达标问题，以户户达标、村村达标确保县摘帽。

决战冲锋，兑现“决胜军令状”

全心全意为人民服务的宗旨，不是用嘴说而是要谨记心中并真正落实到行动中。我长期以身作则同时告诫干部们：“坚决打赢脱贫攻坚战，我们面临着更多的严峻挑战，艰苦繁重的工作迫使我们要加班加点，特殊时期我们无法照顾到家中老幼,为了明天的胜利我们必须投入多几倍甚至几十倍的精力和付出，才能完成各级党委政府交给我们的各项攻坚任务。”“同志们，我们并肩战斗，是缘分更是职责使命。正如毛主席说的，‘我们都是来自五湖四海，为了一个共同的革命目标，走到一起来了’。”在这场没有硝烟的战争中，各级干部上下齐心，舍小家、顾大家，一线奋战，勇夺险关，书写出许许多多精彩动人的故事。有背着奶娃入户走访的、有长期身患疾病仍坚持奋战一线的、有长时间通宵达旦加班加点的……大家没有抱怨没有退却，克服各种困难，全身心投入这场攻坚战中。一幕幕、一切切我亲眼所见亲耳所闻感人至深的事迹，令我常常为之喝彩和感动着，激励我催促我“扬鞭自奋蹄”。承诺的90天，要用铮铮铁骨去践行去实现，否则我将无颜面见“江东父老”。我持续奋战在彝良的90天，没回过一次家，偶尔只是在空闲时通过电话向老婆了解一下家里的情况。我告诉她彝良的脱贫攻坚任务十分艰巨，打赢脱贫攻坚战氛围浓烈，我作为一名县委副书记，挂任角奎镇的第一书记，没有理由离开战场。老婆在电话那头告诉我，一切以工作为重，家里的老人和小孩有她照顾，让我安心工作不负重托。听了老婆的话，我百感交集，内心久久不能平静，既有思念感又有成就感，不禁潸然泪下。放下电话后，我又与战友们一道披坚执锐，继续投入奔腾如潮的攻坚战中……

在最后的冲刺阶段，全镇上下更加凝心聚力苦干实干，攻坚责任压得更紧更实，基层战斗堡垒更牢更固，以排山倒海之势发起总攻，全面补齐了“户5条”和“村7条”退出标准的各项短板弱项，脱贫工作取得了突破性进展，实现了质的飞跃，彻底扭转了长期被动的局面，打赢了一场漂漂亮亮的翻身仗。最终，我用工作结果和工作成效兑现了当初向市委领导的承诺。掐指一算，任务从9月1日起开始执行，至11月30日在整整的90天内圆满完成任务，我向组织向人民交出了言而有信的满意答卷。后来，县委把角奎镇的作战模式在全县推广，为全县脱贫摘帽工作提供了可参考借鉴的实践基础。2020年，彝良县如期实现脱贫摘帽，在第三方考核评估时，角奎镇“无一错退、无一漏评、无一举证”。

再接再厉，向着“美好目标”前进

来到彝良之前，我一直在市、县两级工作，从事过多种行业管理。多年的工作实践，我积累了一定的管理经验并开阔了视野，也树立了自己的工作理念，那就是实事求是做人、公平公正做事、工作效率要求高的风格。特别是坐镇指挥角奎镇脱贫攻坚以来，让我深感民心有公论、身闲性懒莫从政，要时刻把群众冷暖苦甜装心头，服务基层、服务群众，用心做事、开拓创新、敢谋善为。每一次下乡调研，每一次组织召开研判会，都让我更懂农业、更喜农村、更爱农民。我在自己的岗位中坚持做到以民生为核心，权为民所用，利为民所谋，集中力量为群众办好事实事。

2020 年 7 月 13 日，我离开彝良踏上新的征程。如今，我已到经济开发区广东省东莞市黄江镇挂职锻炼，我倍加珍惜这次历练机会，勉励自己在新岗位建立新功勋。“人民对美好生活的向往，就是我们的奋斗目标。”习近平总书记的谆谆教诲，是我一生的座右铭，是我前行的指路明灯和奋进方向。人的一生是有限的，但全心全意为人民服务是无限的。“路途漫漫苦求真”，在未来的岁月里，我将忠诚做到以人为本，执政为民，用心做事，实干兴业。大道之行，天下为公。让我们紧密团结在以习近平同志为核心的党中央周围，高举中国特色社会主义伟大旗帜，锐意进取，埋头苦干，为实现人民对美好生活的向往而努力奋斗！

（作者时任中共彝良县委副书记）

情满深山果满园

戴　荣

小康不小康，关键看老乡。弹指一挥间，脱贫攻坚这几年悄然流逝。蓦然回首，才觉有太多太多的艰辛与挑战、欢乐与心酸、付出与收获，哪怕点点滴滴、一丝一毫，至今仍刻骨铭心，宛若昨日般历历在目。

挂钩帮扶，新长征路上的“摇滚”

“听说过，没见过，两万五千里；有的说，没的做，怎知不容易。”不知为何，想起扶贫工作号角吹响之初，崔健《新长征路上的摇滚》中的歌词总在我心中不断回唱，这也许是缘于我们人大机关前两年挂钩帮扶奎香乡的原因，毕竟那一片红色土地不仅是生我养我的地方，更是红二、六军团曾“三进三出”打响千里乌蒙回旋战的地方，那里充满了我儿时美好的回忆。如今虽已过去几十年，但父辈们讲述红军长征到奎香的故事情景仍不时浮现在眼前，时时刻刻激励着我、鼓舞着我不断克服困难和挫折，朝着希望和梦想不断前行。

2016 年 11 月，根据组织安排我来到县人大机关工作。那时，全国脱贫攻坚早已号角声声、旌旗猎猎，初到人大机关工作的我，带着人大机关挂钩帮扶奎香寸田的惊喜，与机关干部职工一道走村串户、与村干部召开座谈会、与群众召开院坝会、与贫困群众拉家常、与儿时的伙伴“摆龙门阵”，全身心地扎进了挂钩帮扶工作中，每日虽累得筋疲力尽，但能回到家乡工作、能为生我养我的红土地和父老乡亲付出，我倍感高兴和自豪，暗自发誓要充分发挥人大机关挂钩帮扶的优势，为家乡群众脱贫致富作出最大的努力和贡献。

“47 个村民小组 11300 余人，2016 年农民人均纯收入 3200 元，未脱贫人口 4800 余人。”没有调查就没有发言权，但有了前期充分的调查了解后，寸田村的贫困面之大、贫困程度之深却让我有些始料不及，偏远山区、干旱缺水、土地贫瘠、有资源无产业、海拔高气温低、人口多受教育程度低等与贫困关联的词，几乎在这里都能找得到一一的对应。

“你们来了，我们就有信心了，乡亲们也有盼头了。”在走村串户的过程中，听到村支书陈星鹏谈了若干遍的这句话，我心里五味杂陈、百感交集，自觉肩上的这份担子越来越重，心中要让挂钩帮扶村贫困群众与全国、全省、全市、全县各族群众一同脱贫致富奔小康的决心也越发坚定和强烈。

脱贫攻坚重在精准、贵在精准、成败在精准。考虑到寸田村脱贫攻坚任务的艰巨性，2017 年 3 月，我主持召开主任会议，决定调整驻村帮扶干部，从 5 月开始，机关除留 2 人在办公室值班外，其余干部全部进驻寸田村，在前期入户走访的基础上再次入户，并按白天入户走访、晚上分析研判的要求，不分昼夜地全面开展“地毯式”“拉网式”精准识别摸底调查工作。朱德金和韩桂 2 名干部，把读书放假回来的子女叫去帮忙；临近退休的老党员熊正海因视力不好，每天拿着一个放大镜填写表册、核对数据……大家用实际行动践初心、担使命，为群众脱贫致富忘我工作的作风和服务群众的态度，深深地感染着我，至今大家的一颦一笑、一举一动都历历在目，恍如昨日那般清晰和明朗。我坚信，古有愚公移山，今有我们这些投身脱贫攻坚的同志，无论什么“硬骨头”都能啃掉、无论什么“穷根”都能拔掉。

阳光总在风雨后，有付出就会有收获。人大机关的18名人员，克服各种困难，熬更守夜，努力作为，圆满完成了1700余户农户的摸底调查任务，用辛勤和汗水给寸田村打赢脱贫攻坚战扣好了“第一粒扣子”，为针对性制订帮扶措施奠定了坚实的基础。

第一书记，只有干出来的精彩

“戴荣，任钟鸣镇扶贫第一书记……”2016年1月，县委一纸文件，短短几行字，将我紧紧地绑在了钟鸣镇脱贫攻坚的战车上，几年来可谓一路硝烟弥漫、一路烽火连连，时至执笔撰写回忆录的今日，自己仍是钟鸣镇扶贫第一书记。

“只有干出来的精彩，没有等出来的辉煌。”这是省委副书记、省长阮成发在今年10月底全省脱贫攻坚总结表彰暨先进事迹宣讲会上的原话。对此，作为第一书记的自己深有感触。

第一书记，担负着第一责任，为了不辜负组织重托和钟鸣2万多名干部群众的信任，我全力以赴投入攻坚克难的战斗中，齐头并进抓好钟鸣镇和奎香乡的脱贫工作。“两处跑、两地兼顾”，虽尤其苦累，但斗志不减，亦乐此不疲。

实践出真知，治病须先把脉。在钟鸣期间，我把摸清情况、掌握家底作为首要任务，在精准上做文章、下硬功夫。为迅速摸清家底，掌握村情民情，我没有节假日，不分白天黑夜，风里来、雨里去，马不停蹄地奔走在钟鸣的山间小道、田间地头。通过实地调查入户走访，让人难以置信的是，这里的情况几乎与奎香同出一辙，海拔高、气候差，农户居住分散，每年进入农历八月以后就阴雨绵绵，冬天结冰直至来年3月。钟鸣自然风光优美，尤以24座似“金钟扑地”的山头最具魅力，但群众的生产生活条件比较艰苦。风景美与条件差并存、石英砂等资源富集与产业发展滞后并存、群众善良朴实与贫穷落后并存。更严峻的是，2017 年钟鸣镇扯炉村多名干部被查处和免职后，扯炉村党总支被确定为软弱涣散党组织。就连集镇所在地的钟鸣村，也因住房、教育、医疗、人居环境等不同程度存在着问题，尤其是安全饮水问题比较突出，村党委同时被列为软弱涣散党组织。

面对积弱积贫的钟鸣，我与镇村干部充分沟通，谈思想、谈未来、谈感情、谈发展，共同摸家底、理思路，共同定目标、上措施，以期通过系列举措，逐步形成思想同心、目标同向、行动同轨、落实同步的攻坚克难的格局。值得庆幸的是，正当我谋定而动时，2017 年 10 月，人大机关的挂钩帮扶点从奎香乡寸田村先后调至钟鸣镇麻窝村和钟鸣村，我由此结束了“两线”作战的模式，集中精力专注于一地攻城拔寨。熟悉的原班人马、熟悉的操作流程、熟悉的方法步骤，为我推广应用奎香模式提供了坚强的臂力。

善思善谋，于事有益。我细致梳理后总结提炼了人大机关挂钩奎香的成功经验，在对象识别精准后，我与钟鸣镇一班人紧紧围绕“两不愁、三保障”，又在措施精准上做起了文章。为了群众增收，我们在巩固烤烟、竹子、天麻等产业的同时，进一步规划了养殖、辣椒种植等“短、平、快”项目，同时加大群众外出务工组织力度，以最快的速度弥补了部分群众的收入短板。为了解决少数区域存在的“一方水土养不起一方人”的问题，我们与群众积极沟通，与县直相关部门积极协调，按“实事求是、应纳尽纳”的原则，在钟鸣镇启动集中安置点建设，镇内安置了 441 户 1801 人。同时将 220 户群众作为跨镇安置对象，集中搬迁到靖安、卯家湾和发界安置区，让这 220 户 936 人搬进了新家，从“农民”转变为“市民”，过上了幸福美满的新生活。

2019 年 8 月，在前期工作的基础上，我继续深入走访调研钟鸣镇各村脱贫攻坚推进情况，并提出认识再提高、问题再查找、力量再聚集、责任再压实、农户再遍访、政策再宣传、短板再补齐的“七个再”要求，以确保高质量脱贫出列；10 月我和钟鸣镇党委、镇政府研究建立奖惩机制，督促问题整改，在镇内组织开展了村与村之间的交叉检查，对查出的问题短板进行书面交办、限时整改，推动了钟鸣镇脱贫攻坚问题真正清零，也为全县脱贫攻坚问题短板清零提供了可供参考的钟鸣经验。风雨过后有彩虹，令人欣慰的是，2018 年 1 月国家脱贫攻坚检查抽查钟鸣镇麻窝村，麻窝村以优异的成绩顺利通过了国检。

“一个支部就是一个堡垒，一名党员就是一面旗帜。”针对钟鸣村基层党组织存在的问题和短板弱项，我带领机关党支部以支部共建的形式，从解决历史遗留问题入手、从培植党员和群众对基层党组织的信任入手、从带领群众发展生产和增收致富入手，一点一滴帮建、一点一滴重树基层党组织形象和权威，钟鸣村党委迅速从软弱涣散党组织上升跃进为先进党组织，2020 年村党委书记陈正波被评为云南省“百名好支书”，成为彝良全县唯一获此殊荣的村级党组织负责人。

守责担当，彰显人大为民情怀

“穷则独善其身，达则兼济天下。”人大机关挂钩帮扶点的贫困群众能脱贫不代表全县贫困群众已脱贫，钟鸣镇的贫困群众能增收致富不代表全县群众已奔向小康。在抓好机关挂钩扶贫工作和履行第一书记职责的同时，我常常在想，人大作为在党领导下的一级权力机关，在脱贫攻坚浪潮中应有更多的作为、应有更多的责任与担当，才不负于时代、不负于人大机关的职责与使命。

当选派驻村队员驻村扶贫的相关文件下达后，我再三思考，按照“硬抽人”“抽硬人”的原则，对人大机关领导干部个性特长、工作能力及工作经验尤其是农村工作经验等进行全面分析，本着对所驻村负责、对扶贫工作负责的态度，选派了 9 名农村工作经验丰富、群众工作能力强的同志分别到角奎镇塘房社区和奎香乡安乐村、松林村及钟鸣镇钟鸣村驻村开展帮扶工作，并及时划拨驻村工作经费，为驻村队员安排体检、购买保险等，全力为驻村队员安心驻村提供保障和服务。

“柳吉云病了，挂着液体又回村工作去了。”2019 年 11 月的一天，我听办公室人员说单位选派到奎香安乐驻村的柳吉云同志病了，患的是带状疱疹，我不禁为之一震。我知道带状疱疹是什么，因为疱疹蔓延的过程很有“特色”，在彝良民间有“缠腰龙”“蛇盘疮”等形象的俗称，其瘙痒、灼热、刺痛的感觉不是一般人能忍受的，没想到两年后就要退休的柳吉云同志不但未叫苦叫痛，还挂着液体坚守在驻村扶贫一线，让我为之动容。我立即叫上办公室人员赶赴奎香安乐村，见到柳吉云时，他坐在一根木质长凳上忙着处理驻村扶贫工作，手上还挂着液体，疼痛让他不时锁紧眉头、倒吸凉气，望着瘦瘦的他宛若沧海一粟那么渺小，而挂着液体忍着剧痛开展扶贫工作的他又是那么的伟大，让我肃然起敬。

还是 2019 年 11 月的一天，我到钟鸣镇参加镇里的脱贫攻坚推进会，会议结束后天已黑，从钟鸣镇返回县城的路上，天灰蒙蒙的，雨夹着雪打在车身上唰唰作响，伴着呼啸的寒风刮过，3 米开外便看不清楚路面，车内早已寒意四起。

突然，寒风中一个模糊的身影闪入我的眼帘，我仔细一看原来是单位选派到钟鸣镇钟鸣村驻村的扶贫干部杨毅敏，我就问她是否要回县城。“不回去，事情太多了，白天走访，晚上要研判。”杨毅敏简单明了地说。我及同事用车把杨毅敏送到钟鸣村后又踏上了返回县城的路，此时车窗外早已白茫茫一片，听着依然唰唰作响的雨雪声，想着仅有两年就要退休仍坚守在钟鸣村驻村扶贫的同事杨毅敏，她那踏雪留痕、铿锵有力的脚步，岂是眼前这点冰雪能阻挡的，想着全县还有 5000 多名有如柳吉云、杨毅敏般的驻村扶贫干部破冰前行，我坚信黎明的曙光就在眼前，胜利终归属于我们。想着这些，不知是驾驶员开启了空调还是什么，车窗和心里竟慢慢温暖了许多。

为更好更全面地发挥人大在脱贫攻坚中的积极作用，自决战决胜攻坚战役打响后，我马不停蹄地带领机关干部、人大常委会组成人员和人大代表到脱贫攻坚一线开展随机调研，努力为脱贫攻坚汇集人大智慧。为确保调研了解到真实情况，我提出调研不提前规划路线、不许乡村干部陪同、不听乡镇汇报，而是直达地处偏远、贫困程度较深的地方，走进农户家中以摆龙门阵、拉家常的方式，了解群众生产生活状况及所思所想所盼。

在随机调研的基础上，2019 年 6 月，我组织人大常委会组成人员和部分人大代表，紧扣脱贫攻坚“两不愁、三保障”，对全县控辍保学、产业发展、城乡医疗保险等进行了专题调研，并在县委的大力支持下组织开展脱贫攻坚专题询问。通过人大代表和人大常委会组成人员现场提问、相关职能部门现场答复并对答复情况进行现场测评，有力有效推动了政府及其行业部门思想上再重视、行动上再迅速、措施上再给力，高效快速补齐了脱贫攻坚短板，为彝良顺利脱贫摘帽提供了人大智慧、贡献了人大力量。

幸福都是奋斗出来的。回首这几年的漫漫扶贫路，我为自己有幸参与了这场旷日持久的脱贫攻坚战而自豪，我更为人大履责担当、未缺席这一场没有硝烟的战争而骄傲，我们用自己的辛苦指数，实实在在换来了贫困群众的幸福指数，一切的苦和累，都值得。

（作者时任彝良县人大常委会主任）

踏遍深山问疾苦　心系贫困注真情

李堂发

“脚下沾有多少泥土，心中就沉淀多少真情。”习近平总书记在谈扶贫攻坚时说的这句话，我有切肤之感。几年的脱贫攻坚战，无论是巍巍大黑山脚，还是在滔滔洛泽河畔，我始终坚持大地为纸，脚步作笔，行走在山间小路上，蹴足于村寨院落间，迎晨曦朝露，披夕阳晚霞，一线查民情、问民计、帮民困、解民忧，在积极投身脱贫攻坚大决战的同时，从中悟出了“三最”“三重”和“四个一线”的工作理念。

一线摸实情

脱贫攻坚，面对百姓，一线才是主战场。为进一步掌握全县贫困状况，我坚持一线调研摸实情，足迹遍布各乡镇。全县 82 个深度贫困村，这几年跑了半数以上。调研中注重一些偏僻边远的地方，了解真实的贫困状况。比如，洛旺乡茶园村、树草村，龙海镇红岩村，荞山镇官房村，钟鸣镇木龙村，洛泽河镇献鸡村、太平村，奎香乡寸田、仙马、安乐、松林等特困村的情况，我基本上做到了如指掌。

任人大常委会主任期间，带领县人大常委会办公室和县教育局、县扶贫办等部门前往洛泽河镇献鸡村，奎香乡仙马、安乐村调研扶贫工作。寨上、阴山、大寨、窄扣分别是献鸡、仙马、安乐村最边远最贫穷的村民小组，水、电、路、学校等基础设施十分落后，生存环境恶劣，交通极为不便，仅有的村组公路坑坑洼洼，晴通雨阻，极少有车辆出入。这些村组虽然实施过扶贫，但由于自然条件差，资金投入受限，补助过低，没有稳定的产业支撑，一部分家庭还在温饱线上挣扎，有的还居住在茅草房里，用不起电，还在使用石磨。寨上、阴山没有覆盖通信网络，几乎与世隔绝。阴山、大寨、窄扣因学校撤并，学生要到 10 多公里外的村完小去上学，来回需要走四五个小时的山路，未入学的学龄儿童不在少数。随着调研的进一步深入，心情越加沉重，我总在思考：如何帮助当地群众脱贫致富，怎样才能实现扶贫路上不落下一人的攻坚目标呢？

一线理思路

“思维决定思路，思路决定出路。”始终坚持到一线去谋划思路，是我工作多年的一贯做法。

通过大量走访和调研，很快掌握了全县的贫困状况，脱贫攻坚的建设性思路也日渐清晰。贫困面大、贫困程度深的状况，决定了彝良的脱贫攻坚不能搞一刀切，共性的问题必须用共性的办法来解决，特殊的问题还得用特殊的办法来解决。结合彝良实际，扶贫工作在整体推进的同时，必须重点关注边远贫困村组、少数民族聚居村寨，着力解决好群众“住房难、入学难、出行难、掌握致富技能难、培育增收致富产业难”的五难问题。要因地制宜完善扶贫规划，明确目标、摸清底数、做好贫困人口精准识别、精准扶贫，不能留死角和盲区。要抓产业扶贫稳增收，抓教育扶贫拔穷根，抓易地扶贫挪穷窝。既要抓好物质扶贫，建好基础设施，改善生存环境，又要抓好教育扶贫，提高村民文化素质，强化劳动技能培训，改变生活习惯，提高生活质量。从根本上打牢发展基础，确保贫困山区群众达到“有饭吃、有衣穿、有干净水喝、有安全住房、有学上、有病能医治、有稳定电用、有稳定增收产业、有能致富的技能、有高稳产农田、参加新农保及最低生活保障应保尽保”的十有一保障目标。

根据大量的一线调研资料，对照“两不愁、三保障”的脱贫总要求，经过反复思考，个人提出要突出“三最”“三重”的扶贫思路。“三最”，即优先解决住房最差、家庭收入最低、生产生活环境最恶劣的贫困户；“三重”，即突出重点群体（特困家庭、残疾家庭、慢性病家庭、无劳力家庭等）、重点区域（生产生活环境恶劣区域、高寒边远区域、少数民族聚居区域、基础设施建设严重滞后的区域等）和重点任务（贫困村退出 7 条标准和贫困户脱贫 5 条认定标准）。

在“不忘初心、牢记使命”专题教育活动中，我进一步完善“三最”“三重”扶贫工作思路，撰写了《关于打好打赢脱贫攻坚“五大战役”确保精准脱贫》的调研报告。随后又对易地扶贫搬迁工作进行深入调研，撰写了《关于做好易地扶贫搬迁后续管理工作的几点思考》等理论文章，逐步形成一套具有个人见解、行之有效的扶贫工作思路。

“三最”“三重”理念，成为后来我指导帮扶工作的一个基本思路，一些观点和想法得到县委、县政府的认可，不少意见建议被采纳。我担任奎香乡第一书记期间，“三最”“三重”的扶贫工作思路得以较好贯彻落实，脱贫攻坚成效显著。

一线解民忧

安排到位、指导到位、果断作为是我历来的工作作风。

洛泽河镇太平村石人坪子村民小组是彝良县海拔最高、环境最恶劣、地理位置最偏僻的村民小组，地处云贵交界，海拔 2780 米，小组 18 户村民，有 5 户全家长期外出打工，4 户已举家搬迁，还有 9 户 35 人留守村庄。2012 年前，这里除了村民小组长读过小学二年级外，其余的村民几乎没有进过学校，教育严重滞后，思想观念十分落后，住的是低矮潮湿的茅草房。为尽快解决该村民小组困难，我主持召开了有人大常委会领导、机关干部、洛泽河镇相关领导和 9 户村民参加的座谈会。在认真听取群众意见后，我现场决策，要求大家对群众的困难要引起高度重视，镇党委、镇政府要关心、支持。针对群众反映的困难和问题，要求当地政府尽快与移动公司和县农业部门联系，争取完善移动设施，解决通信不畅问题；及时争取农业部门的资金和技术支持，发展产业。同时，教育引导与会村民要勤劳致富，要有自力更生的精神，根除等、靠、要思想，结合自身优势条件，发展好适合本地的中药材种植和牛羊养殖等；要转变思想观念，高度重视教育，把自己的孩子送入学校，让他们学知识，长见识，为改变现实状况打好基础。之后，当地党委政府帮助 9 户村民建起了水泥平房，采取措施，实行每周一个家长轮流到村完小陪读的方式，动员所有适龄儿童入学就读，解决了子女入学难题。镇政府还整合扶贫资金购买了 9 头能繁母牛分发给农户喂养，通过政府引导，激发他们脱贫致富奔小康的内生动力。

奎香乡安乐村大寨村民小组是一个 60 多户苗族聚居的村庄，环境条件极差，出门一脚稀。2014 年，我和奎香乡党委书记代强来到这里调研时，张荣忠家只有两间土坯房，全家 4 口人，总家产价值不过 3000 元。当即与代强一起研究，多方协调，帮助这个村庄改变落后面貌。经过几年的努力，现在这个村庄已通了水泥路，群众的土坯房全部改建成了水泥平房，环境得到了整治，群众生活质量有了显著提高。村民张富文家还搞起了刺绣。村民小组长张荣军说："党的政策太好了，我做梦也没有想到，我们这些偏远山区能够发生这么大的变化。日子好过了，我们要感恩共产党，感谢各级领导的关心帮助！"大寨村民小组是奎香乡少数民族聚居村庄发展变化的一个缩影，奎香乡 61 个少数民族村民小组已全部硬化户间道路，85% 的村民小组通了硬化公路。

奎香乡松林村雨龙村民小组，海拔2300米，第一次到这里的时候，见到的全是茅草房，道路晴通雨阻，群众修房造屋材料运输极为困难。苏继军家尤为特殊，家庭人口4人，住的是破烂茅草房，其哥苏继兵是聋哑残疾，53岁仍孤身一人，住的茅草房更是破烂不堪。要解决苏继兵的安全住房是个难题。通过反复的思想动员，苏继军表示，党的政策这么好，他不仅要把自家的安全住房建好，还要帮助哥哥把房子也建好。前不久，我们再次来到雨龙村民小组调研，这里已通了水泥路，苏继军不但自家修建了83平方米的水泥平房，还帮助其哥修起了30平方米水泥平房。

奎香乡黑拉村罗寨安置点是上海新沪商于2018年捐建的项目，就近安置农户73户，因投资规模受限，搬迁农户需自筹建设资金1万多元到3万多元不等。项目建设完工后，王学花和王正学两户农户因担心拿不出自筹资金，一直未搬迁入住，就连同为苗族同胞的乡长反复登门做工作，也未能打消其思想顾虑，危房清零工作面临搁浅。根据这一情况，我第一时间入户谈心，在充分听取群众意见、了解他们的真实想法后，承诺自筹资金部分可缓交或争取补助解决，从而解除了他们的后顾之忧，使两户农户按时搬迁入住，如期实现危房清零的目标。针对此情况，我多方协调，积极争取县政府主要领导现场办公，通过整合资金，免除了奎香乡黑拉村、仙马村、松林村三个社会扶贫集中安置点群众自筹款项，解决缺口资金500余万元，完善配套基础设施建设，进一步提升了安置点人居环境。

一线抓落实

《习近平谈治国理政》一书中“落实”二字频频出现，其中“一分部署，九分落实。”之金句，我时刻不忘。

为决战决胜脱贫攻坚，县委实行党政一把手责任制和五级书记抓扶贫制度，在党政主要领导任扶贫开发领导组双组长的基础上，由县级党员领导干部任15个乡镇脱贫攻坚第一书记，对乡镇脱贫攻坚工作牵头抓总。作为奎香乡第一书记，在抓好政协机关全面工作的同时，我投入大量时间和精力指导奎香乡抓实脱贫攻坚工作。自担任奎香乡第一书记以来，我在奎香乡、村召开脱贫攻坚有关会议78次，经常进村入户调查研究，检查指导落实扶贫搬迁安置点建设、安全住房建设、饮水工程建设、人居环境提升、推动产业发展等脱贫攻坚重点工作。

据县政协资料记录，2018年5月30日到奎香乡实地查看仙马、奎阳、松林三个村易地扶贫搬迁安置点选址工作，6月8日出席奎香乡易地扶贫搬迁安置动员会，7月4日带领政协机关党支部12名党员到扶贫挂钩村奎香乡寸田村与村“三委”班子共商脱贫攻坚工作；2019年2月20日参加奎香乡2019年脱贫攻坚工作推进会，3月31日到奎香乡吉塘村查看重点户建房情况和人居环境提升情况，4月22日到奎香乡开展脱贫攻坚工作调研，5月14日至16日到奎香乡寸田村、安乐村、松林村、坪地村调研脱贫攻坚工作，6月26日到奎香乡召开脱贫攻坚工作研判会，7月9日到奎香乡召开6月脱贫攻坚工作调度会，8月1日到奎香乡召开2019年脱贫攻坚“夏季攻势”推进会暨8月调度会，8月19日到奎香乡吉塘村、仙马村调研易地搬迁工作、与搬迁户座谈，9月3日到奎香参加奎香乡2019年脱贫攻坚誓师大会，9月9日到寸田村召开脱贫攻坚冲刺60天动员大会……这段不完全的记录，有点像我下基层的流水账，但却是我一线落实助脱贫的见证。

省、市政协发出脱贫攻坚助推行动号召后，为防止助推行动纸上谈兵，流于形式，县政协及时成立了助推行动领导组，我任组长，领导组下设6个助推行动小组。同时，制订详细的实施方案，明确班子成员、机关委室领导、政协委员、机关干部的阶段性任务。实行领导牵头、委室负责、全员参与抓落实，深入开展助推行动。

为发挥示范引领作用，我统筹安排，把政协机关挂钩联系的奎香乡寸田村列为全县政协系统助推行动的示范点，从县政协机关抽派2名委室主任驻村帮助开展工作，机关39名干部对口帮扶建档立卡贫困户376户1632人。示范点建设中，我带领班子成员身先士卒，下沉一线抓落实，督促整改重点问题，对标对表梳理完成各项信息统计，帮助补短板强弱项。协调争取资金30多万元，帮助寸田村修建便民桥3座；筹措资金53.3万元（其中组织干部职工捐资2.09万元），帮助18户特殊困难户如期完成建房任务，彻底解决了寸田村255户危房户的住房保障问题；大力开展种植、养殖实用技术培训，发动群众养牛721头、养鸡36000只，种植花椒500多亩、李子300亩；争取资金230多万元，解决了寸田村少数民族聚居村民小组户间道路和院坝硬化，改善了人居环境。

在示范点取得成功经验后，及时组织召开推进会，交流经验，促进大面助推行动的深入开展，带头深入全县各乡镇检查落实工作。自去年8月以来，我的办公地点绝大多数时间都搬到了田间地头、搬到了贫困群众家中。团结带领县政协党组成员和主席会议成员，带领机关同志，共同努力，深入贫困村寨，帮助协调解决危房改造、子女上学等揪心事、烦心事、操心事200余件。争取上级支持，为奎香乡解决特困家庭农危改户补短板资金904.8万元；为特困家庭争取民政补短板资金520万元；农村人居环境综合整治补短板资金330万元。争取镇雄县房地产开发公司、昭通三安药业、云南臻爱一身健康管理公司等企业捐赠30万元，解决了100余户苗族同胞搬迁入住生活用品严重缺乏的实际困难。把好事办好，实事做实，示范点的成效有力促进了助推行动全面开展。

“党的初心和使命就是人民政协的初心和使命。”县政协九届三次会议期间，向全县各级各界政协委员发出助推行动倡议，号召全县各级政协委员不忘初心，牢记使命，以昂扬的斗志，为脱贫攻坚助推行动添砖加瓦。县政协九届二、三、五次全会期间，我采取委员界别连组方式，先后召开了教育扶贫、产业扶贫、就业扶贫、易地扶贫搬迁后续管理、健全和完善公共卫生应急管理议政性协商等6个专题协商会。政协系统开展助推行动两年来，县政协多措并举，以委员创办企业为龙头，助推产业扶贫；以义医义诊为重点，助推健康扶贫；以控辍保学、政协委员上示范课、公开课、基层教育管理培训、捐资助学等形式，助推教育扶贫；以组织种养业就业培训，企业委员提供岗位，推荐到外地就业等方式，助推就业扶贫；以院坝会、田间会、座谈会、培训会、交心谈心等形式，深入开展政策宣传、感恩教育，助推易地搬迁、人居环境整治；以政协委员送猪、送羊、送鸡等，带动贫困群众发展养殖业，助推脱贫致富……

全县 236 名政协委员和 39 名政协机关干部职工，进村入户指导帮扶建档立卡贫困户 20000 余人次，每名委员至少参与了 1 项活动。帮助贫困户选择合适产业项目 63 个，提供销售渠道 46 次；帮助贫困人口就业 4669 人，受益群众 13016 人；走访贫困学生家庭 527 次，劝返辍学生 206 名，帮扶困难学生 119 人，组织县政协委员捐资助学 3 万多元；组织开展义诊活动 47 次，诊疗和服务群众 8348 人；开展卫生环境整治和操家理屋培训 299 次 605 户 1230 人；开展感恩文化教育活动 6 场次 370 多人次。同时，我带领县政协精心选题，先后组织开展了精准扶贫、农特产业培育、易地扶贫搬迁安置等 16 个专题调研视察，形成调研视察报告，为精准扶贫提了 174 条较好的建议。

2019 年 7 月 12 日，昭通市政协系统脱贫攻坚助推行动推进会议在彝良召开，会议充分肯定了彝良县政协在助推产业扶贫、就业扶贫、健康扶贫等方面的成功做法。我深感欣慰。

“路漫漫其修远兮”，乌蒙深处、黑山白水间，农家相连的山路上留下的串串足迹，成就了我的“一线”情怀。“吾将上下而求索”，在绿水青山间同广大群众一道继续绘就脱贫致富奔小康的美景。

（作者时任彝良县政协党组书记、主席）

以脱贫使命绘就易地扶贫搬迁“彝良画卷”

杨家强

雪白的墙壁，明亮的窗户，宽阔的院坝，美丽的环境，鳞次栉比的高楼……彝良县易地扶贫搬迁发界安置区，从一张白纸变成了一幅绚丽的画卷。短短一年多时间，全县15个乡镇5630户25725人（建档立卡户5390户24626人、同步搬迁户240户1099人）告别了故土、搬离了穷窝，过上了他们祖祖辈辈向往的美好新生活。回想起安置区的“建、搬、稳、管”整个工作，一点一滴的变化，我已烙印在记忆深处。可以说，易地扶贫搬迁是彝良人类减贫史上的伟大壮举。

紧盯“9·30”目标抓建设

发界安置区是彝良县域内最大的易地扶贫搬迁安置区，安置的建档立卡贫困人口规模位列全国第四，项目总投资33.2亿元，建设53栋安置房以及学校、医院等配套设施。

世有难易事，不为则易者亦难也，为之则难者亦易矣。回顾整个建设历程，我感触颇深。我是2019年4月由组织调任到县政府工作的，主要负责发界安置区的项目建设。刚开始，我心想要在6个月不到的时间完成建设任务，困难太大，任务相当艰巨，时间又非常紧迫，必须深谋远虑筹划成熟妥当，工作中的每一步都要走稳走好走踏实，容不得丁点含糊。职责使命重于泰山，十分光荣又极具挑战性，但我有决心有信心打赢这场攻坚战，这不仅因为我是一名党员领导干部应当具备着的担当精神，也有着我在平素的工作中不情愿拣“软桃子啃”的自我要求。挑战自我，永不放弃，“无限风光在险峰”。

我正式奔忙在发界安置区，是从 2019 年 4 月 16 日这天开始的。当时，安置区征地拆迁工作仍在进行中，整个施工场地能看到高出地面的建筑只有 9 号、10 号、11 号 3 栋楼房的基础。面对“9 · 30”目标（2019 年 9 月 30 日前具备搬迁入住条件），我脑子里出现频率最高的词汇就是“工期、质量、安全”。如何优化施工组织、强化施工保障，每栋安置房的施工工人、机械设备是否全部就位……一系列问题都是当务之急必须解决的。等不起，不能等，更不敢等。一场同时间同质量同安全赛跑的立体攻坚战全方位多角度打响了。

策马扬鞭自奋蹄。抓紧抓实抓出成效，我经常组织县易迁指挥部、各参建单位召开会议专题研究，统筹协调督促施工方优化施工组织，盯死项目建设进度，抓好室内施工建材及施工班组储备，坚持房屋建设上与下、内与外同步，全力推进配套公共服务基础设施建设。百舸争流千帆竞。到 2019 年 5 月初的时候，安置区呈现出一派热火朝天的景象：一台台高大的吊臂机在高空中尽情挥舞着，一辆辆满载砂浆的工程车欢快地来回穿梭着，一群群工人甩开膀子撸起袖子加油干，一栋栋楼房的基础如雨后春笋般冒尖出地面，整个建设现场迸发出催人奋进的磅礴气势。此情此景，昂扬斗志。能等闲吗？岂能等闲！我在安置区工作的每一个日日夜夜，加班加点是常态，通宵达旦鏖战也是常事，没有一天节假日，没有一个周末休息日。常驻工地我能吃苦也吃得起苦，晴天一身灰，雨天一脚泥，拍拍尘土精神仍然抖擞。在那段极不寻常的日子里，尽管饱含着太多苦累与汗水，但每项工作都能扎实地推进，我就有种潜滋在内心深处的快意，悄无声息地萌发着。

“春种一粒粟，秋收万颗籽。”2019 年 4 月 30 日，发界安置区所有工程桩施工，6 月 16 日首栋楼房封顶，8 月 22 日最后一栋楼房封顶断水，9 月 25 日所有楼栋全面实现亮灯，11 月 26 日安置房按时按点交付使用；2020 年 3 月底，发界安置区圆满完成搬迁入住目标任务。与此之际，同步建设并投入使用的有 3 所幼儿园、1 所小学（24 个班）、1 所九年一贯制学校（48 个小学班、33 个初中班），1 所卫生院、4 个卫生室，1 个派出所，1 个自来水厂，1 个污水处理厂，以及便民超市、社区管理中心、物管用房、群众互助服务场所、公厕等配套设施；此外，新建扶贫车间 3.4 万平方米。

紧盯“五清”抓整改

按照市委市政府关于“政策清、产业清、就业清、配套清、家底清”的“五清”要求，我于 2019 年 7 月 5 日组织召开了易地扶贫搬迁“五清”研判会。确定目标方向：针对发界安置区易地扶贫搬迁涉及的就业、就学、就医、“三块地”、产业配套、社会救助等方面存在的问题，认真分析研判并找准差距、补齐短板和抓好问题整改。作出具体要求：各乡镇各部门再复查、再调整、再纠偏，算好时间账、任务账，提高认识，正视问题，把责任切实扛在肩上，逐条逐项细化整改。深入开展摸底排查，摸清搬迁入住、旧房拆除等情况，引导搬迁农户尽快搬迁入住，并及时拆除旧房。精准锁定目标任务后，大干一场轰轰烈烈的“五清”攻坚战。全体战斗员聚焦“两不愁、三保障”，紧盯搬迁入住标准，全面排查已竣工项目方方面面，以此确保安置点已搬迁入住人群的饮水、交通、用电等配套设施设备的完善，大幅度提升了搬迁群众的满意度和幸福感。

九层之台，起于垒土。确保易迁群众“搬得出、稳得住”，夯实基础是关键，又一场精细精确战打响了。围绕“搬得出”，走了两步棋。其一，对易地搬迁农户劳动力开展摸底排查，根据贫困劳动力年龄结构、文化程度、能力素质和就业意愿，结合市场需求进行“定岗式、定向式、订单式”技能培训；精准锁定转移输出人数、扶贫车间就业人数、蔬菜大棚就业人数、公益岗位及兜底人数，建立精准到户到人的就业安置信息台账。其二，盘清农户搬出地耕地、林地、宅基地“三块地”情况，摸清家底，合理规划，盘活“两块地”资源，增加搬迁农户收入。

围绕“稳得住”，部门、行业各司其职出实招见实效，“百花齐放”争芬芳。人心齐，泰山移。各乡镇各部门各挂联单位人头攒动，奔行激战。细化方案的、作战部署的、入户调查摸底的、召开座谈会的、宣传政策的……伏案者运筹帷幄，冲锋者领千军万马行遍万水千山。人社部门按照“易迁劳动力充分就业，建档立卡贫困劳动力95%就业”的工作目标，坚持了内配外输、制订出“一人一策”，落实了交通补贴、稳岗补贴等政策措施，全面统筹了转移就业、就近就业和公益性岗位计划情况，并以时间倒排、任务倒逼为原则，高效推进了未就业家庭“清零”行动。农林部门结合实际因地制宜，统筹迁出区“三块地”和迁入地资源，把天麻、花椒、竹子、水果等特色产业的发展作为增收的渠道之一，快速推进了食用菌大棚建设，建立了搬迁户与新型经营主体稳定、紧密的产业发展利益联结机制，充分用足扶贫小额信贷和产业扶贫贷款等政策做强做牢产业支撑，实现了搬迁群众产业扶持全覆盖、经济持续稳定增收的喜人局面。民政部门切实按照“应保尽保”的要求，衔接最低生活保障等政策，全面开展排查，把“无法外出、无业可扶、无力脱贫”的搬迁户纳入了社会兜底保障。搬迁户后续扶持的相关工作做细了、做实了、做好了，为“稳得住”奠定了坚实基础，为“能脱贫”提供了稳定支撑，为“可致富”起好了步。

紧盯“分房”抓搬迁

按照市委、市政府提出的“三个决不允许”（一是决不允许图纸分房、二是决不允许工地搬家、三是决不允许分县分乡分类抽签安置）和“三个时间节点”（11月10日前精准锁定建档立卡户和同步搬迁对象，11月10日至20日组织建档立卡户和同步搬迁户同步抽签分房、11月30日前分房到位和标注完成，12月开始陆续组织搬家、春节前完成搬家）的要求，结合2019年11月2日市搬迁安置局和市民政局组织召开的“切实做好易迁困难群众生活必需品准备工作会议”精神，在集思广益的基础上，我组织相关部门研究探索出“搬前准备组织化、安全搬家组织化、服务发展组织化”的思路，采取“一个组织领导（县委统一组织领导整个搬迁工作）、两级机构统筹（发界安置区临时党工委和各乡镇党委按照‘安全第一、区域统筹、轻装搬迁’的原则，分别统筹做好全县和本乡镇的搬迁工作）、三方力量服务（包保干部、社区工作队、志愿服务者三个方面的力量跟踪服务）、四个搬前准备（做好看房验房、物资采买、旧产处置、行李收纳四个搬前准备）、五支队伍保障（组建维稳、交通、医疗、劳务、车辆五支队伍提供过程保障）”的模式，有力有序推进了发界安置区的搬迁工作。

紧盯“党建”抓扶持

围绕“搬得出、稳得住、能脱贫、逐步能致富”的目标，于2019年7月23日，成立了彝良县发界安置区临时党工委（管委会），并召开了第一次会议。截至2020年10月，发界安置区成立了扬帆、团结、前进、远航4个社区，设置楼栋长53名，建立基层党组织4个、群团组织3个、便民服务中心4个、物管公司1个，制订和完善搬迁对象户口迁移、就地就近入学、健康扶贫、最低生活保障、养老保障、社区服务等配套政策，确保搬迁群众社会保障不断档、不脱节、不漏人，引导搬迁群众适应新环境、融入新生活。

发界，一颗在乌蒙高原冉冉升起的璀璨明珠！发界，谱写了易地扶贫搬迁人民大迁徙的英雄史诗！

（作者时任中共彝良县委常委、常务副县长）

流淌在追梦时光里的扶贫记忆

李章和

彝良县位于云南省东北部、昭通市中部，地处滇川黔三省八县（区）接合部的乌蒙腹地。全县面积 2804 平方公里。境内山峦重叠，峡幽谷深，溪流纵横。大部分地区被河流切割成侵蚀山地，属中山深切割侵蚀地貌。地表悬崖陡壁，沟曲山弯，群峰环抱。小盆地一般仅方圆几公里。山地占国土面积的 96% 以上，是典型的山区县。县政府驻地距昆明 420 公里，距市政府驻地 60 公里。

2017 年 12 月，受组织委派，我到彝良县人民政府担任副县长。根据工作安排，我分管扶贫工作，组织、参与、见证了脱贫攻坚这一伟大事业、伟大工程。决战决胜攻坚战中，我深入贯彻落实习近平总书记精准扶贫精准脱贫思想和市委“133”工作思路，如期解决了绝对贫困，实现了彝良脱贫摘帽，向党和人民交出了一份高质量的脱贫答卷。

深入基层把“穷脉”

彝良是一片有着革命光荣传统的红土地，承载着一段苦难辉煌的革命历程，记录着无数先辈壮怀激烈的生动事迹。这里诞生了中共镇彝威革命老区第一个地下支部，是革命先烈刘平楷、军事家罗炳辉将军、时代英雄徐洪刚的家乡。土地革命战争时期，贺龙、萧克带领红二、六军团三进三出境内奎香，指挥打响了著名的“乌蒙回旋战”。从踏上彝良这片红色热土的那天起，我就始终怀着崇敬之情、感恩之心，沉下身子走进大山、走入贫困户的村落庭院，常常激励自己一定要尽快融入这片广阔的天地中，为彝良脱贫攻坚和经济社会发展贡献出全部力量。

肩上扛着多少责任，心中就积淀多少紧迫感。我作为分管全县的脱贫攻坚工作，强烈的使命感时时催我奋进，我把下乡、到村、入户作为日常工作的主要内容，最密集的一个月里有 26 天都在走村串户。从全县最高海拔 2780 米的洛泽河镇太坪村到最低海拔 520 米的牛街镇楠木村，从南接贵州的奎香乡到北临盐津的两河镇小溪村，我用足迹感知了彝良大地的贫瘠和期盼，我先后走遍了全县 15 个乡镇 139 个贫困村。我深深知道，实践出真知，最好的工作方法，就是到最基层最艰苦的地方去，去把一把贫穷的“脉搏”，去听一听群众的呼声，去看一看让自己泪目的实况。我时常告诫自己：“你是党员领导干部，是人民的公仆，放下你的架子，伏下你的身子，到贫穷老百姓中去，做出成绩，作出贡献，千万别辜负了组织和人民的期望。”

不驻足的入户走访深入调研，我常常与乡村干部、驻村扶贫工作队队员和贫困群众促膝谈心，有时不觉畅谈至夜幕降临、皎月高升。“纸上得来终觉浅，绝知此事要躬行。”长久的实地实战获益匪浅，大幅度提升了我对农业、农村和农民工作的能力水平，也从全局层面了解到彝良县情、贫情和民情，摸清了制约彝良脱贫的突出问题，找准了推动发展的切入点，理清了工作思路，牵头研究制订出《彝良县打赢精准脱贫攻坚战三年行动的实施方案》，明晰和具体了主攻方向。

对症开方治“穷疾”

“脱贫攻坚贵在精准、重在精准、成败之举在于精准。”习近平总书记的谆谆教诲时刻萦绕在我的耳畔。“牢记使命，砥砺前行。”脱贫攻坚大决战中，我坚定沿着习总书记指引的方向努力奔跑、努力追梦，坚持将制度建设和机制建设作为推进脱贫攻坚工作的根本保障，一刻没有迟疑，一步也没有停止。初心不改，由始至终。在深入系统调研的基础上，从2018年起，建立了季度常态化动态管理和脱贫过程管理工作机制，每季度对计划脱贫出列的贫困村、贫困户达标项进行监测，变“结果管理”为“过程管理”，不间断地找准致贫原因、不间断地精准贫困对象。

号准“病因”，对症“开方”，来一个药到病除。众人划桨开大船，众志成城克堡垒。在集聚众力众智的基础上，我牵头或参与制订了一系列完善规范的扶贫政策措施，先后出台了40余个到村到户的政策举措，从收入、饮水、内生动力等各个方面着手，逐步形成了务实管用的政策体系。2019年，全县实行了脱贫攻坚工作按月调度机制，每月定期开展脱贫攻坚进程研判、形势分析，并提出建议和调度任务。精准施策，举措得当，有力解决了制约和影响“两不愁、三保障”的突出问题，治愈了贫穷的“顽疾”。

用心用情帮“穷亲”

人非草木，孰能无情！来到彝良的1000多个日子里，我走过许多偏远贫穷的村寨，走入许多贫困农户的家中，与一群群穷困的弟兄姊妹、父老乡亲建立了深情厚谊，我是他们中的一员亲人。我吃过他们的饭、喝过他们的水、睡过他们的铺，一点点一滴滴的恩情，永远铭记在心里。我立誓要为他们出实力做实事，用真心真情去帮助我的这些“穷亲人”。

“老牛亦解韶光贵，不待扬鞭自奋蹄。”随着彝良脱贫攻坚进程的不断深入和任务的加重，我决心像老黄牛一样，不息耕耘。在彝良生活工作期间，我没有节假日和周末，长期不能回家看望妻儿父母，但我无怨无悔。我把时间和精力放在攻城拔寨“啃硬骨头”的目标上，对脱贫攻坚任务较重、突出问题较多的乡镇和村组逐一进驻攻关，向镇村干部讲解政策，帮助各村理思路、想办法、谋发展，指导他们制订“一户一策”脱贫方案，勉励贫困群众树立脱贫信心和决心。有时清早出门，要半夜才能回到宿舍，但我乐于此亦愿为此，大有种“晨兴理荒秽，带月荷锄归”的诗意之感！

在决战决胜脱贫攻坚的征程上，拍摄了无数奉献者人格魅力的闪光画面，书写了无数可歌可泣的动人故事，大决战就是一块检验人生价值追求和理想信念的试金石。在这场开天辟地的伟大战役中，我真真切切地看到了各级扶贫干部舍小家顾大家奋战在基层一线、奔忙在村组前沿，他们披星戴月、昼夜鏖战已固化为工作和生活的常态，有的同志甚至付出了宝贵的生命，他们以最真诚的态度、最真挚的情感、最扎实的工作赢得了群众的赞许和尊重。我深深为之感动着、崇敬着，有时想到这些高尚情操和精神品德，竟情不自禁潸然泪下。

功夫不负有心人，付出总会有收获。在彝良攻坚奋战期间，我最直观的感受就是全县基础设施和公共服务配套建设逐步提升，部分群众出行难、用电难、上学难、看病难、通信难等长期没有解决的老大难问题全面得到解决，住房安全、饮水安全、义务教育、基本医疗均有了保障，人居环境明显改善，群众精神面貌和幸福感、获得感普遍提升。

聚焦产业拔“穷根”

“授人以鱼，不如授人以渔。”坚决战胜贫困，我始终把目光聚焦在产业的培育和发展上，一直坚定着产业兴产业强是拔掉“穷根”的好途径，这一理念从未动摇过。大决战中，我坚持将发展扶贫产业、促进稳定增收作为脱贫攻坚的重中之重，充分发挥出产业扶贫“以奖代补”的“助推剂”作用和金融扶贫风险补偿的“定心丸”作用，有效破解产业发展融资难题，组织发动群众积极发展农业生产。

2018 年，白水江沿岸的牛街、洛旺、柳溪 3 个乡镇首次规划发展辣椒产业。由于订单企业延误了节令，刚刚组织群众栽种起来的千亩辣椒长势不良，加之雨季的原因导致采摘困难，生长出的辣椒面临腐烂在地里的风险。种种困难相互交织，整个产业可能毁于一旦。然而更大的不利因素还在于如果产业失败，将极大影响群众的收入和发展产业的信心。我得知情况后心急如焚，多次走进田间地头，与乡村干部、驻村扶贫工作队一起想办法、谋出路，深入思考辣椒采摘的最快办法、产品加工的方式方法和能够打开的市场。经过几番对接协调，最终促成了贵州“辣椒红”公司落地彝良，并开创了这 3 个乡镇抱团发展的运营模式。基础奠定后，乘势而为，各方积极推进企业办证、用地、建厂等各项工作，当年辣椒全部实现收购、加工和销售。如今，3 个乡镇的千亩辣椒已经发展到万亩规模，椒农得到了实实在在的收益，从“要我种”变成了“我要种”，白水江片区的辣椒产业也成了彝良县产业扶贫的亮点。

乘风破浪向前行，审时度势莫等闲。不懈的努力和打磨，彝良加快发展了以天麻、竹子、马铃薯 3 大主打产业为支撑，花椒、核桃、蔬菜、烤烟和特色养殖等优势产业为补充的彝良高原特色农业产业，实现了产业帮扶的脱贫户每一户都有一项稳定的增收产业、每项产业至少都有一个龙头企业的带动，长效机制已基本形成。

时间的滚滚车轮，将脱贫攻坚的战车不停地推动向前，我永远不会忘记 2020 年 5 月 16 日这个永载史册的日子，这一天，经过全县 62 万干部群众的共同努力和各级各地的倾情帮扶，彝良终于摘掉了贫困县的“帽子”，向着全面小康的目标继续挺进。

（作者时任彝良县人民政府副县长）

以梦为马守初心　不负韶华担使命

李珊梅

从世世代代居住的深山老林中搬出来，住进发界安置区宽敞明亮的新楼房，彝良大山儿女从此开启了往后余生的幸福时光。

古有愚公移山，今有易地搬迁。易地扶贫搬迁是解决“一方水土养不活一方人”最有效的途径，是脱贫攻坚中的硬骨头，是重中之重、难中之难。没到过彝良县易地扶贫搬迁发界安置区的人，真的难以想象安置区的征地拆迁、项目建设、搬迁入住有多难；不走进发界，难以理解安置区易地扶贫搬迁的种种酸甜苦辣和喜怒哀乐。

勇于担当，负重前行

2018 年 6 月，按照县委的安排，我从县政协抽调到彝良易地扶贫搬迁进城安置指挥部担任副指挥长，负责发界安置区征地拆迁和项目建设督查协调服务保障工作。此时的我一点思想准备也没有，要在短短一年多时间里完成 2460 亩的征地拆迁任务和 53 栋安置房建设、5630 户 25725 人的搬迁入住，谈何容易！面对如此繁重庞大的征迁建设搬迁任务，我没有退缩，勇往直前。只要发界完不成建设任务，老百姓不能搬迁入住，彝良就不能如期实现脱贫摘帽，我简直不敢想象，直感压力空前。征地拆迁、项目建设对我来说都是新领域，加之发界先后经历了多次征地拆迁，遗留问题层出不穷，情况错综复杂，征地拆迁举步维艰，作为一个文化人的我来说真是太具挑战性了，很多朋友都为我捏把汗。也有人调侃，发界要能按时建好，除非发生奇迹！我陷入前所未有的紧张和焦虑中。同时，也暗暗地告诉自己，作为一名党的干部，一名政协人，关键时刻要站得出来，紧要关头要敢于亮剑！只有拼命努力，才能完成这项光荣而坚决的任务，才能不辜负党和人民的重托。

“李副主席，彭家的房子还没拆迁，影响进场道路的开挖，旋挖机无法进场；李副主席，三丘田还有30座坟墓没搬迁；李副主席，颜营的老百姓又阻工了，电力铁塔要几时才能移走。”每天一睁开眼睛就有数不清的问题要解决，电话一个接一个，有时连饭都顾不上吃。2018年12月，正值隆冬季节，拆迁三丘田最后10家房子的时候，连续几个晚上拆到凌晨，因天气寒冷，我咳嗽不止，肺部感染，终于病倒了。但一想到大山上的老百姓眼巴巴地盼着搬进城，我强撑着打完吊针又继续投入战斗。

全力以赴，只争朝夕

在省、市领导的大力关怀下，在县委、县政府的坚强领导下，我带领指挥部全体人员冲在第一线，战在最前沿，起早贪黑，马不停蹄，没有节假日，没有周末，每天都是星期一，像充足电的陀螺，整天围着老百姓旋转，穷极一切办法，做通群众思想工作，全力以赴争取群众理解支持配合，一边征地拆迁，一边施工建设，以最快的时间全面铺开施工作业面。

为快速推进项目建设，结合实际，研究制订了“1.3.10”工作联动机制，围绕施工建设需要，每天梳理问题清单交办，做到解决问题不隔夜，落实责任不推诿；每3天召集施工单位及各工作组研究施工过程中遇到的问题，并及时协调解决，职能范围内不能解决的梳理上报县级层面解决；每10天召开一次调度会，及时安排部署阶段性工作，使尽浑身解数推进发界安置区建设。

“小雨当冒汗，中雨不停干，大雨想法干，晴天拼命干，夜里挑灯干，只要干不死，就往死里干”成了我的口头禅。心往一处想，劲往一处使，在大家的共同努力下，发界安置区一栋栋高楼如雨后春笋般拔地而起，3所幼儿园、发界小学、长房九年一贯制学校、卫生院、4个卫生室、派出所、自来水厂、污水处理厂，以及便民超市、社区用房、3.4万平方米扶贫车间等配套项目全面投入使用。

奋力拼搏，不负重托

发界安置区于2018年6月25日开工，2019年8月22日，安置房硬是全面封顶，9月25日，完成通电测试，11月6日分房，11月24日首个群众搬迁，2020年3月30日完成搬迁任务。这一连串的时间节点，无一不凝聚着大家和我的奋力拼搏与辛苦付出，每一个节点，我都会热泪盈眶；每一个节点，胜利离我们更近一步；每一个节点，都是新的希望。所有的心酸、所有的困难、所有的努力终将是美好的记忆。

发界安置区有扬帆、团结、前进、远航4个社区，由发界安置区临时党工委（管委会）代管，我担任管委会副主任，负责分房、搬迁入住的统筹协调和4个社区的日常管理工作。记得2019年11月26日，分发安置房钥匙，我带领指挥部所有工作人员熬了一个通宵，把5000多户的钥匙按照乡镇、户型全部分到每户，第二天及时分发到每个老百姓手中，看到老百姓满意幸福的笑容，我的眼眶湿润了。

为进一步规范有序管理服务搬迁老百姓，我认真积极思考，创新工作方法，按照五级联动的网格化管理模式，即“临时党工委＋基层党组织＋支部小书记＋楼栋长＋搬迁群众”，切实做到“一格多能、一格多员、一员多用”，共组建了53个网格。紧扣“五个好”的标准，即领导班子好、党员队伍好、管理机制好、工作业绩好、群众反映好，做实“六个美丽”创建工作，即美丽社区、美丽楼栋、美丽家庭、美丽商铺、美丽街道、美丽新区，确保安置区管理服务到位。同时，积极协调多方支持，在4个社区建立了阅览室、儿童乐园、老年之家、青年之家、爱心超市等配套服务设施，组织开展操家理务、文明礼仪、技能等方面的培训活动98场次，兑现爱心奖品1200余份。大力开展社区就业、卫生、养老、家政、文化、体育、教育和法制宣传、法律援助、矛盾调解等服务，实现了社区功能由管理向服务的转变，全力把社区打造成搬迁群众的温馨家园。

舍生忘死，逆风而行

2020年的春节，是一个特别的春节，安置区精心打造的年货街没有了往日的喧嚣，突如其来的新冠肺炎疫情凌乱了整个冬天。疫情就是命令，防控就是责任。我带领安置区全体人员，全面入户排查，每天分析研判，确保不漏一户，不漏一人。我们没有隔离服、没有护目镜，只能用薄薄的一次性雨衣、浴帽、鞋套当作隔离服，冒着生命危险坚守在疫情防控第一线，守护着人民群众的生命安全和身体健康，用实际行动诠释特别能吃苦，特别能战斗的忘我精神。

小邓是武汉回来的大学生，老张家亲戚昨天刚从湖北黄石回来过年，小王北京的女朋友过来找他，发界安置区回来过春节的人从四面八方蜂拥而至，疫情防控形势异常严峻。为坚决打赢这场没有硝烟的战争，我们采取“四个加”包保责任制，即社区干部＋医务人员＋片区民警＋楼栋长，对湖北籍、武汉籍，途经、旅居史、密切接触人员145人，一律实行居家观察，居家观察期间所需生活必需品由社区干部采购后免费送至每户，保障生活物资供给，确保居家观察工作落到实处。疫情防控期间，口罩脱销是最头疼的事，为了解决“一罩难求”的问题，守住“第一道防线”，我及时召集大家想办法多渠道采购纱布，交由已入驻发界安置区的彝良服绣刺绣专业合作社手工缝制口罩，经县中医院高压消毒灭菌后陆续发放给易迁群众，共自制8355个纱布口罩发放。为有效切断输入疫情，我们严格实行出入信息登记核实，在安置区1号卡口和每栋楼出入口实行24小时值班和登记，切实做到底数清，情况明。在大家的共同努力下，安置区疫情防控工作取得了全面胜利。

克难攻坚，创新突破

“今年因为小孩读书我没有出去打工，在发界摆地摊卖菜，成本也不高，两个人一个月下来能挣4000来块，又方便照顾家里，生活挺不错的。”来自角奎镇雄乐村的郑方伟高兴地说。自搬迁入住工作结束后，我把重心调至管理服务和稳得住工作，积极深入调研，充分考虑搬迁群众原来的居住生活习惯，低收入群众的生计问题，结合安置区实际情况，针对年龄偏大或因要照顾老人小孩、受疫情影响等多种原因无法外出务工的搬迁群众，全力开发夜间地摊经济，让发界安置区更具“烟火气”。2020年4月，地摊经济快速落地，初具规模，共设立了384个摊位，其中178户是易迁群众，每月有1500元至4000元的收入，最大限度解决搬迁群众的收入问题，确保稳得住工作落实落小。

为让搬迁群众搬得来、留得住、有事做，依托社区网格化管理服务体系，深入群众家中宣传动员劳动力转移就业政策，通过车费补助和生活补助的方式激励劳动力外出务工就业。发界安置区有劳动力 14379 人，目前，有序组织外出务工人员 12083 人。针对年龄偏大或因为要照顾老人、孩子而不能外出务工但又有就业意愿的搬迁住户，积极联系县内 20 家企业，帮助易迁群众就近就业提供岗位 1821 人。在扶贫车间解决就业 320 人。为加强对外出务工人员服务保障工作，建立了外出务工人员微信交流群，及时了解掌握外出务工人员工作情况，建立干部结对帮扶外出务工人员挂钩机制，定期开展关心关爱工作，切实解决外出务工人员后顾之忧。

发界易地扶贫搬迁，谱写了彝良新时代脱贫攻坚大迁徙的壮丽诗篇，是脱贫攻坚浓墨重彩的一笔。正如诺贝尔奖得主阿玛蒂亚·森所言：贫穷，会使人丧失挖掘自身潜力的能力。易地扶贫搬迁，改变的不仅仅是贫困群众的居住条件，更激活了他们的志气、梦想和创造力，改变的将是他们子子孙孙的命运。

（作者时任彝良县政协副主席）

第三编　基础设施破瓶颈 人居环境靓乡村

踏平坎坷成大道

蔡文武

乌蒙云路，挂在山边，滴翠峰峦，壁立千仞。这就是镶嵌在滇川黔三省八县结合部乌蒙腹地的彝良县。彝良，典型的山区农业县：山高坡陡，沟壑纵横，地质破碎，生态环境敏感脆弱，自然灾害多发频发。然，自然之神并没有厚此薄彼，其地，人文历史底蕴丰厚，自然资源丰富，自然生态环境秀美，旅游资源开发潜力巨大。往昔，只因交通设施滞后，资源优势难以转化成现实生产力，经济社会发展受到瓶颈制约。

山外的一马平川，与人太多的诱惑，走出大山，走出彝良，走出困境，这是大山子民共同的梦想。为实现这个梦想，斯人迸发久久为功的韧性，发扬愚公移山的精神，硬是在群山傲立、绝壁四徒、沟壑纵横中寻找出路。经过几十年的风雨兼程和披荆斩棘，每个行政村都通了一条水泥路，每个村组都通了一条满足人们进出的砂石路，织就了一张以县城为中心由 15 条主线、139 条支线、2971 条连接线组成的四通八达的巨型交通网。通畅的交通路网通衢，是兴工强农的前提，是带动经济社会发展的先导，是协调发展的引擎，是奔向致富之门的必由之路。

世间本无路，世人多复天长日久便成路。殷人经商“肇牵车牛远服”；秦汉“五尺道”，远达西南夷；千年古道“阿路林”（今彝良角奎至牛街及四川筠、高二县），承载滇东北古文明。沧桑巨变，彝牛二级沥青路龙腾乌蒙，连接三省，辐射周边九县，内环南北乡镇五五连珠；高速、高铁今尤盛，“当惊世界殊”。

2015年以来，彝良人始终以不屈不挠的精神，倾尽全力扩张这张巨型交通网，终于实现了“乡乡通油、村村通客”的目标，构成了“东接西连、南通北达”的交通路网主骨架。

万里群峰重叠的乌蒙大山之外是什么？勾起许多人无限向往和遐想，不论千山万水，哪管荆棘坎坷，也要到外面去看看。时间累了，也想休息，2017年10月，它作了短暂停留，梦中醒来，境内崎岖的县乡村道上，黄色安全帽山间攒动，各种大型机械、或以前只闻不见的机械都出现了。一声炮响，宜宾至昭通高速公路开建。路线全长163.148公里，双向四车道，总投资240多亿元。分两期建设：一期工程92.718公里，投资142.18亿元，彝良境内69公里；二期工程70.43公里，投资98.40亿元。2018年，过境彝良的又一条高速公路泸昭高速开建，彝良境内12.867公里。逢山开路，遇水搭桥，今人胜古人；今朝机器轰鸣淹没昔日人海大战，又掀起了一浪高过一浪的筑路热潮。小康路上不掉队，憧憬再建高速，拟计划2021年开工建设威信至彝良、麻柳湾至彝良高速公路，威信至彝良高速公路55公里，估算投资94亿元；麻柳湾至彝良高速公路70公里，估算投资119亿元。在不久的将来，随着宜昭、泸昭、威彝、麻彝高速公路的相继建成，以彝良县城为起点，南至昆明，北至成都、重庆，东至贵阳的出行时间将大大缩短，彝良人走出大山、奔向全国各地的梦想必将成真。

时间，于指缝间悄悄溜过，转眼进入新时代，乌蒙山中的彝良又搭上了祖国建设与时间赛跑的快速列车。2019年12月，渝昆高铁开建，站设彝良白岩，人心振奋，山之动容。这条穿越一市三省崇山峻岭之间的巨龙，将承载着彝良60万人民多年的梦想奔向全国，走向世界。渝昆高铁途经我国西南地区的重庆市、四川省、贵州省和云南省境内，线路自重庆枢纽重庆西站引出后，沿途经过重庆江津和永川区、四川泸州和宜宾市、贵州毕节市、云南昭通和曲靖市后接入昆明枢纽昆明南站。线路全长约698.96公里，总投资1416.2亿元，沿线设重庆西站、泸州站、宜宾站、彝良北站、昭通东站、昆明南站等18个车站，速度目标值350公里/小时，彝良县境内57.1公里，总投资114.2亿元。届时，彝良将融入全国高铁网，彝良人民的高速时代即将来临。那时，彝良人去成都、重庆、贵阳和昆明，一个半小时即可到达，到重庆吃火锅，到贵阳吃羊肉米线，到昆明吃过桥米线将不再是天方夜谭，而是一桩实实在在的平常生活常事。

收敛起思维的奔马对未来生活的无限遐想，聆听五尺道马帮驼铃。时年，蜀郡太守李冰纵火燃烧岩石，凿开绝壁，打开了云南门户。诸葛南征，鏖兵云岭。秦扩僰道，阿路林当是得以再造，彝良至牛街至四川筠连、高县，牛街设驿站，“搬不完的昭通，填不满的叙府”则是当年写照。清朝中叶曾重修过，碑刻是佐，此阿路林就是千古云南彝良与四川筠连两省之通衢。

把思绪带到20世纪50年代，回到曾经让彝良人民得以和外界联系的初始之道。那就是贯穿彝良全境的国道352线，这条起点在昭阳区与彝良交界的蚂蟥沟，止点在四川与云南交界的甘家坝。此线多段，就是建在千古之阿路林古道之上的。国道352线是贯穿彝良境内，是串连洛泽河镇、角奎镇、龙安镇、小草坝镇、牛街镇五颗明珠的一条纽带，是两河、钟鸣、龙海、柳溪、洛旺等乡镇连接至县城的主干线。路，20世纪50年代初始建成，后因猫猫山至蚂蟥沟段弯急、坡陡，新改道经大寨、虎丘、岭东至吴家桥，由于经济基础薄弱，资金筹措难，公路修了又停，停了又修，改了又改，耗时虽长，但是，路终于修通了，可等级较低，一旦遇暴雨，塌方、落石、泥石流等自然灾害随处可见，交通中断，有时一断就是十天半月。随着县域经济和社会的快速发展，现有交通通行能力难以满足现实发展的需求，提级改造迫在眉睫。为了进一步改善路面状况，又经历了由四级砂路向四级油路，四级油路向二级油路两次艰难迈进。在此过程中，历届政府多次向上级汇报沟通争取支持。功夫不负有心人，从2015开始，经过两年的前期工作准备，2017年3月，国道352线彝良至牛街四改二工程顺利开工建设，路线全长97.7公里，总投资13.6亿元。2019年12月，这条承载和见证彝良人民、历届县委、县政府和建设者们太多辛酸和汗水的幸福之路建成。从此，洛泽河畔至白水江边不再有阻隔，彝良从南到北的交通大动脉全线贯通。

省道302线猫猫山至谢家坳公路，又一条彝良境内的干线公路，也有着与国道352线大致相同的发展经历。2015年3月省道302线猫猫山至谢家坳顺利开工建设，路线全长102.86公里，总投资5.3亿元。2017年，顺利完成四级公路改三级公路的升级改造并建成通车。这条沿着洛泽河逆流而上，串起角奎、洛泽河、龙街、奎香、树林等五颗高原之珠的虚线变成实线，并与昭通市镇雄县花山乡相连，出县通道打通。

路儿弯弯挂在山，下山又拐十八弯，晴日窃喜通行畅，冷雨愁眉叹路难。这是县乡道路的现实写真。面对点多面广、路况复杂、建设管理难度大的现实；面对典型的"吃饭"财政，只靠中央转移支付勉强保障日常运转，无法自筹建设项目配套资金的现实；面对习近平总书记的重托和60多万人民的期盼，紧紧依靠人民，紧扣交通行业脱贫的建设标准，按照行政村公路通畅，通客运班线率100%的目标大步迈进。近几年来，通过各种途径争取上级支持和融资3.6亿元，整体推进县、乡道交通建设，2017年终于实现村村通硬化路的目标，为全县经济发展和脱贫摘帽提供了强有力的交通支撑保障。到2017年年末，彝良1148.5公里的县乡道全部实现通油路或通水泥路。

道路崎岖修到家，我们致富就靠它。这是人民的褒奖，是对建设者流泪、流汗的认可。它上可至高山，下可到河谷。凡是人类有重要活动足迹的地方都有那么一条路，这是说明它的多。在彝良2804平方公里的土地上就有5743.718公里的自然村公路，这个长度相当于彝良至北京（直距1777公里）直线距离的3.2倍。大数据，看大变化，发展才是硬道理。

要想富，先修路。为政之道，当断则断，果断决策，趁势而为，千方百计通过贷款和争取上级支持等办法解决建设资金问题，优先对人口相对密集的村组道路进行硬化。2017年启动村级公路建设1390公里、2018年

630公里、2019年1023公里，至2020年6月，2971个自然村全部通公路。5743.718公里自然村公路中2292个自然村实现通硬化路，硬化里程达3043公里，总投资达15.2亿元。“看见屋、走得哭”，是小草坝镇三道村、牛街镇水田村以前的真实写照，如今路通了、房子漂亮了、条件好了，群众乘着脱贫攻坚的东风，依托丰富的资源，三道村藏在深山中的竹笋、天麻，水田村的辣椒等原生态农特产品一下子变成“香饽饽”，走出了家门，走出了大山。新时代的彝良，正融入发展的新征程。

发展为了人民、发展依靠人民、发展成果由人民共享。保障和改善民生没有终点，只有连续不断的新起点。至2020年6月，全县境内铁路通车里程44公里，农村公路通车里程7197.691公里，其中国道170.667公里、省道131.35公里、县道405.805公里、乡道746.151公里、村组道5743.718公里。彝良，这颗镶嵌在乌蒙大山中的明珠，正在形成以高速公路、国省干线公路为主骨架网络的综合交通网，正茁壮成长为昭通市北部地区的重要交通节点。

“雄关漫道真如铁，而今迈步从头越。”地处昭通北部的彝良，交通环境正在发生翻天覆地的变化，境内的一条国道，一条省道，一条渝昆铁路，在建的宜昭高速、泸昭高速、渝昆高铁，即将开工建设的麻彝高速、威彝高速，不久都将在彝良交汇，彝良“对内大循环，对外大畅通”的交通大格局正在形成。彝良，踏平坎坷成大道的心犹在。心犹在，梦就在！梦必成真！

（作者时任彝良县交通运输局综合规划股股长、工程师）

山里山外畅坦途

蔡文武

地处云贵川3省8县（区）接合部的彝良，是国家第二轮重点扶持的贫困县。这里山峦重叠，沟壑纵横，峡幽谷深，山地占国土面积的96%以上，是典型的山区县。行路难，修路更难。路的问题，制约了经济社会的发展，束缚了人们的生产生活。交通基础设施的滞后，成为贫困的主要根源。脱贫攻坚大决战打响后，彝良交通人找准“靶向”，紧紧咬定“进村主路通畅、进组公路通达”的目标任务，全力改善农村交通基础设施，为群众打通出安全、便捷、快速的脱贫通道，助推脱贫攻坚目标的实现。

“要脱贫，交通需先行。”2015年注定是不平凡的一年，当脱贫攻坚大决战的冲锋号吹响后，彝良交通人抢抓住这一扶贫力度空前的历史机遇，迅速投入乡村公路建设的洪流中，当年硬化贫困村公路总里程207.145公里，累计投资1.3亿元。改善了角奎镇杉林村、拖脚村，洛泽河镇笋叶村，奎香乡安乐村，荞山镇底武村，海子镇大坪村、新场村、新营村，钟鸣镇木龙村，两河镇半河村、田黄村、白米村、小溪村，小草坝镇三道村，牛街镇果稠村，柳溪乡茶坊村、白虾村，洛旺乡怀来村、中厂村的交通基础设施，受益群众14682户68057人（建档立卡户7317户33791人）。

2016年，彝良交通人乘势而为，掀起贫困村公路建设大干苦干的热潮，硬化贫困村公路总里程251.84公里，累计投资2亿元。改善了角奎镇发界村、阿都村、熊乐村、马窑村、花溪村、马腹村、寨子村、石垭村，龙街乡龙洞村、尖山村、长炉村、恒底村，荞山镇安乐场村，海子镇大田村、清河村、瓦厂村，钟鸣镇山河村、扯炉村，两河镇铜厂村，龙安镇岩贤村，龙海镇放牛村、石笋村，牛街镇芭蕉村，柳溪乡水果村、上寨村、坪上村，洛旺乡联合村、云丰村、树草村的交通基础设施，受益群众 23150 户 103659 人（建档立卡户 10487 户 47525 人）。

2017 年是乡村公路建设的收官之年，硬化贫困村公路总里程 29.5 公里，累计投资 2949 万元。改善了牛街镇黄河村、龙海镇鱼井村的交通基础设施，受益群众 1482 户 6942 人（建档立卡户 696 户 3198 人）。

截至 2017 年年底，彝良率先在全市 11 个县（区）中提前完成乡村公路提质改善任务，由乡入村的道路通畅舒坦了，村村通硬化路的目标全部实现，顺利完成了村脱贫出列的交通建设任务，为全县脱贫奠定了坚实基础。然而，新的问题出现了，尽管由乡入村的道路畅通了，但由行政村进入自然村的道路阻塞又摆在了面前。脱贫攻坚任务刻不容缓，必须打通交通制约的“最后一公里”，补齐短板、推动脱贫、促进发展，解决群众饱受出行不便之苦的村组道路建设很快提上了县委、县政府的重要议事日程。拿出攻城拔寨的勇气和破釜沉舟的决心，彝良交通人贯彻落实县委、县政府决策部署，明确主攻方向，立足既有条件，对人口密集的村组实施道路硬化。

彝良多山地，大山就是家，在山的脚下、腰间、头顶，或群居、或散居，生活着汉苗彝回等 22 个兄弟民族。彝良人就是大山的儿女。群峰环抱，峰回路转，一条条盘旋曲折的绕山土路，似一条条细细的长蛇匍匐在沟曲山弯的地表上，大部分村组道路路面窄路基软路况差，坑坑洼洼，晴通雨阻，加之滑坡、泥石流等自然灾害频发，好的路段管几个月差的路段管几天的情形比比皆是，甚至有的村组路通了却难行。行路难，似蜀道。斗罢艰险又出发，踏平坎坷成大道。彝良交通人不服输，要战天斗地，自 2018 年伊始，拉开了全县最为艰苦、最为集中、建设里程最多的 3 年交通扶贫大决战的序幕，村组道路硬化成为决战决胜必须攻克的目标。3年艰辛不畏风雪寒暑，3年征战不惜流汗流血，“敢教日月换新天”。2018年累计投资6.95亿元，硬化贫困村村组道路总里程1390公里；2019年累计投资8.7亿元，硬化贫困村村组道路总里程1653公里。截至2020年6月，全县15个乡镇的2971个自然村全部通公路，其中2292个自然村实现道路硬化。至此，全县自然村公路通达总里程5743.718公里，其中硬化里程达3043公里。

忆往昔，路难行，令人愁。看今朝，天堑变通途，举家欢庆。交通基础翻天覆地大变化，祖祖辈辈人背马驮的艰辛历程一去不复返。可喜可贺之余，殊不知个中凝聚了多少建设者们的奉献与付出。贫困村公路建设是脱贫攻坚中非常难啃的一块“硬骨头”，而最大的困难莫过于工程的点多面广且监管难度大。“敢上九天揽月，敢下五洋捉鳖。”彝良交通人久有凌云志，再坚固的堡垒也要攻克。为克期保质保量完成贫困村的公路建设，有这样一群人，他们长久没有节假日，长期离别家人，有的带病坚持工作，有的时常风餐露宿……总是克服着各种各样的困难在前行。在崇山峻岭中，在山涧溪流里，在蜿蜒泥泞的乡间小道上，经常见到他们的身影，凭着坚韧不屈的决心信心和勇毅笃行的意志品质，耗费整整5年的时间，完成198条总里程3500公里的道路质量安全监督管理工作，这就是彝良县交通运输局公路建设质量安全监督管理组的同志们。就是这样的一群人，用一步一步的脚印去审核检验工程的质量，他们在为人民群众出行安全提供坚实的保障，他们也在书写人生的精彩。

吴雪飘，质量安全监督管理组中的普通一员，一个“80后”的年轻女技术员，毕业于云南交通职业技术学院，2010年在校学习期间就加入了中国共产党，2013年参加工作。这个充满青春活力，鼻梁上架着一副400度眼镜，随时都会发出欢声笑语的年轻人，在公路质量安全监督管理方面却有着相当丰富的经验。一天清晨，天刚翻起鱼肚白，手机的声响把我从睡梦中惊醒，电话一端传来一个声音：“蔡主任，我们今天去牛街，路有点远，今天要抽检的路好几条，晚了怕完不成任务，赶快起床，准备出发，在行政中心集中。”吴雪飘话语急促，催我上路。近两个小时后，我们赶到目的地牛街镇甘家坝村委会。村上的干部早早的在那里等候着我们，大家吃了早点，带上一天的干粮进山开展工作。

甘家坝行政村，共有 34 个自然村 873 户 4004 人，其中建档立卡户 341 户 1541 人。此村地域面积较大，地形复杂，山高坡陡，道路崎岖。对于这个村，发展最大的问题是路，路成了当地群众脱贫的希望。我们一行驱车沿途对大田至岩方坪、五庙至田湾、“牛�线”至王青山的公路进行质量安全抽检。时间流逝得很快，下午 6 点过，还有一条路未完成抽检，大家又急匆匆驱车前往甘家坝村芭蕉至白胡公路的起点渔箭沟桥。过桥 30 米，一堆雨后的塌方挡住了前去的道路。“怎么办？是否还有路可到达。”吴雪飘问村上的干部。“有是有，但又远又绕，要通过黄河村的地界才可到达。”村上的干部回答。“走，赶快掉头，绕就绕点，晚就晚点，今天的任务必须完成。”挺着大孕肚的吴雪飘显得很着急。我心里立马担心起来：“小吴，你辛苦一天了，你身体吃不消，明天再去吧。”“不怕，蔡大哥，医生说预产期有 20 天左右，我负责的路段一定要按时完成，时间拖长了会影响公路安检进度。走，再熬一下。”吴雪飘笑着说。眼前的吴雪飘显得若无其事，可我却更加忧虑：“我可是一个老大哥呀，万一小吴出了事我怎么向她家人交代！怎么向组织交代！更怎么向自己的良心交代！”我的心咚咚直跳，但又说不出劝阻的话，只有暗自祈祷平安无事。

我们沿路返回，围着大山转了一大圈后才来到渔箭沟桥对面的山顶上。白胡村民小组长刘怀全带着一些村民向我们迎了上来：“太感谢你们了！你们辛苦了！”几个妇女拉着吴雪飘的手嘘寒问暖：“吴同志，还有好久生？”“为了给我们修路，你身怀大肚的还在操劳。”“千万要注意，不要摔倒，不要累倒，一定要当心肚子里的娃娃……”关切的话语让人听得心酸想哭。干完活赶回村上时，已是晚上 10 点多钟了。大家狼吞虎咽吃完晚饭又开了个短会。当我向局领导汇报完当天工作开展情况并准备休息时，突然发现吴雪飘在会议室的沙发上睡熟了。她太累了，是该好好休息了。山间的夜晚天凉，我找了条毯子轻轻地盖在她身上，蹑手蹑脚关上房门走了出来。站在屋外，山风习习吹来，一时间竟没有睡意，远眺天上的星星闪亮闪亮的，感觉好似群众渴望的眼光，也好似我噙着的泪花。

千般苦万般累终有硕果，坚持不懈的脱贫攻坚大决战，彝良交通基础设施大变样，旧貌换了新颜。来之不易的果实需要精心呵护，彝良交通人坚守建设与管理并重的理念，不断创新公路养护管理方式，推行出“县道县管”“乡道乡管”“村道村管”的分级责任制管理养护，县、乡、村道的常年养护率分别达到100%、90.8%、83.8%。交通安全责任重于泰山。2020年千方百计融资20450万元，又对县道和乡道647公里、村道1398公里的临崖、临水、雾区、冰凌等危险路段增加防护栏、交通标志、路面标线、视线诱导标等安防设施，为群众的出行安全再上一道“保险带”。

路修通了建好了安全系数提升了，切切实实给群众带来了看得见摸得着甚至立竿见影的好处，不仅解决了许许多多群众出行的难题，还助推了沿线的产业发展，群众的农林产品要运出去、所需的生产生活物资要运进来都很方便，像天麻、竹笋、辣椒、花椒、魔芋、马铃薯等农林产品很好卖，常有收购商走村入户来收购，群众脱贫致富的信心高涨，致富步伐越迈越快。“要致富，先修路”，两河镇大竹村海子组建档立卡户申支宽深有体会。他激动地说：“过去路又烂又难走，卖竹笋、天麻全靠肩挑背摩，一次只能背七八十斤，赶集的时候，早上打着手电筒要走两个多小时天才亮，卖完货到家的时候天早就黑了。现在路好了，每家都买了摩托车，有的还买了小汽车和农用车，逢赶集天坐车去也好，骑车去也好，只要车上放得下，拉多少斤都可以，半天时间就是一个来回，轻松多了。”“2019年，我种了6亩方竹和2亩天麻。路修好了，种植和运输的成本都降低了。竹笋一年收入1.3万元，天麻一年收入3万元。”一条路，兴旺一个产业；一条路，造“富”一方百姓。天高任鸟飞，海阔凭鱼跃。彝良劳动人民中历来不乏勤劳拼搏之人，就像申支宽一样的贫困人，只要能创造条件帮助他，他就能脱贫致富；只要能给他一个平台，他就能干出一番成绩。

奋勇拼搏的攻坚脱贫大决战，彝良人民实现了同步迈入小康社会的愿景目标。新起点开启新征程，在习近平新时代中国特色社会主义思想的引领下，彝良人民昂首阔步走在中华民族伟大复兴的光辉大道上。

（作者时任彝良县交通运输局综合规划股股长、工程师）

南网风华“数”今朝

陈　强

乌蒙山连着山外山，星光照映着山里山的彝良。南网在精准扶贫战略中，用忠诚和奉献谱写南电风华，用万家灯火闪烁南网华彩乐章。

白昼宁静下来，繁星浅唱低吟。在黑山白水柔情的臂弯里，南方电网云南昭通彝良供电局精准扶贫也在星光下萌动诗行。

“经济要发展，电力需先行。”十五的月亮，十四就先圆。脱贫攻坚大决战，南电人发扬“乌蒙磅礴走泥丸”的红军长征精神，上攀云中雨龙山，下“潜”壑谷白水彝河，在崇山峻岭间“踏罡步斗”架设铁塔银线，在深谷沟壑中蹒跚矗立电杆配变，牵手栖居高山峡谷的国家级特困县，以电力助脱贫。

爱洒乌蒙，“数”说电力

南方电网云南昭通彝良供电局在脱贫攻坚进程中，用“满足人民对美好生活的用电需求”践行初心和使命。南网人架设“蜘蛛网”背后的艰辛，被汗水换来的数字淹没。数字是枯燥的，大数据时代，数字又是鲜活的。南网，是大地琴弦，南网数据，是律动原野的音符。

地上的街灯亮了，就像闪着无数的明星；天上的明星现了，好像点着无数的街灯……这是郭老赞美夜的诗行。盛世中华每每入夜不仅是街灯亮了，凡是有人居住的地方，都是星光灿烂，灯火辉煌。彝良，亦不乏人间仙境。正当落日银辉洒满天际时，电力人早把这流动的生命幻化成星火，点亮山河，把大地打造成了仙山琼阁。

如点点繁星的数字，就是南方电网人工作的缩影。2015年，在电网建设工作中，完成彝良3条灾后重建财政专项35千伏线路重建工程投运工作，完成35千伏光纤全覆盖工程的建设任务。农网改造升级工程10千伏及以下项目总投资20377万元，新建10千伏线路511.38公里，低压线路1215.49公里，安装配变471台，配变容量47.83兆伏安，一户一表改造22075户。工程在7月底启动建设，至12月底，电杆转运到位24060基，杆塔组立24060基，10千伏线路360.45公里，400伏及以下线路架设1480.67公里，完成工程比例94.86%，累计完成投资19343.08万元，完成投资比例94.93%。彝良2015年农网建设被昭通供电局授予“基建优秀样板工程先进集体”称号。

稳增长项目工程于12月开工建设，总投资524.56万元，涉及12个单项，新建10千伏线路11.62公里，低压线路9.52公里，安装配变10台，容量3445千伏安。

2016年，全面推进电网建设，圆满完成了下达的年度投资计划32781万元，建成10千伏线路518.69公里，低压线路1562.15公里，安装配变578台，户表改造25506户。完成投运192个台区，完成数据采集203个，电子化移交流程推送完成93个，实现了彝良县农村电网“一户一表”，改造率达到了100%全覆盖。

小城镇、中心村农网改造升级工程（第一批）项目计划总投资2373.08万元，共计84个单项，新建10千伏线路47.19公里，低压线路79公里，安装配变53台，户表改造1490户。他们的辛劳没有白费，他们的汗水没有白流。彝良县农网工程项目参加昭通供电局基建优质样板工程评比，龙街乡梭嘎村龙井台区获得全市第一名并获得一等奖，龙街乡梭嘎村石丫台区获得二等奖，龙街乡恒底村张家岩社一号台区获得三等奖。

2017 年，宜昭高速、昭泸高速、彝牛二级路施工用电负荷迅猛增长，彝良供电局围绕全县基础建设工程用电需求，结合彝良县脱贫攻坚的总体规划和安排部署，及时开展了《彝良县“十三五”中低压配电网规划》修编，新增规划项目 141 项（其中 110 千伏项目 2 项、35 千伏项目 7 项、10 千伏及以下项目 132 项），新增“十三五”规划 35 千伏及以下项目投资 5688 万元。随着项目逐步实施，将全面改善全县工农业生产发展电力需求，进一步提高全县电力客户的用电质量。积极推进“新一轮农村电网改造升级”工作，全年顺利完成彝良县小城镇、中心村农网改造升级工程（第一批）、易地扶贫搬迁安置点工程（第二批、第四批）。

是年农网自筹项目 4 个批次项目建设，完成投资 2621.11 万元，新建 10 千伏线路 50 公里，低压线路 86.29 公里，新增变压器 65 台，户表改造 1669 户。并及时启动了第二批应急资金项目，追加下达投资 963.71 万元，改造易地扶贫搬迁集中安置点 5 个、零星扶贫搬迁户 676 户、贫困村通动力电项目 4 个。工程建设进度、基建信息系统应用实用化得分在全局名列前茅。全力做好易地扶贫搬迁配套电网建设，跟踪落实政府安置点建设进度，及时将项目上报应急实施，确保搬迁到哪里电就通到哪里，有效改善贫困地区生产生活条件。全年较好地配合彝良县扶贫开发领导小组完成了国家、云南省脱贫工作考核检查组的检查，电力行业扶贫工作得到各级领导和专家的一致好评。完成龙安、奎香供电所建设并投产使用，建成牛街、海子供电所，开工建设洛泽河、小草坝供电所，积极开展树林供电所前期工作，累计完成省公司下达小型基建投资 2698 万元，年内完成投资计划 1371 万元，投资计划和工程推进情况在昭通供电局县级供电企业名列第一。

2018 年，全面落实新一轮农村电网升级改造工作，完成彝良县 2017 年第一批农村电网改造升级自筹资金项目、第二批应急资金项目 2 个批次项目的续建工程，完成项目总投资 1089.85 万元，涉及易地扶贫搬迁集中安置点 5 个、零星散户 676 户、贫困村通动力电项目 5 个，低电压项目 8 个。完成彝良县2018年中央预算内投资和新增中央预算内投资农村电网升级改造2个批次10千伏及以下项目总投资296.89万元，对19个低电压、重过载台区进行升级改造。彝良县2018年第二批自筹贫困村通动力电项目12个。完成彝良县2018年第三批应急项目，涉及易地扶贫搬迁集中安置点7个。彝良县是年第五批应急项目，涉及易地扶贫搬迁集中安置点3个，计划投资241.84万元，工程于12月正式开工建设，已完成2个安置点电力配套建设并竣工投产，剩余1个项目将结合安置点房屋建设进度，配套电力设施建设工程同步实施，确保易地扶贫搬迁安置点搬迁入住前竣工投运。

2019年，完成彝良县2019年中央预算投资和自筹项目投资8672.54万元。完成2019年第二批应急项目投资334.49万元。完成2019年第三批应急项目投资3432.43万元。完成2019年第四批应急项目投资61.74万元。完成2019年提质攻坚助扶贫项目投资1967.12万元。完成投资1860.8万元帮助15093户农村危房改造户实现“房成电通”。2019年农网升级改造项目和“农危改”通电项目累计下达资金14362万元。

南网入梦，星耀彝良

牛街镇水田村是南网彝良供电局的挂钩村，供电局职工、驻村第一书记吴长碧自2015年驻村以来，率先扎根水田，以坚忍不拔的意志，发扬钉钉子精神，致力于脱贫攻坚，赢得水田人民爱戴，树立了电力人的良好形象。同年，供电局分别投资928万元和470万元，先后完成水田村、小干溪村农网工程，实现村级户表改造全覆盖。

2016年年底实现了全县农网户表改造全覆盖，完成全县农网升级改造的“民心工程”和“德政工程”，在彝良电力建设的历史上书写了浓墨重彩的一页，实现全县“一张网”，城乡居民同网同价。形成以220千伏发界变、110千伏新场变、110千伏大桥变、110千伏桃坪变为主供电源点，12座35千伏变电站为骨干的彝良电网。

“满足人民对美好生活的用电需求”就是南网人的初心和使命，云南电网公司出台“镇彝威革命老区精准扶贫精准脱贫三年行动计划”，按照彝良县委、县政府部署，围绕彝良2019年脱贫出列计划，把打赢“三大攻坚战”贯穿始终，根据易地扶贫搬迁安置点“搬迁到哪里、电就通到哪里”的工作要求，按照“总体规划、同步推进”的电网规划建设原则，南方电网云南昭通彝良供电局党委加强组织领导，细化电力行业扶贫行动方案，明确任务、指标和组织保障，对全县农村地区采取统一标准开展电网规划和建设，加快提升贫困地区供电能力和供电质量，加快提升电力服务水平。

2015年以来，全县农网改造升级累计投入6.7亿元，完成51170户表改造，完善供电配套设施投资3286.02万元。

时年，农网升级改造，施工难度最大的是荞山镇田坝村，由于农户较为分散，一些少数民族又多居住在高山上，有的山头甚至仅有一户人家。若是云雾天找他们，倒真是“云深不知处”。电力物资必须进行二次转运，多用人力、绞磨、拖拉机及索道等方式转运。施工队计算过，18个人平均一天只能转运电杆一根半左右，还得从早上7点多出发，一直干到晚上8点左右。造成施工进度缓慢，建设成本增加。

是年秋月，彝良境内普降暴雨，持续达61天，施工难度加大。10月初，荞山境内高海拔山区开始降雪，道路出现覆冰，“屋漏又遭连夜雨。”但，南电人牢记使命，排除万难，按时完成了任务。

在农网改造中，蔡文辉同志值得一提，他是一名勤劳上进、求真务实、苦干实干的人。2011年8月刚调整到公司时，农村电网一户一表改造率仅达32.47%，在之后的七八年间，他团结带领部门员工积极、主动、扎实开展工作，积极协调解决外部施工环境，通过不懈努力，克服困难，圆满完成101239.79万元彝良农网改造工程项目投资建设任务，

南网人全面践行“人民电业为人民”的企业宗旨，全力服务彝良县地

方经济发展，深入查找当前供电服务中存在的差距，针对全县脱贫攻坚产业用电保障问题，人民群众从“用上电”到“用好电”的服务需求变化。彝良供电局及时调整供电服务思路，印制“便民服务联系牌”和“供电服务联系卡”，让群众用电遇到问题能第一时间找到片区客户经理，有效解决客户反映的“停电多、电压低、抢修慢、用电难”等焦点问题。在贫困群众办电方面，持续优化电力营商环境，压缩办电环节，减少办电成本，为贫困户、“五保户”等群体提供全方位、“一站式”电力服务，同步组织开展了电量电费减免，5 年来累计减免城镇低保户 2441 户，电费 158176.8 元；农村低保户 31810 户，电费 2061288 元；特困五保户 629 户，电费 40759.20 元。

2015 年以来，为全面助力产业扶贫，切实减轻工业、一般工商业用电和居民用电负担，根据国家电改政策，2018 年累计完成市场化交易电量 5.35 亿千瓦时，为彝良用户节约用电成本 6567 万元。对一般工商业用户进行了政策性调价退补，共退金额 8.9 万元，累计完成居民用电量 2.45 亿千瓦时，平均电价降低了 49 元 / 千千瓦时，共为彝良居民用户节约用电成本 1204 万元。2019 年市场化交易完成电量 5.92 亿千瓦时，为用户节约用电成本 7384.288 万元。

为宜昭高速一期、二期，彝牛二级路，渝昆高铁、彝良县沐阳硅业等重点项目提供电力保障，同时担负着全县 2923 户中小企业、15971 户个体工商户电力供应，为彝良县 22 万亩花椒产业深加工、2.83 万亩天麻产业深加工、10.3 万担烤烟提供电力保障。彝良县自从通电以来，2019 年首次实现了全年人身触电伤亡零事故。在全县进入脱贫攻坚决战的最后关头，南方电网云南昭通彝良供电局一手抓安全生产，一手抓供电服务，保障全县电网建设和电网运维安全稳定。

脱贫攻坚，一路征程，筚路蓝缕，砥砺奋进，纵横彝良。未来的路，还很漫长，南电人一定不忘初心，牢记使命，用汗水抛洒成星辰闪烁将军故里的星空。

（作者系云南电网有限责任公司昭通彝良供电局职工）

山间平湖润桑梓

赵华毅

水是生命之源、生产之要、生态之基。兴水利、除水害，历来是我国治国安邦的大事。古有大禹治水、李冰治水、王景治水等典故，更有安丰塘、都江堰、漳河渠、郑国渠并称为中国古代四大水利工程。今朝之三峡水库、南水北调等国之重器工程，无不彰显了中国水利文化之源远流长，每一项水利工程的实施，都具有划时代深远的影响和意义。

脱贫攻坚战役打响，彝良县加快了水利设施建设的步伐，双河水库后续工程的完成、松林水库的建成及后续工程的实施、新场水库及奎香水库的稳步推进，为解决这些地区的安全饮水奠定了坚实的基础。

耗时八年建成的双河水库，是一座以农业灌溉为主、兼具农村供水和下游防洪保护功能的综合性骨干水利工程。同时，给彝良县城市防洪、枯水期补水又提供了坚实保障。水库总库容 2180 万立方米，年供水量 3100 万立方米，设计灌溉面积 5.25 万亩，灌区覆盖了荞山、角奎两镇 12 个行政村（社区）。解决了县域 3.12 万人和 2.29 万头牲畜的饮水困难，受益人口达 11 万人。

双河水库因灌溉而兴，凝聚了历届县委、县政府以及水利人的心血和汗水。当年的角奎镇、荞山镇很多村庄都盛产优质大米，随着水源的干涸，大量农田由于没有水源供给，只能田改旱种植玉米、洋芋等农作物，但经济效益远不如大米来得实在。虽然心痛不舍，但现实如此，人们也只能默认。经调研，找到了好水源，但距离太远，仅用沟渠引水的话，流失会非常严重，到枯水季节甚至无法引到。经多次研究后，一个水库的雏形在大家心中渐渐形成。

水库修好后，为切实发其挥功能功效，将其作用最大化，陆续实施了大坝枢纽、灌区渠系、移民及环境投资三项配套工程。水库枢纽工程主要由混凝土面板堆石坝、溢洪道、输水隧洞及导流隧洞组成。灌区渠系工程布置总干渠 1 条、分干渠 4 条和支渠 2 条，干支渠总长 55.875 公里，已开标 37 公里。移民及环境投资工程主要包括淹没库区征地拆迁补偿、移民安置点及基础设施建设工程、环湖公路建设等。

双河水库库区移民安置，定格着水利人的身影。其工程建设征地移民安置规划经省移民局、省水利厅批复总投资 10750.34 万元。高坎、木龙两个安置点建设完毕，通过抽调精兵强将成立专项工作组，挨家挨户做思想工作、开展安全宣传、协调搬运车辆、搬抬家具物品，双河村和田坝村的雷坡、鱼洞、大湾等 13 个社组 168 户 714 人，已于 2015 年 8 月搬迁安置完毕，保障了双河水库按时下闸蓄水。

在为移民搬迁过程中，坚持多跑路，锲而不舍来回奔波，每一个物件都细致梳理，每一件家具都小心搬抬，如同自己搬家一样。“搬完我们这最后一户，你们就要回县城了吧！这段时间真是麻烦你们了。”听到这一句话，大家哽咽了。一向性格爽朗的水利人没有出声，低头用心擦拭着一台老旧的收音机，其他人如往常一样收拾着搬迁户的行李，没有人提及分别。那么多个日日夜夜，水利人早已和移民搬迁户建立了深厚的情感，原来一直想尽早结束的工作不知不觉已成了内心的牵挂。

移民搬迁后，他们是否适应新居房、新生活、新环境，这些问题仍然牵动着水利人的心。他们一直同搬迁户保持联系，从移民口中得知，他们的“新”家既留得住乡愁又看得见发展，彝良水利人这才放下心。“进火的时候一起来看看咱们的新家（此处进火意指搬家）。”这样一句普通寻常的话，却让水利人很感动。

建于松林河上的松林水库，源流后山与贵州接壤之山野，流经寸田入松林，这里有“乌蒙回旋”之“三进三出”奎阳的红色诗篇。为解决水源问题，使革命老区人民早日脱贫，同步小康，该水库因时而建。水库大坝上游年产水量5870万立方米，总库容1470万立方米，水库最大坝高90米，坝顶长230米，大坝为自密实堆石混凝土重力坝，被清华大学定义为近百米级高坝；水库配套渠道长31.69公里，最大引水流量2.19立方米每秒，工程批复概算投资4.16亿元，水库工程主体已全部完工。工程实施中，主要得益于清华大学水利系主任、博士研究生导师金锋教授，水利部水利水电规划设计总院副院长、博士研究生导师刘志明教授，云南省水利厅总工程师张天明同志等的多次关心和指导工程的施工建设。还有松林水库搬迁的64户308人的贡献。

松林水库的建成，不仅解决了奎香、龙街、洛泽河3个乡镇8个行政村4.42万人和3.19万头大牲畜的饮水及4万亩农田的灌溉问题，还调节了淹没区附近的空气湿度，有利于改善生活环境，可以削减大坝下游汛期洪峰流量，降低洪水对沿河两岸的人民生命财产威胁。

与此同时，彝良奎香水库、新场水库也在紧锣密鼓的施工中，目前，新场水库已征用土地798.19亩，搬迁农户26户99人。现已全部安置完毕，移民生产生活秩序良好。

山间平湖润桑梓，碧水蓝天展笑颜的大美图画，已经描摹在了磅礴乌蒙腹地的彝良县的表里山河。“问渠哪得清如许，为有源头活水来。”高峡平湖的大自然的生命之“血”，必将久久为功，“脉”动金山银山，造福苍生。

（作者时任彝良县水务局副局长）

只为那一捧清泉

赵华毅

“自然界的一切事物中，唯有水最珍贵。”坦桑尼亚总理曾戈·平达这样描述水的重要性。在日常生活中，人类无论何时何地都与水有着密切的联系，甚至可以说，离开了水，人类就失去了赖以生存的基础和保障。现在，大家不仅要喝上水，更要喝上清洁、卫生、健康的自来水，这不仅是大家的共同需要，更是脱贫攻坚工作提出的具体要求。

昔日“黄汤汤”之蜕变

“我们这里以前放出来的水全是‘黄汤汤’。”彝良县钟鸣集镇居民姜女士现在50多岁了，常年生活在严重缺水的地方，何时能有一口清凉可口的自来水喝，她已经翘首以盼很多年。她告诉我们，以前，水龙头一打开，放出来的水就像树叶烂掉之后的水一样，全是“黄汤汤”，味道还很重。要想能使用，必须用大盆或大桶先沉淀3天以上，才能在烧开之后饮用。久而久之，这里的群众家里每一户都有几个大盆或几只大桶，大盆和大桶成了他们生活的必需品。

自农村饮水安全工程实施以来，钟鸣镇实施了麻窝片区供水工程，该工程总投资 1459.82 万元，解决了钟鸣镇的麻窝、钟鸣和扯炉 3 个村 27 个村民小组 877 户 3632 人（其中：建档立卡贫困户 309 户 1232 人）及覆盖区内的学校师生供水问题。其中，麻窝村周家厂、庙湾、板桥、小米地等 14 个村民小组 352 户 1404 人，牲畜 782 头，学校 1 所，师生 225 人。钟鸣村覆盖岩洞、槽子、乌鸦、湾子等 7 个村民小组 370 户 1607 人，牲畜 895 头。扯炉村覆盖邵家坡、李子坪、岩脚和大石包 4 个村民小组 155 户 621 人，牲畜 346 头。同时解决钟鸣集镇片区 12665 人，牲畜 1090 头，学校 2 所，师生 3000 人的供水水质不达标问题。

2019 年，钟鸣镇农村饮水安全工程全面实施完毕。姜女士一边打开水龙头，一边介绍道："现在这个水'清花绿亮'的，我们直接就可以接来喝了。"作为全县严重缺水乡镇之一的钟鸣镇，这样的情景在其他严重缺水的乡镇和地方也同时发生着。昔日的脏水、臭水不见了，管网遍布到了农村的每一户人家，水龙头一打开，都有哗哗的自来水流出，水更清洁，水质更好。

为了让全县人民都能喝上干净、卫生、安全的水，彝良水务人经过不懈的努力，耗费了大量的人力、物力、财力，实施了全覆盖的农村饮水安全工程，对农村饮水进行巩固提升，累计投入资金 26161.89 万元，累计受益 25.3545 万人（建档立卡贫困人口 7.388 万人）。做到集中饮用水源处处有检测、饮水安全户户有认定。全县 5.6648 万户 25.5068 万贫困人口全部达到《云南省脱贫攻坚农村饮水安全评价细则》四条标准，饮水安全有保障。

不遗余力解决喝水问题

在实施农村饮水安全时，水务人用一组数据说明了他们的付出和努力，每一件饮水工程的落地实施，每一口水窖的建成，都有着水务人勤劳的身影，莫不倾注着大家的汗水和泪水。就是满脸的倦容也早已在老百姓拧开水龙头时，被哗哗的水流声和老百姓的欢声笑语冲淡，换之而来的是满脸的成就感和幸福感。

2016年投资499.16万元，解决了7个乡镇，21个贫困村1.3202万人（其中贫困人口0.553万人）的安全饮水问题；2017年投资1342.96万元，在7个乡镇、28个行政村建成集中供水工程121处、水窖77件，巩固提升4.0233万人（其中含建档立卡贫困人口0.931万人）的饮水安全；2018年投资3663.73万元，在15个乡镇、86个村、622个自然村民小组建成集中供水工程533处、水窖277件；解决了5.23万人（建档立卡贫困人口1.816万人）饮水安全问题；2019年投资5337.88万元，解决了15个乡镇、100个行政村、816个村民小组、9.8219万人（建档立卡贫困人口3.5725万人）饮水安全问题；2020年投资200万元，解决了4个乡镇、11个行政村、65个村民小组、0.9377万人（建档立卡贫困人口0.2402万人）饮水安全问题。

奎香乡黑拉村农业生产全是靠天吃饭，该村是奎香烤烟种植大村，烤烟种植面积2400余亩。由于受水的影响，农户收入不稳定，遇风调雨顺之年，收入高，就脱贫了，差一点的年份，收入降低，又返贫了。该村人民要彻底脱贫，解决生产生活用水是必不可少的措施，只有解决用水问题，才有可能彻底脱贫。

为彻底解决这一问题，政府投资949.54万元建设奎香乡黑拉提灌站工程。该项目解决了黑拉村的20个村民小组1150户4958人及学校1所、在校师生726人的生活饮用水问题，同时解决2400亩烟田的灌溉用水问题。

安全饮水绝不落下一户

“我们这些吃水唉，以前就吃这个天上落下来的雨，落在平房上然后又把它接来装在一个小池子头，这个煮饭、人畜饮水都是它。”小草坝镇大桥村高石坎村民小组长周宗田回忆起以前喝的水，满脸的无奈。雨水装在小池子后，气候稍微热一点，时间稍微长一点，池子里就会长出虫子，肉眼都可以看到很多虫子在里面游来游去，而且这个水烧开的时候，会产生很多的泡泡。由于附近没有水源，连挑水喝的地点都没有，水源点最近的也有好几公里，和他们一样的还有邻居老二湾村民小组，两个组共 51 户 203 人都喝这样的水几十年。

很早以来，地方党委政府就劝导他们进行整体搬迁，但当地竹产业经营良好，每户均有十亩左右的笋山提供生活来源，住户大部分不愿搬迁，但饮水困难严重影响着群众生活质量，他们也曾多次向党委政府反映，甚至反映到省委解决饮水困难问题，这一问题引起了各级的高度重视，联合相关部门进行过多次实地踏勘，但因资金不足及工程施工难度大等问题很久都不能有效解决这一困难。

2019 年，经过水利部门再次实地踏勘，在距居民区 5 公里的天麻地和安家屋基往上 300 米的山林中找到两处可饮用水源，两处水源枯水流量 15 立方米，能满足覆盖区用水需求，但要经过米湾地丫口，水源点高程 2120，米湾地丫口高程超过水源点 18 米左右，要引用该水源，唯有采用挖明槽的方式进行。

"5 月 19 号，我永远都记得那一天。那一天，我们的自来水终于通了，白花花的水从水管里淌出来，我都差点哭了。"周宗田向我们描述那一刻的心情时，年近 50 岁的他开心得像个孩子，说着就去拧开水龙头，拿瓢接了一些水给我们："你们尝哈嘛，比超市买的矿泉水还好喝！"

看到周宗田幸福的模样，在场的水务人无不为之动容，都无比的幸福，能让老百姓活的开心和幸福何尝不是每一个国家公职人员为之奋斗的目标呢。

像小草坝镇大桥村高石坎、老二湾组一样的故事，彝良县很多地方都在发生着。彝良县内树林、奎香、荞山、钟鸣等乡镇大面积严重缺水，其他乡镇部分村组也严重缺水，而饮水安全已成为考核脱贫的重要标准。彝良县根据各地缺水的实际情况，经过水务人多次现场勘查、实地测量、研判规划后，报经县委、县政府研究决定，彝良县重点建设了奎香乡黑拉提灌站、荞山镇安乐片区引水、彝良县树林乡树林片区供水、树林乡小窝子河水库、钟鸣镇麻窝片区供水五个重点水源工程。每一个重点水源的建成，都将大大提高辐射区域内群众的生活质量。

村规民约解决重建轻管问题

重建轻管是各行业都存在的普遍问题，为切实将这些年建成的水利设施保护好、使用好，切实发挥功能功效，确保老百姓有水喝，喝上健康安全的优质水，需要根据工程实际，征求受益群众意见，制订合理水价调节机制。根据县委、县政府相关领导的要求，对条件成熟的农村安全饮水工程全部托管到村组一级，由群众制订村规民约进行集中收费、统一管理和维护，水利主管部门提供技术指导和支持。

由于彝良农村人口居住分散，牛羊牲畜满山坡，生产生活污水随意排放，生活垃圾随意堆放，加上供水工程水源点小型分散，导致水源在用上几年后就出现水质不合格的情况。为建立水源点保障机制，切实解决这一困难，在实施人居环境提升，厕所革命等活动的同时，水利人充分利用下乡走访或实施项目的时间，向广大村民宣传了如何有效保障水源安全的相关知识，并得到老百姓的一致认可和大力支持。

通过召开县级农村饮水安全推进会、乡镇分析研判会、村“两委”负责人会议和村民小组长会议等形式，全面开展农村饮水核查工作；同时县水务局派出由 30 名技术骨干组成的 8 个核查组，在驻村扶贫工作队、乡镇水管站和村、组的支持下，进村入户进行核查，对全县 15 个乡镇 2985 个村（居）民小组饮水情况开展全面核查，切实掌握农村饮水达标情况。为将有限的资金用在“刀刃”上，规划项目时坚持“缺什么补什么”的原则，尽量不对原有设施推倒重建。通过新建供水工程、管网改造延伸、维修加固水池水窖等方式，对农村饮水安全进行巩固提升。

截至目前，彝良已建成的集中供水工程总计 1482 件，其中千吨万人以上工程 4 件，千人以上千吨万人以下工程 48 件，千人以下工程 1430 件，这 1482 件工程都已经建立了管护机制。到目前为止集中供水率为 84.39%，自来水普及率 71.83%、供水保证率 87%、水质达标率 69%。

（作者时任彝良县水务局副局长）

“千里顺风”闻天下

刘林慧

传说，古时候天帝要知天下事，必派“千里眼”和“顺风耳”了解收集人间奇闻异事。而这一神话寓言故事，在今天却变成了现实。天地人寰，无所不包，无所不晓。假如今天“千里眼”和“顺风耳”查报天庭，那才真的是“惊天地，泣鬼神”。其地方广电事业之发展由此就可见一斑。

彝良县广播电视影视发展中心之前身彝良县广播电视局，在广电扶贫工作中以广播电视影视为平台，当好“千里眼”，做好“顺风耳”，创新工作举措，破解管理发展难题，打通服务群众“最后一公里”，服务群众零距离，决战决胜脱贫攻坚。

彝良，地处滇、川、黔三省八县接合部的乌蒙山腹地，属国家扶贫开发重点县、乌蒙山连片特困地区、少数民族聚居区和革命老区。国土面积2804平方公里，辖15个乡镇、132个行政村、15个社区、2985个村民小组，总人口63.15万人。2019年年底标注脱贫20109户86560人，出列103个贫困村。

为充分发挥广播电视在脱贫攻坚、乡村振兴中扶贫、扶志、扶智的独特作用，营造人人关心、支持脱贫攻坚的良好舆论氛围，彝良从机构机制保障入手，让广播电视公共服务落地落实。

2019年3月机构改革后，将广播电视局转隶到县委宣传部，成立了广播电视影视发展中心，核定为事业编制，隶宣传部直属事业单位，承担全县广播电视公共服务管理职能，3个人承担了全部工作，既要维修维护广播电视发射台、转播台，又要免费帮老百姓维修卫星接收机，面对每天烦琐复杂的工作，只有两三年就要退休的老职工“老吴”说，自己每天像陀螺一样不停地旋转，希望能发挥老同志的余热，为全县脱贫攻坚贡献一份力量。

老吴，名吴紫德，今年57岁，是一名老广电人，再是3年就要光荣退休了。“能在退休之前赶上国家的脱贫攻坚也是我的荣幸。”走进广播影视发展中心你就会看见一个个子高高大大戴着一副老花镜坐在一堆卫星接收机旁边，一会儿调试一下这台设备，一会儿捣鼓一下那个遥控器的就是他。老吴是修卫星接收机的一把好手，现在他每天的工作流程就是免费为老百姓修理卫星接收机，协助股长孙福彪检测全县广播电视信号覆盖。

每逢假期就是广电人最忙的时候，保障广大人民群众看电视就是我们最重要的责任。重要节假日即成为我们业内人士的重保期，也称为安播期。每当别人在享受快乐的假期时光之时，广电人却在转播台24小时守着安播设备。2019年的国庆正值中华人民共和国建国70周年，10月1日在天安门广场举行盛大的阅兵式，自9月30日在宣传部副部长王锦云的带领下，广电股的三个同志在龙安半边山日夜坚守8天8夜，就为那国庆长假日。

9月30日晚22点，灯火通明的安播室突然一片漆黑。“停电了！”孙福彪第一个反应过来。值班的4位同志神速般地利用早就准备好的发电机立即转换电源，整个过程不到2分钟，机房又恢复了正常。但是发电机现在虽然能够正常工作，因其年限过长，几名同志担心发电机老化出问题，所以几个人决定排班轮流值班。安排好这一切后，孙福彪又立即打电话与电力公司维修人员联系，并协助抢修人员查找问题。可是老天似乎在与他们开玩笑，直到天亮都没有找到停电原因，还好发电机给力，一直不停地工作，几名同志就这样持续12个小时，一直守到红日东升，大庆盛典开始。“当看到10月1日上午10时盛大的阅兵式画面准时出现在安播室电视机荧屏上时，悬着的心放下了一半。看到整齐划一的人民解放军从天安门前走过时，心中油然而生一种从未有过的自豪感。“全县人民能够准时正常地收看到阅兵式就是我们工作最大的动力。”孙福彪自豪地说。

在“十一五”“十二五”期间，我县启动了广播电视村村通工程，其间广电人不畏严寒酷暑跑遍了全县的山山水水、村村寨寨帮老百姓安装接收机、调试设备。共实施了6期村村通工程，共安装村村通设备60479套、户户通设备13256套。

2017年7月22日又启动了广播电视户户通后续工程建设，工程覆盖全县15个乡（镇）的13273户农村群众，其中贫困群众用户1074户，为了尽快让群众收看到广播电视，还为其提供了高质量广播电视接收设备。工程实施中，我们在设备安装方面采取“分级培训、入户安装”的方式进行；在信息录入上传方面则用“集中录入、统一上传”的方法开展工作。历经半年时间，所有设备全部按时、按质、按量实施完毕。

2020年安排专人组成检测组定期深入全县各自然村，利用卫星接收设备及时发现卫星信号覆盖盲区，检测组对全县147个行政村及社区、2000多个自然村、10多万户的卫星信号覆盖情况进行了实地检测，未发现信号覆盖盲区。

科学的春天真正莅临彝良，春风开启了山区科技时空隧道的大门，使其步入科技殿堂，改写“坐井观天”的成语；足不出户，尽知天下事；广播电视，一屏览天下。移动联通网络，把地球变小了，天涯遇故交只在分秒之间。

自2015年以来，通过广电人不辞辛劳地艰苦奉献，到2020年3月我县广播电视有线信号已覆盖县城及周边地区和15个乡镇集镇，覆盖用户数27550户。无线覆盖分为中央广播电视无线覆盖工程信号覆盖和地方广播电视全覆盖工程信号覆盖。其中中央广播电视无线覆盖工程信号覆盖以半边山为中心，覆盖角奎镇、龙安镇、洛泽河镇、龙街乡、钟鸣镇的部分地区。广播电视覆盖范围包括广播信号覆盖面积236.41平方公里，数字电视信号覆盖面积63.31平方公里，综合覆盖人口10.5万人；地方广播电视全覆盖工程共建无线数字电视发射基站 20 个，调频发射基站 9 个。信号覆盖范围包含县城及周边地区、15 个乡镇集镇，覆盖用户数 42796 户。我县农村地区目前接收的广播电视卫星信号，主要是中星 9 号卫星转发的广播电视信号，用户只需使用正规厂家生产的卫星接收天线和接收机，调整好天线的方位角和仰角即可收看多套广播电视节目。卫星广播电视信号覆盖范围以自然村为单位，覆盖区域达 99% 以上。

（作者系中共彝良县委宣传部工作人员）

通信网络上高速

陈　昊

宽带信息网络是现代社会的“神经”，对社会和经济发展具有重要的支撑作用。作为驻地通信企业，中国移动彝良分公司始终将中心工作融入地方，大力推进农村宽带、4G 基站等网络基础建设工作，消除贫困地区“数字鸿沟”，助力全县脱贫攻坚。

作为挂钩扶贫单位，彝良分公司结合行业特色，深入挂钩扶贫点，充分利用行业优势，推动挂钩扶贫区域网络信息化建设，打造信息高速公路网。2018 年年初，公司对塘坊社区进行了全面的网络覆盖摸底排查，发现在塘坊村第二自来水厂附近及游家湾社区附近区域网络覆盖存在不足。针对此情况，彝良分公司在 6 月制订网络覆盖解决方案，及时上报省、市公司申请资源建设，8 月确定建设计划，新建彝良县角奎镇游家湾基站。该基站 12 月 20 日完成建设开通，全部解决了该区域的 4G 网络覆盖。

在精准扶贫中实施信息惠民政策，落实提速降费，使贫困群众用得上、用得起移动互联网。实行手机卡资费每月 8 元，同时还可免费领取 77G 大流量包，让客户无超套的忧心；移动光宽带，免 100 元安装费，交费 240 元即可获得价值 1200 元 100M 宽带 +WI-FI+ 一年电视费。另外，根据贫困宽带用户，可免费增加 18 个号码互打免费。多措并举降低门槛、降低资费，真正让贫困户用得起、用得上。

同时全面实施“新136信息惠农乡村振兴工程”，降低贫困群众通信成本，推动信息富民。结合136惠民工程，贫困户可免费领价值800元致富机一台，用上致富机，还可免费领取77G大流量包。

充分发挥行业优势，推动产业扶贫，助推地方经济发展。配合天度完成电商移动代办业务的引流，完成12家资费建档，可正常代理移动业务，让电商能从多渠道收入，真正生存下去。

强化落实精准扶贫信息致富政策，彝良分公司自2018年以来拉开了“彝良移动精准扶贫信息致富699元4G手机免费送”活动。成立专项工作组并召开动员大会，以党员突击队带头，乡镇统包人协调开展村委会“一村一会”真正落实对建档立卡客户精准扶贫，享受惠民政策，为不让建档立卡客户等真正需要扶贫的对象漏掉一人，党员突击队员营销团队联系村民小组开展走村串户送富上门活动。

打通信息高速公路，消除“数字鸿沟”。2019年，是脱贫攻坚任务最艰巨的一年，为彰显昭通移动在扶贫攻坚中勇于承担的企业形象，公司积极响应政府号召，快速支撑县委、县政府，积极支持国家脱贫攻坚，完成五个脱贫攻坚安置点网络建设。共建设分纤箱357个，建设端口数量8016个，覆盖用户28500户，投资金额140万元，切实解决了异地搬迁户宽带、互联网电视使用需求，提升移动口碑。

是年11月20日，县委、县政府召开会议，部署脱贫攻坚相关工作，考虑到安置点陆续搬迁入住，周边配套设施不齐全，只有住户宽带、网络电视接通以后，才能更好地安抚搬迁群众，保障易地搬迁群众“搬得进、稳得住”。会议要求12月1日完成发界安置点网络开通，公司接到通知后，立即召开内部会议，公司崔义副总经理主持会议，安排了此次安置点宽带建设人员分工。

11月21日，公司和设计院人员一同到现场邀请项目负责人协同查勘，经核实发现整个安置点楼栋外围管道未修建完成，不具备园区光交箱安装和园区光缆布放条件，故OLT至光交箱之间光缆、光交箱到分纤箱之间光缆不能连通，整个光网络不具备使用条件，无法按时完成安置点通宽带。立即汇报县公司崔义副总经理，并于当晚彝良分公司网络部再次召开紧急会议，商讨整个安置点社区宽带事宜，决定只能在楼顶加 OLT 设备，并采用楼顶飞线的紧急保障方案以确保能在 12 月 1 日开通。并当晚请示市公司智慧家庭支撑中心到现场帮扶指导。

11 月 22 日，市公司智慧家庭中心唐云端副总经理带队到发界安置点实地查看整个安置点布局，支持县公司临时保障方案。

11 月 23 日，施工队完成 21 栋和 38 栋楼顶消防室的设备及机柜安装及上电，并于当晚完成设备开通。

11 月 24—30 日，由浙江邮电施工单位带队，每天两班倒施工，终于在 12 月 1 日，按期完成整个安置区宽带建设，具备开通条件。本次共建设 267 个分纤箱，6408 个端口，覆盖用户数 27000 户。这背后，是所有移动兄弟姐妹的付出和努力，是所有施工人员的艰苦奋斗，正是我公司有诺必现的契约精神，不畏艰难的勇往直前，让我们的搬迁户们每家每户都能在家看电视、刷抖音、聊微信……

忆往昔，从 2014 年 4G 时代再到 2020 年 5G 基站建设的正式启动，中国移动彝良公司始终秉承“正德厚生，臻于至善”的企业核心价值观，融入地方政府，加快全县特别是贫困地区的通信基础设施建设工作。截至 2020 年 6 月，公司在彝良境内建设开通了 962 个 4G 站点，64 个 2G 站点，新建传输光缆约 1500 公里皮长，累计投资约 3.8 亿元，全县 4G 网络行政村覆盖率 100%，自然村 4G 网络覆盖率达到 95%。完成 403 个宽带网络综合业务区建设，确保彝良 15 个乡镇、147 个行政村社区宽带网络全覆盖，其中自然村光纤宽带网络覆盖率达到 60%，累计完成投资 0.8 亿元。开通 1200 条政企专线，为彝良县 1000 家集团单位提供信息化产品服务。

通信网络的建设，为助力全县脱贫攻坚夯实了信息网络基础，贫困地区老百姓享受到同发达地区同等的信息时代所带来的便利。同时，扩大服务触点，加快网点建设力度，2020 年 6 月，我县共有渠道 420 个，其中核心渠道32个，村站92个，遍布彝良各乡镇和行政村。为使群众业务办理更加便捷，2019年新建泛渠道163个，将百余个街边社区个体工商户发展成为公司泛渠道，为移动客户特别是贫困地区的客户提供更加方便、快捷的服务。

作为通信企业，为客户提供安全、稳定的网络服务是企业的核心目的，彝良作为自然灾害频发的地区，雨季的泥石流、冬季的冰凌成为常态，在自然灾害发生时，都会看到中国移动彝良分公司的抢险员工奋战在一线，第一时间打通通信生命通道，为政府部门抢险救灾提供通信保障。

2016年6月21日凌晨，彝良县两河、钟鸣、龙海、小草坝等多个乡镇遭受特大洪灾，致使全县160多个通信基站因灾中断。灾情发生后，彝良分公司迅速调集50多人，组成6个应急抢修小组第一时间赶至现场，进行抗洪抢险工作。网络部传输组和基站组全体成员于21日凌晨赶到灾情最为严重的两河镇，在双坟等重灾区进行紧急通信抢险工作。其他小组连夜赶往龙海、牛街、小草坝进行抢险。与此同时，灾区大面积停电，彝良分公司还组织了渠道经理、客户经理、乡镇服务经理等做好服务保障，为当地干部群众提供免费充电、免费打电话报平安、免费饮水等应急通信及爱心服务，直至抢险救灾告一段落，受到了灾区群众的一致好评。

2018年1月27日至2月9日，在强冷寒潮的影响下，彝良县迎来大幅度降温，寒潮天气引起基站大面积停电、退服情况，面对低温冰雪天气造成的通信障碍，彝良公司网络部及公司维护人员特别是党员突击队快速响应，冲锋在前，连续奋战在抢修一线，全力抢修故障，确保通信畅通。2月7日，小草坝太和基站突发异常，彝良分公司党员突击队迅速响应，由党员柳华带头，与基站班其他维护员组成四人临时抢修队，驱车赶往40公里外的太和基站抢修。太和基站处于山顶，抢修队顶风冒雪徒步至山顶进行设备更换，逼人的寒气把双手冻得有些僵硬，但他们仍然咬牙坚持，经过一个多小时的检测调试后顺利恢复了基站通信。此次抢险救灾，彝良分公司及合作单位相关专业人员全体出击，截至2月9日，彝良移动共出动车辆212

车（次），人员 610 人（次），油机 210 台（次），全力保障通讯正常。

2020 年 6 月 30 日，彝良遭受强降雨引发洪涝灾害，造成牛街、柳溪、洛旺、等乡镇大面积受灾，区域内通信基站中断达 80 余个，多处光缆传输毁损严重。中国移动彝良分公司在昭通市公司的统一指挥调度下，立即启动应急保障预案，快速调集网络保障人员、应急车辆及通信物资，抢险队伍星夜兼程、顶风冒雨，克服重重困难奔赴重灾区开展油机发电，抢修光缆。组织抢险人员第一时间到达受灾区域，于当日下午恢复灾区大面积基站，为政府抢险救援提供了通信保障。

是年 8 月，中国移动彝良分公司在彝良开通 5G 基站 13 个，彝良正式进入 5G 时代。

（作者时任中国移动彝良分公司副总经理）

拆危改旧换新颜

杨世友

“人民对美好生活的向往，就是我们的奋斗目标。”住房安全有保障是脱贫攻坚“两不愁、三保障”摸得着、看得见、最直观、一目了然的民心工程和民生工程。彝良县住建局在脱贫攻坚农村危房改造清零战中，紧扣“以房找人、以户找房”“应纳尽纳、应改尽改”“危房不住人、住人无危房”的目标任务，集中火力、精准发力、齐心协力，全力推进危房改造，实现了贫困农户住房“户户有保障、户户有安居”，农村困难群众居住条件全面改善，人民住上了“安居房”“放心房”“保暖房”。

以房找人，以户找房

2017 年 6 月，住建人举全系统之力，全体动员，尽锐出战，采取“以房找人、以户找房”途径，开展“拉网式、地毯式、全覆盖、零遗漏和不留死角、不留盲区”的农村住房大排查大摸底。以户找房“不重一户、不漏一户、不错一户”，户户见面；以房找人“不漏一房、不错一房”，房房过关。

脱贫路上绝不能落下一人，责任重于泰山。树林乡树林村乌岩村民小组村民王孟文，1 人户。王孟文长期流浪在外，无家可归，自己原住房只剩下几处断垣残壁。且住房无房盖，夯土墙长期被雨水冲刷得一干二净，只见沙、不见泥。遇大风，夯土墙随时可能垮塌。在住房认定中，无法与王孟文联系，乌岩村民小组农户也不了解王孟文是否有其他安全住房。住建人三番五次来回咨问当地群众、亲戚朋友，想尽了一切办法，始终得不到王孟文住房的确切情况，从而无法认定。2017 年 8 月，流浪汉王孟文终于流浪到了起点——土生土长的乌岩村民小组。住建人与王孟文拉家常，方知王孟文属无房户，遂予以认定。

咬定青山不放松，立根原在破岩中。住建人历经两个多月苦战实战，走遍乌蒙腹地山山水水、村村寨寨，摸排了将军故里千家万户，住房认定风里来、雨里去，晴天一身灰、雨天一脚泥，翻山越岭，跨沟踏壑，“万水千山只等闲”。住房认定似“筛子筛、篦子过”，家家户户精准精确。“不忘初心，方得始终。”最终落实农村住房 130025 户，其中 A 级安全住房 73162 户、B 级基本安全住房 25765 户、C 级危房 8916 户、D 级危房 22182 户，住建人对农村人居住房情况了然于胸，切切实实做到了“心中有数、有的放矢”，扣准了农村危房改造精准识别的“第一粒扣子”。

应纳尽纳，应改尽改

有理走遍天下。针对部分贫困农户对住房等级的认定有异议、有争议，县住建局聘请了昆明理工大学、云南思欧工程检测鉴定有限公司、云南平皓建设检测鉴定有限公司 3 家中介机构对 3751 户住房进行鉴定，出具了农村住房安全鉴定报告。通过中介机构的终极鉴定，有效提高了危房等级鉴定的专业性和准确性，住房等级更具说服力、权威性、可操作性。事实胜于雄辩，中介机构认定的等级与住建人认定的等级结果一致，住建人的工作得到了广大群众的充分肯定和认可。

前途是光明的，道路是曲折的。经认定的C级危房8916户、D级危房22182户，这么多危房，哪些是扶持对象，哪些不是扶持对象，难题又摆在了住建人面前。必须确保精准，住建、扶贫、残联3家部门开展了“四类重点对象”数据比对，组织、人社、市场监管、不动产登记中心4家单位开展了“五不扶”数据比对。信息一查，数据一比，31098户危房中，属政策扶持的“四类重点对象”C级危房7837户、D级危房20424户；属政策不扶持的“五不扶对象”C级危房1079户、D级危房1758户。“谁该扶”“该扶谁”一清二楚，危房改造对象精准了，群众怨气少了，老百姓口碑也树立起来了！

危房不住人，住人无危房

“理想很丰满，现实很骨感。”实际工作中，农村危房是越改越难，骨头也越啃越硬。自2009年实施农村危房改造以来，公路沿线的、河谷地带的、有建房意愿且经济基础好的农户将住房改造了一遍，有的甚至改造了几遍。有钱人常年改常年翻新，想改就改；无钱人一辈子不改、几代人不改，想改的无力改，不想改的大有人在。剩下未改造住房的农户，多居于高二半山区，道路交通不便，建筑材料运输困难，此类贫困户属“四无”（无劳动能力、无垫本资金、无建筑材料、无建房意愿）群体。这部分群体的住房改造成为脱贫攻坚中的“艰中之艰、难中之难、困中之困、硬中之硬”，好似“蒸不烂、煮不熟、捶不扁、炒不爆、响当当一粒铜豌豆”。

人民群众的生命安全大于天，住建人丝毫不敢懈怠。农村危房改造涉及两大类，其中之一是C级危房，针对此类，在借鉴成功案例和结合实际的基础上，大力推广低成本的修缮加固方式。2017 年 7 月，住建人确定了牛街镇甘家坝村和洛泽河镇岭东村的 10 户危房，由农户自行选择砖木结构、石木结构、木结构、夯土结构、石混结构 5 种不同类型的改造方式，以此作为农村危房修缮加固的示范点，旨在引领带动危房户适宜改造房屋。牛街镇甘家坝村大榜村民小组村民郭会明，曾是当地群众心目中的懒汉，遭人嫌弃。其住房四壁透风摇摇欲坠，瓦屋面漏雨严重，外面下大雨室内落小雨。每到雨季，“床头屋漏无干处，雨脚如麻未断绝。”厨房木柱腐烂致屋盖倒塌，用塑料花胶布搭了个简陋厨房，花胶布随风飘来舞去的令人担忧。俏皮人给他编了段俏皮话：“郭会明，破瓦房人字架，屋外暴雨哗啦啦，屋内小雨滴滴答。风一吹，雨一打，住房随时会倒塌，提心吊胆又害怕。”住房修缮加固郭会明没出一分力，没出一分钱，住进了宽敞明亮安全漂亮的好房子，他的脸上时常挂着笑容，笑声爽朗，笑开了花。郭会明的住房修缮加固结算总费用 1.63 万元，平均造价每平方米 118.12 元，经济实用效果好。

示范引领展成效，农村危房修缮加固在乌蒙大地漫山遍野开花结果。2017 年完成 2533 户、2018 年完成 1420 户、2019 年完成 3884 户，累计投入补助资金 1.88 亿元，解决了 7837 户“四无”群体安全住房。“修缮加固”保留了原有建筑风格风貌和建房面积，既改变了住房“里子”工程，又改变了住房“面子”工程，深受广大群众的好评和采纳。

泥泞艰险摧不垮意志，风霜困苦挡不住脚步。彝良多山地，道路多坎坷，自然地理条件差，工作开展很艰辛。危房改造体量大，覆盖面广，住建人不回避、不推诿、不畏缩，敢于担当、迎难而上。无论面临多大的挑战和压力，无论付出多大的牺牲和代价，住建人始终咬紧牙关加把劲、只争朝夕加油干，坚决啃下最后一块“硬骨头”。脱贫攻坚进入冲刺阶段，洛旺乡云丰村大凼村民小组村民杨贵平家，木结构的瓦房年久失修，屋顶、门窗、墙壁多处已损毁，长期柴草做饭，屋里被熏得黑黢黢的漆黑一片。脱贫攻坚进入倒计时了，杨贵平的住房仍不改造，达不到“安全稳固、遮风避雨”。住建人几经周折联系上杨贵平，但他始终不配合，也不愿回家来。

耐着心晓着理，多次和他电话对接后，勉强同意对住房修缮加固。然而杨贵平对住房改造一点不在乎，完全是个甩手掌柜：“我一样都没有哈，你们要怎么改就怎么改，反正我是不管的，你们慢慢改吧！”住建人也不在乎杨贵平的冷漠，及时联系了施工队，快速购买建筑建材，二十多天时间过去了，杨贵平的住房修缮好了。没过多久，杨贵平回来了。看到漂漂亮亮的住房和全新的家具，他给住建人拨打起了电话。电话那头传送出一个沙哑似乎夹杂着哭泣的嗓音“我……我……我有了自己的新家，太对不起你们了，太感谢你们了，感谢党的恩情哪……”

在决胜危房清零攻坚战中，乌蒙崇山峻岭到处插着一面面不倒的红旗，标杆列列，迎风飘扬。县住建局就有一面不倒的“红旗”，他是人防股股长夏红旗，一个被单位全体干部职工齐称的“最坚强的男人”。夏红旗的父亲身体一直不好，他接在身边照料着。妻子在离家 80 公里远的牛街镇中心小学当教师，夫妻俩聚少离多。夏红旗有一个十分可爱的女儿，因患先天性心脏病，曾于 2017 年在云南省青少年发展基金会和北京爱幼华夏慈善基金的关爱和帮扶下完成了 4 次手术，术后每年 8 月要到广州复查。夏红旗是全家的顶梁柱，通常情况下，他要在父亲身边尽孝，要接送女儿上学放学，妻子大部分时间不在家，一家老小的生活学习全压在他一个人肩上。但他很乐观，每一天都是开开心心的上班下班，单位上的工作不论量多量少，从来没说过半句牢骚话。就是这样一个刚强执着的男人，不知情者满以为他的生活有多悠闲，因为在他脸上永远写着笑意，与人交谈音量总是平和适中，他是个非常随和率真的人。脱贫攻坚大决战打响后，这根顶梁柱就常常不能在家“顶着”老父和小女了，而是牢固地立在了洛旺乡的山村乡野深山峡谷中了，一立就是好几年。2019 年，当妻子怀着的二胎已近分娩时，他却数日不能陪在身边。是年 8 月，本应带着女儿去广州复查，他又将孩子的复查一拖再拖，因为他走不开，他有重任脱不了身。2019 年是彝良县脱贫摘帽之年，又是农村危房改造最后收官之年，住房安全与否直接关系到全县能不能如期脱贫，更关系到人民群众的生命安全。他确实走不开，他的身心都放在了农村危房改造工作中、放在了许许多多贫困农户的家中。

农村危房改造涉及的另一大类是D级危房，针对此类，实施拆除重建“手术”。这是一个“顽疾”，相较于“修缮加固”来说，体量更大，改造面更广，根治方法更棘手复杂。但住建人不怕不畏，“乱云飞渡仍从容”，只因他们意志坚强、满怀“无限风光在险峰”的壮志豪情。坚决攻克“拆除重建”堡垒，住建人心往一处想，劲往一处使，思想上绷紧每根弦、行动上拧成一根绳，身沉一线和心沉一线，站好每班岗，建好每幢房，强势推进农村危房改造清零工作。2015年完成拆除重建7291户，2016年完成6000户，2017年完成4099户，2018年完成3773户，2019年完成7224户。累计投入补助资金7.38亿元，解决了28387户贫困群众的住房问题（易地扶贫搬迁和东西部对口帮扶累计解决5328户）。农村危房清仓见底，实现了“危房不住人、住人无危房”的目标，扣实了危房改造精准施策的第二粒扣子。

疫情灾情不松懈，危房改造不停歇

高质量打赢脱贫攻坚战是党中央的既定方针，彝良住建人谨遵指示，在数次“查缺补漏”的基础上，2020年年初又对全县农村危房改造进行细致打磨的巩固提升。正当“万马齐鸣战犹酣”之际，一场突如其来的新冠肺炎疫情给人民带来了深重的灾难。磨难压不垮，奋起正当时。住建人的脚步没有被疫情所阻止，而是在疫情防控和农村危房改造“巩固提升”中愈挫愈勇，怀抱责任之心、仁爱之心、谨慎之心，勇当先锋，敢打头阵，主动担当、积极作为，毫不放松抓紧抓实抓细“疫情防控”与“巩固提升”双开展双推进，用实际行动彰显了住建人进取拼搏的英雄本色。在“巩固提升”实战中，住建人高度警惕麻痹思想、厌战情绪、侥幸心理、松劲心态，而是汇聚全行业、全系统力量，一刻不停、一刻不息，强势推进1279

户农房抗震改造巩固提升工程建设。

在疫情防控和脱贫攻坚“百日总攻”决战中，县住建局有一枝“铿锵玫瑰”，她叫曹良卫，是局领导班子中的唯一一员女将。此期间，她负责角奎镇农村危房改造工作，巨大的重担压在了她娇弱的身躯上，为了工作她不得已将上小学三年级的孩子托付给老母亲。每天早上 8 点前她戴上口罩出发了，晚上从山上的工地回来后还得将当天入户发现的建房质量存在问题整理完善，做完工作已是夜深人静，每次见到孩子时孩子早已熟睡。时间长了，孩子想妈妈了，就疑惑起为什么每天都见不到妈妈。一天，孩子打电话给她：“妈妈，你咋个了，是不是不爱我了？”曹良卫顿时愣住了，不明白孩子怎么会如此发问。“不会的，妈妈永远爱你。好好听话读书，妈妈工作忙得很。”曹良卫安慰着。“你爱我，咋个弄个久都不来看我呢？”孩子稚嫩纯真的问题，瞬间让坚强的“玫瑰”酸楚落泪哭了好一阵子。使命与担当让她继续阔步前行，她一边安抚着孩子，一边克难攻坚，直至圆满完成角奎镇的农房抗震改造任务。

众志成城，攻坚拔寨，住建人克服重重困难，以坚如磐石的意志品质，在 9 月底前全面完成了 1279 户农房抗震改造任务。

人说福无双至祸不单行。真是一波未平一波又起，洪水猛兽再次祸害彝良人民。2020 年 6 月 30 日和 8 月 13 日两场骇浪汹涌的特大洪灾，造成角奎、牛街、柳溪、洛旺 4 个乡镇的民房 19 户倒塌、30 户中等受损、62 户一般受损。风霜雪雨搏激流，大灾大难面前住建人挺身而出，第一时间赶赴灾区帮助受灾群众抢险抗灾。重建家园情势急迫，当冷血的洪水和凶残的泥石流等次生灾害稍有“收敛”后，住建人及时为受灾群众送去了关怀和温暖，一场如火如荼的恢复重建攻坚战在灾区大地迅速打响。至 9 月 30 日，因灾倒塌和受损的 111 户住房，通过修缮加固和拆除重建胜利结束，受灾群众全部搬迁新居。

“要坚持就业优先战略，把解决人民群众就业问题放在更加突出的位置。”新冠肺炎疫情发生后，返乡回家过年的建筑工人本想外出的脚步被止住，住建人及时动员农房抗震改造的实施农户、村“三委”干部，就地就近调动起未外出务工的建筑工匠参与到农房抗震改造工程建设中。就地就近的就业既不耽误农房抗震改造工程建设的进度，又让不少“能工巧匠”增加了收入，不出家乡也能挣钱还真是皆大欢喜。洛旺乡云丰村沙子村民小组建档立卡贫困户王明远，2019年在贵州省贵阳市一建筑工地砌砖抹灰干技术活。王明远在建筑行业懂的手艺多，技术过硬，干起活来认真负责，是个多才多艺的好工匠，深受农村建房群众的好评。春节前王明远返乡，过完年后受疫情影响不能如期回归贵阳市的建筑工地，便与妻子刘朝英承建了云丰村杨贵鹏、邹学坤、范泽祥、王俊、李广平5户的住房建设，苦干3个月收入28500元，仅3个月的务工收入就实现了一家五口人在当年脱贫（以2020年脱贫标准人均收入4000元计）。

勇者无惧，所向披靡。疫情期间，住建人把1279户农房抗震改造工程交付给敢打善拼的勤劳者，2754人就近就地就业，务工收入达到1255.8万元，有力助推了脱贫攻坚进程。

户户有保障，户户有安居

农村贫困群众住房安全有保障必须经得起检查、考核、评估，经得起时间、历史和人民的检验，住建人层层把关、逐房过关，筑牢了住房安全有保障的坚实堡垒。

住房身份亮明。农村住房贴挂“安全认定牌”和“危旧房标识牌”，标注住房等级，亮明住房身份。各级检查、考核、评估遵循“一看牌、二看房”的原则，达到了“安全稳固，遮风避雨”的标准，住房才达标。对“五不扶”危房农户贴挂“危旧房标识牌”，注明属不扶持对象。2019年7月，住建人充分发挥了施工单位、监理单位、房地产开发企业优势，从中抽派出 325 名专业技术人员，组成 65 个工作组，开展“两牌”贴挂。工作中，云南建投集团彝良项目部有这么一个来自四川省广安县的小伙子，他叫杨才华，是抽派出的技术人员，他从 8 月起就参加了角奎镇工作组。角奎镇是全县所有乡镇中地域最广、贫困面最大的一个镇，辖区山高坡陡，村组道路有很多是土路，一些地方车辆无法到达，要按照县“农危改”办公室提供的名单挨家挨户“走到位”相当艰难。一次，杨才华搭乘村干部的摩托车到河湾村入户，路面的坑坑洼洼密密麻麻，一不留神连人带车摔倒在地，杨才华右小腿被排气管狠狠地烫掉了一层皮。事后他仅只向工作组组长曹良卫请了一个星期的假去治疗，伤未痊愈又快速投入工作中。有人曾劝说他工作太辛苦，何不借此受伤机会申请回公司上班。他断然回答：“负责的事没有做完不能回去！”简单的言语却又是那么的不简单。众多如杨才华一样恪尽职守的坚强战斗者，历经 3 个月艰辛付出，出色完成“两牌”贴挂任务，涉及建档立卡贫困户 46922 户（不包括易地搬迁户）、低保户 31237 户、农村分散供养特困人员 632 户、贫困残疾人家庭 360 户、“五不扶”2837 户。战功显著，受人敬佩。

住房安全鉴定。2019 年 9 月，县住建局聘请云南达峰工程质量检测鉴定公司对全县 56648 户建档立卡贫困户的住房进行全覆盖鉴定。该公司出动 28 辆“猎豹车”112 名技术人员，白天走村串户，晚上会商定报告，费尽千辛万苦、串完千家万户、行遍千山万水，花费 3 个月时间将 56648 户住房鉴定报告全部出具，住房安全有保障不漏一户鉴定完备。

住房安全复查核验。2019 年 12 月，住房安全有保障复查核验工作正式启动，住建人对全县 56648 户建档立卡贫困对象的住房是否安全开展逐户复查核验。县、乡、村、组干部全面动员，全民参与，仅用了 2 个月时间结束战斗。住房终极复查核验：鉴定安全 23055 户、改造安全 33074 户、保障安全 467 户、其他保障 52 户，所有建档立卡贫困户住房安全都有保障，坚决不让贫困人口住危房的目标全面实现。

住房逐户普查。2020 年 7 月开展脱贫攻坚普查工作，在全县 56648 户建档立卡贫困户中，易地扶贫搬迁保障住房9726户、农村危房改造保障住房25943户（拆除重建18106户、修缮加固7837户）、其他保障住房20979户，贫困人群住房安全户户都有保障。

不是一番寒彻骨，怎得梅花扑鼻香。2020年，在脱贫考核和国家抽查中，全县建档立卡贫困户住房安全有保障实现了“零差错、零误差”的辉煌战果。

咬定目标不放松，决胜“危改”清零战，住建人的宏伟工程全面竣工，铮铮誓言全面兑现。如今的彝良，乡村巨变，千家万户换新妆，一排排、一幢幢漂亮安全稳固扎实的新民居，错落有致植根于青山绿水间，人民群众住上了宽敞、明亮、干净、整洁的“安居房”“放心房”“保暖房”。农村面貌焕然一新，一幅幅美丽乡村新画卷在乌蒙大地、将军故里、英雄家乡挥毫而就，未来的画卷将会更加绚丽多姿、异彩纷呈。

（作者时任彝良县住房和城乡建设局党组成员、副局长）

搬出大山天地宽

李云波

彝良地处云、贵、川三省八县（区）接合部的乌蒙山腹地，系集“老、少、边、穷”于一体的山区农业县。在全县 2804 平方公里的土地上，山地就占了 96% 以上。境内山高谷深，沟壑交错，溪流纵横，交通滞后，自然灾害频发易发，许许多多贫困群众生活在边远高寒、土地贫瘠、生产生存条件差的山区，“一方水土养不起一方人”的现象突出。坚决打赢脱贫攻坚战，彝良举全县之力，精准施策，把易地扶贫搬迁作为啃下大决战中一块极硬骨头的“铁齿铜牙”，奏响了深度贫困地区奋力脱贫的铿锵足音。

古有愚公移山，今有易地搬迁，搬不动大山就搬房，搬不动江河就搬人。决战决胜攻坚战打响后，彝良县紧紧围绕“搬得出、稳得住、逐步能发展、群众较满意”的目标，发扬新时代的愚公精神，聚焦易地扶贫搬迁“六类区域”，坚持“能搬则搬、应搬尽搬”的总原则，“让人搬到人该待的地方、让树长到树该长的地方”，真正做到“挪穷窝、换穷业、拔穷根”，让贫困群众彻底搬出大山，开启美好新生活。

精准搬迁对象，宣传发动稳意愿

“雾失楼台，月迷津渡，桃源望断无寻处。”这是龙海镇龙海村干沟组自然环境最贴切的写照。这里山高坡陡，阴雨潮湿，常年雾霭蒙蒙。浓雾起时，5 米以外只闻其声不见其人，生存环境恶劣，民生艰辛，属典型的“不宜人居”的困苦区域。范厚香一家 5 口人就生活在这大山深处，已居住了几十年的木架房早就成了危房。易地扶贫搬迁启动后，帮助老范家迁居成了龙海村党总支书记孙信治的一大心愿。孙支书多次带队穿过稀泥烂窖、杂草丛生的崎岖山路来到老范家，宣传易地扶贫搬迁的好政策，但老范的儿子死活就是不愿搬，怕搬迁后政策有变化，怕搬迁后经济收入无来源……怕这怕那，怕得太多。眼看着搬迁对象锁定工作即将结束，孙支书急得拍着锃亮的脑袋直跺脚：“如果老范家不搬迁，错过了此次千载难逢的机会，以后这家人就再难找到更好的出路了，要脱贫就难上加难了，怎么办呢？”孙支书和驻村第一书记潘文瑞商量，不能就这么轻易放弃，老范儿子的思想工作做不通，那就去找在龙海街上租房带孙子读书的儿媳小丁，小丁是从大理外嫁来的，思想开放见识广，应该有希望做通工作。两人合计后，直接前往小丁住处找到她，从搬迁后“三块地”不收回，再到就学、就医、就业创业、后续扶持有保障等方面做了耐心细致的宣传动员。晓之以理，动之以情，通过长达 3 个多小时的沟通交流，终于让小丁意识到只有搬迁才能给一双儿女创造更好的教育条件，才能不再行走十几里的山路接送孩子和在街上租房子陪读了，搬迁后的生活也有了保障，明白了只有搬迁一家人才有长远的发展。小丁打消了不想搬、不愿搬的思想顾虑，坚定了搬迁意愿。最终在小丁的说服下老范一家人同意搬迁了，孙支书一直牵挂的心这才放了下来。

像老范家这样生活在“一方水土养不起一方人”区域的贫困群众，受其自身思想认识所限，故土难离情节严重，不敢接受新的生产生活方式等因素而不愿搬迁的有很多，老范家的故事只是众多搬迁群众中的一个缩影。在宣传动员精准锁定对象的搬迁工作中，扶贫干部发扬了特别能吃苦、特别能战斗、特别能奉献的优良作风，踏遍千山万水，走进千家万户，说尽千言万语，想出千方百计，广泛宣传易地扶贫搬迁政策。通过进村入户，召开群众会、院坝会，悬挂标语，播放视频，发放宣传资料，组织群众到安置地现场参观等多种形式进行宣传动员，帮助群众算清财产、儿孙、就业、就学、就医、发展、脱贫“七笔账”，让搬迁群众做搬迁“明白人”，打消不想搬、不愿搬的思想顾虑，把“要我搬”变为“我要搬”。

不懈坚持，无尽努力，成效显著。“十三五”期间，全县精准锁定并搬迁 50957 人（卡户 44470 人），其中三年行动计划 18460 人、新增搬迁任务 32497 人。在新增搬迁任务中，县内安置于发界安置区的有 25725 人；跨县安置于鲁甸县卯家湾安置区的有 2297 人、安置于昭阳区靖安安置区的有 4475 人。

科学选址规划，砥砺前行铸奇迹

彝良县坚持科学评估论证进行选址，按照“城乡统筹、布局优化、集约用地、规模适度”原则，以县（乡）为单位，打破行政区划，尽量选择资源优势突出、开发潜力较大、产业基础较好、就业创业便利的地区，以此作为安置点。在深入调研、摸清底数的基础上，编制规划组织实施，“十三五”期间全县共规划建设 42 个集中安置点（区），其中 6 个属进城入镇安置、36 个属村集镇安置或中心村安置。按照“一次规划、分步实施”的要求，结合安置点民族文化特色和风俗习惯进行安置房设计，综合分析安置点周边现有基础公共服务设施承载力，采取“缺什么、补什么”的方式，因地制宜共享或新建学校、医院等公共配套服务设施。坚持“保基本、建刚需”原则，守住“建房面积人均不超过25平方米”这一红线进行房屋规划设计。

“彝良脱贫看易迁，易迁成败看发界。”发界安置区搬迁人口规模居全市第三、全国第四。项目总投资33.2亿元，需征地2400余亩，拆迁房屋400余户，迁移坟墓1200余座；新建安置房53栋5.8万平方米，同步配套建成3所幼儿园、1所小学、1所九年一贯制学校、1所卫生院、4个卫生室、1个派出所、4个社区服务中心等配套基础设施及公共服务设施。由于地形地貌特殊，施工作业面高差较大，需进行15万立方米的边坡治理，采用挡墙及抗滑桩等附件设施来保障施工安全，同时还存在着不可抗力的安全隐患较多，要如期完成任务“难如登天”。

为快速有序推进发界安置区建设，如期实现搬迁入住，成立了彝良县易地扶贫搬迁进城安置指挥部，抽派80余名干部驻点抓建设，抢晴天、战雨天、不给黑夜留时间，采取“三班倒”的方式，按照“保安全、抓质量、提速度”的要求，聚焦搬迁入住标准，加快推进安置住房建设进度，合理布局施工作业面并行推进配套项目建设。“小雨当冒汗，中雨不停干，大雨想法干，白天拼命干，夜里挑灯干，只要干不死，就往死里干”成了指挥部全体参战人员的口头禅。心往一处想，劲往一处使，在全体人员的共同努力下，2019年6月16日完成首栋楼房封顶，8月22日全部楼房封顶，9月25日通电测试成功，整个安置区一片灯火通明，宛如黑夜里一颗最璀璨的星星，光芒照进了搬迁群众的心里，这标志着2.5万余人离梦想中的家园更进一步，即将入住美丽新家园。

发界安置区在一年多点的时间内，如期完成所有的建设任务，一栋栋高楼如雨后春笋般拔地而起，配套公共设施一应建全，保障了群众如期搬迁入住。云南建投集团彝良指挥部指挥长李阳云说：“发界安置区的建成，创造了历史，创造了奇迹！”

迁新居搬新房，搬迁群众笑开颜

2019 年 11 月 24 日这天，冬日的暖阳显得格外温和舒心，湛蓝的天空中飘着几朵白云。发界安置区内悬挂着“挪出‘穷窝’天地宽，易地搬迁助民富”“吃水不忘挖井人，搬迁不忘共产党”等标语的搬家车辆一辆接一辆往来穿梭不停；一支支由搬迁工作队、社区干部、志愿者等组成的队伍，带领搬迁户看房、验房、打扫卫生、搬运家具……处处欢声笑语，一派蔚为壮观的大迁徙场景，发界安置区拉开了 2.5 万余人搬迁入住的序幕。

来自龙街乡尖山村新房组 35 岁的村民颜正勇，欢欢喜喜地带着年迈的母亲和刚成年的妹妹搬进了发界安置区 44 栋 705 号新房，成了发界安置区首家搬迁户。颜正勇说：“搬家的时候，有镇村干部、驻村工作队的同志在老家帮忙收拾；到安置区后，有工作队、志愿者、社区干部等好多热心人来帮助我们引路、搬家具，他们就像我们的亲人一样，让我们感觉到很亲切温暖，我对以后的日子也充满了希望。政府为我们盖了这么漂亮的房子，搬完家后我要出去打工挣钱，争取早日脱贫致富，过上更好的日子。是党的好政策让我家过上了这样的好日子，感谢党委政府对我们贫困群众的关心，我们会铭记一辈子。”

如今的发界安置区，一栋栋错落有致宽敞明亮的新楼房挺拔林立，商店、餐旅馆鳞次栉比整齐排列，社区服务中心、学校、卫生院、购物中心、活动广场、农贸市场等公共设施一应俱全；干净、宽敞的道路上行人来来往往，四周绿树环绕，三五成群的老人带着孙子在树下乘凉玩耍或是拉起家常，脸上洋溢着幸福的笑容，欢快的笑声飘洒在每一个角落……搬迁群众生产生活稳定，安居乐业，呈现出一片片文明祥和、温馨快乐的融融景象。

2016 年以来，全县累计完成易地搬迁 5 万余人，在各个安置点（区）内，搬迁对象住房安全得到有效保障，安全饮水、出行、用电、通信等基本生活需求得到基本满足，享有便利可及的教育、医疗等基本公共服务，迁出区生态环境有效改善，安置区特色产业加快发展，搬迁对象有稳定的收入渠道，群众生活水平明显改善，全部实现了稳定脱贫。

精细服务管理，干群同心谱新篇

按照“易地扶贫搬迁安置工作推进到哪里，党的基层组织就建到哪里”的原则，依据“便于集中、便于管理、便于服务”的要求，42 个安置点（区）成立党组织 45 个，含党委 3 个、党总支 4 个、党支部 38 个。其中发界安置区临时党工委下设 4 个工作站，新建扬帆、团结、前进、远航 4 个社区，配套建有阅览室、儿童乐园、老年之家、青年之家、爱心超市等公共设施。按照临时党工委 + 社区党委 + 网格党支部 + 楼栋长 + 搬迁群众“五级联动”网格管理体系，通过实施“一格多能、一格多员、一员多用”的管理责任单元格，强化社区公共管理职能，提供社区就业、卫生、养老、家政、文化、体育、教育、法制宣传、法律援助、矛盾调解等服务，组织搬迁群众开展感恩教育、生活技能、文明礼仪、易迁政策知晓、安全常识等培训活动 200 余场次，入户宣传指导操家理务 19000 余人次，让搬迁户逐步转变生产生活习惯，促进搬迁户由“农民”向“市民”的身份转变。

“你们桌子上的瓶子是什么形状的啊，我们把它画出来好不好啊！”“queen 的中文意思是什么啊，大家举手回答哦。”在发界安置区“儿童之家”整洁舒爽的环境里，老师在教孩子们学画画、学英语、做益智游戏，孩子们聚精会神地听课，积极踊跃回答老师的问题。彝良县通过“党建 + 群建”，鼓励引导社会力量广泛参与，开展关爱易迁儿童服务。暑假期间，由团县委组织的来自全国 30 余个城市的 42 名支教志愿者，到彝良 6 个易地安置点成为“爱心暑托”的“代理家长”，为 400 余名易迁儿童开展志愿服务活动。

发界安置区团结社区党委书记冯莉介绍：“社区本着以人为本、服务搬迁群众、充分发挥基层党组织堡垒作用，全力打造一社区一特色，按照‘精细化管理，人性化服务’的要求，积极推动社区各项服务管理，全面提高易迁群众的安全感和满意度。”

健全后扶体系，稳定脱贫奔小康

“竹笋加工厂建在家门口，及时解决了我们搬迁群众的后顾之忧，实现了照顾家庭和务工增收两不误，真是太好了。”搬迁群众徐忠英喜形于色地说道。2020 年 9 月，四川巴食川珍农业发展有限责任公司扶贫车间竹笋深加工厂在发界安置区竣工投产。总经理陆兵介绍：“我们到盛产优质竹笋的彝良县开办工厂，是为了更完美地整合竹笋产业供应链，让更多的彝乡山珍走出大山闯市场。公司每年可深加工鲜竹笋 7000 吨至 8000 吨，可提供就业岗位 500 人以上。接下来，公司将按照专业化生产、集约化经营、现代化管理的模式，坚持以市场需求为导向，立足彝良及周边特色农产品资源，加大绿色生态产品研发力度，切实做大做强企业品牌，助推彝良竹产业蓬勃发展，带动更多山区贫困群众增收致富。”

要让搬迁群众“搬得出、稳得住、逐步能致富”，彝良广种“梧桐树”引来“金凤凰”，大力开展起招商引资，拓宽就业渠道。在立足安置区区位优势的前提下，县内 4 个大型安置区新建了 4 万余平方米的标准化厂房，引进“彝花绣”（刺绣）“运时通”“云百草”等 9 家劳动力密集型企业入驻，增加就近就业岗位 2000 余个。其余集中安置点依托附近的扶贫车间、企业等，最大限度地实现易迁群众在家门口就业的目标。

“志不立，天下无可成之事。”县搬迁安置局负责人郑堂卫介绍：“彝良易地扶贫搬迁人口众多，后续扶持非常关键，县委、县政府高瞻远瞩，紧扣搬迁群众稳定脱贫奔小康这一主线，既立足当前又着眼长远，近期以就业增收为主导，远期以产业扶持为支撑，为‘稳得住’奠定坚实基础，为‘能脱贫’提供强劲保障，为‘可致富’起好创业步。”

源头之水活了，方能浇灌好庄稼。发界安置区临时党工委、县人社局等部门围绕“全覆盖、无盲点、零缺位、有保障、不脱节”的目标任务，做细做实就业扶持，找准方向，有的放矢。采取“内培外输”方式，积极为易迁劳动力搭建就业平台，组织开展技能培训 86 期 6020 人次，举办“千场招聘进千村”招聘活动 117 场，通过包专机、专列等方式提供“点对点、一站式”集中转移输出服务。据统计，全县有易迁劳动力 2.8 万余人，已就业 2.5 万余人，就业率 89.10%。此外通过种植养殖大户、县内企业、在建工程项目等提供就近就业岗位，同时开发公益性岗位托底就业 2584 人，想方设法帮助易迁劳动力稳定就业，实现了“零就业家庭”动态清零。

因地制宜抓牢抓好产业扶持，统筹迁出区“三块地”和迁入地资源，落实“三块地”盘活资金 1880 万元，规划退耕还林 4 万余亩，发展天麻、花椒、水果等优势产业以及其他经济林木，规划建设食用菌大棚 500 个，实现搬迁群众产业扶持全覆盖，经济持续稳定增收。坚持民政保障政策的综合运用和因户施策，构建完善并互为补充的社会救助体系，搬迁群众共有 13536 人纳入民政政策保障，对“无业可扶、无力脱贫”的 723 名特困群众全面落实了兜底保障政策，“阳光雨露”让全体人民在脱贫路上没有一个“掉队者”。

易地扶贫搬迁工作是党中央、国务院坚决打赢脱贫攻坚战的关键举措，是解决“一方山水养不起一方人”的根本之策，是实现全面小康的一项浩大工程，更是人类向贫困宣战的一次伟大创举。彝良举全县之力，用三年时间圆满完成了“十三五”时期易地扶贫搬迁任务，向党和人民交上了一份满意答卷。

（作者时任彝良县搬迁安置局副局长）

院子洁净海子美

王　强

大黑山下的海子镇，有海子之名，而无海子之实。唯千年“盘龙神杉”，史志有名。虽有清河悠悠，是以海子无碧波之壮阔，虽无向阳坪的“宽怀”，然而海子却有山川之大美。鳞次栉比农居，参差万家，地名就给人想象之美：新场、花园……

农村人居，其环境整治，关系着广大农民群众的获得感、幸福感、安全感。如何让农村更清洁更宜居？如何顺应农民群众对美好生活的期待，夯实乡村振兴的基础？海子镇按照“三个全覆盖”和干净整洁型村庄 1 档 8 条 27 项建设标准，大力推进农村人居环境整治实施，一枝一叶都是情。

乡村振兴战略，基础工作是要加强农村公共基础设施和公共服务建设，需要从农民的身边事做起，从改善农村人居环境这一现阶段农民最迫切需求、最易有明显成效的事情入手。通过补短板、强弱项、提水平，促进农村环境变美变干净、农村基础设施更完备、农村公共服务更便利、农民生活更有奔头。

“我们花园村一直把生态村建设摆在首要位置，以打造‘村民生活富裕，村庄美化宜居’为目标，致力抓好村庄规划、绿化美化等建设工程，开展农村人居环境整治工作，在拆除危房的同时，结合乡村振兴战略和新农村建设，村庄基础设施不断提升，村庄人居环境变得更好。”花园村党总支书记翁光辉这样表述。

“现在，自然村有了公厕，许多卫生死角、垃圾堆都被清理掉了，家门口就有垃圾处理池，每天的生活垃圾得到及时清理，这让村里更整洁。看见美丽的环境，村民心情好了。”花园村新房自然村党支部书记袁光荣说。

自农村人居环境整治工作开展以来，海子镇围绕村庄布局优美、村容整洁无乱、庭院干净无污、卫生保洁自治、文明行为自觉、畜禽集中圈养、拆旧拆危彻底、干干净净迎小康的目标。按照省、市、县有关工作安排，以乡村振兴战略的实施为引领，结合海子实际深入推进农村人居环境整治工作，在农村“厕所革命”、农村生活垃圾治理、农村污水治理等方面取得了明显成效。目前，海子农村人居环境整治工作取得阶段性进展，全镇农村人居环境得到较大改善。

建立机制，压实责任。海子镇按照党政主要领导双组长负责制要求，镇成立了以党委书记、镇长任组长的人居环境整治领导组，村成立以挂村领导任组长、党总支书记、驻村第一书记任副组长的领导组，自然村成立了党支部书记任队长、村民小组长任副队长的工作队，落实公益性岗位保洁员 323 名，组织动员群众户户参与，人人动手。形成了党委、政府主要领导负总责、挂村领导牵头、镇村干部包户的工作格局。

全面开展农村“厕所革命”。全镇 9 个行政村每村均新建了 1 座公厕，68 个自然村新建公厕 36 座，在建 32 座，新建和改造农村户厕 2358 座。在户厕建设上结合每家每户地理位置、房屋格局、经济能力、生活习惯等实际情况，按照卫生、经济、适用、安全、环保的建设要求，充分考虑群众长久使用和后期管理的现实需求，对现场指导的户厕提出合理的意见建议。做到行政村公厕、自然村公厕和户厕改造全覆盖，极大地改善了群众如厕条件，提升了人居环境。

全面开展农村垃圾治理。围绕“村庄、镇域、田园、庭院”四个层次，聚焦路边、河边、田边、村边、屋边“五边”积极组织群众集中时间、集中力量，针对“脏乱差臭”突出问题开展清脏治乱的歼灭战行动。在垃圾处理配套设施方面共改造镇级垃圾处理场1个，新建和改造村级垃圾收储场9个，新建和改造自然村垃圾收集池385个、村民小组垃圾池75个，农户家中基本具备户户有垃圾桶、垃圾袋、垃圾箱等设施。全镇68个自然村均建立健全了农村人居环境整治管理制度和收费制度、用水设施管理制度和收费制度。

全面开展自然村人居环境整治。以自然村为单元，以农户为对象，按照干净整洁型村庄1档8条建设标准27项具体工作要求，镇村干部、驻村工作队包片负责到户，指导参与农户操家理务，配备家庭垃圾桶、垃圾袋和垃圾箱，改造畜圈，清理沟渠水塘，拆除危旧房，归置柴草及物品，清理规范厨房、床铺、厕所，开展房前屋后环境清理整治，农户家庭卫生有了根本好转，生活质量得到明显提升。

建立长效机制，保证长效常态。镇、村建立了人居环境整治领导机构，组建了工作队伍，自然村建立了管理制度和收费制度，建立了人居环境整治的村规民约，层层压实责任，明确了工作任务，落实了工作措施，开展了绩效考核。实行每月一检查，每月一调度，每月一通报，每月一排名，对任务完成好的，公开表彰奖励，对任务完成差的，坚决追责处理到位。在全镇干部群众中营造了比、学、赶、超的良好氛围。

党建引领，支部推动。一个党员就是一面旗帜，一个支部就是一座堡垒；行动是最有力的带动，示范是最鲜明的垂范。充分发挥驻村第一书记、村党总支书记和自然村支部书记的带头示范作用和党员先锋模范作用。形成党建引领、乡贤带动及村民参与的农村人居环境整治合力，打好农村人居环境整治攻坚战。利用主题党日的契机，各村党总支组织党员实地参观学习农村人居环境整治成功经验，并将可以借鉴的先进做法传达给村民群众，引导全员推动人居环境整治。广泛宣传开展农村人居环境整治的政策、意义、做法、成效和先进事迹，充分激发村民的主人翁意识，增强农村群众对开展农村人居环境专项整治、建设生态宜居美丽乡村工作的认同感、责任感和使命感，提高工作的知晓度、参与度、满意度和美誉度。

全镇路域、水域、集镇、学校、活动场所等公共区域和农户庭院卫生环境得到明显提升，干净整洁的人居环境正在形成。小康路上，要着力打造清洁、有序的卫生庭院、卫生村庄，确保爱国卫生暨人居环境整治工作落细落实，为人民群众创造一个干净、舒适的生活环境。

（作者系海子镇人民政府工作人员）

彝花绣浓民族情

陶淑珍

杈杈房，柴火塘，是昔日少数民族生活的真实写照。如今，住洋楼，用电器，是“决不让一个民族兄弟掉队，决不让一个民族地区落伍”承诺兑现的情景展现。

巍巍大黑山下，树林乡政府所在地集镇建设，彝族广场镶嵌在高原之巅，开启民族团结示范区建设步伐；涛涛彝河白水江畔，大地描摹民族团结示范乡、民族团结示范村、民族村寨的展新风貌。

抢抓机遇，精准帮扶。推进民族团结进步创建与脱贫攻坚相结合，积极争取省级民族专项资金和整合各级各部门项目资金，实施民族团结示范乡、民族团结示范村、民族乡整乡推进和民族乡特困民族村寨建设，着力打造少数民族特色村寨。

着力加强组织领导，着力保障改善民生。各级党委、政府高度重视民族工作，认真落实习近平总书记的讲话精神，加强对民族宗教工作的领导，全力推进民族团结示范区建设。把基础设施建设摆在更加突出的位置，整合资金、集中力量，切实加强整村推进、安居工程、农危改、灾后恢复重建工程、人饮安全、基础设施建设工程、乡村振兴等资金项目的整合，变分散式投入为捆绑式投入，提供强有力的资金、项目支持，进一步夯实民族地区经济社会发展基础。加大部门项目资金的整合扶持力度，以安全引水、农网改造、交通、产业发展、社会事业等项目建设为引领，加大对民族地区项目资金投入。脱贫攻坚期间，全县整合各部门投入少数民族和民族地区建设项目资金126819.43万元。2015年至2020年6月底争取到上级部门民族专项项目到位资金3502万元。民族团结示范项目覆盖全县13个乡镇，民族团结示范乡建设项目3个，资金800万元；民族团结示范村建设项目19个，民族特色村寨建设1个，合计项目资金1400万元；2017年解决散居民族地区困难项目资金50万元；2019年民族文化建设资金20万元；2018年项目资金337万元、2019年项目资金895万元全部整合到县扶贫办，用于全县扶贫项目资金项目整合。我县少数民族地区贫困人口逐步实现了“八有一受益”。八有，即有稳固住房、有饮用水、有生活用电、有电视、有路通自然村、有义务教育保障、有医疗保障、有收入来源或最低生活保障。一受益，即享受扶贫和帮扶政策。

着力打造示范典型，着力巩固完善优化，以点带面推动示范区建设。通过整合资源，层层抓点，合力攻坚，形成了一批有特色、产业强、群众富、环境好、村美人和的民族特色示范村镇。

木椿沟苗族风情园，是我县境内苗族传统文化保护和传承较为完整、民族特色鲜明的典型苗族聚居村寨。也是目前彝良县乃至整个昭通市基础设施最完善、苗族文化最具特色的少数民族村寨。木椿沟苗族风情园项目工程整体投入资金1450余万元。建设特色民居42户，多功能活动室810平方米，寨门一座，苗族风情园标志大型芦笙一座，公厕一座，河堤510米，广场2600平方米，道路硬化2569平方米，风雨桥一座，汉白玉石拱桥一座，给排水工程一件，苗族金宝楼一座、养殖小区一个及其他相关市政设施，占地47.33亩。

后山彝寨，是红二、六军团长征经过的地方。乌蒙回旋战指挥部就设在寸田。贺龙、萧克、任弼时、王震四个大胡子谈笑风生，指挥部队“三进三出奎香”。斯人已矣，足迹村落。打造特色村寨，传承红色基因，索马花艳。

后山彝族村寨有着丰富的民族文化资源，其民族风情颇具特色。群众在语言、服饰、婚嫁、歌舞（撒麻舞、喀红呗、酒礼歌）等方面均体现出浓郁的少数民族气息，至今仍保留着较为完整的彝族传统文化，具有滇东北彝族文化活化石之称。该特色村寨建设，项目工程整体投入资金3190余万元（其中：群众自筹474万元，贴息贷款500余万元，整合资金2216万元）。对公路、新农村示范点、农村安全饮水、危房改造、土地整理和产业发展等项目统筹实施。硬化进村公路路面3.5公里，建彝族特色民居119户，建大（小）广场2840平方米、文化活动室156平方米。同步推进文化墙、电网改造、后山塘坝、4个取水池和蓄水池、村内小道2公里硬化、街道路灯、劳动技能、民族文化传承培训、浮雕等附属工程项目建设。

两个特色村寨的建设通过整合资金，目前寨内基础设施、社会事业、产业培育、村容村貌、农民收入等都发生了巨大变化，村容村貌明显改观，“脏、乱、差”现象不复存在，人居环境全面改善，群众生产生活质量提高，呈现出一幅现代农家田园生活景象。在建设过程中，把苗族、彝族民俗风情文化摆在突出位置，推陈出新，为民俗文化注入新的活力。两个特色村寨新修文化活动室（内设农家书屋），群众文化生活更加丰富，村民素质得到全面提升。组建彝族、苗族文化宣传演艺队，并建立长期活动机制，为保护、传承、发展当地彝族、苗族语言、服饰、婚嫁、歌舞等彝族、苗族文化搭建了交流平台。所建文化广场，为村内群众提供了健身、学习活动场所，极大地丰富了群众的文化生活，促进了精神文明和物质文明的全面发展。群众自觉主动参与村务管理，“等、靠、要”的思想观念消除，健康文明生活习惯逐渐形成，邻里团结、家庭和睦、尊老爱幼的风气发扬光大，党群、干群关系更加密切。群众生产生活质量全面提升，经济社会跨越发展，苗族、彝族传统文化得到传承和保护，民族传统手工艺加工、民族服饰、民族餐饮产业进一步拓展。

龙安镇木坪村寨子，奎香乡寸田村后山两个民族团结示范区，被国家命名为中国少数民族特色村寨。民族团结之花，犹如映山红开遍了黑山白水。

钟鸣镇漆树村寨上，是一个苗族聚居寨子。近年来，寨上村民小组长杨兴芬立足自身实际看示范，把谋求民族经济发展和社会进步作为贯彻党的民族政策、维护民族团结进步的头等大事，通过采取措施，积极向上级部门汇报，争取各项资金，加大对寨上的基础设施建设，成了远近闻名的民族团结示范村。走进寨上，茅草房、杈杈房不见了，映入眼帘的是一间间错落有致、清洁舒适的砖（石）混平房或石木结构瓦房，周边环境整洁、井然有序，电视、电话、洗衣机、钢磨、打草机等现代化生产生活用品进了苗家，特别是一机在手，群众与外界有了更为广泛的沟通与联系。

美丽乡村彝花绣，民族和谐育新风。我局在开展民族团结示范区建设工作中，传播各民族和谐发展正能量，以民族团结进步教育基地的罗炳辉将军纪念馆为平台，把民族团结融入德育教育的重要内容，创新民族团结教育方式，开展“自强、诚信、感恩”主题教育；在龙安、角奎等镇对少数民族群众和家庭进行了“杜绝早恋、早婚、早育，引领婚育新风尚”宣传；深入树林、奎香等少数民族村寨开展“彝花绣”培训，截至2020年6月，共培训36场1124人次，进一步激发少数民族群众脱贫致富的内生动力，提升技能、引领发展，不让一个少数民族群众在全面建设小康社会的道路上掉队。

“彝花绣”，顾名思义，当是彝族物事之绣品，属非物质文化遗产。其彝花，楚雄飞来。楚雄彝花绣彝良，彝良彝花绣山乡。“彝花绣”，绣彝花。欢歌笑语，互学互融。紧紧围绕帮助少数民族和民族地区妇女脱贫致富、就业需求这一核心要务，培训“骨干绣娘”，倡议“天女散花”，拓展培训，促进民族团结。为发界安置点“彝花绣”车间推荐技能人才提供保障，使无法外出务工妇女在经济收入之旅上有一个新目标，最终实现共同发展，居家就业，增进社会和谐稳定。彝花，是一朵美丽的民族团结之花。

数风流，看今朝。彝良5个民族乡28个民族村474个民族村民小组（少数民族族村寨），100%实现了通电、通广播电视、电话，移动通信信号覆盖90%少数民族族村寨，5个民族乡实现全部通油路，28个民族村实现了通水泥公路，474 个少数民族村寨中已全部实施农网改造；439 个少数民族村寨通公路，占 92.6%；132 个少数民族村民小组已通硬化公路，占 30%；190 个少数民族村寨实施了户间道路硬化和院坝硬化，脏乱差现象改善；少数民族群众积极参加农村新型合作医疗，民族村全部建起了砖混结构的村级服务大楼，设立了文化活动室、农民书屋、医疗室等，民族村小全部盖起了砖混结构教学楼，民族地区人居环境和生活质量实现了质的飞跃。

（作者系彝良县民族宗教事务局工作人员）

第四编　就业拓展促增收
产业兴旺富百姓

产业扶贫拔“穷根”

杨秀文

近年来，彝良县坚持以脱贫摘帽为目标，以产业培育为核心，着力调结构，提效益，升级原有传统经营模式，搭建新的发展平台，延伸产业链条，全力打好产业培育发展突击战，打出“组合拳”，“大产业 + 新主体 + 新平台”联手拔“穷根”，探索出一条兼顾“短平快”和“中长期”的富民强县发展之路。

突出规划引领，确立主攻方向

“没有产业支撑的扶贫，就像无源之水。一个有效的扶贫机制会引发蝴蝶效应，会带动越来越多的人脱贫致富。”县农业农村局党委书记（县产业扶贫办公室主任）王明香说。

如何尽快让贫困户的“钱袋子”鼓起来，这是摆在县委、县政府面前的一道“奥数题”。

从 2015 年开始，彝良县掀起了结构调整的热潮。坚持“一乡一业、一村一品”，按照“村村有亮点，组组有看点、户户有支撑”的要求，稳固提升天麻、马铃薯、烤烟、蔬菜、养殖等成熟产业，提质增效竹子、核桃、花椒等传统林产业。为加快推进各产业发展，稳步提升脱贫质量，县委、县政府在生猪、花椒、肉牛、天麻、竹子、马铃薯等产业上出台了一系列政策和产业奖补办法，抓实抓细产业发展，为脱贫攻坚奠定坚实基础。制订完善产业扶贫利益联结的指导意见，有效解决产业发展与贫困户利益联结不紧密等问题，提高产业扶贫质量，增加贫困户收入。

到 2019 年，天麻产业，全县留存面积 5.88 万亩，新增 2.8 万亩，投产 2.7 万亩，产值 20.3 亿元，覆盖建档立卡贫困户 4768 户；花椒产业，累计发展 34.6 万亩，投产 22 万亩，产值 6.16 亿元，覆盖建档立卡贫困户 6929 户；竹子产业，累计发展面积 47.5 万亩，投产 27.5 万亩，产值 4.78 亿元，覆盖建档立卡贫困户 10432 户；马铃薯产业，全县种植 34.1 万亩，产值 8 亿元，覆盖建档立卡贫困户 25152 户；蔬菜产业，全县种植 12.5 万亩（辣椒种植 3.2 万亩），产值 3.45 亿元，覆盖建档立卡贫困户 15071 户；土鸡产业，出栏 120 万只，产值 1.05 亿元，覆盖建档立卡贫困户 30955 户；生猪产业，出栏 30.1 万头，产值 6 亿元，覆盖建档立卡贫困户 20980 户；肉牛产业，出栏 1.8 万头，产值 2 亿元，覆盖建档立卡贫困户 3771 户；黑山羊产业，出栏 5.9 万只，产值 1.2 亿元，覆盖建档立卡贫困户 2869 户。

龙头企业引领，延长产业链条

在精准扶贫的实践和探索中，彝良确立了“产业 + 扶贫”的思路，瞄准“穷根子”，扶到“点子”上。全县按照“二三产带一产，一二三产融合发展”，突出优势抓产业发展。

为延伸产业链、提高附加值，彝良县委、县政府积极招商引资，引进山益宝、恒基环保等企业进行竹产品精深加工，不仅拉动了地方经济发展，还提供了400多个就业岗位，带动农户29303户增收，户均增收11000元，环保餐具等竹制精深加工产品远销重庆、成都、辽宁、上海等地和日本、韩国等国家。

彝良县供销社通过成立农发会党总支，采取产业协会+支部+公司+合作社+建档立卡户的模式，在全县培育发展了五大种植业和五大养殖业，带动建档立卡户的合作社有89个，带动建档立卡户18315户，去年产业方面兑现奖补资金是3100多万元。在下一步的乡村振兴工作中，整个产业协会要向100亿元产值进攻。

如今将军故里的彝良，宸宇农业、山益宝、万物生、城垣地等一批龙头企业已迅速成长，天麻、竹子、花椒、生猪、黑山羊、土鸡、蔬菜等特色种养殖业，基本都实现了一个产业至少有一家龙头企业带动、一家龙头企业至少带动一个产业的目标，以“双统领”实现了“双推进”，全县产业扶贫正疾风破浪、扬帆远航。

强化品牌建设，搭建交易平台

按照“人无我有、人有我优、人优我特”的思路，对具有一定规模的产业，大力实施品牌战略，鼓励经营主体开展有机认证、商标注册和保护，打造具有彝良特色的“绿色、有机、无公害”农产品。2015年以来，全县通过无公害农产品认证的有11家主体27个产品，产地认定规模近6万亩，畜禽渔业养殖认证规模8万头（只、尾），产品涉及马铃薯、山羊、土鸡、蔬菜、食用菌等；通过有机产品认证的有6家主体14个产品，产品涉及天麻、竹笋、花椒、萝卜、草虫鸡、土鸡（鸡蛋）。加工企业产品中拥有“云南省著名商标”的有1个（彝良县农副产品加工厂的“美德”牌商标）。彝良天麻在2018年入选全省绿色食品“十大名品”，彝良县荣获“全国天麻生产先进县”称号。

积极搭建交易平台，进一步维护小草坝天麻品牌形象。我县建立了小草坝天麻国际交易中心，实现了小草坝天麻品牌的统一管理、统一认证、统一追溯、统一发布采购信息。设有线上线下两个交易平台，年天麻交易量约 2000 万斤，每斤能提升价格 5 元，每年为麻农增收 1 亿元。此外，以中国—南亚博览会暨中国昆明进出口商品交易会、第五届全国天麻会议暨中国（小草坝）天麻产业发展高峰论坛、东莞国际科技博览周、彝良绿色生态农产品推荐会等为契机，组织我县云南好医生、山益宝、万物生、恒基环保等企业参会，既为彝良经济发展做出了贡献，又向外充分展示了彝良良好的对外形象。

多措并举，推动模式创新

积极探索“公司 + 合作社（集体经济）+ 贫困户”“党支部 + 公司 + 合作社 + 农户”等带动模式，通过公司与合作社（村集体经济公司）签订长期合作协议，合作社（村集体经济公司）与贫困户签订产品长期收购协议，制订保护价，垫资发放生产资料，免费提供技术服务，保证贫困户从生产、管理到销售无后顾之忧。

荞山镇安乐场村的彝良县魔发会生物有限公司，带动全镇种植魔芋 1.1 万亩，带动全镇建档立卡贫困户 626 人，返乡创业 20 人。打造商品魔芋种植基地 1100 亩，吸纳 200 余人务工。公司免费为农户提供技术指导，采用保底 6 元 / 千克的价格回收，高于保底价格按市场价格回收。对参与公司投资建设的合作社及贫困户，给予 20% 的利润分红。

万物生种植专业合作社，通过党建引领，推动产业转型升级，促进群众稳定持续增收。从最初的年出栏 3 万羽土鸡发展到现在，年出栏 100 万羽土鸡，实现了30多倍的增长。合作社现在每个月支付的务工酬劳就达90多万元，带动1470户贫困户脱贫致富，户均土鸡养殖收入13200元，人均纯收入3000元。合作社通过成立产业党支部，充分发挥党员的先锋作用和支部的战斗堡垒作用，把支部建在产业上，让群众跟着党员干。合作社从成立开始，就招聘了大量当地剩余劳动力到合作社上班，平均每天用工量在50人左右，并向建档立卡贫困户倾斜，让群众在家门口就能上班就业。合作社通过“公司＋合作社＋支部＋农户”的养殖模式，向农户免费提供鸡苗、技术，农户只需修建养鸡场，并承担日常饲养等义务，最后由公司对成品土鸡进行统一回收，公司支付给农户养殖劳务报酬。有效解决了技术和销路两个养殖发展的难题，为农户减少了养殖风险。

此外，彝良县把带动贫困农户增收作为发展天麻产业的出发点和落脚点。鼓励企业通过合同形式，直接与麻农建立种植、购销关系，形成“企业＋市场＋麻农＋基地”的现代化种植经营模式。引导农户以资源入股、技术入股、投工投劳等多种方式获取报酬。规范发展天麻生产协会（合作社），把麻农组织起来，充分发挥天麻产业辐射带动作用，让天麻产业成为助农增收的富民产业。成功申报“云南省一县一业药材天麻特色县”，彝良天麻被列为全省高原特色现代农业产业重点打造，完成天麻标准化种植2.83万亩，2019年实现天麻产业20.3亿元，带动6000余户建档立卡户户均增收5000元。

在探索精准扶贫助推产业升级的同时，全县还推动土地流转带动规模经营、社会化服务带动农业经营体制创新，依托合作社、种养大户、家庭农场等新型农业经营主体，流转农村土地上万亩，促进了农业适度规模经营。

（作者时任彝良县农业农村局农技中心副主任）

集体经济“破茧成蝶”

孙友强

加快发展村级集体经济，既是巩固党在农村执政地位的要求，也是提高农村基层组织领导农村经济社会发展能力，密切党群干群关系的要求。近年来，我有幸见证了彝良县村级集体经济实现从无到有，从试点到起步，从收益“清零”到逐步发展壮大的历程。那么，彝良县是怎样解决长期以来村集体经济“空壳”问题，并华丽转身“破茧成蝶”的呢？

开路先锋——大河边社区

脱贫攻坚战打响之初，县委、县政府通过调研试点、落实奖补政策等措施，鼓励有条件的村（社区）率先发展村级集体经济，积极探索发展村级集体经济的途径和经验。

怎样让社区有收益，告别空壳社区？角奎镇大河边社区开路当先锋。作为省级财政扶持壮大村级集体经济的试点社区，社区党组织书记彭怀平心里有自己的盘算，“我们社区女同志多，收拾家务，打扫卫生是我们的强项啊，何不在这事上做做文章呢？”主意一定，彭怀平及时召开会议与社区

“两委”研究讨论，决定成立龙腾家政服务有限公司作为社区集体经济项目，通过整合县镇财政专项资金 40 万元和社区干部自筹的 2 万余元，2018 年 1 月公司正式挂牌成立并试营业。

为提升家政服务公司的整体形象和工作质量，社区特聘骨干教师 2 名、社会专业人士 3 名对员工进行集中培训，内容涉及家政服务的正确认识、员工道德修养、员工行为准则、员工仪表仪容、员工职业心态和法律法规等。同时，还对员工家庭烹饪技术、衣物洗涤收藏、家用电器使用常识、家庭宠物植物养护和婴幼儿护理等基本技能进行全面综合培训，提升了个人的综合能力，进而提升了竞争优势，形成规范的家政服务体系。

大河边社区家政服务公司自成立以来，共承接家政服务业务 76 个，3 年实现收益 24.6 万元，村干部实现分红收入 5.178 万元。收获了彝良县村级集体经济的“第一桶金”，也给县城客户群带来了优质服务和良好的印象，正逐步成为彝良家政服务行业的一张亮丽名片。

遍地开花——全县 139 个村（社区）

在总结试点经验的基础上，彝良县研究制订了年度村级集体经济发展工作方案，指导全县 15 个乡镇 139 个村（社区）组建了村集体经济公司，以村级集体经济公司为平台，全面揭开了发展村级集体经济的新篇章。

2018 年 6 月全县完成了 139 个村（社区）集体经济公司的名称核准、登记、设立，以及公司账户的开设，全面实现以村级集体经济公司为平台发展村级集体经济。县财政局、农业农村局联合印发村级集体经济组织财务管理制度和村（社区）集体资产管理办法，规范村级集体经济公司管理、村级集体资产和财务管理。县委组织部组织对全县“空壳合作社”进行了清理整顿，为“党支部 + 集体经济公司 + 合作社 + 农户”发展村级集体经济铺平了道路。

龙街村干群同心共创业。紧紧围绕“支部引领是核心、选准模式是重点、群众增收是关键”工作思路，龙街村积极带领群众增收致富，实现了党建扶贫“双推进”。2019 年以来，村党总支采取村集体经济公司出资、村干部入股、引进专家参与等形式，组建了进源种植农民专业合作社，流转群众土地 120 余亩，建成无公害蔬菜种植大棚 47 个，改造建设冷库 1 个，累计投资 130 余万元，成功种植小西瓜、黄瓜、番茄、辣椒等绿色蔬菜，实现销售收入 80 余万元。

牛街镇白水江畔辣椒红。2018 年牛街镇党委统筹在 12 个村（社区）组建了村级集体经济公司，引入龙头企业与各村集体经济公司合作发展辣椒产业。注册成立了彝良彝江红农业发展有限公司，采取村集体经济公司入股的形式，盘活了甘家坝村纸厂闲置厂房建设加工厂，盘活了水田村产业大棚培育辣椒苗，采取“党支部 + 龙头企业 + 集体经济公司 + 农户”的模式，组织群众种植辣椒 6000 余亩。镇、村两级充分发挥基层党组织的引领和带动作用，以村集体经济公司为纽带，采取统一集中育苗、统一物资供应、统一种植管理、统一农业保险、统一采购销售，实现了“龙头企业 + 村集体 + 农户”利益紧密联结的新型发展模式。2019 年，村集体经济公司共收购辣椒 2456.25 吨，支付农户辣椒款 756.81 万元，运转费 86.15 万元，工人工资 101.17 万元，加工厂租赁费 6 万元，实现了多方合作共赢。

花生地社区挂联单位真帮实扶。花生地社区处于城乡接合部，由于土地大部分被征用，可利用资源少。为发展社区集体经济，社区挂联单位县中医院主动将医院的保洁业务承包给花生地社区集体经济公司，并在提供项目启动资金的基础上，免费培训、指导保洁业务。2018 年以来，花生地社区组织剩余劳动力完成保洁业务后，实现村级集体经济收益 12 万元，解决了社区 23 名无法外出务工人员的就业问题，年人均实现收入 2.4 万元。

政策扶持——确保了村级集体经济的持续发展

彝良县发展村级集体经济，既得益于平台的搭建，更得益于政策的扶持。针对村级集体经济可运营盘活资源资产较少的现状，彝良县及时研究制订了《彝良县村级集体经济管理办法（试行）》，明确了由财政投资的小型基础设施，在法律法规允许的情况下由村集体经济公司组织实施的规定。

2019年，洛旺乡党委结合脱贫攻坚任务繁重的实际，在指导村“两委”进一步盘活村集体山林、房屋等集体资产的同时，把抓扶贫项目推进与发展村级集体经济有机结合，先后将辣椒育苗、种植、农资供应，马铃薯种薯供应，户间路、农户院坝硬化，垃圾池，到户饮水工程建设等70余个项目，依照合同法承包给8个村集体经济公司组织实施，由乡财政所负责代理村集体经济公司财务。2018年、2019年洛旺乡8个村级集体经济收益54.86万元，同时，通过组织群众发展辣椒种植、番茄种植、蜜蜂养殖等产业，带动建档立卡贫困户2874户14364人实现脱贫增收。

继上述政策出台后，《彝良县产业扶贫奖补办法》《彝良县产业扶贫奖补办法实施细则》等一系列政策相继出台，设立了带动卡户脱贫奖、带动卡户销售奖、贷款贴息等奖补政策，对村级集体经济公司等新型经营主体带贫增收进行扶持。自2016年以来，全县累计争取和自筹资金3360万元，对139个村（社区）发展村级集体经济进行全覆盖支持。2018年12月，全县139个村集体经济收益全面实现“清零”目标；2019年12月，全县139个贫困村（社区）集体经济均实现收益256.7万元。通过政策扶持、绩效奖补、预警通报、清零达标等措施，极大地调动乡镇和村组干部发展集体经济的积极性，全县村级集体经济工作步入了良性持续发展的轨道。

（作者时任彝良县天麻开发中心副主任）

食以土为本

卢　枫

“民以食为天，食以土为本。”土地是民生之本、发展之本。土地是农民赖以生存的重要物质基础。彝良是典型的山区县，全县面积 2804 平方公里，山地就占了总面积的 96%以上。境内山高坡陡、峡谷幽深、沟壑纵横的地理状况，制约着彝良人民的生存和发展，加之常年自然灾害频发，水土流失、山体滑坡等地质灾害叠加交替的艰苦条件，很大程度上加剧了彝良县的贫困程度及贫困面。

2015 年，冬雷声震寰宇，一场开天辟地的脱贫攻坚大决战拉开帷幕，一个个飒爽的英姿、一出出战天斗地的场景浓墨重彩登上历史舞台，披坚执锐的战士中有一群人，他们是彝良县自然资源局的工作者。就是这样一群执着坚守的勇士，始终坚定“人不负青山、青山定不负人”的信念，在决战决胜攻坚战中，以终为始、履职尽责，将“增减挂钩、地灾防治、土地整理、数据比对”作为攻城拔寨的主要手段，用奉献和付出奏响了前进的军歌。

增减挂钩"助攻坚"

"亮了！亮了！全亮了！"2019年9月25日晚7时许，彝良县发界安置区通电测试正式启动。一瞬间，安置区仿佛置身于灯火辉煌的海洋中，缤纷亮丽、璀璨夺目、交相辉映，一派喜庆欢快的景象。看着安置区在漆黑的夜空中绽放出耀眼的光芒，彝良县自然资源局工作者的内心也仿佛被点亮了，欢呼声一浪高过一浪，企盼许久的"增减挂钩"工作取得了实实在在的好成效。

自2015年起，增减挂钩成为自然资源系统的重点工作之一。什么是增减挂钩？简单来说，增减挂钩就是在建设用地总量不变的情况下，城镇建设用地增加与农村建设用地减少相挂钩，将农村宅基地的土地复垦复绿，宅基地指标就可以拿到城里来用（例如用于易地扶贫搬迁安置点的建设等）或者同外省调剂使用。也就是说，通过土地的增减挂钩，能为彝良县易地扶贫搬迁保障建设用地或提供资金用于脱贫攻坚一线。路漫漫，但人却不慢，至2020年8月，县自然资源局共上报11个城乡建设用地增减挂钩项目（均属易地扶贫搬迁项目）实施方案，并全部获准省自然资源厅审批同意，涉及拆旧规模5576亩、建新区规模1241亩，共产生结余指标1520亩。

按照《云南省保障易地搬迁用地的意见》要求，易地扶贫搬迁安置点用地可以边建设边报批。这是一个好政策的机遇期，彝良自然资源人乘势而为，迅速投入征地拆迁、"三通一平"（水通、电通、道路通和场地平整）、项目前期规划设计、土地预审、立项勘界等工作中。至2020年8月，完成项目拆旧区土地复垦复绿2300余亩，县内42个易地扶贫搬迁安置点（总用地面积1703.49亩）建设全部完成并搬迁入住，"一方新水土养活了一方新人"。

2016年至2019年，县自然资源局申请获批3批增减挂钩跨省调剂项目共2972亩，截至2020年8月，共完成跨省调剂1520亩，获得资金收益6.4914亿元。彝良是深度贫困地区，贫困点多面广，资金需求量非常大，用好用活资金尤为关键。资金下发后，取之于民用之于民，即刻将之投入脱贫攻坚大决战一线战场上，特别是用之于深度贫困地区的安置补偿、拆旧复垦及扶贫类基础设施、易地扶贫搬迁、产业发展等建设中。这种将增减挂钩获益的资金“反哺”于农村建设的举措，逐渐把过去的“输血式”扶贫转变为更符合新时代要求的“造血式”扶贫，群众逐渐从“懒得干”步入“争着干”、从“坐着等”变为“坐不住”，各族群众干事创业的好风气日益浓厚。

力抗地灾“筑堤坝”

2017 年 8 月 24—25 日，全县普降大雨。连续两天县境北的两河镇普降暴雨。“好多年没有下过这么大这么久的雨了，我很不放心，特别怕出事。”雨量大持续时间久引起了两河村坪子组村民小组长刘代金的高度警惕，在巡察中他发现坪子组的地灾点有滑坡风险，立刻向两河村委会和镇国土所报告了相关情况。很快，“大喇叭”声嘶力竭地不停歇吼叫着，群众奔走相告，镇村干部火速组织农户紧急转移避险……由于预警及时，地灾点附近 43 户 140 人、波及范围内 800 余户 2000 余人全部安全撤离，无任何人员伤亡。据统计，此次暴雨造成两河镇 7 个行政村 125 个村民小组 4325 户 1.56 万人不同程度受灾，经济损失 1.2 亿元。

这是一场灾难，让两河人刻骨铭心，成为挥不去抹不掉的印记。这又是一件不幸中的万幸之事，灾害发生前，县国土资源局（2019 年更名为县自然资源局）接到县气象局提供的紧急信息通报后，立即与县气象局联合发布了地质灾害一级气象风险预警信息，提醒各分局（所）、地质灾害监测人员、各乡镇及相关部门注意防御。正因为有了相关工作人员的责任心和警惕性，对灾情高发点保持着重点关注，才有了及时的预警，也才避免了人员伤亡的惨情发生。

彝良是个地灾多发并发的山区县，2012年的“9·7”地震和“10·4”山体滑坡特大悲剧痛心疾首，警钟长鸣。人民生命财产安全大于天。彝良自然资源人坚决防患于未然，按点建立了“一点一档”，统筹管理各个地灾隐患点。鉴于地理环境因素致使地灾的突发性和常发性，县自然资源局一年365天均安排有值班值守人员，将地灾排查及监测作为日常重点工作来开展。自2013年起至2020年，每年发布预警信息120余次、被告知对象10000余人次；每年发放地质灾害避险明白卡6000余份，地质灾害防灾工作明白卡4000余份；每年组织重点灾害点群众紧急避难演练20余次，组织监测人员集中培训均在3次以上；上报并获批的成功避让案例15起，避灾人数1293人；组件上报93个地灾点避让项目，140余个村2100余户8500余人受惠；累计排查出628个地灾隐患点，涉及9000余户34000余人的生命财产安全。

徐特立先生说过“想不付出任何代价而得到幸福，那是神话。”彝良自然资源人用奋战和拼搏，一次又一次为人民的生命和财产构筑了坚实的安全“屏障”，为防止因灾返贫、因灾致贫的群众建立了强有力的安全“堤坝”，人民群众有了十足的安全感、满足感和幸福感。

土地整理“促提升”

“以前我们都是靠天吃饭，旱季的时候庄稼没水浇，人也没得水喝。雨季的时候么又到处淹起，一年四季到头，苦么苦半天，收成么没得啥子。现在这种到处有水沟、每个组都通公路的生活，以前哪里敢想啊！”龙街乡坪子村团山村民小组组长陈大方望着连片的耕地、平坦的村组道路喜形于色地说道。

龙街乡坪子村，一个以种植烤烟、马铃薯和养殖黄牛为主的贫困山村。

在土地整理项目实施前，坪子村水利设施不配套，耕地的灌溉为无序灌溉，排水不规范，雨季时易遭受洪涝，干旱时坡耕地“跑土跑肥”的现象较为严重，由于生态环境较差，农户种植收益得“看老天的脸色”。坚决战胜贫困，攻坚克难，在县自然资源局的努力下，一个规模1688亩、总投资426.86万元的高标准基本农田建设项目于2018年在坪子村实施。一年余的辛勤终结硕果，平整土地570亩，修建容积为25立方米的水窖72个，地块间作业道路硬化4789米，修建道路挡墙228米，硬化户间道路及院坝3200平方米，堰沟、团山、老祖寨3个村民小组193户785人（建档立卡户77户304人）直接受益。项目的建成，大幅度提高了整村农业综合生产能力，群众“靠山吃山、靠天吃饭”的艰辛岁月一去不复返。自此，陈大方和团山组群众的脸上再也没有“阴沉沉”，而是始终洋溢着开心的笑容，村委会也由此没有了因土地灌溉和吃水等问题而前来“造访”的客人。忽如一夜春风来，千树万树梨花开。如今的坪子村，呈现着“地成方、林成网、路相通、渠相连、旱能浇、涝能排、住户集中、村容整齐”的社会主义新农村面貌。

一万年太久，只争朝夕。脱贫攻坚大决战期间，彝良自然资源系统抢抓历史机遇，把土地整理纳入重点工作内容，共向省自然资源厅申请并获批了3个乌蒙山贫困地区国土综合整治重大工程项目，项目覆盖7个乡镇17个行政村，总投资12938.33万元，建设规模52969.2亩，新增耕地1601.4亩，新增耕地率8.69%，受益农户7000余户24500余人（建档立卡户1900余户6500余人）。一分耕耘，一分收获。3个项目的实施，进一步完善了农村路网、供水、通电、通信、广播电视以及生活垃圾、污水处理等基础设施，改善了农村“垃圾靠风刮、污水靠蒸发”的“脏、乱、差”状况，农村逐渐显现出布局优化、道路硬化、村庄绿化、环境净化的新面貌，农村人口向城镇和村中心集中、产业向集聚区集中、耕地向规模化经营集中的新格局不断形成。

数据比对“强精准”

孔子说君子喻于义，小人喻于利。夫子2000多年前的话在今天的扶贫工作中应验了。某村有一个发现：“他家在城里有两套房子，还有一辆车子，居然还在争低保，争贫困户，这可不得行嗷！平时根本看不出来，藏得那么深，要不是查出来，我们直接晓不得嘛！”“这家更夸张，居然在城里有三套房，还来争。”诸如此类的争抢贫困户的事例很多，只缘当上贫困户有好处的思想在作祟。假的终究真不了，真贫假贫，不动产信息有答案。不动产登记数据比对结果反馈后，让许许多多精准识别有了“铁”的证据，扶贫干部理直气壮了，“争贫”“抢贫”者哑口无言。

欲筑其室，先治其基。确保精准扶贫精准脱贫，农户实际信息同各部门的数据信息是否保持“账账相符、账实相符”始终是关键所在，建档立卡贫困户从精准识别到精准施策再到精准退出，“不动产登记数据”是项硬指标。不动产信息核查事关卡户的错评或漏退，事关全县能否精准脱贫出列，责任尤为重大。2019年，不动产登记数据比对信息战正式打响。核查——精准，精准——核查，反反复复、仔仔细细、准准确确，紧紧咬住“农户是否拥有安全房屋”这一证据关键点，不落一户、不漏一人，及时清退不符合条件的卡户和低保户，为全县精准脱贫提供重要依据。2019年，共比对数据7次，涉及数据170余万条，发现问题数据2000余条；2020年，共比对数据4次，涉及数据70余万条，发现问题数据1000余条。全县农户不动产登记信息的精确性和精准性，为精准脱贫奠定了坚实基础。

以梦为马，始终不忘初心；以汗为泉，才能不负韶华。“心有所信，方能行远。”在脱贫攻坚大决战中，彝良自然资源工作者勇毅笃行、玉汝于成，用汗水浇灌果实，用身躯构建堤坝，用双手致富土地，用智慧精准数据，牢牢秉持“人不负青山、青山定不负人”的理想信念，唱响了雄壮的中国梦彝良“自然资源”决战决胜的凯歌。

（作者时任彝良县自然资源局四级主任科员）

绿叶子　红票子

袁自福

彝良县域生态环境脆弱，生态功能修复困难，林业产业薄弱，掣肘着脱贫致富前进的步伐。脱贫攻坚，找准方向，精确发力，2014—2019 年，彝良县按照“生态建设产业化，产业发展生态化”的思路，累计投入资金 9 亿元落实生态建设、产业发展、就业帮扶等举措，累计带动 5 万余户 20.13 万贫困人口增收，为决战决胜脱贫攻坚注入了强劲活力。

生态建设培根固本，绿了青山富了民

“同志，规划实施退耕还林，我是很支持的，2000 年退耕还林的效果也好得很，但这次退耕我是打死也不退的！”钟鸣镇庙林村湾滩组贫困户张仁顶很倔强地表明了态度。这是 2015 年 10 月的一天，县林业局在开展退耕还林工作中遇到了难题。作为县退耕还林办公室主任的林文斌，他心里很清楚，钟鸣镇庙林村山地居多，水土流失严重，地越耕越贫，农作物产量越来越低，只有实施退耕还林才能保养水土、恢复生态。眼前的形势是部分老百姓不接受退耕还林政策，只有把症结找准，才能对症下药解决问题。

“每亩1200元，退耕20亩，五年补偿完，平均每年补助4800元，补助是很多了。可我是农民，没有土地今后咋办？虽说我们种苞谷一年也没多少收成，但只要辛苦点每年总有收入。若是我们把地退了，五年以后就没得收入了，到时我们吃啥子哟？”张仁顶还是比较抵触。老张身体不好，年纪也大了，无法外出打工，孩子又还在读书，这20亩地就是他的命根子，难怪死活都不退。问题根源了然于胸，大家不愿意退耕还林的原因，是退耕以后没有可持续增收的渠道。这是政策宣传不到位引发的问题。新一轮退耕还林政策要求，各地可结合区域实际，在保护生态环境的同时，种植经济林果以此解决退耕农户后续稳定增收的问题。党的政策是一盏指路明灯，2014—2019年，彝良县依托退耕还林政策，种植花椒、核桃、竹子、枇杷、柑橘等经济林木31.5万亩，为山区农户增收提供了稳定支撑。

晓理动情疏思想，在政策的引导下，老张家20亩山地在2015年年底全部退耕还林，采用枇杷和柳杉间种，柳杉保证了生态效益，枇杷为老张的持续增收提供了保障。2020年新年伊始，一场突如其来的疫情阻挡了人们出行的脚步，老张的孩子没能外出务工，本想着今年他家的收入要受到影响，老张却说：“孩子们没外出务工，疫情刚过在枇杷园办了个农家乐，收入一点没减少，利润有3万多呢。”

“在生态环境脆弱地区，要把脱贫攻坚同生态建设有机结合起来。这既是脱贫攻坚的好路子，也是生态建设的好路子。”2017年6月习近平总书记视察山西时强调。总书记的嘱咐记心间，决战决胜脱贫攻坚中，彝良县针对乌蒙山区贫困现状，统筹生态生计，协调增绿增收，下决心走出一条生态改善和脱贫互促双赢的路子——摒弃过度开发模式，走绿色发展路子；摒弃资源依赖路径，走生态转型路子；摒弃急功近利思想，走可持续发展路子。通过政策补偿得补助金、造林绿化挣薪金、生产经营得现金，打造项目联动兴林增收的新模式，一条生态建设创业增收的好路子在乌蒙大山中蹚了出来。

革命战争年代，彝良儿女用鲜血和生命铸就了伟大的“革命精神”。如今，面对多山少绿、沟壑纵横、土壤贫瘠和生态脆弱与深度贫困相互交织、互为因果的严峻现实，彝良人民把这种“革命精神”用在了脱贫攻坚实践中。针对山区耕地条件差、陡坡多、土壤流失严重，就把沟壑填平整，再挖上有一定蓄水容量的鱼鳞坑，背土上山；荒山荒岭没有路，老百姓就背着树苗一步步爬上山……正是凭着“敢教日月换新天”的壮志豪情，2014—2019 年，彝良县退耕还林 37 万亩、陡坡生态治理 1.9 万亩、实施公益林保护 94.94 万亩，突出抓好现有森林资源保护和公益林建设，全面停止天然林商品性采伐，彝良县森林覆盖率以每年 3 个百分点的速度递增，2019 年达到 39.21%。

“这两年，河里的水明显清了好多，以前浑得很！”海子镇瓦厂村转堡组村民陶光友同树打了十几年交道，他搭上了国家生态建设政策的“快车”，成为彝良县振海种植专业合作社的负责人。通过荒山入股、造林和采笋用工，他带动转堡组 13 户贫困户稳定脱贫，每户贫困户每年劳务收入达到 1.5 万元左右。

“绿叶子”变成了“红票子”，陈云田很有发言权：“以前全家 4 口人挤在 2 间破烂的土屋里，儿子外出打工，老两口都快 60 岁了，只能靠种地维持生计。谁想到山地越刨越荒，人也越来越穷。”陈云田是龙海镇龙海村田头组的建档立卡贫困户，2017 年他主动加入了彝良县鸿志义观赏苗木种植专业合作社。“靠苗木培育和植树，我们老两口一年收入 3 万多块钱，盖起两层的大砖房。这可真是种树‘种’出了好日子呀！”陈云田颇有心得。

“路漫漫其修远兮，吾将上下而求索。”不驻足止步，要勇往直前，彝良县主动探索生态建设新思路，打造扶贫创新生态建设参与机制，组建扶贫攻坚造林合作社，使贫困群众真正成为生态建设的参与主体、受益主体。龙头企业以资金、技术、品牌等要素入股合作社，采取按股分红和二次利润返还等方式，让农民分享到加工和流通环节的利润。2019 年，全县共有林业专业合作社 71 家，带动 4000 多贫困劳动力，人均增收 8000 多元。

产业培育强筋健骨，技术培训提质增效

脱贫攻坚，是一场必须打赢打好的硬仗。产业扶贫是实现稳定脱贫的根本之策和长久之计，如何让林产业“造得上、稳得住、能致富”，是一道时代考题。持续做好基地建设扩总量、技术培训提质量，源源不断注入科技动力，才能真正让扶贫林产业“建得起来、干得下去”。

凡事预则立，不预则废。2015 年以来，在调研论证的基础上，彝良县林业局根据区域位置和海拔差异的不同，科学规划、因地制宜、合理布局林产业。在海拔 800—1200 米的干热河谷地区，主要发展青花椒产业；在海拔 1200—1700 米的二半山区，主要发展核桃和贡椒产业；在海拔 1700 米以上的高寒山区，主要发展以方竹、筇竹为主的笋用竹产业；在冷凉潮湿区域大力培植天麻菌材林。

8 月的小草坝，秋高气爽，空气清新。如果不是站在小草坝天麻科技示范园的观景台上亲身体味，很难感受到 2 万余亩连片竹林苍翠绿黛如碧海，倾耳远听波涛声。远眺，翠竹摇曳飘舞，身轻细腰，婀娜多姿，一幅蔚为壮观的竹墨画。如果不是亲耳听到老百姓说的实话，很难想象 2 万余亩的竹子是 2019 年刚刚种下的，刚过一年多就碧绿绵绵，竹海已渐成规模。若问这美景价值几何？参与造林的小草坝、龙安、两河、钟鸣 4 个镇的村民都能报出个数来：造林劳务收入 546 万元，人均 5000 余元；政府无偿为农户提供苗木 230 万株，价值 1261 万元；林业管护选聘生态护林员 40 人，年人均工资 9600 元；采用高标准建设，采笋时间提前 3 年，6 年后便达到丰产期，预计年产笋 5000 吨，价值 4000 万元……

千淘万漉虽辛苦，吹尽狂沙始到金。规划设计、苗木检验、整地移栽、检查验收、补植补造，简单的事情重复做，无休无止，林草人年复一年日复一日在耕耘，至 2019 年，全县累计发展花椒 34.6 万亩、投产 22 万亩；竹子 47.5 万亩、投产 27.5 万亩。

时光回溯到2015年，彝良县花椒种植面积22.1万亩，投产13.6万亩，亩均产值1050元，总产值1.438亿元。单看这个数据，全县的花椒产业有一定成效。但与同样是花椒大产区的重庆江津亩均产值2500元相比，高下立见。彝良的花椒产业还需精心培育才能撑起林农的小康生活，同样的短板在竹产业上也存在着。究其原因，管理粗放、缺乏栽培技术是根源。如何把林产业培育壮大支撑起脱贫攻坚的重任，再次摆到了彝良林草人的面前。

“日月逝矣，岁不我与。”培育一批懂技术善经营的林产业“土专家”、技术能手成为“等不起、不能等”的当务之急。为了确保每一户林农都掌握技术提高技能，充分挖掘林产业发展潜力，培优做强做大林产业，有那么一群人，跋山涉水风餐露宿，长期战斗在林业生产第一线，他们就是彝良县林业和草原局林产业服务中心的同志们。从2016年起，耗费4年的时间，培训林农技术人员4.3万人次，实施竹子低效林改造23万亩、花椒提质增效6万亩。他们用脚步丈量彝良的林产业面积，用双手育强彝良的林产业，用汗水建造彝良的“绿色银行”，为脱贫攻坚提供源源不断的“造血”动力，交出了一份人民至上的满意答卷。

授人以渔胜过授人以鱼。“花椒枝怎么可以这么剪，剪成这样明年花椒长在哪里？”在重庆江津区先锋花椒基地学习的角奎镇河湾村吴湾组贫困户李和树，对技术专家的操作很是不理解。“不用怕修剪多了，剪去的都是老枝、弱枝，留着不仅吸收营养，而且长出的花椒稀散，最重要的是还影响花椒树的寿命。”先锋基地的技术专家向学员们解疑释惑。为解决彝良花椒产地的产量低、花椒树生长周期短的问题，2016年、2017年彝良县林业局连续两年组织技术人员、村支部书记、种植大户赴重庆江津考察花椒产业，实地学习江津先锋基地的“矮化密植”和花椒采摘、烘干、保鲜等深加工先进技术。

橘生淮南则为橘，生于淮北则为枳。“黎主任，你这个花椒怕是还要再修剪一下，前几天我们去学习，重庆江津的专家说的，要多剪明年才好。”河湾村支部书记胡飞提出了疑问。“老支书，我们要因地制宜，不能照搬照套江津的修剪技术。根据彝良气候特点，应按照海拔高度来确定花椒的修剪程度。我们的花椒修剪重点是培育好来年的挂果枝，这样才能达到增产增收的目的。”黎芸榜耐心细致地解释道。黎芸榜，县林业和草原局林产业服务中心主任，毕业于西南林业大学，从事林业工作多年，是一名林业技术专家，我们都叫他“黎哥”。自重庆江津学习回来后，根据多年的工作经验，他将彝良和江津两地的气候、水分、土壤等条件进行详细对比研究，找准了彝良花椒提质增效的切入点。因担心椒农生搬硬套江津的修剪方法而不顾花椒生长的海拔和气温等差异，搞“一刀切”修剪过度，造成翌年花椒不挂果、减产减收，黎哥立即下村入组开展花椒提质增效技术培训。

2019 年 5 月的一天清晨，天都没亮，我就被刺耳的电话声惊醒了。“小袁，起床了！你挨我去龙海放牛村搞低效竹林改造技术培训，十分钟后我在你家门口接你。”电话中传来黎哥快速有力的声音，睡眼蒙眬的我回答了一声“好的”，就晕乎乎地起了床。黎哥接上我后说道：“现在正是低效竹林改造的最佳时期，10 万亩的任务必须完成，不然就错失良机了。”我们驱车行驶了 1 个多小时后，约 8 点钟就赶到了放牛村的低效竹林改造培训现场。

龙海镇放牛村，一直是全县有名的竹笋产区。2016 年通过“村村清、户户清”摸底排查后，全村 822 户中被精准识别为贫困户的有 251 户，贫困发生率 30.5%。放牛村竹林面积 2 万余亩，户均有竹林 25 亩。尽管自然环境和资源优势得天独厚，但同样没有摆脱深度贫困村的尴尬境地，方竹亩产不到 250 斤，亩均价格不到 800 元。

时间悄然流逝，到下午 5 点时，已是全村开展的第三场培训了。黎哥以不同的表达方式，用通俗易懂的语言将“四砍四留一不准”的技术标准灌输给每一位竹农：“像这种老的、弱的一定要砍掉，不要舍不得。”“这种太密了，必须砍除三分之一，不然竹子发笋率低，且笋小、弱，产量提不起来。”黎哥的气力好像用不完一样，每一场培训，都要现场示范，对技术要领进行详细讲解。培训结束已近傍晚 8 点了，我们来到一农户家随便吃了点饭。饭后黎哥拿出随身携带的笔记本，自言自语地说“只怕明天才能去鱼井村了，那里海拔要低点，时间更紧。”“小袁，过来帮我贴个膏药。”直到此时黎哥才想起上个月受伤的腰还没有好完全，今天又劳累过度，腰开始疼了。

就是这样一群会累也会疼的平凡人，凭着坚韧不拔的决心信心和勇毅笃行的意志品质，奉献打拼在彝良林产业发展的道路上。天道酬勤终结硕果，2019 年花椒（干）每亩增产 10—15 斤，亩均产值 2800 元，总产值 6.16 亿元；竹林每亩增产竹笋 150—200 斤，亩均产值 1800 元，总产值 4.778 亿元。花椒产业和竹产业的产值相较于 2015 年不止翻了一番，取得这样的好成绩，离不开林业人 4 年来披星戴月、呕心沥血的辛苦付出。

生态就业帮扶，开启生态脱贫新路子

2019 年 10 月 11 日，小草坝镇三道村委会来了一位特殊客人，身穿红马甲，个头不高身形显瘦，但看上去很精神。来人是三道村大炉组刚满 47 岁的村民杨光有，他是主动来村委会递交脱贫申请书的一位建档立卡贫困户。老杨咧着嘴兴高采烈地给驻村工作队队员们算起了自己的脱贫账：“10 亩方竹采摘竹笋 1000 斤，卖得 4000 元；800 塘天麻全部栽种成功，卖了 40000 元，除去成本还有 16000 元；当护林员的工资 9600 元。媳妇看病花了 6000 多点，现在家里还剩 2 万多，已经达到了脱贫标准，申请今年就甩掉贫困户这顶烂帽子，不给党和政府添麻烦了。”

杨光有原本有一个幸福美满的 3 口之家，家中种了 1000 塘天麻，日子过得滋润有味。夫妻俩曾商量：“家里的山林都种了天麻，儿子上初中并住校不需要时时照看，趁着年轻再去昆明打几年工多攒点钱。”唉！月有阴晴圆缺，人有旦夕祸福。2015 年的一天，夫妻俩正准备上山采挖天麻，妻子罗选翠突然晕倒，送到县人民医院被确诊为心脏病。尽管手术很成功，但自费医疗费达13万元，持续治疗每年至少还要5000元以上，这让原本较为富足的家庭生活急转直下，很快就一落千丈。杨光有夫妻俩外出务工的计划泡汤了，他家也戴上了“贫困户”的帽子。山重水复疑无路，柳暗花明又一村。正当全家愁眉不展时，迎来了产业扶贫的好政策。2015年11月27日，习近平总书记在中央扶贫开发工作会议上的讲话，用新彩笔描绘了生态扶贫新蓝图，神州大地上吹响了生态扶贫嘹亮的号角。2016年10月，县林业局立足本职，抢抓时间，选聘了彝良县第一批生态护林员。杨光有通过申请，经镇、村两级评定公示后，被选聘为小草坝镇三道村生态护林员，年工资收入9600元。自此，杨光有在生态护林员岗位上一干就是4年，每天做着重复简单且枯燥的工作。当别人问起他有没有觉得辛苦时，他总是笑着说：“辛苦是肯定的，但政府给了我工资，巡山护林就是我的职责，我必须做好这份工作。况且我们祖祖辈辈住在这里，一辈子都是种天麻、种竹子，这几年来天麻、竹笋价格一年比一年好，种天麻又需要砍伐林木做菌材，林子如果不管理好，采伐严重了，以后就没得收成了。发展好林下经济，这样才可以赚到钱，做到长效发展。”杨光有在担任生态护林员的同时，村干部和帮扶干部给予了他大力帮助，他又在种过天麻的地里种上了方竹，额外还租了两亩山林继续种天麻，经济压力逐渐好转。

“利用生态补偿和生态保护工程资金使当地有劳动能力的部分贫困人口转为护林员等生态保护人员”，彝良县坚决贯彻党中央、国务院的方针政策，将2016—2019年中央、省级财政投入的6800万元资金，用于选聘生态护林员，助力贫困人群创收。生态护林员政策的实施，森林资源管护力度显著加强，森林火灾和乱砍滥伐行为大幅度减少，在提高了贫困户经济收入的同时也激发了贫困户的内生动力，生态护林员家庭每年户均增收约9600元，累计带动建档立卡贫困户5505户增收。通过生态就业帮扶，开启了生态脱贫的新路子。

“人民对美好生活的向往，就是我们的奋斗目标。”习近平总书记掷地有声的话语言犹在耳，动人的愿景已经成为美好的现实。2020年4月，彝良县通过第三方抽查后实现脱贫摘帽。5 月 16 日，云南省政府向社会公示了彝良脱贫出列的喜讯，标志着彝良顺利摘掉了国家级贫困县的“旧帽子”。

收官之年不松懈，慎终如始战正酣。放眼彝良大地，响鼓劲催，旌旗如画。生态修复、生态产业、生态就业蓬勃推进，“绿水青山就是金山银山”的理念，已成为彝良令人瞩目的生动实践！

（作者时任彝良县林业和草原局办公室工作人员）

乌蒙神草助脱贫

彭泽祥

天麻，亦名赤箭、定风草、神草等。早在两千多年前，人们就将天麻列为治病的神药。《素问》《神农本草经》《日华子本草》《开宝本草》《本草纲目》《中华人民共和国药典》等书中对天麻的药用都有记载。天麻不仅是名贵中药材，还是珍贵保健食品。在2002年《卫生部关于进一步规范保健食品原料管理的通知》（卫法监发〔2002〕51号附件2《可用于保健食品的物品名单》）中，天麻赫然有名。天麻，无毒、无副作用，无论男女老少、虚实寒热均保食用，长期食用天麻（药酒、药茶、药膳），有镇静、催眠、增智、补脑、健脑、明目、消炎、增强免疫的功效，对老年人延缓衰老，延长寿命，对中年人消除疲劳，保持充沛的体力，对青少年增强记忆，改善视力十分有益。

作为“世界天麻原产地”的彝良小草坝，特殊的地理位置，“准静止锋”的气候环境孕育的天麻，品质甲天下，早已驰名中外，彝良因此被誉为“云药之乡”。县委、县政府把天麻定为“一县一业”发展项目，抓住这一独特优势大力发展天麻产业。按照“政府推动、市场运作、龙头带动、政策扶持、资源整合、加快发展”思路，制订系列措施，扎实推进天麻产业规模化、标准化、组织化建设，推动了天麻产业的高质量发展。

筑巢引凤，加快龙头培育

彝良县天麻产业发展意见中规定，凡注册投资彝良县生产加工、经营天麻产品的，除享受国家西部大开发和省、市、县招商引资优惠政策外，还可以享受专门针对天麻生产经营企业、科技创新、品牌创建等奖励政策。

在规范天麻生产经营管理、产业扶贫奖补办法（试行）实施细则、扶贫小额信贷支持特色产业发展的意见等一系列扶持政策的支撑吸引下，彝良县成功培育省级龙头企业2家、市级龙头企业2家、天麻专业合作社省级示范社4家。四川好医生药业、深圳世彭汇集团、云南星耀集团等企业先后落户彝良开发天麻产业。相继启动了好医生双乌天麻产业园、大彭庄园等重大项目。建成了小草坝天麻示范园、中国天麻博物馆、小草坝天麻国际交易中心（一期）、山益宝公司天麻精深加工生产线、彝良茂丰公司天麻良种繁育和“两菌”研发及展示中心等一批重点项目，为彝良天麻产业发展打牢了基础。

保障资金，加快产业发展

小草坝镇小草坝村的杨星明，初中毕业后他一直跟着“天麻王子”杨洪述学习种植天麻，是远近闻名的天麻种植能手。2017年参加县级天麻骨干技术人员培训时，得知农村信用社可以申请“天麻贷”，立即办理了贷款申请，很快获得了15万元贷款，建起了个人天麻种植基地200余亩，年产值500余万元。

彝良县财政每年预算天麻产业发展资金1000万元，主要用于扶持天麻种质资源保护、基础科学研究、产品研发、精深加工以及品牌宣传。2015年以来，实际整合财政资金8700余万元用于天麻产业开发。同时，天麻主产乡镇利用扶贫切块资金加大产业扶持力度，凡是建档立卡贫困户种植天麻，每亩给予500—2000元财政扶持资金，为天麻产业发展提供了良好的资金保障。2017年开始，金融支持力度不断加大，信用联社、农业银行、邮储银行等金融机构相继出台了“天麻贷”“产业扶贫贷”等特色专项贷款，目前仅信用联社“天麻贷”发放的天麻专项贷款存量就达26000余万元，降低了麻农融资成本，解决了天麻产业投入资金不足的问题，加快了天麻产业发展。

搭建平台，促进麻农增收

“从今天开始，交易中心长期免费为贫困户提供鲜天麻交易平台”，彝良世彭汇实业有限公司总经理彭昭德向麻农宣布。2020年1月3日，小草坝天麻国际交易中心正式开市，全国最大的天麻交易集散中心和交易枢纽初现雏形并开始投入使用，随着线上交易平台和天麻检测检验以及天麻追溯体系建设的逐步完善，将进一步规范小草坝天麻交易市场，维护小草坝天麻的品牌，为麻农搭建一个很好的平台，进一步带动麻农增收致富。

长期以来，小草坝天麻由于缺乏企业带动引领，天麻交易始终处于零散、粗犷的交易模式，附加值得不到提升，麻农利益得不到保障。2016年6月，深圳世彭汇股份有限公司与彝良县签订了招商引资合作协议，成立彝良世彭汇实业有限公司，投资2.08亿元打造运用区块链、互联网、大数据、物联网技术，集检验检测、防伪溯源、线上线下交易、供应链融为一体的小草坝天麻国际交易中心。2019年年底，交易中心开始试运营；2020年正式运营后，以农历每月三、六、九日为主进行集中交易。

“以前在老街上卖的时候，相当拥挤，货上下车麻烦，在这边条件相当好，服务相当到位，来这里交易感到很温馨、很舒适，在这边交易，给买的、给卖的都带来了很大的方便。”在昆明经营天麻门市多年的小草坝村民周桢丁高兴地说。对于很多靠天麻脱贫的贫困户来说，更为他们提供了优质的致富平台，凡在小草坝天麻国际交易中心交易的贫困麻农，免摊位费、寄存看管费，并长期免费提供停车位、开水、手推车、计量工具等服务。自鲜天麻交易区投入运营以来，平均每个交易日鲜天麻交易量 140 余吨，为麻农节省原有交易服务费用 10 余万元。

科技支撑，提升扶贫效益

近年来，彝良加强与云南大学余泽芬教授团队合作，启动了小草坝天麻种质资源基因库建设，开展昭通天麻种质资源的调查、收集和保护，为天麻遗传育种提供更多的基因资源。随着天麻“两菌”的研发和应用，从技术上减少了菌材林消耗，菌材用量从传统方法的 20 公斤每塘降到 8 公斤每塘，节约 60%，提高了种子萌发率和天麻产量。同时利用天麻野生种质资源保护区内采集的野生天麻建成了 8 个小草坝野生天麻良种繁育点，每年建设规模不低于 80 亩，每年至少可提供 1800 万个优质蒴果，为小草坝天麻良种繁育打下了坚实基础，保障了小草坝天麻地道的药材品质和优质食材品质。此外，与中国医学科学院药用植物研究所开展合作，在孙晓波所长、兰进教授等专家学者的帮助下，建立了彝良县天麻“两菌”研究室，成功分离、提纯本地“两菌”菌种 5 个菌株，其中 1 个菌株已投入工厂化生产和应用推广，其余菌株正在开展大田试验。今年启动年产 1000 万瓶以上的标准化“两菌”生产厂，目前项目前期工作已基本完成进入招投标程序，预计年底可建成投产。还与省委专家组紧密合作开展小草坝天麻良种选育工作，目前已利用野生乌天麻培育出 1 个良种，正在向省级相关部门申请良种审（认）定。2015 年以来，县天麻产业开发中心每年组织科技培训2000人次以上，并采取“天麻中心→天麻协会（合作社）→麻农”逐级培训的方式，开展天麻种植、加工技术培训，使全县天麻种植、加工技术得到明显提升。

为使产业发展与农民增收有效衔接，彝良县开创了“公司+基地+基层党组织主导的专业合作社+农户”的产业化发展模式，形成“龙头企业绑专业合作社、专业合作社绑贫困户”的“双绑”利益联结机制，引进知名企业6家，组建了天麻产业协会4个、天麻种植专业合作社176家，建成万亩连片天麻规范化种植基地1个、千亩连片天麻规范化种植基地4个。2015年以来，累计种植天麻14.94万亩，累计采挖天麻13.27万亩，累计产鲜天麻11212.55万斤，累计实现天麻总产值达87.78亿元。仅2019年产值就达20.3亿元，为60156名麻农人均增收5250元（其中22806名建档立卡贫困人口人均增收5000元）。同时，彝良县天麻种植每年需劳动力50余万个，为山区剩余劳动力提供了大量就业机会。

2016年，8万亩天麻基地通过国家有机认证，彝良成为全国唯一获国家认证的有机天麻种植县，被国家认监委认定为第二批“国家有机产品认证示范县”，同时国家林业局授予彝良“服务精准扶贫国家林下经济及绿色产业示范基地”称号。2017年，彝良县成功举办“2017第五届全国天麻会议暨中国（小草坝）天麻产业发展高峰论坛”，小草坝镇成功申报为国家级天麻特色小镇。2018年，彝良县被评为“全国天麻生产先进县”，彝良山益宝生物科技有限公司研发的天麻超高压保鲜、微波散射、FD冷冻干燥技术领跑国内天麻深加工行业。同年，“彝良天麻”公共品牌在昆明发布，彝良小草坝天麻在全国乃至全球的知名度和影响力得到进一步提升。天麻产业已成为彝良县脱贫攻坚战役中的重要支柱产业。

（作者时任彝良县天麻产业开发中心办公室主任）

良种良法“薯”科技

刘海燕

脱贫攻坚战打响以来，彝良县委、县政府把脱贫攻坚作为头等大事和第一民生工程，按照精准扶贫、精准脱贫的要求，千方百计助推贫困户增收致富，将马铃薯作为“发展生产脱贫一批”的重要支柱产业进行部署和发展，年种植面积 33 万亩左右，是云南省马铃薯生产大县之一。

2015 年以来，全县共投入资金 4800 余万元，引进优质和抗病力强的种薯，打造马铃薯“绿色优质高效种植、病虫防控试验示范”种植基地，实现马铃薯产业走上商品薯、种薯“双管”助农增收致富、健康长效的发展之路。

凝聚合力，优质种薯基地不断发展壮大

新中国成立后，彝良县曾引进过河坝洋芋、米拉洋芋、东北洋芋、威芋 3 号、会 -2 号等品种。但大部分品种都因种植时间长而退化，易感病、品质差、产量下降，特别是马铃薯晚疫病发病严重。

为培育优质马铃薯种薯，实现马铃薯的产业化发展，最大化增加群众收入，助推全县脱贫摘帽奔小康。2017 年以来，彝良县与多家科研单位合

作，创新发展模式，凝聚发展合力，逐步实现了马铃薯种薯基地化种植并不断发展壮大。

2017 年，由县农业农村局牵头，与云南省农科院合作，引进云薯 401、青薯 9 号、云薯 107、云薯 105 等原种、一级种，在树林乡建成了 2000 亩马铃薯种薯基地，彝良县马铃薯种薯换种工作正式拉开序幕。

2018 年，为助力脱贫攻坚，加快马铃薯换种工作，彝良县创新“公司 + 合作社 + 农户”发展模式。与云南师范大学下属的千和公司合作，由千和公司提供种薯、疫病综合防治农药和技术指导服务，在原引进品种基础上新引进云薯 505，在树林、奎香、龙街 3 个乡镇建成马铃薯种薯基地 2.2 万亩。

2019 年，彝良县马铃薯种植全面推行良种、良法，按照“党支部 + 合作社（村集体经济公司）+ 农户”的组织化种植发展模式，全县建成马铃薯种薯基地 4.15 万亩。

2020 年，在前几年的基础上，再次扩建马铃薯种薯基地 6000 亩。至此，全县马铃薯种薯基地达 7.15 万亩，每年可生产种薯 10.7 万吨，基本能满足全县马铃薯种植的种薯需求。

增收致富，马铃薯从自给自足全面走向市场

通过培植基地、壮大龙头、推广科技、做靓品牌，彝良县把马铃薯产业作为农业增效、农民增收、精准扶贫的骨干产业打造，从政策扶持、资金投入、机制健全等方面全面推进，有效促进了马铃薯产业快速健康发展。树林、奎香、龙街 3 个乡镇农户通过生产种薯、商品薯实现增收，其他乡镇农户以生产商品薯实现增收。马铃薯成为彝良县继天麻之后的又一特色产业。

“以前种的洋芋，大的留着自己吃，小的用来喂猪、喂牛，一年只种 3 到 4 亩”，树林乡林口村群众王启周说，“精准扶贫开始以后，我家也加入了合作社，一年要种 10 多亩洋芋，种出来的洋芋都被合作社收去了，卖洋芋每年就有 1 万多元的收入”。

在彝良，像王启周这样靠种植马铃薯增收致富的贫困群众还有很多。马铃薯产业已覆盖全县 15 个乡镇 116 个行政村，受益贫困群众达 2.1 万余户，有效推动了贫困户的脱贫出列。马铃薯从贫困群众家里的“粮食薯”、普通群众家里的“饲料薯”悄然发生了变化，成了助推群众奔赴小康的“致富薯”。

（作者系彝良县农业农村局农技中心工作人员）

“金叶”铺就致富路

罗明江

近年来，在县委、县政府和上级烟草部门及红塔集团昭通烟厂的大力关心、支持和帮助下，抢抓机遇，发挥优势，咬定烟草产业高质量发展不放松，烤烟生产得到迅速发展，由 2015 年全县种植 3.63 万亩发展到 2020 年种植 4.63 万亩，收购烟叶 11.5 万担，跻身全市重点产烟县行列，成为红塔集团优质原料基地，荣获云南省首届最具潜力发展烟区的美称。

标准化生产，铸就质量之魂

我县始终把烟叶质量作为产业发展的“生命工程”来抓，认真落实标准化生产，扎实推进精细生产，努力提升烟叶品质。统一制订烟叶生产技术标准，狠抓深翻晒垡、精细育苗培育、大田移栽、科学施肥、田间管理、优化田间烟叶结构、成熟采收等关键环节技术落实。逐步形成了扶持政策重点引导、生产过程重点指导、考核管理重点督导的烟叶标准化生产管理体系。在全面落实标准化生产工作过程中，通过发放宣传单、召开群众会、移栽培训会、田间管理现场会、职业烟农培训等多种形式，对各类政策和技术标准进行宣传，让烟农树立标准化生产意识。

培育职业烟农，走规模化发展

我县始终把稳定烟农队伍作为稳定烟叶产业规模的重要措施来抓，积极推进生产组织方式转型，以种植专业户为基础，按照“促小、稳中、控大”的发展要求，适度发展种植大户，引导传统烟农向职业烟农转型。通过不断强化烟农队伍建设，全县种植专业户比例不断提高，种植规模不断优化，户均种植面积由 8 亩发展到 16 亩，其中种植 30 亩及以上的烟农 291 户，占 10.1%；100 亩以上烟农 2 户。2020 年，全县职业烟农 1067 户，占烟农总数的 37% 以上，种烟面积 24261 亩，占总面积的 52.2%。

“1978 年，我跟随母亲来到了洛泽河镇仓盈村核桃坪，2004 年，我和妻子开始种植烤烟，最开始种了 5 亩，两年后有了种植经验，对种烟更有信心了，妻子也很支持我！去年种了 48 亩，收入有 20 来万元，今年我又种了 95 亩。我很感谢党委、政府和烟草部门，没有他们手把手地教我如何进行移栽、田间管理，如何绑烟装烤、如何加煤等等，我也不会有这么好的收入。”说起种烟带来的实惠，种烟大户张大雄幸福满满，“我本来是贫困户，通过种烟，我贫困户的帽子脱了，2017 年我盖起了三层楼房，还买了汽车，为了方便烟叶生产还添置了 1 台拖拉机和 3 台微耕机。现在烤烟就是全家的生活来源，两个孩子在县城里读书都指望它，种好烤烟就是我的责任！”

张大雄不仅挑起了家里的大梁，也担起了“种植大户”的责任。积极吸纳建档立卡户帮助自己种植、采收、分级烟叶，今年请了 12 名工人，全部是本村的建档立卡户，人均工资在 120 元 / 天，人工开支一年大概在 17 万元左右，带动了仓盈村核桃坪大量建档立卡户人员就业和致富。去年，他响应烤烟绿色发展、生物防治的号召，种植万寿菊、向日葵防治病虫害，减少农药施用，以提高烟叶质量，提高烤烟种植收益。今年在烟地旁种上了向日葵，既提高了烟叶质量，又能增加收入，一亩地种的向日葵大约能卖 100 元左右，今年预计能增收 1 万元！除了自己种植向日葵，实行生物防治外，还发挥种植大户的带头作用，积极宣传生物防治方法，带领其他烟农一起走绿色发展之路。

基础设施改善，促进效率提升

夯实烟叶生产基础设施，促进产业发展提速，2015 年以来，我县高度重视烟水配套工程建设，不断加大资金投入，着力改善烟区生产条件。全县累计投入常规基础设施项目建设资金 2.44 亿元，共修建沟渠 27.96 公里，建设烤房 1405 座、育苗大棚 16 个，推广农机微耕机 1128（台套），3000 余户烟农受益，受益基本烟田面积达 10000 万余亩。2016 年建成的仙马水库引水工程覆盖奎香乡仙马村、龙街乡内武村、洛泽河镇簸迤村，该工程以解决基本烟田灌溉为主，兼顾其他农田灌溉和人畜饮水，受益 21 个村民小组 870 余户群众，灌溉面积 1.85 万亩，其中烟田面积 0.925 万亩，解决 7300 人和 5100 头牲畜的饮水。正在建设中的奎香烟水配套工程水库正处于坝体主体和灌溉沟渠施工阶段，这一民生工程建成后，将能够有效解决革命老区奎香奎阳、黑拉和龙街恒底等村社 2.2 万亩基本烟田的灌溉和 0.71 万人、0.55 万头大牲畜饮水需求。

一大批基础设施的建成，夯实了烟区基础，增强了烟农发展后劲，受到当地党委政府和广大百姓的广泛好评。对此，烟农彭举华很是感慨：“前些年，龙洞村十分缺水，不要说种地、种烟用水了，就连平常喝水、洗衣服都成困难，有的时候没水，要走几公里的山路去挑。自从党委政府和烟草部门帮助村里面修起了提灌站，安通供水管网，真正解决了用水难的问题。我们这些烟农也告别了靠天吃饭，种烟收入也稳定了。有了自来水，洗衣做饭比原来方便多了，要用水只要开一下自来水管就可以了，这在以前我们想都不敢想！”

担当社会责任，描绘增收画卷

2015 年至 2020 年，我县累计种植烤烟 23.49 万亩，产量 4988 万斤，2020 年计划收购烟叶 1150 万斤，实现烟叶产值 56869 万元，实现税收 12511 万元，2020 年产值预计为 16200 万元，税收预计 3500 万元。始终肩负促农增收责任，为地方经济社会发展、助力脱贫攻坚、实现乡村振兴等方面作出积极贡献。特别是“十三五”以来，全县 22634 户种烟农户，建档立卡户烟农占 8826 户，占比为 38.99%，2015 年至 2019 年的 5 年间，共有 7699 户建档立卡贫困户烟农，累计种植烤烟 5.31 万亩，通过种植烤烟实现脱贫摘帽。2020 年 1127 户建档立卡贫困户烟农，户均种植烤烟 10.7 亩，对于巩固脱贫攻坚成效将起积极作用。

依靠种烟改变了两代人的命运，烟农林世虎这样说：“我女儿高中毕业考上了大理大学，学的是教育心理学，现在大学毕业了，为了减轻我们的负担，她去了一家培训机构教书，准备边赚钱边准备考研。我去年种了 22 亩烟，收入在 9 万元左右，除了孩子的学费、生活开销还能剩一部分。2016 年我就已经脱贫了，还把房子多建了一层，现在家里人住着也宽敞多了，为了平日里拉物资、运肥料方便一点，我还买了一台拖拉机和一辆摩托车，日子是一天比一天好了！现在政策好了，我希望自己的孩子也能成为一个知识分子，去外面的世界看一看、闯一闯！”

说到种烟的感受，刘富云兴奋起来：“前两年我还是村里的贫困户，孩子上大学，每年一到交学费，我家两口子都得去东拼西凑，可从 2014 年开始种烟，情况就变了。别看我种烟时间短，但论技术我可不差，现在我家种 15 亩烤烟，去年收入有 6 万元，解决了孩子的上学问题，烟叶也一年比一年种得好。虽然种烟累，平日里在烟地里忙，闲时还要学习种烟知识，但是现在生活越过越好，越过越有盼头，心里轻松多了！”“榆柳荫后檐，桃李罗堂前”，刘富云的新居与诗中的描写如出一辙。据刘富云说，这是去年才修建好的，家里还买了一辆微型车，平日里拉着家人到镇上赶集、走亲戚，到城里购物、吃饭，曾经的贫困户也过上了都市生活。“头雁引领，群雁齐飞”，脱贫后的刘富云主动带领贫困户一起种植烤烟，共同致富。

精心浇灌，春华秋实。经过不断努力，我县烟草产业不断发展壮大，成为推动彝良烟农脱贫致富的摇钱树和促进彝良经济社会发展的聚宝盆。

（作者时任彝良县烟草产业服务中心生产股股长）

新竹出土节节高

金绍春

彝良县始终把竹产业发展作为全县农业产业结构调整，促进农村经济发展和农民增收的重点工作来抓，竹产业呈现出强势发展劲头，使全县林地面积持续增加，森林资源总量不断增长，生态环境明显改善，林农收入明显提高。

政策支撑，做大竹产业

2018 年，彝良县委、县政府以天保工程、退耕还林、陡坡地生态治理等国家、省级林业生态项目资金为主，县级财政投入和整合部分资金，大力实施竹产业基地建设。自 2000 年以来，培育发展以方竹、筇竹为主的笋用竹基地，取得快速发展。2018 年以来，县委、县政府共整合资金 10000 万元，发展竹产业 17.5 万亩。2019 年年底，全县已建成竹产业基地 46.5 万亩，投产面积 27.5 万亩，竹产业总产值 4.778 亿元，竹产业发展共覆盖 14 个乡镇 5 万余户 21.3 万余人（其中建档立卡贫困户 1.04 万户 4.47 万人），户均创收 9000 余元。竹产业不但增加了农民收入，还促进了生态、经济和社会效益的协调发展。

提质增效，高标准打造

近年来，我县竹产业工作重点逐步从量的扩张转为质的提升，在适度发展基地造林的同时，注重抚育管理、病虫害防治等低效林改造技术措施的培训与宣传，采取示范带动、以点带面的方式，全面组织开展竹产业基地质量的提升，基地建设产量、产值明显增加。高标准、高规格、高质量连片打造竹产业示范基地4万亩，共覆盖小草坝、两河、钟鸣、龙安4个乡镇，覆盖8246户3.3万人，惠及建档立卡贫困户2526户1.4万人。通过集中培训、现场示范、蹲点指导等方式，以点带面、辐射带动，全力组织开展低效竹林改造，促进竹产业示范基地建设。2016年以来累计完成低效竹林改造14万亩，覆盖角奎等12个乡镇35个村。

筑巢引凤，延长产业链

洛旺乡树草坪的母光评做竹笋生意，已有29年的历史，他说："全国各地的竹笋我都买过、品尝过，其他地方任何品种的竹笋都没有小草坝一带的方竹笋和筇竹笋好吃。"用母光评的话说，彝良的方竹笋和筇竹笋，一直以来都是"皇帝的女儿不愁嫁"。但因为没有龙头企业研发竹笋及竹材新产品，彝良县的竹产业发展基本上沿袭一条老路——采笋销售，而且由于竹笋保鲜技术的落后，使得全县的竹笋经营存在很强的季节性。所以，缺乏稳定的市场销售渠道，是制约彝良县竹产业发展的一大障碍。

为跨越障碍，彝良县委、县政府拓宽投融资渠道，优化政策环境，采取最优惠的措施招商引资，完善激励政策，引进培育竹子种植加工企业3家入驻彝良，其中省级龙头企业彝良县山益宝生物科技有限公司，建成了云南省最大容量6000吨级的竹笋、天麻气调保鲜周转库，建成7条现代化农副产品精深加工生产线，开发出以超高压保鲜竹笋、天麻为核心的33个产品，实现了传统农业与高新科技的有机结合，提升了竹笋和天麻的加工科技水平，延伸了产业链。依托云南农业大学、浙江大学等科研院所，先后引进李长春、胡劲松、朱松明等知名专家学者研发竹笋系列产品，目前已研发香辣笋干、竹笋精华素等20多个系列产品，产品远销国内外，深受消费者喜爱。三家企业自项目建成以来，极大地稳定和拓展了彝良县的竹产业市场，直接拉动了彝良地方经济的发展，解决农村剩余劳动力400人就业，带动农户29303户，户均增收11000元，产品远销重庆、辽宁、成都、上海及日本、韩国等，不断促进了县域经济的发展。

（作者系彝良县林业和草原局林业工程副高级工程师）

万绿丛中一点红

陈吉祥

辣椒作为在彝良已有300余年种植历史的作物，极适合在彝良的土地和气候资源下进行规模化发展，为此，彝良县将辣椒定为贫困户保增收、促脱贫的产业之一进行了扶持和培育。2019年，全县共投入资金1838.4万元，种植辣椒2.35万亩，实现产值5800余万元，辣椒种植已成为贫困户脱贫致富的重要产业之一。

行政主推，技术保驾

为加快群众脱贫致富步伐，彝良县坚持以便民、利民、富民为出发点，在发展产业的过程中，各乡（镇）、村（社区）立足自身自然条件、经济基础、资源禀赋，以“村（社区）党支部（集体经济）+龙头企业+农户”为主要模式，引进优质企业进行互助合作，快速高效地发展起了辣椒产业。

角奎镇于2016年2月引进了绿健农业科技有限公司，龙街乡于2017年12月引进辣丰食品有限公司，共谋辣椒产业的发展。白水江沿岸的牛街、洛旺、柳溪三个乡镇，引进贵州辣椒红公司在牛街镇甘家坝落户，成立了

“彝江红农业发展有限公司”，于2019年7月建设完成并投入营运。

为做好全县辣椒种植群众的技术指导服务，县农业农村局和各乡镇农技部门，定期不定期地举办辣椒种植技术培训，随时为群众提供栽培管理技术支撑，确保了辣椒产业的快速有序发展。

多方合作，抱团发展

为最大限度地促进贫困户的增产增收，彝良县在辣椒产业发展上，创新机制和模式，实现了多方合作共赢的良好局面。

彝江红公司与牛街、柳溪、洛旺三个乡镇签订辣椒产业合作协议，与三个乡镇的22个村集体经济公司签订辣椒种植定购合同，各村集体经济公司与农户签订辣椒种植收购协议。这些协议的签订形成了“多方合作，抱团发展，优势互补，利益共享，风险共担”的持续发展机制。

角奎镇、龙街乡辣椒产业的发展，由乡（镇）村与公司共同提供种苗、肥料、技术等群众需要的服务，帮助群众解决生产过程中遇到的困难和问题。收购环节采取“公司+农户（贫困户）”的模式，公司直接面向农户收购，确保群众利益最大化。

聚焦卡户，精准帮扶

为确保贫困户增加收入，在辣椒种植上，彝良县重点动员建档立卡贫困户种植，除每亩直接给予一定的补助外（白水江片区800元、角奎镇400元、龙街乡490元），还可以享受县政府的相关产业奖补政策。

通过广泛宣传动员，2019 年的辣椒产业共带动建档立卡贫困户 7917 户（其中白水江片区 2467 户、角奎镇 3251 户、龙街乡 2199 户）参与种植，实现户均增收 5679 元。

在辣椒企业的用工上，也尽可能地使用贫困户劳动力。如牛街辣椒加工厂（扶贫车间）的用工，就全部聘用贫困户劳动力。自 2019 年 7 月建成投产以来，已聘用贫困户劳动力 55 人进厂务工，每年务工时间在 5 个月左右。务工人员月工资都能达 3000 元以上，部分搬运工日工资可达 400 元左右。

调整结构，提质增效

为确保辣椒种植能得到顺利推广，各相关乡镇都采取了强有力的措施来推进产业结构的调整。

通过把种植地块规划到村组，分片落实，责任到人，工作成效纳入考核奖惩等举措。乡村干部、驻村队员不辞辛劳地去做群众工作、转变群众观念，苦口婆心一户一户地为群众算投入和产出的账。通过细致的思想工作，有效打消了群众的各种顾虑，2.35 万亩种植面积在春耕前全面落实，辣椒苗得以按时令进行移栽。

在广大干部群众的共同努力下，彝良县 2019 年种植的 2.35 万亩辣椒获得了丰收，每亩产值达 2000—3000 元，收益为种植玉米的 2—3 倍以上。种植辣椒大幅度地提升了农业的产值和群众的收益，广大群众在得到实惠之后，发展辣椒产业增加经济收入的主观愿望得到了大幅度增强，思想上自然从“要我干”转变为“我要干”。辣椒产业的持续发展在实践推进中，奠定起了坚实的群众基础。

合作建厂，以工促农

在县委、县政府的统筹下，白水江片区三个乡镇政府组织 20 个村集体经济公司共同参与，投入资金 600 余万元，将原废弃纸厂改扩建成辣椒加工厂，由彝江红公司投资购置设备。

辣椒加工厂的建成营运，不但盘活了已停产 10 余年的原纸厂资产，还带活了村集体经济、带动了辣椒种植业的发展、提升了农产品的附加值。

2019 年，辣椒加工厂共完成辣椒收购 2529.6 吨，收购金额 914.48 万元。村集体经济公司获得辣椒产业营运费 86.15 万元，获得租赁费 31.00 万元。真正实现了多方合作共赢。

筑巢引凤，拓展市场

规模化的种植和辣椒加工厂的营运，一批优质的辣椒产品进入市场，极大地提升了当地辣椒产业的知名度，吸引了许多重庆、四川等地的辣椒需求大客户前来参观、考察、订货，辣椒产品的销售渠道不断拓宽、市场不断拓展，起到了筑巢引凤的效果。

2019 年，与彝江红公司发生购销业务往来的合作客商已达 40 余户，完成辣椒的对外销售 2006 吨，实现销售收入 955.3 万元，占收购总量的 79.30%，资金回笼率达 84%。

通过干部群众的共同努力，白水江片区辣椒产业已初具规模、初见成效。

合理规划，持续发展

初见成效之后，发展辣椒产业脱贫致富，已经成为全县各级、各族、各界干部群众一致的共识。

2020 年，彝良县的辣椒产业稳步发展，种植面积稳中有升，全县 6 个乡镇累计种植面积达 2.37 万亩，其中白水江片区 0.93 万亩、角奎 0.9 万亩、龙街 0.42 万亩、奎香 0.12 万亩。种植品种根据海拔不同，有适合海拔 1100 米以下的酱椒，适合海拔 1000 米以上的圆珠椒，适合海拔 900—1800 米区域的二荆条等品种。

由于看到了效益，广大群众积极性高涨，从“要我种”转变为“我要种”，种植区域向边缘高山区发展，种植人群向非贫困户扩散。如此下去，彝良辣椒产业的明天一定会越来越美好。

（作者时任彝良县农业农村局植保站高级农艺师）

酒好也得出深巷

刘金辉

俗话说“酒好不怕巷子深”，然而“口含珍珠不吐，谁知你有宝”。尤其在市场经济的时代，产品营销至关重要。脱贫攻坚大决战期间，彝良县委、县政府把农特产品营销工作列入重要议事日程，下大力气抓实抓好。主动出击，参加各种展销会，向全国乃至世界推销彝良农特产品，让“好酒”走出深巷。

2015 年 6 月，在第 3 届中国—南亚博览会（简称南博会）暨第 23 届中国昆明进出口商品交易会（简称昆交会）经贸合作项目和昭通市招商引资项目推荐暨签约仪式上，彝良县与四川好医生药业集团等 7 家企业成功签约，签约引资总额达 36.5 亿元，创下了历年来彝良会展招商引资项目资金签约的新高，彝良县的招商引资进入快速发展时期。

第 4 届南博会暨第 24 届昆交会期间，彝良 7 家商贸企业参会。彝良县农副产品加工厂 1 户企业入选云南特色产品入馆参展；彝良县小草坝连华天麻厂、彝良县文辉玻璃浮刻艺术创作有限公司、彝良县农副产品加工厂、彝良县有缘菌业有限公司 4 户企业入选云南特色产品入馆推介；彝良县小草坝野生天麻开发有限公司、彝良县农副产品加工厂、云南好医生云福中药饮片有限公司 3 户企业入选云南高原特色农业企业入馆参展；彝良县工业园区组织了碳素、硅矿等项目进行推介，实施招商引资开发。参会企业在为彝良经济发展作出贡献的同时，向外展示了彝良县良好的对外形象。尤其是天麻系列产品吸引了众多游客和外宾驻足观看，彝良天麻系列产品不断走向世界，世界也更多地了解彝良。

第5届南博会暨第25届昆交会期间，彝良县委、县政府为更好地推介彝良县高原特色农产品，拓宽销售市场，组织了彝良县万物生种殖专业合作社、彝良县山益宝生物科技有限公司和彝良县农副产品加工厂3家企业参会。各企业通过展柜、宣传手册、宣传视频等方式展示产品特点，吸引了很多来自全国各地的客商和游客在展台前驻足，详细了解彝良农特产品。在招商项目集体签约仪式上，共签订合作项目3个，引进投资33.7亿元。项目涉及小草坝天麻特色小镇建设、彝良县年产100万吨硅矿洗选及硅砂提纯、牛街特色旅游集镇建设。在彝良县农副产品加工厂的展台上，摆上了生天麻、天麻蜂蜜、干天麻等物品。许多从未听过天麻的游客都把天麻误认为是土豆，眼里满是好奇，通过工作人员的详细解说，才认识到天麻原来可以有这么多用处。在彝良山益宝生物科技有限公司的展台上，摆放着超高压保鲜竹笋、天麻精华素、苹果干细胞液等系列产品，还摆放着竹笋、苹果干供游客品尝，特别是苹果干细胞液得到许多女游客的青睐，纷纷前来试用。在彝良万物生种殖专业合作社的展台上，摆放着万物生特产辣子鸡、辣子酱、鸡肉酱、熟鸡肉、熟鸡蛋等可现场食用的食品。工作人员把鸡蛋和鸡肉切成片摆放在桌上，再用鸡蛋和鸡肉蘸上鸡肉酱，这种新鲜吃法吸引了众多游客前来品尝，并纷纷夸赞味道确实很好。

2017年10月下旬，来自全国16个省市地区以及韩国的近400名一线的专家、学者、企业家和天麻从业者、全国菌物类研究精英、天麻产业企业齐聚彝良，共商天麻产业发展大计，共谋天麻产业健康持续发展。在第五届全国天麻会议暨中国（小草坝）天麻产业发展高峰论坛会上，彝良县委姚勇书记向来宾们这样介绍：“得天独厚的自然环境，造就了小草坝优美的自然风光以及极为丰富的野生天麻种质资源，有乌天麻、绿天麻、黄天麻等，其中，以小草坝乌天麻最为丰富，品质最佳，是中国乃至全世界最优质的天麻种质资源。”中国（小草坝）天麻产业高峰论坛大会同期还举行了小草坝天麻烹饪美食品鉴会。铜锋园推荐的“天麻饺”创意十足，好医生推荐的“鸿运人生”“吉祥绣球”等菜品的题材新颖，紧跟潮流，造型优美。每一道菜品的创意都别出心裁、非常新颖。有效扩大了小草坝天麻品牌影响力，为小草坝天麻走出彝良、走向世界搭建了新的桥梁。

2019 年 1 月 28 日，彝良县首届年货节在县体育馆举办。共有 90 余个农民专业合作社和商家，200 多种产品参加展销，琳琅满目的商品供市民、游客选择，还有精彩纷呈的文艺汇演。这是彝良县对推介地方特色农产品，丰富群众节日生活上的一个创举。“今年春节前能举办这样的活动太好了，很多东西一直想买，却找不到去哪里买，年货节把众多商品集中起来，购置年货很方便，丰富了市民的节日生活，这个春节可以过得更好了。”这是年货节上许多市民的真切感受。

2019 年 4 月 20 日至 22 日，彝良县绿色生态农产品产销对接会暨签约仪式上，县政府陈祥彬县长为彝良山益宝生物科技有限公司的超高压保鲜竹笋和彝良麻得跳小花椒商贸有限公司的青花椒进行了推介，彝良商家与重庆火锅协会商家共签订 9390 余万元的食材合作协议，意向订单金额将近 3 个亿元。

总之，几年来，彝良通过积极组织相关企业参展参会，利用各种平台推介彝良、宣传彝良，进一步促进资本、产业、商品、技术、信息等要素流动，不断加强了在要素支撑下各领域的双边、多边深度交流融合。

（作者系彝良县工业信息商务科技局工作人员）

就业扶贫聚人心

欧炯堂

“多年来，我一直在和贫困打交道。”在梁家河当知青时，习近平就体会到了贫困的切肤之痛：“肥正月，瘦二月，半死不活三四月。”这句民谚生动地描述了当地百姓连肚子都填不饱的贫困生活。党的十八大以来，习近平总书记在不同场合多次强调扶贫工作的重要性：“贫困之冰，非一日之寒；破冰之功，非一春之暖。”在谈到“怎么扶”时要求各级各部门、全体干部“要拿出踏石留印、抓铁有痕的劲头，发扬钉钉子精神，锲而不舍、驰而不息抓下去。”

彝良县建档立卡贫困户年人均纯收入不高，且从构成方面看工资性收入（务工收入）占比超过65%，可见人社行业扶贫在彝良脱贫攻坚工作中的重要性。那么彝良县是怎么抓人社行业扶贫的呢？就让我们一起聆听贫困群众讲述他们亲身经历的人社行业扶贫故事，从群众的视角来感受彝良人社行业扶贫的工作成效吧！

远输近纳保稳岗，公服辅助促增收

2018年以来，彝良县共转移输出农村剩余劳动力52.3万人次，实现务工收入96亿元；其中集中组织输出、点对点输出农村劳动力268批19.6

万人次，卡户劳动力达 8.43 万人次，有力有效地促进了建档立卡贫困家庭脱贫出列。

曾于 2018 年参加全县集中组织输出到江苏东台科森科技电子厂务工的荞山镇田坝村的常国军说：“感谢政府统一把我们带到这里来打工，除了考察好企业、协调好岗位让我们进厂外，还有干部陪同到车间稳岗，给我们当翻译并教我们如何操作机械，而且还非常操心我们的食宿等问题，可谓无微不至，你们太辛苦了！我对这里的工作环境及工资待遇都非常满意，明年我将动员亲戚朋友一起来这个厂务工。”同批次输出的牛街镇甘家坝村村民陈会全说：“我这个月是满勤，领到手的工资是 4964 元，还是扣除了预支款 200 元及水电卫生费后的，所以总工资是 5200 元左右。我对这份工作非常满意！”据统计，该批次集中输出到江苏东台务工的 450 名农民工中，在该厂稳定务工至年底（春节前）的达 280 余人，稳岗率超过 60%。

2020 年 2 月，春节过后，由于国内新冠肺炎疫情形势严峻，大部分返乡务工群众被要求待在家里隔离观察，禁止外出。然而，对于很多靠务工收入支撑整个家庭的群众来说便坐不住了，再这样下去一家人的开支怎么办？赡养老人、子女入学的费用从哪里来？为此而急成了热锅上的蚂蚁——团团转。彝良县委、县政府急群众之所急，想群众之所想，在疫情刚刚得到控制，人员经检查可流动后即联系输入地的人社部门，多方协调到由浙江嘉兴、广东东莞等地支付车费的专列 3 趟，以及多次包机、多辆包车等，从 2 月 18 日至 3 月 16 日短短一个月时间，彝良县共计免费输出务工群众 16 批 22269 人，其中贫困劳动力 9431 人，极大地解决了务工群众难题。“太感谢党和政府了，我们家收入就靠我在外面打工支撑，家里开支又大，积蓄都快花光了。好在政府及时出面帮助我们解决了困难，又是组织体检开证明，又是联系免费专列给我们乘坐，还给我们补贴路途生活开支，现在我能出去打工真的太好了，我代表一家人感谢你们。”小草坝镇的李定俊是这批集中组织前往浙江嘉兴南湖务工的人员之一，他激动得掉下了眼泪。

2020 年 9 月 6 日，家住角奎镇塘房村的唐昌平在家门口的企业——彝良恒基环保公司找到了新工作。“感谢政府为我们牵线搭桥，在家门口找到工作，而且工作简单又轻松，真的非常感谢！”“按照今天的速度，一个月的保底工资2400元，加上计件提成的话，这个月我可以赚到4500—5000多元呢，公司还提供午餐，这份工作不错！”作为一名熟练的机床操作工，唐昌平对公司的待遇挺满意。而就在几天前，唐昌平还在家里急得直打转。原来，今年年初国内新冠肺炎疫情缓解后唐昌平就在政府组织下到浙江务工，但受国外疫情扩散蔓延影响而致企业经常停产，效益一直不好，加上家里还有两个上小学的孩子以及年迈多病的老人需要照顾，唐昌平便返乡回家，回来后一直找不到合适工作，又不能外出务工，只能待在家干着急。角奎镇塘房村的就业信息员接到县人社局有序组织人员开展秋季务工行动的通知，从通知上了解到有县内企业提供用工岗位后，立即开车把唐昌平送到了县里的招聘办公室，一番面试、培训、实操过后，唐昌平就这样在家门口找到了新工作。

“现在我们企业员工净增200余人，还陆续有人到这里来面试。多亏就业‘红娘’，解了我们的燃眉之急！”彝良恒基环保公司副总经理任华说。唐昌平他们能够就近就业以及彝良恒基环保公司等县内企业能补齐用工缺口，得益于彝良县人社局这个就业“红娘”从中为企业和求职人员牵线搭桥，专门为企业及求职人员提供“保姆式”服务，实现求职信息、岗位信息的实时共享，无缝对接。除了制造企业吸纳就业，彝良县还抓住县内宜昭高速、新场水库、钟鸣水泥厂等重点项目工地用工较多之契机，协调对接岗位让一些不能外出的劳动力或是弱劳动力、半劳动力安置就业，角奎镇马腹村的王云录、熊万兵、王树全等便是通过协调后安置在本地工地务工，从而实现了增收致富。

而在距县城15公里，山高坡陡，沟壑纵横，自然环境极其恶劣，贫困发生率超过69%的角奎镇马腹村，建档立卡贫困户陈永胜在天刚蒙蒙亮就将自己喂养的30多只山羊撵入山林，而后拿出笤帚开始了自己的工作——清扫村组水泥路及串户路面，这是他作为马腹村保洁员的工作职责。陈永胜原本有一个幸福的家庭，然而其妻子在三女未满周岁时便抛夫弃女不知所踪，至今6年多仍杳无音信。自打妻子出走后，陈永胜便不能再外出务工挣钱了，只能在家照顾行动不便、年逾八旬老母亲的生活起居，同时还要照顾两个上学的女儿和一个年幼的孩子，生活一度陷入困境。“我这个家庭条件不允许我出门打工啊，也不能总是靠着政府补贴过日子，总要靠双手挣点钱，不辜负党和政府的好政策啊！感恩共产党，感谢政府，要不我都不知道该怎么过了？”谈到政府给产业发展奖补资金购买的山羊以及安排的公服岗位，陈永胜感激地说。近年来，彝良县立足实际，按需设岗，为“一有两无”“零就业家庭”量身定做就业岗位，为贫困户搭建就业增收平台，让扶贫由“输血式”变为“造血式”，让“无业者”变为“月薪族”，探索出了“转移输出为主、本地吸纳为辅、公服岗位托底”的稳就业促脱贫新路子，让有劳动能力和有就业意愿的建档立卡贫困户有活干、有钱挣、早脱贫、真脱贫。

技能培训全覆盖，一技在身闯南北

俗话说：“家有良田万顷，不如薄技在身。”自脱贫攻坚以来，彝良县人社局将技能培训与扶志扶智相结合，以国办系统中致贫原因为“缺技术”的劳动力为重点，有针对性开展农村实用技能技术和外出务工岗前培训，有序促进就业，不断提升就业扶贫培训实效。

“要不是参加了政府举办的挖掘机操作技能培训，这两年可能还在家闲着。”角奎镇花溪村贫困户杨邦军谈起技能培训仍然心怀感激。初中毕业后，杨邦军便与同村亲戚一起外出务工，但由于没有一技之长，加之年轻吃不了苦，所以收入极其微薄，扣除花销外所剩无几。2018年，杨邦军看到了彝良县人社局发布的免费挖掘机操作技能培训信息后，第一时间报名参加培训并取得操作合格证，而后便以7000元/月的工资受雇在本地砂石料厂操作挖掘机。“人社局的培训组织得很好，培训项目很多很实用，而且授课老师也教得很耐心，我刚拿到证便找到了工作，工资相当不错，除去一家人的开支都还有剩余，我想节约钱来自己买一辆挖掘机来开，自己做老板……”说到此，杨邦军脸上露出了会心的微笑，真诚希望他的脱贫致富路越走越宽广。

家住角奎镇拖脚村的邓朝伟一家，2019 年 12 月搬迁到彝良县发界安置点，原本在外务工的丈夫受疫情影响而无法外出，只能在本地打零工而且做少闲多。邓朝伟由于需要照顾孩子上学又无法外出务工挣钱，一家人常为此而闹得不愉快。2020 年 6 月，由彝良县妇联和人社局联合举办的“手工艺品制作培训班”办进了发界安置点，邓朝伟毫不犹豫地报了名参训。培训班里她总是最好学的那一个，甚至放学后还要缠着老师多教一会。6 天的培训很快结束了，邓朝伟也学会了用珠子串成玫瑰花、手机袋和发圈等。然而手艺有了，怎么才能赚到钱呢？机会留给有准备的人，还真就有那么巧的事情，就在邓朝伟准备创业之际，发界安置点的“地摊经济”紧跟全国浪潮，应运而生了！为此邓朝伟高兴得跳起来，她知道在一个拥有 2.3 万常住居民、人来人往且购买力惊人的安置区有一个摊位是何等幸运的事情！于是，她立即租了一个摊位当起了老板，当然摊位上的商品除了从广东等地发货来的童装、时尚精品外，还有她自己串织的手提袋、女士包、纸巾盒（卡通车）等手工艺品。

“这个包真漂亮，多少钱？”“这个 120 元，手工制作的。”2020 年 7 月 7 日傍晚，当笔者经过彝良县发界安置点时忍不住进去逛了一圈，除了感受到夜市之车水马龙、人潮涌动外，还在邓朝伟的摊位前驻足观看，便看到上面一幕。这是邓朝伟创业的第一天，由于自己摊位上手工作品的出现，邓朝伟的小摊当然也更吸引顾客，生意自然就好了。“一百、两百、三百……”邓朝伟兴奋地数着一天的收入，好几百啊！这样下来一天的净收入也是 200 多元！“真比打工强，手工制品虽然好，可是数量和种类太少了，我一定要多做点，也要学点其他手工制品的制作。”邓朝伟感慨道，并表示下一期在其它乡镇举办的手工培训她也要参加。白天参加培训，晚上摆摊创业，抽空还要做手工作品，邓朝伟的一天就这样匆匆忙忙，虽然赚钱不多，但可以照顾家庭和孩子让她倍感欣慰，无比踏实。

“包包、车上挂件、卡通多功能纸巾盒，需要的可以联系我，价格从优。”“纸巾盒已做好，需要的联系我。”“平安福需要的联系我。”……邓朝伟的微信朋友圈里经常出现这样的广告，她不仅把手工作品带到小摊上卖，同时也通过朋友圈做起了微商。越来越多的人知道她能手工制作小饰品，都纷纷找她定做喜欢的东西。“还有一个‘平安福’和一个手提包没做好。”“最近订单还是多的，每天都在做，别人在孩子熟睡的时候便开始玩手机、聊微信，而我要用双手‘串’出财富，为家人减轻负担。”邓朝伟说，她说完又埋下头，继续做起手里的活。“现在比以前好多了，虽然赚钱不多，但不需要东奔西跑，孩子一天天长大，在外也照顾不了她们。”“孩子好了，一切就都好了。”说着，邓朝伟悠悠地望向远方……

通过技能培训脱贫致富的还有马腹村马桑组吴仕云、薛斌等等，他们通过培训让地里种植的花椒丰产增收……据县人社局统计，自 2016 年来，彝良县已开展培训 321 期，受训 3.33 万人，其中建档立卡贫困户劳动力 3.05 万人，占比 91.6%。

社保扶贫保民生，老有所养幸福长

“老吾老，以及人之老。”社保扶贫是民生工程，关系到所有贫困群众的切身利益。自脱贫攻坚战打响以来，彝良县人社局紧扣扶贫标准，不折不扣地执行上级“有力度、有温度、有高度”的城乡居民养老保险扶贫政策，确保社保扶贫工作“三个 100%”落到实处，即：符合参保条件的建档立卡贫困人员百分之百参保，百分之百代缴，百分之百领取待遇。切实把实实在在的“温暖”送给广大贫困群众，有力助推了脱贫攻坚工作的顺利开展。

每月基本养老保险待遇集中统一发放时，县城乡居民养老保险中心均是全员出动，比对新增到龄领取待遇人员信息，收集银行卡账号，核实死亡注销人员数量，核实完成后再推送名单给银行代为发放，每月养老金发放时间缩短到3天。仅2020年1—8月，彝良县已累计发放养老金6.12万人，成功发放养老金5372.05万元，银行账户到账率、足额发放率均达到100%。到每年度参保缴费时，县人社局城乡中心都要从云南省城乡居民养老保险管理信息系统中导出全县参保人员和国办系统中的建档立卡贫困人员、民政部门提供的低保和特困人员进行数据比对，确定了代缴人员的身份信息后，测算出代缴所需资金及时向县政府申请拨付，确保全县符合参保条件（16岁及以上非在校生）的建档立卡贫困人员100%参加城乡居民基本养老保险。

县城乡养老保险中心在一次挂包干部回访中，了解到马腹村村民周英琴反映没有领到社保卡并怀疑是被村级代办员遗失了时，县城乡养老保险中心杨桂良主任立即在系统中查询并电话回复周英琴："由于您公安户籍系统中的身份证照片不符合社保卡制卡要求，因而社保卡系统导入信息时提示制卡失败，请您本人带上身份证到公安局指定的照相馆照相，然后将电子照片拷贝到我们城乡中心或者县医保局统一传至省厅制卡即可。同时该卡具有金融功能，第一次使用时需要本人带上身份证到银行激活，办理过程中有什么不清楚再电话咨询我吧！"周英琴照做后很快拿到了社保卡，连声称赞工作人员态度热情，办事效率高，不愧为党培养的好干部！

吃苦耐劳做表率，不忘初心铸铁军

脱贫攻坚工作以来，尤其是近几年人社行业扶贫任务极重的时候，人社干部"5+2""白+黑"成了常态，但所有参与的干部均无怨无悔，默默地工作着，只为践行“为人民服务”的初心和使命。长期以来的加班加点工作，终究换得了全县脱贫摘帽之“云开见日”时，也培养了人社干部吃苦耐劳精神，磨炼出了坚强意志，锻造出了一支彝良人社铁军。

“看到护送稳岗干部和我们一同乘车50个小时抵达工厂，下车后立即协助厂方把我们分入班组，同时还要带我们进宿舍、入车间，哪个岗位不会做时还手把手地教，每个细节都在操心着。特别是看到他们累了躺在厂区的草坪上就睡着了，或是忍受着十五六个小时的饥饿，在凌晨1点安置完最后一批工友后才能吃饭休息时，感觉当共产党的干部真心不容易，是实实在在为群众服务的干部，我们衷心感谢他们！”参加2018年政府集中输出前往江苏东台务工的角奎镇大马村刘高银感动地说，他也是彝良县就业奖补政策出台后，带领30人以上群众外出务工并保留村委委员待遇的第一人。

“人社护送稳岗干部太辛苦了——从家里出来时忙着联系班车、点名上车，而后是提醒、帮助我们过安检；火车上，把我们一节车厢里的工友分成几个小组来管理，经常点名，生怕路途中弄掉了哪一个人，而且还免费发放车上餐；和我们一起乘坐了三四十个小时的火车到站后，我们倒轻松地拉上行李乘坐厂车返岗了，打电话给干部才知道他们蹲在街边吃了一碗方便面，拖着疲惫的身子回家了……真心感觉他们不容易，不愧为党的好干部，我们能够找钱真心感谢他们！”2020年春节后乘坐专列返岗浙江嘉兴的龙安镇三乐村彭富双说着说着，眼里泛起了泪花。

平常开会或是朋友偶遇寒暄，不时会有领导干部对彝良人社干部说起：“夜深人静时，经常能看到灯火通明的是人社那两层楼；晚上在车库里、过道中遇到加班较多的也是你们人社干部；上级交办工作任务，抑或是移交问题清单时，最多的也是人社部门，难道是……”面对繁重的工作任务，以及极少数服务对象的不理解，我们人社干部总是淡淡一笑：不忘初心，牢记使命，干好自己本职工作吧！

（作者时任彝良县人社局劳动争议仲裁院院长）

第五编　教育文化扶根本
健康自强感党恩

均衡发展　同沐党恩

李正伶

乘着新时代的春风，我们坚定党的教育方针，抢抓发展机遇，提出了“教育兴县”发展战略，积极探索深度贫困地区义务教育均衡发展模式，努力实现九年义务教育均衡发展、内涵发展、科学发展目标。

我们提出了“校园环境更亮丽、教学设施更齐全、经费保障更到位、师资队伍更优秀、人民群众更满意”的义务教育均衡发展目标，唱响了彝良教育均衡发展的主旋律。

重投入强基础，助推义教均衡。2012 年“9·7”地震后，全县中小学校舍均不同程度受损，在党中央、国务院的关怀下，各级党委、政府和社会各界将学校灾后恢复重建放在首要位置。规划优先，合理调整学校布局。首先是全县为适应城乡教育发展需要，严格校点撤并程序，审慎推进学校“宜撤则撤，宜并则并”，优化学校布局，整合教育资源，提升教育质量，统筹制订了《彝良县“十三五”学校布局规划》；其次采取扩建城镇学校，解决城区学位不足及大班额问题；三是合并学校开办寄宿制学校，切实解决生源分散问题，通过学校的科学合理布局调整，进一步推进农村与城镇教育稳步发展。

全县紧紧抓住国家“全面改薄”历史机遇，提前谋划、精心实施，加快推进学校标准化建设进程，全面改善农村薄弱学校办学条件，优化教育环境。县委、县政府一方面全力确保规划、投入、土地预留、“三个增长”优先，加大教育资源供给，把最好的土地、最好的地方用于修建学校，加快推进城乡学校一体化发展，县财政、国土、教育等部门整体联动，把教育投入放在优先发展的地位，全力以赴改善办学条件，促进城乡学校同步发展；县委、县政府另一方面全力开展教育招商引资工作，积极引进3P项目，解决城区教育资源紧缺问题，新建炳辉小学、新城中学、发界小学、职业高中（迁建后将原校园移交示范小学，做示范小学分校区）建设，引进天立学校。教育项目优先实施。发改部门对教育项目优先立项，住建、国土等部门开通绿色通道，乡镇党委、镇政府全力支持，优先保障教育项目顺利推进。

随着我县义务教育均衡发展工作的推进，各学校校舍及附属设施工程建设从无到有、从差到好，学校发生了翻天覆地的变化。全县共有农村义务教育阶段学校195所，全县累计投入义务教育经费19.52亿元，新增校舍面积43.01万平方米，教学仪器、设备和音体美器材以及多媒体、电脑桌、实验桌、图书架、仪器柜、饮水机、学生床、课桌椅等设施设备得到补充，硬化、绿化、美化、亮化工程持续推进，软硬件发展较快，办学条件得到明显改善，面貌焕然一新，低矮破旧的教室摇身一变，成了富有民族特色的崭新教学楼，楼内教室宽敞明亮，各类实验室、多媒体室应有尽有；学生宿舍一层小平房被五层现代化大楼所替代，一人一床位，干净、卫生、整洁的房间深受学生喜爱。

比如以前角奎镇营盘小学的教学楼外表斑驳，校舍简陋，办学条件异常艰苦。经过多方协调筹集资金，学校有了翻天覆地的变化。学校的教学楼、综合楼、食堂、厕所、围墙、操场、堡坎等基础设施不断完善，办学条件得到了极大改善。如今走进营盘小学，新楼林立，绿树成荫。教师正运用多媒体进行教学；阅览室里，同学们正专心阅读，品味书香；运动场上，同学们尽情体会运动的快乐。通过推进义务教育均衡发展，我县的学校校容校貌有了很大的改观，学校的文化内涵也得到了进一步提升。

抓入学保障，促教育公平。教育是一座桥梁，连通着孩子与国家的未来；教育是一条纽带，牵动着社会和每个家庭的心。全力保障进城务工随迁子女就近入学，紧盯“依法保障适龄儿童少年全部入学、完成九年义务教育”目标。加强法律法规宣传，不断增强学生及家长的法律意识；建立健全组织机构，层层分解落实责任，完善控辍保学工作制度；按照“应学尽学”原则，认真开展入学大排查，一户不漏，做到“个个都清楚，人人有交代”，严格控辍程序，做到及时发现，及时报告，对辍学学生实行上门动员，限期返校，直至司法强制，追究责任；严格学籍管理，加强各环节监控，防止学生流失；加强学校管理，改善办学条件，转变教育方式，改革评价标准，增强学校吸引力；按照“应保尽保”要求，认真抓好保学工作，按照“尊重意愿（家长及学生）分类安置”的原则，将劝返辍学生采取“跟班就读、单独编办、集中安置、送教上门、特校就读”等方式切实做好安置工作，确保劝返复学学生“留得住、学得好、能升学”；加强师德建设，建立新型师生关系，加强交流沟通，严禁损害学生自尊和人格的行为，增强师生之间的亲和力；加大扶贫帮困力度，提供人文关怀，防止学生因家庭困难而辍学。以上措施，确保了高寒边远山区孩子入学，最终，也让1161个义务教育阶段的孩子重返学校。

俗话说，再穷不能穷教育，再苦不能苦孩子。2019年10月，我县首例因孩子辍学而引发的“官告民”案件开庭审理，全体村民以及我县教育职能部门旁听了本次公审，教育了广大村民。适龄儿童、少年接受义务教育，“一个不少”是通向早日脱贫的必由之路，是一项长期而复杂的系统工程，需要全县各族人民坚持不懈地参与、支持和监督。

全力保障进城务工随迁子女入学。县委、县政府始终坚持把农民工子女入学纳入教育发展规划，认真落实进城务工人员随迁子女“两纳入，两为主”，所有进城务工随迁子女全部在城区公办学校就读，全力保障进城务工随迁子女平等接受义务教育的机会，促进教育公平。

倾情关心关爱残疾儿童和留守儿童。全县残疾儿童采取特校就读、随班就读、送教上门等灵活多样的方式保障入学。建立完善留守儿童关爱体系，现有留守儿童“亲情活动室”“阳光小屋”170间，避免“留守儿童少年”因厌学而辍学，留守儿童入学率达100%。

为实现“特殊教育全覆盖”的目标，彝良县特殊教育学校2019年10月11—15日，开展了送教下乡活动，党员带头为全县16位中重度残疾的特殊儿童送去了关爱。送上了由学校购买的书包和学习用具，让他们感受到党和政府的温暖！送教前，特校制订了送教方案，周校长、马副校长和周娟老师等对全体送教老师进行了专门培训。之后把送教老师分成八个组，对涉及全县10个乡镇的学生进行了具体的分析，每位送教老师都针对学生的实际，制订科学的教育训练计划，精心准备教育服务课程。送教活动中，教师们用亲切的语言、和蔼的笑容、专业的素养耐心地对学生进行教育引导，精心地进行康复训练，真诚地与家长进行对话沟通。哪里有残疾儿童，哪里就有党员和教师，在爱与责任的召唤下，彝良特校的老师送教上门风雨无阻，用爱心来抚慰特殊儿童的心灵。通过送教服务，16位中重度残疾儿童的生活自理能力、社会适应能力、认知能力都得到了不同程度的提高。

抓教师队伍建设，促进教师全面发展。狠抓师德师风建设。以彝良县省级名师工作坊和市级名师工作室为平台，以名校长、名班主任、名教师为示范引领，组织本土专家，开展送教下乡活动。立足本地实际，聘请县级名师、专家承担示范课、专题讲座、心理辅导等教学内容，送教到校。让乡村教师感受研课磨课的好处，从而有效提升学校组织教学教研的能力。近五年来，通过多种渠道招聘教师，引进支教顶岗教师，以解决教师编制不足的问题。采取名校交流、专家培训、外派跟岗等方式，加强教师专业培训，使教师职业道德、教师素养得到提升。对小学富余学科教师进行转岗培训，解决了小学音、体、美、英学科教师不足的问题，积极借鉴兄弟县成功经验，派员赴永善县考察学习义务教育均衡发展创建工作。

潮起海天阔，扬帆正当时。彝良教育承载着彝良腾飞的希望，我们将以执着的信念和追求，以敢于担当的气魄和豪迈，书写彝良教育更加辉煌的明天。

（作者系彝良县教育体育局均衡办工作人员）

扶贫改变命运　知识点亮人生

马定坤

教育是一件功在当代、利在千秋的伟大事业，教育扶贫是实现脱贫最有效的方法之一，特别是对于边远贫困山区儿童少年，读书基本成了改变命运的最好方法。

彝良县荞山镇咪旺村沙坡组宋安前户，共6口人（本人和5个孩子），土地少并且贫瘠。宋安前为了照顾整个家庭而不能外出务工，主要收入来源是在周边打临工的微薄工资，5个孩子有的在小学就读，有的在初中就读，有的在高中就读，有的在中职学校就读，有的在大专学校就读。尽管宋安前每天起早贪黑，拼命干活，但整个家庭的开支总是入不敷出。

5个孩子从小都比较懂事，刻苦学习，成绩优异，每到开学时节，宋安前往往难以入睡，躺在床上看着漆黑的屋顶，在大脑里认真地逐一地想一想自己的每一个亲戚、亲戚的亲戚、朋友、朋友的朋友以及每一个有过一面之缘的“朋友”，想想有哪些是已经借过钱给自己、有哪些是去借过但没有借到的……还可以向谁借呢？没有了，真的没有了！他又想了想全家人唯一的粮食——千多斤玉米，还有唯一的牲口——那头很瘦的猪，假如全部卖了也是杯水车薪；他想了想这间破旧的房子，摸了摸自己松弛的肌肉，深感万般无奈。去年大女儿提出不读书了，其他4个孩子说姐姐不读了，他们也不读了，几个孩子哭成一团；前年二女儿因为没有吃早点，上体育课时晕倒，老师跟他说孩子正在长身体，要给点早点钱……他再也不敢想了！此时，家里烧柴留下的烟味似乎更加浓烈，甚至有些刺鼻和熏眼，你看，宋安前的眼里充满了泪水，尽管才初秋时节但他却使劲裹紧被子，他既盼着天亮也害怕天亮……

2012 年“9·7”地震后，他家房屋严重受损，党委政府根据政策给予宋安前家 38000 元的建房补助款，乡镇干部、村委会干部和帮扶干部经常到他家开展走访，随时了解他们的生活状况，想方设法帮助他解决生活上的困难，指导他种植红薯、花椒，教他如何养猪、牛等活计，邀请他加入彝良县岭上种植专业合作社，经常给他推荐临时工作，虽然他很苦很累，但在党委政府和各级干部的关心和帮助下，他始终保持积极向上的精神，怀揣着感恩之心，勇敢地迎接好每一场风雨，他相信黎明即将到来，阳光也不再遥远。

自国家实施各项教育扶贫政策以来，这家 5 个学生中的小学生每年享受各项资助 2490 元，初中生每年享受各项资助 3030 元，高中生每年享受各项资助 5800 元，中职学生每年享受各项资助 7000 元，大专学生每年享受国家助学金 3500 元，大学生生源地助学贷款每年贷 8000 元。宋安前再也不用担心子女会因为贫困而不能读书的事情了。想到 2020 年秋季学期，女儿宋前树即将进入大学，宋安前脸上露出一丝丝笑容。

因为有各种教育扶贫政策，5 个子女不但没有失学辍学，而且能走出大山，开启人生的新旅程，谱写人生华丽篇章，幸福的曙光即将来临，一想到这些，宋安前眼里就充满了感激的泪花。

等孩子们把书读完，都有工作了，他就可以坐高铁了，他听人家说那家伙可快了，他就可以坐在轮船上看看大海，他就可以坐在飞机上看祖国大好河山，或许他也可以住在大城市，或许他还能去他最想去的天安门，宋安前憧憬着美好的未来，他说：“虽然现在的日子比较辛苦，但有国家和社会的各种帮扶和关心，我和孩子们决不会放弃，一定会努力生活，奋斗向前。”

（作者系彝良县教育体育局扶贫办工作人员）

一个都不能少

周香均

2015年以来，我县紧盯脱贫攻坚重点任务，紧紧围绕“两不愁、三保障”目标，全力开展义务教育有保障冲刺清零行动，实现义务教育有保障的目标。

在洛泽河镇初级中学，九年级学生张贵飞正在上语文课。之前的她因为年少无知贪玩而辍学，在镇政府工作人员和学校老师的劝说下，她又重返校园走进课堂，重新开启了她的学习生涯。

张贵飞说：“在学校，老师给了我无微不至的关怀，同学提供了温暖的关爱，我虽学习吃力，但我梦想着中考结束后，能升入职业技术学校继续学习，争取将来有个好的前途。”

针对控辍难、保学巩固提高更难的实际，我县整合全县各级各部门力量，齐抓共管、合力攻坚，扎实推进冲刺清零行动，提升义务教育发展水平，取得了阶段性成效。一是每月定期召开一次扶贫调度会，聚焦“义务教育有保障”，认真研判，找指出当前存在的困难和问题，提出下步工作措施，县委书记亲自带头抓，带头安排部署，高位推进控辍保学工作。二是县委、县政府印发了《关于打好全县义务教育阶段控辍保学攻坚战的实施方案的通知》（彝办通〔2019〕57号），要求各部门、各乡镇要坚持“联控联保”工作原则，通过县处级领导包乡镇，教体局领导班子包挂片学校，乡镇长包村包组，村“两委”班子包组包户，家长包子女，层层落实责任，落实到人，有计划、有步骤、有重点地推进控辍保学工作。印发了《彝良县控辍保学工作指南》，狠抓双线责任制，一线以县、乡、村、村民为主，主抓核查劝返工作，另一线以教育行政部门、学校、教师、家长为主，落实安置保学责任。三是开展摸底调查。每年9月，我县都组织抽调上千名县、乡（镇）、村、组干部及教师按照“村不漏组、组不漏户、户不漏人”的工作要求，对我县6—15周岁适龄户籍人口开展入户核查，力争做到“个个都清楚，人人有交代”。四是关爱特殊群体。认真组织开展对学困生、留守儿童、贫困学生及残疾儿童开展送教上门、心理辅导等关爱服务活动，安排留守儿童到学校参加各类兴趣小组，组织辅导假期作业，丰富留守儿童假期生活，让留守儿童得到关爱。教体局会同卫健、残联等部门对我县适龄残疾儿童接受教育能力进行诊断评估。根据诊断评估结果确定适合其身心特点的教育安置方式。

与此同时，我县采用行政手段和司法途径来解决控辍保学难题。从2019年以来审结的案件来看，依法控辍起到很好的效果，全县15个乡镇中，6个乡镇已审结13起、成功劝返13人；县法院和县司法局成功调解了13起13人；累计依法处置26起26人。起到了审判一起，宣传教育影响一片的作用，在全县基本形成不送子女入学接受义务教育属违法的共识。

针对辍学学生外出务工劝返难的问题，从2019年11月开始，我县按照每名学生5000元外出劝返的工作经费筹措了90万元。各乡镇进一步强化工作措施，以“千里追行，一个都不少”为行动方向，核定辍学生信息、落实人员分工，以“辍必劝、劝必返”为工作目标，统筹谋划、积极备战，各乡镇政府整合派出所、镇村组干部、学校教师、挂钩干部等力量组成联合工作组，先后赴浙江、广东、湖南、贵州等地，“晓之以理、动之以情”，远行千里到辍学生务工地开展面访劝返工作。对已经劝返回来的学生，采取有效措施做到了留得下来。自2019年10月以来，彝良普职教育融合班累计集中安置劝返学生183名，有效地确保了义务教育适龄儿童少年“应入尽入，应返尽返，应保尽保”。

（作者系彝良县教育体育局工作人员）

教育兴　花朵艳

沈忠福

五年前义务教育均衡发展启动时，彝良教育装备情况面临巨大的困难和挑战：实验仪器设备和信息化设备数量严重不足，资金缺口大。县委、县政府宵衣旰食、殚精竭虑，教育系统齐心协力、全力以赴，克难攻坚，使教育装备发展之花，在彝良这片热土上，处处开放。

建配并举，夯实基础

教育要发展，投入是关键。2012 年“9・7”地震，造成很多学校校舍和仪器设备损毁严重，严重制约了学校教育教学的正常开展。县委、县政府迎难而上，抢抓国家对教育装备大投入的历史机遇，一手抓功能室建设，一手抓仪器设备配备，筑牢了教育装备发展基础。

“全面改薄”项目实施情况：2016 年投入资金 3821.8 万元，用于信息化设备购置，新增中小学计算机教室 79 套 3873 台计算机（中学 19 套，61 台 / 套；小学 59 套，46 台 / 套），多媒体设备 1298 套；投入 174.48 万元采购 3D 打印机 95 台；投入 100.39 万元作为图书仓储运杂费，争取中国光华科技基金会捐赠图书45万余册。

2017年投入资金1371.2万元，采购初中理化生仪器共15套，小学科学仪器10套，中小学实验成套设备共39套，中小学音体美仪器共90套，初中毒害品和易燃品存储柜共14各，篮球架46副，仪器柜424个，图书55.66万册。投入21万元，为县幼儿园、毛坪幼儿园和牛街幼儿园添置了户外玩教具。2018年投入资金359.8万元，采购计算机设备14套700台计算机。投入180万元，为一中、二中和奎香中学配备了物理、化学仪器设备。2019年投入资金695.8万元，采购小学科学成套设备51套，数学仪器31套，音乐仪器13套，体育器材23套，科学仪器20套，美术器材11套，电脑3318台；投入180万元作为图书仓储运杂费，争取中国光华科技基金会捐赠图书47余万册。2020年，投入1700余万元，为长房九年一贯制学校、发界小学发界幼儿园等六所学校，采购了图书、电脑、监控、仪器设备、课桌椅、办公家具、音响设备和食堂设备。到2020年6月，共投入仪器设备采购资金8245万元。各学校的电脑、实验仪器设备、图书和功能室全部达到义务教育均衡发展要求，且各学校的实验、音乐和美术等教室全部铺设了地板砖或地板胶，计算机教室全部安装了静电地板。

高位推动，逐级落实

在义务教育均衡发展的攻坚战中，在大力改善我县办学条件，提高办学水平，县委、县政府高屋建瓴，对功能室布局、设置、管理和应用进行精心部署，逐级落实。

2018年以来，分管教育的副县长高正坤多次主持召开教育装备建设专题会议，专题研究义务教育均衡发展工作中教育装备不足的问题。县教育体育局成立了以杨忠局长为组长，分管副局长王辉为副组长的“教育装备工作”领导小组，教仪站负责全县教育装备工作的具体实施及工作开展。同时，在2019年年初，县教体局成立了五个以局领导为组长的检查组，分别深入全县接受义务教育均衡发展验收的学校，实地检查督查学校装备的配备、管理、使用等情况。各学校建立健全学校教育装备长效管理机制，教仪站工作人员分片挂钩，多次对各学校班班通、实验室、图书室、计算机教室、音体美室、义务教育学校网络建设等进行专项督查。全面加强制度建设，全力规范教育装备管理，按照“谁使用、谁负责”的原则，对装备管理实行责任制，重视教育技术装备规范、科学、有序管理，使用过程、痕迹管理。组织学校校长、分管副校长和功能室管理人员进行教育技术装备和信息化管理使用培训，有效加快了各学校教育装备建设发展工作进程，全县上下形成了“一心一意谋发展、众志成城抓装备”的良好氛围。

近年来，全力实施“改薄”和“薄改”项目。装备类累计投入资金8245万元，项目覆盖义务教育所有学校，全县办学条件大幅度改善，基本达到了义务教育均衡发展标准和云南省教育装备建设标准。

在教育装备建设发展的道路上，努力办好人民满意的教育，是我们不变的初心。在党的十九大和全国教育大会精神指引下，我们将顺应新时代、阔步新征程，一如既往勇担重任、攻坚克难，为实现彝良教育发展现代化而努力奋斗！

（作者时任彝良县教育体育局电教仪器站站长）

文化惠民展新颜

赵知毅

自精准脱贫实施以来，彝良县文化和旅游部门通过开展多种形式的文化工作和文化惠民活动，鼓励群众更加积极地投身于“传承文化、发展生产、增加收入”的脱贫致富中来，并将这些思想意识转化为打赢脱贫攻坚战、持续推进乡村振兴的内在动力，不断推进全县经济社会跨越式发展。

送戏下乡丰富群众文化生活

2019年春节期间，彝良县白水江畔的柳溪乡水果村文化广场上金狮狂舞，锣鼓喧天，热闹非常。迎着新年的气息，冒着呼啸的寒风，村里的群众载歌载舞，欢庆党的好政策。

这是文化扶贫助力乡村脱贫的一个片段。在县文化和旅游部门的大力支持下，近年来，水果村成立了灯会，组建起了舞狮队。舞狮队领头人感慨地说：“前几年，过年的气氛并不浓厚，年轻人常年在外经商、打工，春节回家，除了走亲戚，就是喝酒、打牌，再不就是整日抱着手机，看电视，人与人之间的关系不够融洽，组建舞狮队对传承祖国传统文化，改善人际关系有很大的帮助，更是对党和国家的一种感恩。”

水果村委会党总支书记李文龙说：“除了灯会，村里还开办了农家书屋和农民文化活动中心，有农家书屋40多平方米，有图书2000多册，报纸杂志10余种。村民可以免费借阅图书，免费上网查阅资料，还可以进行琴棋书画等活动。建设了村文化广场、篮球场、乒乓球桌，体育活动器材齐全。傍晚时分，在广场舞蹈爱好者的带领下，300余名男女老少在文化广场上载歌载舞，积极投入全民健身运动和娱乐活动；农闲时节，篮球、乒乓球、羽毛球比赛热火朝天。”

文化惠民扶贫活跃了村里的气氛，帮助村民们树立了脱贫的信心，激发了村民的内生动力。村里大力发展大竹、辣椒、砂仁、核桃等经济林果产业，走发展养猪、养黄牛、家禽等养殖产业发展路子。2019年年底，全村179户贫困户870人脱贫出列，2020年将脱贫出列16户78人。

文化下乡重在服务。结合县委、县政府组织开展的干部大返乡、民情恳谈等活动，彝良县文化和旅游部门按要求认真安排文化干部送文化下乡，重点抓好四项服务。一是开展“文化进万家”惠民演出走进乡镇、村寨、社区演出活动。每年组织100多场文艺演出，通过精心编排形式多样内容丰富的节目，舞蹈《我是一只小小鸟》节奏欢快，热情奔放；京剧《我是共产党人》《中国脊梁》唱出了党员干部一心为民的责任感和使命感；音乐快板《精准扶贫》说出了广大人民群众克难攻坚脱贫致富奔小康的喜悦心情；小品《商人》幽默诙谐，让人捧腹大笑；魔术表演、《红歌联唱》等节目精彩呈现。文艺节目的寓教于乐，在丰富农村群众精神文化生活的同时，教育引导全县广大农村群众要牢固树立自强、感恩、勤劳致富的意识。二是开展新春送春联活动。县图书馆、县书法协会等单位联合组织到乡镇开展免费书写春联活动。三是开展民间文艺团队帮扶活动。县文化馆、县演艺公司、县老年体协、县乡村管弦乐队等单位联合组织到乡镇，为民间文艺团队编排广场舞、指导节庆文艺作品创作排练。四是开展全民阅读推广活动。深入乡镇村及社区组织开展亲子阅读、家庭阅读、图书漂流进校园等形式多样的阅读活动。

5 年来，累计送书下乡 7000 余册次，流动图书借阅 4000 多人次，对表现突出的 100 多名读者给予表彰和奖励，全民阅读活动带动和影响了很多家庭参与到崇尚知识、崇尚阅读的时代潮流中来。

广场建设夯实阵地打牢基础

“农村文化广场建设是推进全县文化大发展、大繁荣的一项重要举措，也是民生工程，所有文化广场的运营都不以营利为目的，其所开展的各项活动都是利民惠民的，也是构建农村文化阵地重要举措。农村文化广场将充分发挥广场文化的功能，丰富基层群众文化生活，提高群众生活质量，为全县经济社会发展营造良好的氛围环境。”这是彝良县文化和旅游局文化股长李显玲的介绍。

近年来，彝良县不断夯实阵地强基础，农村基本公共文化服务设施建设有效改变和完善。按照省、市关于农村文化设施建设的有关内容，彝良县农村文化设施建设主要重点打造精神文化家园示范点、文化惠民示范村、农村文化体育活动广场、农家书屋建设及文化活动室等。

5 年来，彝良县累计投入资金 6900 万余元，建成县图书馆、县文化馆和 15 个乡镇文化站；新建 139 个村（居）委会的村组文化活动室，提升改造 97 个农家书屋，为 45 支村文艺团队配发移动小音箱、服装等器材。县财政预算每年安排文艺惠民演出活动经费不少于 200 万元，每年安排文化馆、图书馆建设服务经费不少于 100 万元，县乡村三级公共文化服务网络健全，文化阵地建设逐年加强。

乡镇综合文化站建设有效推进。5 年完成 15 个乡镇综合文化站建设，覆盖率达 100%。全力加强精神文化家园示范建设。2015 年，柳溪乡上寨村和钟鸣镇钟鸣村被列为示范点。

2015 年以来，省、市下达彝良文化惠民示范村建设任务 3 个，投资 45 万元建成树林乡茅坡组、钟鸣镇寨上、龙安镇木坪村文化惠民示范点。树林乡树林村委会副主任王兵说：“文化惠民示范村以‘文化乐民、文化育民、文化富民’为核心，通过‘农民文化演出队’‘农民素质教育网络培训学校’‘农家文化大院志愿者服务队’等多种活动的开展，助推了农村文化生活的发展。”

2015 年以来，中央、省、市下达彝良农村活动广场建设 25 个，投资 195.2 万元。分别建成钟鸣镇山河、奎香乡寸田、洛泽河镇发路、洛旺乡中厂、荞山镇安乐和猴街、柳溪乡水果等村。每当到了傍晚，当你走进文化广场，那些跳舞的姐妹激情奔放，你方跳罢我登场，观众看得兴致盎然。

有效组织村级文化活动室建设。2015 年以来，中央、省、市下达贫困地区文化活动室设备购置经费 54 万元，为角奎镇杉林、牛街镇黄河、海子镇新场、龙安镇后山、钟鸣镇麻窝、龙海镇放牛、荞山镇安乐等 27 村文化活动室购置了设施设备。

农家书屋引领群众科技致富

2015 年，48 岁的李清荣是彝良县洛泽河镇岭东村村委会副主任，5 月 1 日，她有一个令人羡慕的新身份——岭东村农家书屋管理员。这个精明能干的农村妇女，每天从早到晚为前来借书还书的乡亲们忙活着。在李清荣看来，到村里的书屋看书，是农民学习知识最好的方式。她说：“自从县里在我们村建立了这个农家书屋以来，很受村民们的欢迎，农闲时，大家都喜欢来这里看看书，读读报纸和杂志。现在村民们不光是种地，干什么都需要有文化和知识。”

这是彝良县开展书屋进农家活动的真实写照。像李清荣一样，如今在彝良县的 15 个乡镇，很多农民都把读书、学知识与学技术当成一种新时尚，这正得益于农家书屋的建立。

彝良县通过实施农家书屋工程建设，将图书等文化资源送到农村，推动农村公共文化设施不断发展，从而使农民的文化需求从过去单纯的“求乐”，转变为广泛的“求知、求富、求乐”，不断提升农村公共文化服务能力和水平，促进农村经济、政治、文化、社会协调发展，为培育新型农民、新农村、乡村振兴战略积极努力。

整合优势资源多渠道共建农家书屋。农家书屋工程建设是面向农村基层、服务广大农民的公益性文化建设项目。彝良县积极争取上级的支持，全面申报农家书屋工程建设，10 年时间全县 139 个村（社区）农家书屋工程建设实现全覆盖，其中 2009 年首批建成 12 个、2010 年建成 42 个、2011 年建成 53 个、2012 年建成 30 个、2019 年建成 2 个。

发界村大地村民小组袁友高，在当年是全村有名的特困户。自从建设农家书屋提倡科技致富以来，他就把脱贫致富的希望寄托在科技知识里。他常常利用农闲时间来到村里的农家书屋，如饥似渴地从书中吸取营养，明白农民种地需要科学知识，找到了脱贫致富的金钥匙。他不断地往返于家里和县、乡农技站之间，寻求更大的发展。在县科协、科技局技术人员的指导和帮助下，他学会了果树的嫁接技术，搞起了苗圃，培育了樱桃、柑橘、藤梨、核桃、葡萄等果苗，建立了自己的果园。

“书籍是人类进步的阶梯”，农家书屋建成以来，农民用于购书的支出有所增加。角奎镇石垭村水果种植大户梅征树，每年都要花 1000 余元钱购买各种科技种植书籍，订阅农业及科技方面的报刊。他深有感触地说：“现在农民看书多了，参与赌博、搞迷信活动的就少了。大家经常学习交流，促进家庭和睦、社会和谐，同时还可以学到先进技术，增加家庭经济收入。”

移风易俗重树文明新风尚

倡导文明新风，脱贫攻坚有“榜样”。彝良县紧紧围绕新农村、新管理、新风尚思路，充分发挥群众在基层治理中的积极性，引导139个村（社区）和2997个村民小组建立《村规民约》，努力扭转过去高额彩礼、薄养厚葬、大操大办、盲目攀比等歪风邪气。在2020年疫情防控期间，彝良广大农村群众崇尚节俭，全县共取消红白喜事办理9900余家，婚、丧事从简办理6800余家。积极用社会主义核心价值观来教育引导群众，将文明村组户创建评选与脱贫攻坚工作相结合，形成了扶贫扶志的强大合力。

2015年至2019年，全县共评选出82个文明村、320个文明小组、90名道德模范个人、66名身边好人、20218户星级文明户、45个脱贫光荣村、182个脱贫光荣组、1500户脱贫光荣户。

树立文化自信，脱贫攻坚有“灵魂”。脱贫攻坚进入“爬坡上坎”的关键阶段，彝良县文化和旅游部门充分发挥文化阵地作用，带领广大群众坚定文化自信，为打赢脱贫攻坚战注入强大的精神动力。整合文化资源，脱贫攻坚有“动力”。通过多种渠道宣传，讲好彝良发展故事、讲好家乡脱贫故事，激发全县参与脱贫工作的热情，为决战决胜脱贫攻坚做好充分准备。县委宣传部、县委党校、县文明办、县文旅局、县融媒体中心等联合组建宣讲团，进村入户开展文化和脱贫攻坚故事宣讲30余场次；邀请市文化和旅游局深入村（社区）开展“文化下乡”活动42场次，惠及28.4万余人，以《正本清源》《抗疫防疫》等节目为群众展示了扫黑除恶、团结抗疫、人居环境提升等故事；组织文旅部门党员干部到罗炳辉将军纪念馆参观交流11场次；充分发挥乡镇文化服务中心图书分馆、文化分馆的作用，通过进村入户发动群众开展村庄环境卫生全面整治100余场次，大部分村组的环境卫生和人居环境整治已形成自觉。

转变观念带来山村环境巨变

县文化和旅游部门坚持以脱贫摘帽为目标，着力补短板、强弱项，始终把脱贫摘帽作为最大的政治和民生工程抓紧抓实，按照“双统领”“双保障”“双推进”的要求，紧密结合文化和旅游产业优势，精准扣好“四粒扣子”，突出做好“四篇文章”，全力打好“五大战役”，脱贫攻坚取得新胜利，确保全县整体脱贫出列目标的实现。

近年来的摘穷帽、挪穷窝、拔穷根政策，在彝良县广大农村最根本的变化是群众思想观念的蜕变。彝良县文化和旅游部门的挂包帮扶干部积极开展农村群众思想教育工作，宣传党的各项农村政策和脱贫帮扶政策。此外，汇集全县各级各部门的成绩和经验，制作展板30块，展出扶贫工作的精彩瞬间照片100多张，并到乡镇和村组进行巡回展览。群众的产业意识、市场观念增强了，发展的愿望和劲头更加强烈了，好学上进、知识改变命运的氛围更加浓厚了，“我要脱贫”成为广大群众的共同心声，“记党情、感党恩、听党话、跟党走”成为干部群众的自觉行动。

最深刻的变化是干部作风的转变。3名县处级挂联领导和单位领导干部分别挂村包村帮组，派出驻村工作队队员2000多人次，50余名干部职工结对帮扶，实现“挂包帮”双向全覆盖。据荞山镇官房村村委会副主任安韧介绍：“我们每做一件事，都是通过村委会班子成员、驻村第一书记、工作队队长首先共同讨论，充分发扬民主，再到组召开群众会听取意见然后才确定下来。只要统一了思想、认定了方向，大家就会齐心协力一起干，尽最大的努力把事情做好。”

观念转变带来的最可喜的变化是乡村人居环境的嬗变。脱贫攻坚实施以来，全县人居环境得到较大的改善和提升。走进荞山镇的村组，映入眼帘的是错落有致的农家房屋，绿树成荫的院坝，整洁干净的水泥硬化道路，房前屋后杂物堆放井然有序。

谈到村里人居环境的变化，村民嘴里说出的，都是满满的幸福感。花竹村民小组居住着19户苗族和21户汉族群众，干净整洁的卫生环境，令人耳目一新。与花竹村民小组一样，蒿枝坝村民小组和下坝村民小组在脱贫攻坚和人居环境整治中，不仅基础设施得到了全面改善，人居环境也得到全面提升，家家户户不但室外卫生得到提升，操家理务也得到不断改善。

“以前村里的环境卫生很差，路上可以看到随处丢弃的垃圾，现在不一样了，不管走到哪儿都是干干净净的，大家都把爱护环境变成了一种自觉行为。你看我们每家每户栽种的这些花草，环境变得越来越漂亮了，我们住起来也比较清爽和舒适……”洛泽河镇龙潭村塘湾子村民小组村民刘大爷笑着这样说。

深入推进文化旅游和爱国卫生运动促进人居环境提升的统筹衔接，全面实施乡村振兴战略。按照习总书记对脱贫攻坚继续需要各级各部门“扶上马送一程”的指示精神，彝良县文化和旅游部门将进一步统一思想、明确目标、突出重点、激发干劲，着力补齐农村产业发展、基础设施、人才支撑、人居环境等短板，有效激发土地、资本、技术等要素活力，不断培育壮大绿色产业，改善乡村人居环境，塑造文明乡风，提高治理水平，促进山区全面实现乡村振兴战略，为“天更蓝、山更绿、水更清”的美丽彝良而努力。

（作者系彝良县文化和旅游局副研究馆员）

文旅扶贫结硕果

赵知毅

2015年以来，为让广大群众特别是贫困群众成为乡村旅游发展的参与者和受益者，彝良县文化和旅游扶贫紧紧围绕全县脱贫攻坚工作任务，紧抓全省“旅游革命”的有利时机，通过5年的实施和推进，文旅融合发展、乡村旅游显雏形、文化和旅游产业扶贫带动群众脱贫、旅游厕所建设快速提升，文化和旅游产业扶贫工作初显成效。

文旅融合促发展

文化是旅游的灵魂，旅游是文化的载体；文化借旅游之船出海，旅游借文化之根立足。近年来，彝良县坚定不移贯彻落实创新、协调、绿色、开放、共享发展理念，坚持“生态强县、产业强县、品牌强县”战略，打造“河滨之城、宜居县城、水墨彝良”品牌，把文化旅游产业作为实现当地经济社会跨越式发展的重要举措，守护好绿色家园，共建绿水青山和蓝天白云。

规划引领打造城市文化名片。旅游文化是城市的“软名片”，如何让这张名片叫得响、能发光，把文化旅游资源优势变成经济优势？如何让“藏在深闺”的生态景色走向大众？彝良在思考、在行动。分管文旅工作的副县长梁华带领文旅、开投、小草坝旅游公司人员到四川、重庆的旅游企业推介彝良旅游资源，寻求区域文化和旅游合作，促进川渝滇文化旅游产业融合发展。彝良县把旅游规划作为加快旅游文化产业发展的重要抓手，加强顶层设计和系统谋划，高起点、高标准、高质量编制各种总体规划、区域规划和专项规划，整合要素资源，加快旅游产品开发，推进产业发展，形成了以县域为基础、景区景点为重点纽带的全域旅游发展格局。

强推产业建设“好戏连台”。放眼乌蒙，小草坝生态旅游景区宛如一颗明珠，在滇东北大地上闪闪发光、熠熠生辉。好山、好水、好风光，民风淳朴，每年数万名游客慕名而来，畅享“森”呼吸，共游大“氧”吧。如何搭建好产品推广平台，抓住主体和整体营销，将彝良县文化旅游产业“大戏”推向全省及川、渝、黔乃至全国？加快推进旅游文化项目建设，是实现全域旅游的重要突破口。

一花独放不是春，百花齐放春满园。在加速文化旅游“走出去”的同时，彝良县更着力于“请进来”。2019 年，小草坝生态旅游景区分别与四川、重庆的旅行社、重庆方向盘旅游产业服务集团成功签订全域旅游合作服务协议；2020 年 7 月，又与携程集团签订了战略合作协议，各项合作协作正积极稳妥推进。

让“灵魂”更丰满，让“载体”更优质。在小草坝生态旅游景区，始终把服务和品质视为其生命。在节假日，彝良县文化市场综合执法大队、县旅游投诉中心全天候应急值守，高效处置游客投诉。成立县旅游退货监理中心，做到 30 天内无理由退货，确保货真价实、明码标价。建立旅游“红黑榜”制度，对全县 20 余家文化经营单位进行监测，开展“明厨亮灶”工程，推进涉旅企业诚信评价，推动企业文明、依法经营。制订“突发公共事件应急救援预案”，与涉旅企业签订安全生产责任书，层层落实安全生产责任制，确保旅游市场安全。全县旅游文化产业发展基础不断夯实，产业融合不断深化，吸引力不断增强，吃、住、行、游、购、娱、体、休等旅游要素不断完善，游客数量不断增长。

乡村旅游显雏形

走进小草坝镇金竹村，一条条平坦的水泥村道，一幢幢青瓦白墙，整齐的新农宅，整洁的院坝、别致的小花台、蜿蜒的休闲小道……诱人的瓜果飘香，呈现在眼前的是一个“望得见山、看得见水、记得住乡愁”的美丽宜居村落。

每年的农历七月十三日，生活在龙安、钟鸣、两河、小草坝、荞山等乡镇大山深处的苗族群众，都要在龙安镇的三乐村聚集，隆重举行“花山节”活动。

近年来，彝良县文化和旅游部门积极探索生态 + 旅游、生态 + 文化模式，高度重视民族文化和传统村落保护，结合自身生态资源优势，把发展乡村旅游作为推动乡村振兴新的着力点，鼓励群众脱贫致富，三乐村走出了一条旅游带动脱贫的致富路。到 2019 年年底，全县 139 个贫困村（社区）25.5 万户建档立卡贫困户，累计脱贫出列 137 个村（社区）24.68 万户。其中，33 个旅游扶贫示范重点村，覆盖贫困户 18267 户 73070 人。

2019 年，全县打造的 7 个旅游扶贫示范村，分别是角奎镇阿都和漆树为省级旅游扶贫示范村，小草坝镇小草坝村为市级旅游扶贫示范村，龙街乡龙洞、龙安镇龙安、奎香乡吉塘、洛旺乡中厂为县级旅游扶贫示范村。同时还完成小草坝镇旅游扶贫示范镇和小草坝镇小草坝、角奎镇阿都和漆树 3 个旅游扶贫示范村的扶贫示范材料认定申报。全县培育乡村旅游扶贫示范户 90 余户，乡村旅游接待点 15 个，农家乐 23 户，星级宾馆 1 家，经济型酒店 3 家，培育旅游扶贫示范户 25 户，带动建档立卡贫困户 5194 户 20784 人脱贫，直接或间接带动 2.3 万人就业，贫困群众的旅游收入占家庭总收入 65% 以上。

2010 年，全县 9 个贫困村开展了乡村旅游，洛旺中厂村溪海农庄、雅楠农庄，柳溪上寨村桃源山庄，小草坝小草坝村迎客山庄、阿路林山庄、农家小园，大桥村桃花园农庄、金竹村小草坝酒楼，牛街花果村缘聚古镇山庄，角奎花桥村丰境生态农庄、阿都村竹泉山庄、大河村天天乐农家乐，新场村田园农庄开始接待旅客。2015 年，接待游客 24.8 万人次，乡村旅游总收入 190.7 万元。

结对帮扶显真情。彝良县充分发挥旅游企业联系紧密的地缘、亲缘、人缘优势，发动旅游企业参与帮扶，发挥旅游扶贫联盟平台作用，广泛发动各类旅游企业开展帮扶行动。鼓励旅游企业根据自身发展方向和计划，加大对集中连片特困村组、少数民族村组、建档立卡农村贫困人口集中区域旅游资源的投资开发，连片、集聚开发乡村旅游扶贫工程重点村及周边旅游资源，打造乡村休闲度假地、高原特色精品旅游农庄、特色旅游商品加工经营户、农家乐、森林人家等旅游，以项目开发建设和旅游经营管理带动贫困人口脱贫，鼓励旅游企业优先在属地乡镇范围内选择帮扶对象，优先招录乡村旅游扶贫工程重点村的建档立卡贫困户劳动力从事接待服务、休闲农业种养务工、旅游展演、餐饮服务、保安、保洁、园林绿化、建筑施工、水电管理、资源保护等工作。按照就近原则，鼓励宾馆、旅游景区等安置 10 个贫困人口就业，农家乐安置 5 个贫困人口就业，其他旅游企业解决 5 个贫困人口就业。5 年来，7 个旅游扶贫示范重点村的农家乐、景区、宾馆等 22 户旅游企业，带动周边 239 户贫困户 1000 余人就业脱贫。

景区带村能人带户。彝良县紧紧抓住“把小草坝打造成县城新中心”的“经济引爆点”定位目标，充分发挥旅游景区对邻近贫困地区和交通沿线贫困村的辐射带动作用，以基础设施建设、特色产业、乡村旅游业发展为重点，认真总结近年来的乡村旅游发展规律，紧紧围绕脱贫攻坚，依托小草坝景区旅游资源，大力发展景区带动型乡村旅游。

2015 年，全面启动小草坝景区开发建设，投资 7 亿元建设完成小草坝枫叶大酒店、停车场及游客服务中心、景区后河公路、景区环河公路等基础设施和智慧景区建设，立足景区旅游资源布局状况，坚持“适度规模、连片发展、抱团经营”方式。形成小草坝、三道、金竹、大桥、小雄 5 个乡村旅游示范区，覆盖2325户9542人，其中1860个贫困人口直接受益，带动560多人脱贫出列。

乡村旅游的发展，让一批贫困群众通过经营餐馆、农家乐和销售农特产品走上了脱贫致富道路。“我们村虽然在小草坝生态景区的附近，但前些年游客一直不是太多，过去我们一家人都在种地，全家5口人年收入不到2万元。随着乡村旅游产业的兴起，把家里的房子改造成了农家乐，到景区赏景后来吃饭的游客慢慢多起来，去年收入就有30多万元，真正做到了利用家乡的美景来赚钱。”小草坝金竹村村民敖乾芬说。

产业扶贫助脱贫

2020年是全面建成小康社会和“十三五”规划收官之年，也是决战决胜脱贫攻坚收官之年。彝良县全面构建推进文化旅游扶贫的体制机制，强化文化旅游扶贫的政策支持，夯实文化旅游扶贫基础。2019年，全县乡村旅游接待游客28.3万人次，实现乡村旅游总收入1664.7万元，文化旅游累计直接或间接带动贫困人口就业2.1万余人，文化和旅游在打赢脱贫攻坚战中发挥了重要作用。

彝良县认真践行市委“133”和县委“123456”脱贫攻坚工作思路，按照“双统领”“双保障”“双推进”要求，扎实开展“狠抓落实年”“基层党建创新提质年”行动，压紧压实脱贫攻坚责任，推动各级各部门找准定位、摆正位置、融进大局，弘扬“将军”精神，下足“绣花”功夫，促进机关沉下去、干部干起来、群众动起来，身沉一线抓落实，创造性推动工作，解决“两不愁、三保障”突出问题，如期完成脱贫摘帽目标任务。到2020年，全县创建了1个全国乡村旅游重点村、1个省级旅游扶贫示范镇、2个省级旅游扶贫示范村、1个市级旅游扶贫示范村、4个县级旅游扶贫示范村，带动了2.3万多贫困人口就业增收脱贫，全县旅游扶贫示范创建取得明显成效。

2020年，15个乡镇都建设有达标的乡镇图书分馆、文化分馆，乡镇文化服务中心覆盖率100%，村（社区）综合性文化服务中心覆盖率100%。通过构建推进文化旅游扶贫政策体系，加强旅游扶贫示范推广，提升贫困地区文化和旅游公共服务，丰富贫困地区群众文化生活，加大贫困地区文化旅游发展支持力度等措施，文化旅游以产业扶贫的模式推动了全县贫困山区群众的脱贫致富。

要脱贫，产业扶贫是关键，产业发展带动农户增收。彝良县围绕特色产业做文章，培育稳固持续增收产业，引导贫困户大力发展种植、养殖等特色产业，大力推进“农旅对接”，鼓励宾馆饭店、旅游餐饮、旅游购物企业、旅游商品电商等旅游扶贫重点村的龙头企业、农民合作社、贫困户签订农产品和特色旅游商品定点采购协议，促进贫困户调整种植养殖结构，大力发展高原特色优势农业和优势产业，促进贫困户脱贫增收。

旅游厕所快提升

2015年以来，彝良县高度重视旅游厕所建设和管理，始终将提升旅游厕所服务质量放在旅游管理工作的重要位置，进一步增加县内景区景点、加油站等旅游公共场所旅游厕所布点，完善基础设施配套建设。同时，充分发挥旅游主管部门、涉旅企事业单位管理人员及旅游从业人员的主观能动性，不断提升全县旅游厕所的服务质量和服务水平，有效解决了县内景区景点及重要旅游干线广大群众和游客“如厕”不便、“如厕”难等问题，基本满足了游客的需求。

完善旅游配套设施。彝良紧跟“旅游厕所革命”热潮，加快景区、乡村旅游接待点、农家乐等区域11座旅游厕所建设。2017年至2019年，厕所建设累计投资 144 万元，建成小草坝景区 5 座、天麻科技博物馆 1 座、罗炳辉将军纪念馆 1 座、发界加油站 1 座，此外还有牛街红鑫旅游厕所、闽滇加油站旅游厕所、吴家桥加油站旅游厕所。

5 年来，彝良县有 12 座旅游厕所申报并纳入国家旅游厕所管理系统。其中 AAA 级 2 座，A 级 1 座，非 A 级 9 座。9 座旅游厕建设完成并投入使用，并按要求录入“全国旅游厕所管理系统”。2020 年，彝良县将新建 A 级旅游厕所 1 座，拟建于小草坝金竹村中棚组，预计 2020 年年底完工投入使用。

旅游厕所上线百度 APP。按照《昭通市文化和旅游局关于推进旅游厕所电子地图上线工作有关事项的通知》要求，遵循属地管理原则，彝良县认真按照文化和旅游部编写的《旅游厕所百度地图位置申报操作指南》，到 2020 年，全县投入使用 8 座旅游厕所达到国家 A 级标准。

有人说，人生最好的旅游是在某个地方，发现一种久违的感动，似远方，如家乡，既孤独又自由，既亲切又温暖。徜徉彝良的乡村农家，与蓝天相美，与溪流相映，你只需停下脚步，与远山对视、与宁静共话，时光静好、岁月安然……来彝良吧，来感受彝良的独特魅力，来遇见你的诗与远方。

（作者系彝良县文化和旅游局副研究馆员）

医保春风

刘显玲

“我儿媳妇得了尿毒症。老伴儿也有哮喘，干不了重活。儿子常年在外打工，家中还有两个小孙子，以后这家里可怎么办啊？我都快愁死了。”“在县医保局的帮扶下，享受了国家的医保惠民政策，现在家里的情况慢慢稳定了。共产党好啊……”今年64岁的钟鸣镇麻窝村小米地组村民吴长翠向入户的干部倾诉道。这是彝良县推进医疗保障精准扶贫精准脱贫的一个缩影。决战决胜，履职担当，彝良县医保局紧扣脱贫攻坚目标任务，全面落实各项医保政策措施，精准施策，精细管理，真情服务，让广大人民群众在脱贫致富奔小康的路上阔步向前进。

政策制度，让医疗保障落地生根

基本医疗有保障就是把贫困人口全部纳入基本医疗保险、大病保险和医疗救助等制度保障范围，减轻贫困人口的看病负担，预防因病致贫、因病返贫现象发生，归根结底就是要让贫困群众参加医疗保险，为其人生、家庭增添一把“保险锁”。

王万勇，洛泽河镇龙潭村大河口组的一位年轻小伙，他说他们家之前一直没有人住过医院看过大病，觉得全家人身体都非常健康，家人基本上对参保持消极态度，所以长期没有参加“新农合”（即城乡居民医疗保险）。2017年，他生了病到昭通市人民医院住院治疗，前前后后花费了近3万元。由于没有参加医疗保险，一分钱都不能报销，家里的积蓄也花了一大半，家人这才认识到参加医保是件好事。过去的教训成了经验，现在王万勇一家每年都十分积极地参加医保。王万勇颇有感喟：“不要老是觉得自己身体好不会生病，用不到医疗保险，交了医保金吃亏了。其实就算交了，没有生病，花几百块钱买个平安嘛，而且还可以帮助其他生病的人，也是好事啊。万一自己生病了嘞，那就是一份实实在在的保险啊。”

现实生活中，这样的例子数不胜数。一个家庭或许原本日子过得还算可以，因“觉得自己身体好不会生病”的念头滋生后，便出现了不愿意缴纳医疗保险的情形，由此意味着“失去了医疗保障”。常言道：“天有不测风云，人有旦夕祸福。”倘若突然间得了大病或重病，巨额的医疗费用就加重了家庭支出，日子也是越过越紧，甚至入不敷出。贫困人口家庭本来收入就不高，风险防控能力较弱，参加基本医疗保险的重要性不言而喻。

脱贫路上“不落一户、不漏一人”，基本医疗有保障是关键一环。职责使命重于泰山。为了确保贫困人口100%参加基本医疗保险，县医保局要定期从扶贫部门获取扶贫系统建档立卡贫困人口数据，定期对医保系统与扶贫系统的信息进行比对，定期对建档立卡贫困人口参保情况开展核查。为减轻贫困人口参保的缴费负担，自2018年起，各级财政对全县建档立卡贫困人口每人每年定额资助180元。到2020年，3年累计资助建档立卡贫困人口参保的资金高达1.37亿元。建档立卡贫困人口参保中个人缴费部分大幅度减少，人人交得起医疗保险，基本医疗有保障的目标任务彻底实现。两河镇铜厂村田坝组黄从先家是建档立卡贫困户，家庭人口10人，按照2019年城乡居民基本医疗保险个人缴费标准220元计，他家应缴费2200元，财政补贴1800元后，全家只需出资400元。黄从先感慨万千：“在参保缴费上政府拿大头，个人仅出一小部分。这样的好政策哪里找，如果还不参保，就等于辜负了党和政府的关怀，也是对家庭对自己的不负责任。”

俗话说万事开头难。彝良县医疗保险制度从2003年起实施至今，走过了不平凡的17年。医保制度实行之初，由于老百姓生活条件差，有的基本只能满足温饱，有的吃饭都成问题，有的思想还停留在小农经济时代——满足于自给自足和眼前利益，许多人没有保障意识，大部分群众都不愿意参加医保。每年一到保费集中收缴的时候，乡镇和村组的基层干部要走村入户宣传发动，对于一些不愿意缴费的群众，更是要挨家挨户晓之以理、动之以情的讲解医保的好处，有时还得结合身边的一些案例“现身说法”，让群众知晓缴费参保是一项惠民利己的好事，总之是想方设法提高群众的缴费参保意识。不积跬步，无以至千里。17年的路途跌跌撞撞，坚持坚持再坚持，认同认同再认同，医疗保障的制度优越、党和政府的关爱关怀完完全全摆在人民面前，政策优势利益一步一步走进群众心里，越来越多的群众保障意识明显提高，自觉自愿缴费参保已成常态。2020年，全县参保人数达到52.72万人，参保率由2003年的74%提高并稳定到95%以上（参保率以上年年末户籍常住人口为基数计算），而建档立卡贫困户总户数56474户、255915人100%参保，实现了贫困人口参保全覆盖。基本医疗保障制度在彝良大地落地生根、开花结果。

健康保单，让患者沐浴党的阳光

“是党的扶贫政策给了我第二次生命，如果没有医保部门的帮扶相助，我恐怕早就不在人世了，这个家庭的生活真不敢想象！”树林乡林口村寨子组贫困户张余雄百感交集。张余雄一家6口人，因家庭负担重，2013年被确定为贫困户。这是一个和谐的家庭，也是一个有志气的家庭，尽管是贫困户，但一家老老少少勤劳朴素，不靠不要，日子过得一天比一天好。2018年家里危房改造修了新房，妻子生了老二，一家人生活得幸福美满。人生叵测，世事难料。2019年的某一天，张余雄身体不舒服，检查后得知自己患了恶性肿瘤，他是吃也吃不下、睡也睡不好，一度消沉沮丧。驻村工作队和帮扶干部知晓情况后来到他家，向他讲解医保政策，鼓励他坚定信心、战胜病魔。心魔消除后，张余雄很快转院到四川华西医院治疗，身体得以恢复。他住院期间总的医疗费用达5万多元，报销比例占90%后自己只花了5000多元。他常说党的政策好，医保让他看得起病，是党救了他的命，感谢党的恩情，为党的好政策点赞！

医保就是一张健康保单，让群众能看得起病。小病小痛门诊上就可以看病减免报销，病情严重住院或者转院也可以报销，特殊病、慢性病也有不同的报销政策。就拿2019年来说，全县建档立卡贫困人口累计报销金额高达2.3亿余元。真金白银和真心帮扶，让张余雄这样的众多患者康复，过上幸福生活。

多重保障，让重症患者有了新希望

“正常情况下，做一个髋关节置换手术需要花好几万元，像我这样一个贫困家庭实在是无法承受。”今年55岁的角奎镇小河村小河组村民胡邦英深有感触。她因常年劳作，髋关节磨损破坏严重，走路一瘸一拐，行动很不方便，给自己带来苦痛的同时增添了家人的负担，想做手术却又没钱做的苦楚心情时时刺痛着。雾霾过后，总有云开日出时。自2017年开始，彝良县对建档立卡贫困人口全面实施基本医保、大病保险、医疗救助、兜底保障等多重制度，确保建档立卡贫困人口符合转诊转院规范住院产生的医疗费用报销比例达到90%。2018年胡邦英在县人民医院治疗，她的髋关节做置换手术后可以行动自如了，累计医疗总费用71372.42元，通过基本医保、大病保险、医疗救助等政策报销90%后，个人仅只花费7137.24元就轻松完成了手术。每当想到这里，胡邦英的满脸总是写足了甜蜜的笑容。

在多重保障制度的帮扶下，有无数个像胡邦英一样的人受益。以2019年为例，全县建档立卡贫困人口基本医保受益87.45万人次，总计报销18894.16万元；大病保险受益1.18万人次，总计报销1885.72万元；医疗救助受益3.97万人次，总计报销1794.82万元；兜底保障受益4.36万人次，总计报销722.10万元。多重保障的医保政策让许许多多看不起病的大病重病患者有了新希望。直观地看，医保给予参保人的实惠是医疗费的减少，让参保患者减轻压力和负担能看得起病；深层次看，医保不仅是经济上的支助，更是战胜疾病的底气、继续生活的勇气、奋发图强的骨气。

花开两朵，各表一枝。过去异地就医备案是个老大难问题，手续程序烦琐，给群众增添不少麻烦。全心全意为人民服好务，县医保局开通绿色通道，患者可以通过窗口、电话、微信等渠道实现异地就医备案。与此同时，结合“放管服”要求，对已申办“特慢病”的人群制作“特慢病”就诊卡，让“特慢病”患者真正享受到医保特殊保障待遇。病痛给人带来了肉体的苦楚，但医保政策的落实落地和便民惠民举措却给患者送去了心灵上的安慰。人民群众的笑容多了，满意度大幅度提升，成为医保制度收获的又一丰硕成果。

履职尽责，奉献者书写着人生华章

在贫困人群中，部分存在着“因病致贫”“因病返贫”的情况，疾病好似一条毒蛇，横亘在贫困者摆脱贫困的大道上。没有全民健康，就没有全面小康。彝良县医保局全员参与，高举医保利剑，坚决斩蛇除害，认真落实党的惠民政策，切切实实保障了贫困人群“病有所医”，无钱治病的辛酸永远被丢进了历史的垃圾桶。

宝剑锋从磨砺出，梅花香自苦寒来，医保脱贫能取得好成绩实属不易，凝聚着工作者艰辛的耕耘与付出。县医保局信息统计股的负责人谢顺艳，工作繁重琐碎，经常加班到深夜。由于丈夫也是长期坚守在柳溪乡扶贫一线，家中两个小孩只得扔给老人照顾。大女儿读小学三年级，哄哄后勉强能听话。小女儿才 2 岁多，常常黏糊着妈妈，有时见不到妈妈就撕心裂肺的大哭大闹，谢顺艳不得已常常带着女儿去加班，但她从来不抱怨。她常说：“现实生活中一些人因贫穷看不起病真可怜，医保能帮助穷人解决看病困难太好了，我还年轻，苦点累点无所谓，在脱贫攻坚大决战中有所作为也是人生的精彩。”无怨无悔的坚守和奉献，总能书写出平凡人生的不平凡华章。柳溪乡合管办的负责人张成兵，今年 38 岁，在乡镇合管办工作了十多年，一直在基层一线医保部门为老百姓服务。张成兵说“我们都在努力奔跑，我们都是追梦人。”为了提升自己的工作能力和水平，他勤钻业务，工作之余还自学了计算机知识。脱贫攻坚大决战打响后，他既要在乡镇合管办完成纷繁复杂的医保业务，又要到自己挂片的村完成扶贫工作，为了群众的事情，操不完的心，他那头上早生的花发便是最好的见证。

在决战决胜脱贫攻坚的战场上，正因为有了医保好政策和无数个谢顺艳、张成兵的担当作为与默默奉献，也才有了无数个从心底里透出对党、对政府、对扶贫干部满意和脸上始终绽放着笑容的吴长翠、张余雄、胡邦英等人民群众。脱贫攻坚是基础，全民富裕是目标，路漫漫，为人民谋幸福永远没有尽头。医保工作者重任在肩，唯有秉持初心，坚如磐石落实医保政策，做好做实基本医疗保障工作，全力提升群众对医保的幸福感、获得感、满足感，才能让人民群众健健康康地在小康幸福路上走得更远更远。

（作者系彝良县医疗保障局办公室工作人员）

医疗强基保健康

江　艳　陈国军

“对医院来说，除了先进的硬件设施，人才、技术显得更为重要。”县医院院长叶字发在会上如是说，“医疗人才成长周期长，如果不解决人才问题，整个医疗事业将难有进步：我们要有先老后新的带动机制，不断地引进人才培养人才，最终使其成长为业务骨干。”

彝良县树林彝族苗族乡卫生院的陈腊和田应香正是通过“国家农村订单定向免费培养医学本专科生（本科五年制，专科三年制）项目”的人才培养通道，在短短的五年时间，从一名普通的医学生成长为医院的业务骨干、特色科室“掌门人”。2015 年 7 月于昆明医科大学毕业之后，陈腊于 2015 年 9 月报名参加住院医师规范化培训，2018 年 9 月回到彝良县树林彝族苗族乡卫生院工作，其间共接诊 9248 人次，接诊住院患者 1047 人次，2019 年 6 月通过内科学中级考试，取得中级职称。

人才引进作为卫生健康事业发展的基础，是卫生健康人才工作的重中之重。2015 年以来，在县委、县人民政府的大力支持下，引进卫生紧缺专业人才 22 人（其中 2015 年引进 6 名，2016 年引进 2 名，2017 年引进 4 名，2018 年引进 5 名，2019 年引进 5 名）；通过事业单位补员招聘 162 名卫生专业技术人员（其中 2015 年招聘 41 名，2016 年招聘 26 名，2017 年招聘 40 名，2018 年招聘 31 名，2019 年招聘 24 名）；2019 年通过“三支一扶”

招录到2名医生到乡镇卫生院支医（其中：彝良县奎香苗族彝族乡卫生院1名，柳溪苗族乡卫生院1名）；从2010年开始实施的“国家农村订单定向免费培养医学本专科生（本科五年制，专科三年制）项目”，2015年以来，为我县乡镇卫生院定向培养了17名医学本专科生（2015年本科3名、专科2名，2016年专科4名，2017年本科1名，2018年本科3名，2019年本科2名，2020年本科2名）。

目前，全县共有各级各类卫生健康机构190家，其中县级卫生健康机构6家（县人民医院、县中医医院、县疾病预防控制中心、县妇幼保健计划生育服务中心、县卫生监督所、县防治艾滋病服务中心），乡镇卫生院18家，村卫生室136家，民营医院11家，个体诊所19家。全县共有编制病床数1665张（实有床位2471位），每千人口床位数为3.98张。全县卫生专业技术人员总数为2147人（含编制外1253人），其中研究生2人，占比0.9%；本科673人，占31.0%；专科1012人，占47.0%；中专及以下460人，占21.1%；专技人员中正高级职称9人，副高级职称68人，中级职称232人，初级职称1164人，无职称674人。有执业医师数为412人，助理医师231人，每千人口执业（助理）医师数为1.03人，注册护士数为1062人，每千人口注册护士数为1.68人。全县133所村卫生室具有村医生523名。

根据卫健系统人才发展需要，逐步建立起重引进、重培养，双管齐下的人才工作机制。加大人才经费投入力度，为吸引人才、留住人才、用好人才提供物资保障。为引进的人才创作良好的工作、生活环境，千方百计为他们提供便利，安排周转住房等，免除其后顾之忧，使他们尽快适应新的岗位，全心投入工作。重点培养学科带头人。以“名医培养”等项目为依托，加强卫生专业技术骨干培养，建设高层次卫生人才队伍。我县卫生人才管理工作进行有序，顺利按计划实施。2015年以来，组织高级职称考试工作，并推荐符合条件的人员参加评审，最终有61人通过评审获得高级职称资格。

在设施设备方面，长期以来，县、乡、村卫生机构设备设施不足的问题制约着我县卫生事业的全面发展。一步一个脚印地推进全县医疗卫生基础设施工作开展，2016 年以来，抢抓国家政策机遇和健康扶贫有利契机，我县卫健系统顺利实施了彝良县第二人民医院建设项目、东西部扶贫协作项目、发界安置点卫生院和卫生室建设项目及卫生常规建设项目。共投入资金 59500 万元立项修建彝良县第二人民医院、彝良县人民医院医技综合楼、彝良县中医院综合业务用房、发界安置点卫生院以及 62 个村卫生室业务用房，共 13200 万平方米，打造中医馆 12 个，县、乡两级医疗机构购置 3 万元以上设备 301 件（套）。2017—2018 年东西部扶贫协作资金共投入 1320 万元，建设 58 个村卫生室，建设规模 10300 平方米，现已全部建成并投入使用。其中 2017 年投入资金 775 万元，建设村卫生室 31 所，建设规模 6200 平方米；2018 年投入资金 545 万元，建设村卫生室 27 所，建设规模 4100 平方米。通过协调东西部协作帮扶资金，为 82 个贫困村卫生室配置了设施设备，总投资 456 万元，现已全部配置到位并投入使用。平安集团云南省公司给予我县 10 个村卫生室健康一体机、2 万元医疗设备、村医培训、义诊、体检等方面的帮扶。由卫健局整合资金为 51 个贫困村卫生室配置了电脑、打印机、医用冰箱、电视、药品架等设备，共投入资金 150 余万元。

据统计，彝良县第二人民医院计划投资 71642 万元，建成后面积达 1357400 平方米，彝良县人民医院医技综合楼 6000 平方米，投资 4500 余万元，彝良县中医综合业务用房 11832 平方米，投资 6000 余万元，易地扶贫搬迁发界安置点卫生院 2200 平方米。这些项目的实施，使全县医疗基础设施不断加强，县、乡、村三级医疗机构的医疗条件得到改善，全县就医环境得到了极大改善。

（作者均系彝良县卫生健康局工作人员）

医共体共建幸福

符义泉

彝良县是云南省27个深度贫困县之一，贫困面广、贫困程度深。到2019年年底，全县共有医疗卫生机构180个，床位1933张，每千人口床位数为3.08张，医技人员2103人。卫生事业发展滞后，医疗资源总量不足且分布不匀，加之县境内山高坡陡、交通不便，群众看病极不方便。为破解这一难题，县委、县政府提出了组建以县级医院为龙头、乡镇卫生院为枢纽、村卫生室为基础的县域医共体建设工作思路，以优化整合县乡医疗机构资源配置和实施“县、乡、村”三级医疗机构医疗卫生服务一体化管理，促进“以县带乡、以乡促县、县乡互动、协调发展”县域医疗服务体系发展格局形成，实现“常见病不出乡、大病不出县”目标。2017年5月，我县启动县域医共体试点建设，组建了彝良县人民医院医共体和彝良县中医医院医共体。

齐抓共管，构建先进高效卫生健康管理体系

加强组织领导，落实牵头责任。两个医共体均按要求成立了医共体理事会，组建了医共体管理办公室，形成“分工协作”和“事有人管”的良好开

局；同时两个牵头医院主要领导带领班子成员和相关职能科室负责人多次深入乡镇卫生院进行实地调研，针对存在的问题，逐一进行剖析，制订整改措施，为医共体管理工作打下坚实的基础。制订医共体理事会章程、医共体人才流动、医共体绩效评价、医共体分院服务能力提升帮扶计划、医共体设施设备管理等核心制度，进一步完善了医共体的内部运行机制。分级诊疗工作有序推进。在2017年的医共体建设方案中，明确提出了人员统一管理、财务统一管理、业务统一管理和统一绩效考核"四个统一"，目前，已基本实现业务的统一管理，分级诊疗工作有序推进。2019年，我县县域内就诊率提升到了82.79%，较改革前（2017年年年末数据80.86%）增长了1.93个百分点；县域内基层就诊率从69.66%提高到了72.76%，较改革前提高了3.1个百分点。同时，通过全民健康信息平台开展远程门诊783人次、远程会诊125人次、集中阅片5138例，县域内双向转诊579人次，上转（基层转县级）522人次、下转（县级转基层）57人次，县域内的分级诊疗格局初步建立。

上下联动，全面提升乡镇卫生院服务能力

现在值班大夫接到乡镇病人要到县上来就医的电话，对一般的病症都会回复说："我就是某某医生，像您这个病，不用跑县上，我们通过远程指导就可以为您救治。"自启动医共体建设以来，两家牵头医院选派优秀骨干到卫生院进行驻院业务指导，实施教学查房近200次，开展手术带教近30台次，组织医疗质量、护理质量、院感控制大督查3期次，督查范围覆盖全县17个卫生院和133个村卫生室。扎实开展帮扶，助力就医流程优化。针对卫生院和村卫生室就医流程不合理、院感分区不达标的问题，两个牵头医院除一一帮扶制订改造流程外，还投入资金近100万元为卫生院和村卫生室改造就医流程和就医环境，强化技术培训，提升医务人员技术水平。自

启动医共体建设以来，两家牵头医院以提升基层综合管理水平和业务技术水平为目标，投入大量人力、财力，举办医院综合管理、医疗质量管理、临床业务技术培训班5班次；组织省内外对口支援我县医疗专家和医院骨干开展常见病、多发病、新技术学术讲座60余场次，利用全民健康信息系统开展远程培训10期次，累计受训人员3000余人次，进一步提升了我县医务人员的专业技术水平。全力推进信息化建设，夯实医共体建设信息支撑体系。信息化建设是医共体建设的重要内容之一。2018年，全面完成HIS（医院信息系统）、EMR（电子病历系统）、LIS（检验系统）、PACS（影像系统）、远程诊疗系统、基本公卫系统、家庭医生签约系统及集中阅片中心、综合管理平台的建设工作，实现了县域内医疗机构基本医疗、基本公卫信息的互联互通和数据共享，夯实了医共体建设的信息支撑体系。

张大平，男，奎香乡安乐村中寨组人。2017年11月，奎香卫生院在下乡为辖区居民作健康体检（家庭医生签约服务）过程中，发现张大平在8年前因摔伤施行过“T12–L2椎体骨折内固定术”，但一直未取出内固定装置，签约医生当即将张大平带到卫生院作进一步检查，并通过远程医疗平台连线彝良县人民医院会诊，医院专家立即通过远程医疗平台查看患者病历资料，视频连线患者询问病情，当专家们得知张大平因安装脊柱内固定装置，行动不便，且又是建档立卡贫困户后，决定赴奎香卫生院为张大平实施手术。2017年11月15日，久违的阳光再次洒满奎香，县人民医院派出骨外、麻醉等专家6人赴奎香卫生院为张大平成功实施了“T12–L2椎体骨折内固定取出术”。

外引内联，打造县域医疗科室技术高地

在东西对口帮扶、沪滇帮扶以及省卫健委的关心和帮助下，由上海复旦大学附属儿科医院、东莞市相关医院、昆医附一院、云南省肿瘤医院、

云南省急救中心、昭通市第一人民医院对口帮扶彝良县人民医院；云南省中医医院、昆明市中医医院、昭通市中医医院组团帮扶彝良县中医医院。县医院先后组建了重症医学科和120急救中心，胸痛中心、卒中中心，并通过县级医院提质达标评审验收；县中医医院分设了心肺病科、脾胃病科、骨伤科等临床科室；牛街、龙安、荞山、海子、奎香、小草坝、龙街等卫生院先后启动慢病管理中心和心脑血管救治站建设，进一步提升了全县的医疗服务水平。同时，县人民医院和县中医医院还投入大量资金购置了核磁、CT、外科手术能量系统、数字胃肠机、四维彩超、乳腺钼靶、腔镜等一批先进设备，选派多名优秀骨干到省内外三级医院进修学习，积极开展髋、膝关节置换术，永久性单腔起搏器植入术，肝叶切除术，胰腺体尾部联合脾切除术，直结肠癌、乳腺癌、甲状腺癌根治术等先进诊疗技术，提高了全县的大病救治能力，进一步提升了群众就医信任度。

（作者时任彝良县卫生健康局医改办主任）

兜底保障携手行

范国忠

彝良地处滇东北乌蒙山区，是一个集“老少边穷”于一体的国家级贫困县,贫困面广，贫困程度深。在现实生活中，有这样一群人，或是鳏寡孤独，或是身残体弱，或是年老多病，或是家庭负担过重……他们无法通过自身的发展去摆脱贫困的纠缠。“小康路上一个都不能少、一个都不能掉队”，彝良民政人牢记习近平总书记的殷殷叮嘱，在坚决打赢脱贫攻坚战的征途中，坚定精准扶贫和精准脱贫基本方略，坚持兜底保障的基本定位，全力解决这一特殊群体的“两不愁、三保障”问题，为特困群众撑起一片蔚蓝碧天，让他们沐浴着党的阳光，同步迈入小康大家庭。

不漏一人，构建多维度社会救助体系

时刻关注困难群体和重点人群的基本生活与衣食冷暖，是彝良民政工作者的职责使命，在脱贫攻坚大决战中，彝良民政人把社会救助政策的贯彻落实作为工作成败的试金石，制订了符合县情的社会救助政策实施意见，构建并完善了以城乡低保为基础，特困人员供养、孤儿及事实无人抚养儿童保障、临时救助等互为补充的社会救助体系。

最低生活保障制度是这一体系的核心与基础，其覆盖广度和精度关乎整个社会救助工作的得失。阳光透明，实事求是，彝良民政部门始终不渝以精准为根本遵循和原则，经常性动态掌握施保对象家庭人口、收入、财产状况等变化，及时将不再符合保障条件的对象退出保障范围，符合条件的规范纳入保障。同时根据家庭贫困程度的深浅，将保障对象划分为重点保障户（A 类，实行整户识别、整户施保）、基本保障户（B 类）、一般保障户（C 类）分类施保，形成最低生活保障对象有进有出、补助水平有升有降的动态管理机制。

脚下沾有多少泥土，心中就沉淀多少真情。县民政局副局长饶永丽，从事社会救助工作已有 18 个年头，长期开展入户走访、核查家庭经济状况、落实救助政策、调解矛盾纠纷……她几乎走遍了全县每一个村（社区）。决战决胜脱贫中，她熟悉的身影常出现在乡间村寨，群众见到她就像亲人，唠嗑聊天拉家常，嘘寒问暖诉衷肠，有时摆起龙门阵来“收不了风”，一摆一大天。她不仅能准确地叫出许多困难群众的名字，对他们的家庭、经济、困难等情况也是了然于胸。她喜欢自勉也爱告诫干部职工，总是挂着一句话：“如果因为我们工作不深入不公道导致执行政策出现一丝一毫偏差，就是辜负党恩、愧对群众和自己的良心。”落红不是无情物，化作春泥更护花。脱贫攻坚大决战打响后，许许多多像饶永丽一样的彝良民政人，足迹遍及全县山山水水、村村寨寨，纷纷把火热的激情燃烧在奉献作为的道路上。

讲实情、出实招、见实效，彝良全面落实社会救助政策，建立起县、乡、村三级衔接互通的社会救助网络，将工作力量统筹到基层，让“掌握政策”的人“了解实情”“了解实情”的人“掌握政策”，确保将各类社会救助政策精准落实到困难群众身上，做到“不漏一户、不落一人。”“纵向政策互联、横向功能互补”，在全县范围内对民政政策覆盖情况进行大起底、大排查，符合条件的分类落实救助政策，并相应享受临时救助等帮扶，做到“应保尽保、应养尽养、应纳尽纳、应救尽救”。对家庭情况特殊的，按照“一户多策”综合实施救助。

“感谢国家好政策，一家人的生活才有了保障，我的3个孙子也才能到幼儿园读书……”牛街镇花果村桃子坪村民小组村民杨胜英逢人总会这样由衷地感叹。杨胜英长期患有慢性病，丈夫患精神一级残疾病收治在彝良县山城精神病院，儿子儿媳因特殊情况不能照顾家庭，她独自抚养着3个嗷嗷待哺的孙子，其家庭无法通过发展生产、外出务工等措施摆脱贫困。2016年杨胜英家被精准识别为建档立卡贫困户，县民政部门结合实际，在具体分析其家中每一名成员基本情况后，分别落实了农村低保、事实无人抚养儿童保障及特困人员供养3类帮扶政策，救了急解了困，大大提升了这个不幸家庭的生活勇气和脱贫信心。2020年7月民政部门到杨胜英家开展常态化入户走访时，她的3个孙子已到附近的幼儿园入学，久违的幸福笑容在她脸上绽放着，对未来的生活充满了憧憬。

通过社会救助政策的综合运用和因户施策，全县民政保障对象精准精确，社会救助保障网络更加完善。截至2020年8月，全县共纳入民政保障对象45496户78085人，其中农村低保32959户58315人、城市低保9360户16064人、特困供养2582户2804人、孤儿和事实无人抚养儿童595户902人。

“四篇文章”，布局民政领域脱贫攻坚

凡事预则立，不预则废。谋划好布局，再有的放矢，事可为亦可成矣。决战决胜期间，彝良民政精准“靶向”锁定目标，突出做好“兜底保障、服务易迁、养老服务、殡葬改革”四篇文章，民政助推脱贫攻坚作用大显身手。

——兜底保障，为特殊困难人群铺平脱贫路。“前些年我在下乡入户开展民政救助工作时，常常会接触到一些特殊困难群众，他们中有的生了病

不能及时就医，有的人家上一顿苞谷洋芋下一顿还是苞谷洋芋，有的不能自食其力连吃饭都成问题……杂七杂八的困难，看到眼中很不是滋味，有时心里酸楚得有种想哭的感觉。”对特殊困难人群的生活状况，长期开展入户调查的县民政局救助股股长李应凤感慨颇多。完全丧失劳动能力或部分丧失劳动能力的特困群众，没有办法通过发展产业或就业来摆脱贫困，如何帮助他们脱贫呢？在李应凤等人走访调研的基础上，县民政局党组反复论证，明确了“打赢一场以‘兜底保障’为主攻、以‘助力脱贫’为目标的攻坚战，在落实政策时，做到精之又精、细之又细、实之又实，真真切切将人、财、物集中在既实现‘应兜尽兜’又严防‘一兜了之’的职责使命上”的工作思路。

兜底保障攻坚战于 2016 年 11 月正式打响，在历经 1000 多个日夜和 6 轮的比对、核实、研判后，至 2020 年 9 月已有 4736 名‘无业可扶、无力脱贫’的特困群众，通过农村低保、特困人员救助、孤儿及事实无人抚养儿童保障的制度措施长期兜底保障实现稳步脱贫。同时在保障标准上逐年提高，至 2020 年 7 月农村低保人均保障标准已提升到 4500 元 / 年。拿一个 2 口之家的农村低保兜底保障家庭来说，其家庭从 2020 年 7 月起每年可领取低保金 9000 元，年人均 4500 元，今后随着经济社会的发展还将不断调整，而当年脱贫标准为年人均 4000 元，如此算来该家庭已达到了脱贫标准。特困供养和孤儿及事实无人抚养儿童补助标准则更高，2020 年分别达到年人均 9984 元和 15360 元。失能特困人员还可以享受护理补贴。事实表明，兜底保障为特殊困难人群铺就了一条脱贫奔小康的平坦道路。

——全方位服务易地扶贫搬迁，谱写人民“新生活”。彝良是典型的山区农业县，地灾频发易发，局部区域存在着“一方水土养不活一方人”的状况，易地扶贫搬迁脱贫一批，全县统筹规划建设了安置点（区）42 个，其中万人以上入住的安置区 1 个（发界安置区）。由于点多、面广、搬迁人数较多，彝良民政部门将目光聚焦在搬迁群众基本生活保障和日常服务上，从推进民政政策的无缝衔接到“上门服务”，处处留下了民政人的身影足迹。

解决搬迁安置群众的吃饭穿衣等基本生活问题，使其能够平稳过渡到新的生活中，是民政部门服务易地搬迁的“第一把火”。仅2019年，民政部门就将10477名农村低保对象直接转录为城镇低保对象，转录后每人每月可以多领取低保金100余元，为群众在搬迁后生活成本增加的现实困难予以一些帮助；开展临时救助8782人次，拨付救助金2383万元，解决了群众因搬迁造成临时性生活困难的问题。“第二把火”烧在为易地搬迁群众的日常服务上。易地搬迁群众入住前后，指导安置点（区）建设基层社区组织，成立了7个社区并录入全国村（居）委会统一赋码管理系统；选拔易地搬迁群众中有责任感、工作能力强的参与过渡管理机构工作中；推选楼栋长92名，对易地搬迁群众实行网格化的管理和服务。鉴于发界安置区在全县易地搬迁中体量最大，搬迁前期，选派2名工作人员进驻发界安置区，组织群众选房、搬家和后续跟踪服务；向两家社工组织购买6名专业社会工作者，为易地搬迁群众中的老弱群体提供心理疏导、生活指导等服务；筹措资金打造出3个“老年之家”和3个“儿童之家”，为搬迁群众营建了休闲娱乐场所。安置点（区）“有事找社区、居民有依靠”的服务体系逐步完善。“第三把火”再烧旺些，在推进后续管理服务工作的同时，民政部门在发界安置区所属的角奎镇积极协调开展撤镇设街道相关事宜，为安置区经济社会长远发展奠定基础。民政部门的“三把火”，为搬迁安置群众烧出了美好新生活。

——坚持以人民为中心，大力提升养老服务质量。习近平总书记指出，民政工作关系民生、连着民心，是社会建设的兜底性、基础性工作。总书记语重心长的教导时刻感染和警示着彝良民政人，肩扛重任，铭记职责，始终坚持用民心这把尺子衡量养老服务工作，牢牢抓住省市大力推进特困人员集中供养的政策机遇，主动担负起让特困人员享受幸福时光的光荣使命，把党和国家的好福利、好政策落实到他们头上。

攻坚克难思进取，彝良民政部门不断思索着“如何让老人们住得好吃得好玩得好，心情愉快长命百岁的安享晚年”“如何把敬老院建设好、管理好，给老人们一个温暖舒适的港湾……”带着一个个课题去研究去部署，最终确定了“全力提升养老服务质量、助力脱贫攻坚”的工作思路。九层之台，起于垒土。首先是改善现有养老服务设施，2019年整合资金340余万元对县内2所公办敬老院进行提质改造。目前，全县6所敬老院中达到二级标准敬老院的有3所，达到三级标准的有3所。为进一步提高专业服务质量，将6所敬老院整体委托社会力量管理运营，从而实现了公办敬老院在生活护理、医疗保健、精神慰藉、文化娱乐等管理服务上进一步完善。走进一座座敬老院，映入眼帘的是一片片祥和温馨的景象，到处洋溢着老人们的欢声笑语。

家住荞山镇底武村坪上组的刘关伦、陈贵秀，夫妇二人膝下无儿女，系特困供养人员。尽管夫妻俩能按月领取供养金，“两不愁”问题已得到解决，但由于其家居住在距公路3公里左右的半山腰里，出行很不便利。加之75岁的陈贵秀双目失明、听力不佳，66岁的刘关伦常年患病，购物、就医等相当困难。2019年10月，夫妇二人入住荞山敬老院，不仅生活质量得到很好的改善，长期缺乏的就医、护理、物资等需求也得到满足，颐养天年的夙愿终于在这里实现。

“老吾老以及人之老”，是中华民族的传统美德，也是新时代坚持以人民为中心的内在要求。截至2020年8月，全县6所敬老院共入住特困供养人员490人。发展为了人民、发展依靠人民。人终将会老去，老有所养、老有所依是最朴实最真切的心理愿景。彝良民政人全力做好养老服务工作，丝毫不敢懈怠。

——紧扣“减负就是增收”，积极推进殡葬改革。2019年11月由两河镇半河村扇子组搬迁入住发界安置区“扬帆社区”的胡道雄，在经历了父亲常年患病花费大量医疗费用和新居添置家具电器等事情后，家庭经济逐步趋于拮据。当年12月9日其父病故，这个34岁的男子顿时陷入两难的境地，若按照习俗办理丧事，费用至少需要数万元，家庭将不堪重负；若老父亲的后事节俭，自己心里又觉亏欠，还担心被人“说三道四”。怎么办？

如何是好？胡道雄一筹莫展。县民政局知悉后，积极引导他选择朴素新风的丧葬方式，并为其解决临时困难救助金 6000 元，还主动联系彝良县殡仪馆为其父办理丧葬事宜。“是新风气新观念帮助我尽到了一个为人之子的本分和孝道”，胡道雄颇有感慨。

江河日新，顺应潮流。新时代，就得树立新风尚。彝良是一个贫困大县，像胡道雄一样的贫困户有许多，解放思想，厚养薄葬，既是“孝”的真谛和脱贫攻坚的现实需要，更是民族生存发展的大计，通过推进殡葬改革，切实减轻丧葬负担，意义重大。彻底打赢攻坚战期间，彝良民政部门聚焦群众关切，认真实施惠民殡葬，将殡葬改革工作放在脱贫攻坚大局中通盘考虑，彝良县殡仪馆、骨灰堂、公墓等殡葬基础设施相继完善，一个个包含殡葬移风易俗的村规民约得以制订并实施，厚养薄葬、文明节俭、生态环保的殡葬新气象逐步深入群众心中，为决胜脱贫注入了一股强劲的精神和物质动力。

三种形态，巩固提升脱贫成效

贫困是一个动态过程，民政兜底保障的对象又是一个特殊群体，巩固提升脱贫成效、防止返贫或滑坡是脱贫摘帽后必须书写好的“后半篇文章”。决战决胜攻坚战，成果来之不易，且珍且惜，彝良民政人绝不当“甩手掌柜”，在用好用足兜底保障政策上下足“绣花”功夫，“三种形态”为特殊贫困群体稳定脱贫提供坚实保障。

第一种形态，对依靠农村低保或特困人员救助供养待遇、孤儿及事实无人抚养儿童保障等政策脱贫的人口，在其脱贫后继续落实相应保障措施，符合条件的又享受临时救助等相关政策，实行长期兜底保障。第二种形态，对以产业扶持或就业帮扶等为主要手段实现脱贫、但在其未脱贫期间生活困难却又符合低保条件的对象，在宣布其脱贫后的半年至一年的渐退期内继续享受农村低保，通过“救助渐退”促进稳定脱贫。第三种形态，对通过发展产业等措施实现脱贫的对象，若是脱贫后家庭生活出现了困难，及时按照规定程序将其纳入农村低保、临时救助等范围，防止返贫现象发生。

2020年是全面建成小康社会的目标实现之年，是全面打赢脱贫攻坚战的收官之年。作为脱贫攻坚“五个一批”的重要举措，兜底保障担负着脱贫攻坚的底线任务，是解决贫中之贫、困中之困、坚中之坚的最后防线，是全面小康的托底安排。通过这项制度，“兜”住最困难群体，“保”住最基本生活，关系到脱贫攻坚任务目标如期完成，关系到全面建成小康社会整体水平。要把兜底保障放到全面建成小康社会、实现“两个一百年”奋斗目标的高度来审视，放到“五位一体”总体布局、“四个全面”战略布局中来把握。党中央认为，完成上述两大目标任务，脱贫攻坚最后堡垒必须攻克，全面小康“三农”领域突出短板必须补上。“小康不小康，关键看老乡。”脱贫攻坚质量怎么样、小康成色如何，很大程度上要看“三农”工作成效。通过民政兜底保障政策的精准覆盖，彝良特困群众彻底摘掉了贫困的帽子，与全国人民一道迈入了小康社会。

新的征程，新的方向。站在新生活的起点上，彝良民政人将持续奋斗，久久为功，努力让特困群众日子越过越红火！

（作者时任彝良县民政局办公室主任）

新民风　新气象

刘林慧

扶贫先扶志，新民风的建设、“十星级文明户”的评选、爱心超市的建设，就是最有效的扶志举措。

“十星级文明户”评选引领文明新风尚

彝良县坚持扶贫扶志，扎实开展爱党爱国星、诚实守信星、遵纪守法星、勤劳致富星、孝老爱亲星、助人为乐星、环保卫生星、勤俭节约星、移风易俗星、文明礼貌星“十星级文明户”评选活动。截至 2019 年 2 月 20 日，全县共评选出“十星级文明户”20218 户，其中，卡户 9021 户，非卡户 11197 户；授星挂牌 8998 户，其中，卡户 4060 户，非卡户 4938 户。通过“十星级文明户”评选活动开展，进一步增强了群众的自强、诚信、感恩意识，营造了良好的舆论氛围。

开展道德评议和诚信建设，社会风气明显好转

牛街镇水田村冷竹村民小组村民柯曾阳以前酗酒赌博成性，自己的生活简直是一团糟，水田村驻村第一书记吴长碧得知他家情况后，多次通过电话与他取得联系并爬坡上坎前往他的家中，与他进行思想交流，在吴长碧的帮助下，柯曾阳进行了自我反省，深刻意识到了自己的错误，决心摒弃“等靠要”等惰性思想和争当贫困户的逐利思想，勤奋踏实，通过争取政府贴息扶贫贷款发展养牛、种植竹子等产业早日脱贫。自 2018 年开展道德评议、诚信建设，新民风建设各项措施的落实，各种不良风气明显减少，优良民风逐渐形成。2019 年 1 月，全县 137 个村 7 个社区全部建立了道德评议委员会、红白理事会、村民议事会、禁赌禁毒会，共开展道德评议活动 155 场次、婚丧陋习整治活动 314 次、村民议事活动 366 场次、禁赌禁毒活动 196 次；开展道德讲堂活动 187 次，征集好的家风家训 257 条；开展褒扬诚信个人或企业 217 人次，开展惩戒失信个人或企业 23 人次。

乡村环境整治

为改变群众生活环境脏乱差现象，提升群众生活质量，我县各乡镇通过开展环境卫生整治行动，人居环境进一步提升。龙安岩贤村酌房村民小组（当地群众称“干火地”）改变尤为明显，这里曾经是龙安镇环境卫生最差的苗寨，龙安镇党委、政府出资购买建筑材料，进行统一规划、统一设计，定好标准、排好工期，组织群众投工投劳进行整治。村民王勇银以前就居住在一间 30 平方米的房子里，房子旁边是一间快要倒塌的土坯房，门前是一个陡坡。在镇村干部的帮助下，他把土坯房拆了重建，在门前支起钢筋架子，铺上混凝土建成了院坝。工程开工后，他与妻子用马把建筑材

料驮到门前，在工作组的指导下建起了一间30多平方米的新房和一个50平方米左右的院坝。如今，他家的新房里，红色的沙发、淡蓝色的电视柜、白色的茶几让家里喜气洋洋；崭新的木床上，干净的被子叠得整整齐齐；床前的衣架上挂满了花花绿绿的衣服。现在的干火地，户与户之间有1.5米宽的水泥路连接，房子刷成朱红色，每家每户门口都有宽敞的水泥坝子，村民们还自发在村口写了一封大大的感谢信。

积极发展产业增收致富

全县各乡镇驻村扶贫工作队队员与村“三委”干部密切配合，积极引导村民自力更生发展辣椒产业、竹产业、天麻产业、果蔬产业、养殖业等增收致富、脱贫摘帽。尤其是牛街镇、洛旺乡、柳溪乡因地制宜大力发展辣椒产业，到2020年种植辣椒面积已经达到10000亩，预计实现产值1500万元，白水江畔老百姓的日子像辣椒一样红红火火。“我去年种了半亩辣椒，卖了600多块钱，比种苞谷、洋芋划算得多，今年我准备种一亩。”洛旺乡木营村老林组村民徐文莲2019年通过种辣椒尝到了甜头，今年早早就把最好的地块按照辣椒种植的要求整理了出来，待秧苗一到就可以立即种植，想多挣点钱让日子过得更红火。

移风易俗显成效

针对农村酗酒赌博、好吃懒做、红白喜事大操大办、薄养厚葬、等靠要等不良风气，积极开展移风易俗活动，通过移风易俗政策的宣传，新民风建设工作的推进，红白喜事大操大办、薄养厚葬等不良风气得以改变，婚事新办、丧事简办、赡养老人、抚养子女、自力更生、邻里互帮互助的优良民风逐步形成。龙海镇鱼井村长期以来赌博风气盛行，街上摆起赌摊，茶室公开赌，红白喜事放开赌，连享受低保的部分群众也去参赌。龙海镇鱼井村驻村工作队队长高忠俊、队员和村“三委”干部针对这一现象，采取干部分片负责，制作永久性标语，会议宣传，走访重点家庭，利用鱼井坝、芭茅、大堡的大喇叭等形式，广泛宣传社会主义核心价值观，使广大村民树立新思想。同时，还积极引导鼓励村内家庭富裕、思想开明的知名人士积极投身公益和扶弱济贫事宜。通过持之以恒的努力，鱼井村村风民俗发生了可喜的变化，涌现出了高儒林、罗登高等一批主动捐款赞助爱心人士；黄方华、李忠全、李忠雄等村民义务为公路清障，村内 15 公里的主干公路不再因塌方而堵塞，公路侧沟通畅又清洁；没有人向河道乱扔垃圾了；许多村民纷纷放弃修建活人墓计划；村民黄树彩、丁昌品、李忠才放弃为子女操办婚宴和收礼金的打算。通过开展创建“无烟家庭”活动，让广大村民逐步养成健康、文明的生活习惯，目前鱼井村“无烟家庭”突破 100 户。在新民风建设助推脱贫攻坚工作中还有部分困难群众主动放弃申领低保，靠自己的双手自力更生、勤劳致富，对于改变部分群众等靠要思想起到积极引领作用。通过一系列措施的落实，鱼井村赌博问题得到了有效解决，现在村民们积极外出务工或发展产业，有效激发了群众勤劳致富的内生动力。

小小超市大作用

“真没想到！我自己打扫家庭卫生、孝敬老人、培育家风本是自己分内之事，竟然还能兑换这样又好、又实用的物品，一分积分，一分收获，真是‘分’有所值！”彝良县角奎镇大河边社区西郊路居民杨升华参加社区“爱心超市”文明积分兑换后，由衷地感慨道。

为切实加强扶贫扶志工作，进一步激发贫困群众内生动力，大力推进新民风建设，弘扬时代新风，2019 年 5 月，我县创新载体，在财政资金紧缺的情况下筹措 1390 万元资金在全县 139 个村（社区）建设“爱心超市”，按照每个村（社区）10 万元标准，并将新民风建设各项活动融入农户文明积分管理当中，以农户文明积分管理为重要抓手，实现社会捐赠、政府扶持与贫困户需求相对接，形成“群众干、干部扶、社会帮”的合力攻坚局面。截至 2020 年 3 月 5 日，全县 139 个村（社区）已按照一月一评分、两月一兑换的规定程序全面开展了 4 轮文明积分兑换物品活动，形成长效机制。2020 年县政府又在发界安置区划拨 16 万元资金，在 4 个社区切实开展“爱心超市”文明积分兑换物品活动，现在团结、杨帆、前进 3 个社区已开展了 1 轮活动。

通过“爱心超市”建设暨农户文明积分兑换物品工作，群众人居环境得到明显改善和提升，自力更生、勤劳致富意识进一步增强，等靠要思想进一步改变，内生动力不断得到激发，“幸福生活是奋斗出来的”思想在群众中不断生根发芽，苦干实干精神得到进一步发扬，群众真切感受到党和政府的关心帮助，进一步树立了跟党走、听党话、感党恩意识，群众的幸福感和满意度大幅度提升，为我县脱贫攻坚注入强大精神动力。

（作者系中共彝良县委宣传部工作人员）

搬入新社区　迎来新生活

刘永勇

虎瘦雄心在，人贫志气存。自开展脱贫攻坚工作以来，海子镇全体镇村干部和挂联单位齐心协力，迎难而上，克难攻坚，将扶贫与扶志相结合，让全镇贫困户走上了脱贫致富的道路。广大贫困户经过帮扶，振奋起精神，不等不靠，努力脱贫致富奔向美好明天。

苏大勇，海子镇海子村大地组村民，家中5口人，妻子李应巧患精神疾病，家中什么事情都不能照管；父亲苏学文年事已高且长期患慢性病，常年药物不断；女儿苏秀英也患病，虽四处寻医就诊但至今未治愈；儿子苏秀才上小学。由于家里人多地少，又只有他一个劳动力，还要照顾家庭，无法外出务工，医疗费用开支较大，家庭状况一天不如一天，生活穷困潦倒。

在2019年，也是命运的捉弄，苏大勇不满一岁的小儿子因病夭折，他的母亲也因病去世。两次残酷的打击，对于这个本来就贫困的家庭无疑是雪上加霜，刚刚40岁的他，面色蜡黄，变得沉默寡言，一度丧失了对生活的信心。挂联单位彝良县交通运输局领导和镇村干部闻知此讯后，多次到他家中慰问，和他抵足谈心，了解困难，从最低生活保障、医疗救助等方面进行帮扶，助他渡过难关。面对帮扶干部们关切的目光，苏大勇说："感谢党、感谢政府，你们干部们这样帮助我，我再不努力改变就对不起你们，也对不起儿女。"

在扶贫宣传会上，苏大勇听到了易地扶贫搬迁好政策，大喜过望，重新燃起了对生活的希望，散了会他回到家里，对家里人说："我们这几年太不顺了，娃儿病了都看不起。大地这个地方偏僻，孩子读书远，我在附近也找不到工作，人挪活树挪死，不如我们搬到县城去，我好好找份工来打，把娃儿些培养成才，他们将来才不像我一样受苦！"家里人听说他想搬家，都担心地问："搬去以后娃在哪里上学？搬去以后水电方便不？搬去以后家里人吃什么？我们的地怎么办？"面对家里人的疑虑，他把会上听到的告诉家里人，不明白的又跑到村委咨询，还亲自到安置点建设工地查看了一番，最终下定决心，搬家！换个天地谋发展！

2020 年的春节前夕，苏大勇处理完家里的大牲畜、土地、房屋，第一个主动搬进了发界安置点的一套宽敞明亮的楼房里。来到了新家，苏大勇感觉精神倍增，他主动帮助别的易迁户搬东西、协调联系水电，得到了大家的一致认可，大家推选他做了人生的第一个"官"——楼栋长。

苏大勇在社区安定下来后，社区干部根据他的实际情况，给他安排公益性岗位及担任楼栋长，给予了 3 个人的低保及妻子特困供养等政策补贴，政府各项政策补贴每月在 3000 元以上，有了固定的工资收入，他自己还发现了在社区的优势——可以在照顾家庭的同时到附近务零工补贴家用，长期以来愁苦的脸上露出了难得的笑容。

以前母亲和年满 1 岁的儿子在老家就是因为交通不便错过了最佳就医时间而永远离开了他，姑娘也因为生病身体柔弱加之上学路途遥远而心生了弃学的想法，每每想到此处苏大勇脸庞就满眼酸泪，心里留下了深深的伤痕，成了一道过不去的坎。如今，医院、学校就建在了苏大勇"新家"门口，就医不再是难题，通过社区反复给姑娘做工作，姑娘重新走上了求学路，对生活充满了新希望，苏大勇脸上挂满了幸福泪，庆幸当初作出搬新家的决定是有生以来最明智的一次决定。

"真心感谢党派来的干部们，反反复复来我家，暖心窝子的话啊，让我这个一天打不起精神只想喝酒等死的男人心也热了、脸也红了，我这才下定决心，决不输这口气。没有他们就没有我的今天啊，我现在是一名社区服务者，我要尽自己的力量，服务楼栋住户，和大家一起共同努力致富奔小康。”——这已成了现如今苏大勇逢人必讲的话，如今的苏大勇坚信，现在的国家政策这么优越，自己在这么好的环境下一定能混成个人样来，他对未来充满了憧憬，生活开始有了滋味。

在脱贫致富路上，海子镇驻村工作队和镇村干部始终紧紧围绕人民群众，持续有力的开展“自强、诚信、感恩”教育和“三讲三评”工作，让群众从思想上认识到“脱贫光荣，争贫可耻”，激发群众内生动力，树立坚定的脱贫信心，全镇300余户脱贫内生动力不足问题得到解决，有力促进了全镇脱贫摘帽。

（作者时任中共海子镇委员会宣传委员）

第六编　挂联驻村攻难关
结对帮扶暖民心

真情洒一线　丹心系民生

袁昌波

人大机关始终坚持党的领导，充分发挥战斗堡垒在脱贫工作中的关键作用，让二者有机结合，融为一体。坚决做到三个“坚持”、三个“强化”、六个“精准”，扎实推进党建促脱贫工作落地生根。

按照相关文件和会议精神，扎实落实各项举措。一是精选驻村工作队队员，组建驻村工作队队长期驻村。按中央、省关于驻村工作队队员选派的有关要求，选派驻村扶贫工作队队员。二是加强队员管理。协助乡镇做好工作队的管理，确保队员与原单位工作脱钩，对下派队员履职情况跟踪督促。三是落实队员保障。按照驻村扶贫工作队有关管理办法规定，确保下派队员的各项经费、安全、交通工具等保障落到实处。四是实施结对帮扶。按规定配合县、乡、村安排单位干部职工，与建档立卡贫困户（含脱贫户）结对帮扶，并组织单位工作人员进村入户开展帮扶工作。五是开展走访工作。深入挂包村组走访结对农户、宣传扶贫政策、开展调查研究、做好帮扶工作，为挂钩村解决存在的困难和问题。六是制订规划方案。制订到村到户年度帮扶方案，协助挂钩村做好村级施工图和出列方案，对标对表，督促项目的实施，确保项目质量和资金安全；到挂钩帮扶村，宣传党的路线方针政策、法律法规、各级支农惠农和扶贫开发政策；帮助挂钩村分析本村优势资源，创新发展机制，用好政策，盘活集体资产资源，壮大集体经济，实现产业增收；结合单位实际，积极为挂钩村争取资金项目。七是帮助规范退出。严格按照贫困退出标准和程序，协助做好档案管理及信息采集录入工作，实现纸质档案、大数据平台与农户实际信息相一致，确保贫困村顺利通过第三方评估。八是有常委会领导专职分管和负责人大机关扶贫工作，全面统筹协调、组织指挥、推进落实扶贫工作。同时，建立扶贫干部包保联系贫困户的帮扶责任机制，从上到下签订脱贫责任书，层层压实工作责任。

驻村工作队，扎实有序有效开展驻村工作。一是宣传党委、政府关于农村工作，特别是扶贫开发的重大方针政策，帮助落实好各项强农惠农富农政策和扶贫措施。二是配合村“两委”完成贫困村、贫困户建档立卡和动态管理工作。三是逐村逐户分析致贫原因，帮助制订村级施工图和年度实施计划。四是引导贫困村立足优势资源，发展特色产业。

机关帮扶人员全力以赴，扎实落实各项措施。全体挂钩帮扶队员定期深入村社、深入挂包贫困户，开展走访工作，学习掌握和宣传精准扶贫政策，了解掌握贫困户家庭情况，认真分析致贫原因，结合实际制订有针对性的帮扶措施，因户落实教育扶贫、健康扶贫、产业扶贫、扶贫小额信贷工作政策，引导和支持贫困户脱贫致富。协助查核结对帮扶户的相关情况，配合做好结对帮扶户纸质痕迹管理。

2015 年年初，随着脱贫攻坚大决战总攻号的吹响，县人大机关全力以赴，在人力、物力和财力上加大投入，继续稳步向前推进脱贫攻坚工作。2015—2020 年，我们紧紧围绕“两不愁、三保障”脱贫目标，坚持“双统领”、落实“双保障”、实现“双推进”。按照县委“123456”的扶贫工作思路，全面摸清挂钩村家底，谋划脱贫致富路。常委会党组与奎香乡、钟鸣镇党委、镇政府按照脱贫攻坚人人有责、人人参与的工作思路，全面摸清了挂钩村的基本情况，逐组建立扶贫台账，分片分组具体落实到人，对每户实行建档立卡、制订每户脱贫计划、落实脱贫项目、找准措施，精准施策，贫困户实现如期脱贫。

2015年至2016年，县人大常委会机关挂钩奎香乡寸田村，机关积极筹措帮扶资金助脱贫，大力投入人力物力，深入开展“挂包帮、转走访”工作。一是出资3万元解决寸田村“挂包帮、转走访”工作经费和改善办公条件。二是走村入户，深入走访。全村已入系统的791户，3153人贫困群众走访已实行全覆盖，并完善相关软件资料，进入微机录入工作。其中，人大机关干部职工共25人，深入农户家中，查看贫困户居住条件，询问家庭人口、劳动力结构、经济收支等情况，找准致贫原因，了解群众需求，制订帮扶措施。三是按照“六个一批”（即积极培育特色优势产业发展一批、外出务工脱贫一批、后期扶持脱贫一批、社会保障政策兜底一批、医疗救助扶持一批、灾后恢复重建脱贫一批）拟定脱贫计划。全面走访群众206户。认真做好“挂包帮、转走访”回头看工作，精准识别对象。三是按照当年“回头看”工作要求，一方面坚持一看房、二看粮、三看家中有没有读书郎、四看劳动力素质强不强、五看村容村貌怎么样的“五看法”，精准识别贫困对象；另一方面通过召开村民会议、村民代表会议进行集体评议等步骤，按照科学的标准进行精准识别。此次调整共对已入系统、达到脱贫条件的263户贫困户，992人进行退出系统；对未入系统、实际符合条件的262户贫困户，991人重新纳入系统。

2016年初春，寸田小学和新房小学有200多个学生患了流行性感冒，严重影响了学校的教学工作。机关驻村工作队与乡党委、乡政府、村委会、中心学校、卫生院等相关领导召开专题会议，安排各班老师带队依次在村委会会议室统一检查治疗，确保了学生身体健康和生命安全，使学校能及时复工复课。常委会领导在得知挂包村部分贫困户家庭没有生产资金，无法开展春耕生产时，常委会领导协调有关部门，发动职工捐款，购买种子500公斤，地膜1吨，化肥3吨，捐助群众解决春耕生产的燃眉之急。修建长约1133米、宽约1.5米，总面积约1700平方米的混凝土户间道，改善村民45户200多人的出行条件。

协调各方积极筹措资金，提升村民的人居环境。一是在机关工作经费都十分吃紧的情况下，常委会领导依然召开会议研究，决定出资 129916 元，征地 4.8 亩，为寸田村修建垃圾处理场，整治寸田村街道环境卫生。二是与乡政府和村委会积极协调，筹集资金 4 万元，清理垃圾 300 方，拆除街道盖板 850 米，确保了广大居民生命财产安全，提升了人居环境。

2017 年年初，按照贫困户精准识别有关要求，机关派出 16 名基层经验丰富的工作队队员参与入户调查和精准识别工作。精准识别期间，队员冒着风雨、顶着酷暑走访 726 户 3000 余人，精准识别出贫困户 558 户 2500 余人。真正全面做到全村无漏评、错评、漏退、错退，单位全程工作投资 20 余万元。在完成精准识别任务的同时，一是单位积极协调 10 吨肥料和 3 吨地膜等农用物资分发给贫困户，解决部分贫困户农业生产之急；二是协调有关部门，筹集资金 100 万元，其中 60 万元用于基础设施，40 万元用于产业发展；三是出资 14 万元修建两座便行桥；四是拨付 5 万元经费作为脱贫办公经费，为村委购置电脑 2 台、打印机 2 台，改善村委办公条件。

2018 年年初，按照县委、县政府决策部署，县人大机关挂联帮扶点调至钟鸣镇麻窝村，县人大常委会领导及时召开会议，研究派出全体干部职工和精选驻村工作队队员到村开展工作。单位有 31 名同志全员参与挂钩帮扶钟鸣镇麻窝村，选派驻村工作队队员 5 名。机关扶贫工作有专职领导分管，成立了“县人大机关扶贫工作领导小组”、签订了包保人“承诺书”31 份，包保 273 户贫困户。常委会主要领导先后 10 余次到麻窝村调研研究、制订方案、安排部署扶贫工作。拨付 5 万元到村作为脱贫攻坚工作经费。上半年组织机关帮扶人员大规模走访 3 次未脱贫的建档立卡户，个别走访不计其数。对全村 397 户贫困户档案进行整理、完善、装档；与村“三委”一同开展动态管理工作，认真按照工作流程召开群众会议、村级评议会议 20 余次。制订全村扶贫工作方案和“一户一策”的工作。结合麻窝村地理环境，进行产业发展全面调研。种植业方面，对方竹、天麻种植进行调研。养殖业方面，动员全村养殖黄牛 200 余头、养殖生猪 450 余头，组织万物生发放 3000 余只鸡苗；积极谋划组建了村集体经济，投资 20 多万元发展 20 亩烤烟、150亩辣椒种植，覆盖60多户贫困户200余人。参与村级调解纠纷30余次，大力宣传国家扶贫政策。对60户C、D级住房贫困户，协调安排重建和加固指标，并督促农户按相关政策要求、标准、限时修建。督促87户易地搬迁工作。拨付麻窝村3万元，作为脱贫攻坚的办公经费，为村委购置电脑2台、打印机2台和办公耗材一批。脱贫攻坚工作"国考"，单位包保的村有幸被抽为实地核查村，核查情况较好，包保村的脱贫工作通过"国考"，单位扶贫工作得到了县委、县政府领导的充分肯定。

2018年6月，按照县委、县政府决策部署，机关挂联点调至钟鸣镇钟鸣村，机关再次及时派出扶贫工作人员31人和驻村工作队5人到村开展工作。全面对钟鸣镇钟鸣村的村情贫情进行摸底调查，找出短板，谋划措施，精准施策。全体干部职工31人帮扶贫困户374户。在三季度扶贫对象动态管理中，对贫困对象按户脱贫"两不愁、三保障"的标准，进行信息核查，全村贫困对象415户，1668人吃穿问题已得到解决。通过实施产业扶持和劳务输出，家庭收入达到国家规定的脱贫标准，可以脱贫的387户1539人；通过实施特困安居、农危改和易地搬迁进城项目，解决危房农户181户。通过村集体经济组织、能人带动、产业扶持、劳务输出等方式，增加了贫困户的收入，使其生产生活基本能够正常开展。及时宣传国家政策，医疗保险、大病保险已全覆盖，帮助6户大病贫困户已得到救助，贫困户有病不能治的现象得到根治。全面落实教育扶贫政策，使全村在校就读学生得到相应补助，使全村适龄儿童没有因贫失学辍学。2018年年底，全村有贫困户387户1539人达到脱贫标准，有28户129人不能达标脱贫，贫困发生率为2.39%。驻村队参与钟鸣村少数民族特色村寨建设，对重建、加固进度的督促；参与制订钟鸣村脱贫攻坚项目库建设村级施工图，制订贫困户达标和非达标台账。对全村C、D级危房建设的督促等工作。参与贫困户进城安置排查，召开群众会议，村级会议，完善相关软件资料，进行公示。检查钟鸣村易地搬迁，调研产业发展情况。按照县委组织部要求，把村分成5个组，召开"三评三讲"工作会议20余次。开展低保专项清理工作，在整村各社召开群众会议，对能否享受低保条件进行大力宣传，召开会议 10 余次。组织驻村工作队队员对国办系统清理工作，全村贫困户系统清理完毕，无一错误。驻村工作队队员与镇村干部一起对外出务工人员的统计，上门劝导工作，确保贫困户至少有一人在外务工，圆满完成动员工作，劳动力输出就业 60 余人。围绕 2018 年度扶贫对象动态管理和信息采集工作，配合镇村干部认真做好农户信息核实工作。按脱贫攻坚农户退出程序，积极到村民小组召开好内部评议会和党员、村民代表评议会。对贫困户的农危改工程开展检查和督促工作。按时完成帮扶贫困户社会扶贫网 APP 注册、村村清户户清及项目库建设等工作。

2019 年，是脱贫攻坚摘帽关键年，人大机关再次组织精锐力量，全力以赴脱贫攻坚大决战。从多方面查找短板弱项、查缺补漏，着力解决“两不愁、三保障”突出问题，纵深推进脱贫攻坚工作。按照动态管理工作流程和要求，认真召开群众会议、村级评议会议，制订全村扶贫工作方案和“一户一策”的工作；驻村队员与村社干部下乡动员贫困户，有劳动力的积极外出务工，大力宣传县级组织外出务工政策，奖励措施等，力争贫困户有劳动力家庭有一人外出务工，增加收入；组建了村集体经济公司，投资 20 多万元发展了 120 亩烤烟生产，洗车场，停车场建设覆盖 60 多户贫困户，同时贫困户可以用劳力参与、土地参与分配利润；扶贫队员进行了全村 1310 户群众遍访，查找贫困户和非卡户短板，形成短板台账，做到村清户清；积极排查全村贫困户住危房和非卡户住危房存量工作，对排查出的进行加固和重建；对饮水无保障的农户，进行统计，安排项目，如期实现安全饮用供水；对收入不达标的贫困户进行统计，采取劝其外出务工，增加公益性岗位和护林员岗位，产业帮扶，低保等措施确保贫困户收入稳定；驻村工作队每个季度召开一次“三讲三评”会议，组织群众召开“感党恩，听党话，跟恩走”主题宣讲，召开“提升人居环境”和“扫黑除恶”专题会议；筹集 20 多万元资金对 40 余户贫困户住房条件进行提升；专职人员负责和指导村上党建工作，做到党建扶贫“双推进”，让村“三委”更加团结有力，党员更加积极向上；积极开展“六清”“五清”工作，稳定易地搬迁户的意愿，做好群众工作。

2020 年，脱贫攻坚工作艰苦卓绝，收官之年又遭遇疫情影响，各项工作任务更重、要求更高。我们在重点搞好疫情防控的同时，创新工作方式，统筹推进疫情防控和脱贫攻坚。按照党中央、国务院、省委省政府、市委市政府的安排部署，我们进一步巩固提升脱贫成果，全力提升脱贫质量。通过大家的不懈努力和辛苦付出，顺利通过了第三方评估、国家普查和抽查，实现了脱贫摘帽的目标任务。

脱贫攻坚以来，我们坚持以人民为中心的发展思想，实现了到 2020 年我国现行标准下，农村贫困人口实现脱贫的目标任务。第一是脱贫攻坚目标任务圆满完成。单位挂联包保村贫困发生率由 30.2% 降至 0.6%，连续 7 年每年减贫 600 人以上。2019 年年底，整体贫困基本得到解决。第二是贫困群众收入水平大幅度提高。单位坚持开发式扶贫方针，引导和支持所有有劳动能力的贫困人口，依靠自己的双手创造美好明天。建档立卡贫困人口中，90% 以上得到了产业扶贫和就业扶贫支持，三分之二以上主要靠外出务工和产业脱贫，工资性收入和生产经营性收入占比上升，转移性收入占比逐年下降，自主脱贫能力稳步提高。贫困群众“两不愁”质量水平明显提升，“三保障”突出问题得到总体解决。第三是贫困村基本生产生活条件明显改善。群众出行难、用电难、上学难、看病难、通信难等长期没有解决的老大难问题得到普遍解决，义务教育、基本医疗、住房安全有了保障。第四是经济社会发展明显加快。通过生态扶贫、易地扶贫搬迁、退耕还林还草等，贫困村生态环境明显改善，贫困户就业增收渠道明显增多，基本公共服务日益完善。第五是贫困治理能力明显提升。我们推进抓党建促脱贫攻坚，贫困村基层组织得到加强，基层干部通过开展贫困识别、精准帮扶，本领明显提高，巩固了党在农村的执政基础。

这些成绩的取得是来之不易的，它凝聚了机关全体干部职工和人民群众的智慧和心血，是人大机关全体干部和人民群众扎扎实实干出来的。回想过去，展望未来，滔滔历史长河，巍巍丰碑耸立。彝良县人大常委会全体干部职工将更加紧密地团结在以习近平同志为核心的党中央周围，增强“四个意识”、坚定“四个自信”、做到“两个维护”，跟随党中央踏上新征程，为中华民族伟大复兴砥砺前行。

（作者系彝良县人大办工作人员）

寸田喜雨丰收望　木龙迎春进小康

吴征训

彝良县政协机关在脱贫攻坚大决战中，认真落实市委“133”和县委123456的工作思路，紧紧围绕“两不愁、三保障”脱贫目标，坚持“双统领”、落实“双保障”、实现“双推进”。按照县委、县政府对脱贫攻坚挂钩帮扶工作的总体安排部署，在2015年9月至2017年10月期间，挂钩帮扶钟鸣镇木龙村，在2017年10月至2020年12月期间，挂钩帮扶奎香乡寸田村。在挂钩帮扶工作中，彝良县政协机关严格落实各级对脱贫攻坚工作的总体要求，精心组织、严格管理，积极协助挂钩村开展脱贫攻坚的各项工作，圆满完成了挂钩帮扶的各项工作任务。

情系木龙，精准落实帮扶措施

随着全县“挂包帮”“转走访”工作的全面推进，县政协机关挂钩帮扶点在2015年9月调整为钟鸣镇木龙村。木龙村辖17个村民小组，居住有汉、彝、苗等少数民族，全村国土面积9.6平方公里。2017年年底有农户576户2305人，劳动力1728个，常年务工620人，有建档立卡贫困户188

户 737 人，其中：已脱贫 55 户 199 人，未脱贫 133 户 538 人。木龙村主要产业以玉米、水稻、洋芋为主，豆类为辅，经济作物以花椒、砂仁、核桃为主；有新型农村经营组织 1 个，主要发展养殖业（养鱼）；有村组公路 1 条 6.9 公里已硬化。

为切实落实好各项工作要求，我们坚持把挂钩帮扶工作作为机关重点工作，积极主动与村“三委”分阶段、分步骤进行专题研究，结合木龙村实际制订帮扶工作计划，提出了“抓好粮畜稳基础、发展果蔬创特色、加工营销齐思考、外出务工增收入”的脱贫帮扶思路。机关 23 名挂包干部，对木龙村建档立卡贫困户进行了全覆盖结对帮扶，各挂包干部分期分批每周进村入户，开展贫困户的走访调查工作，结合实际与贫困户共同制订到户、到组、到村的具体脱贫措施。围绕全村总体脱贫思路，规划了房屋改造、饮水工程、道路硬化、种植和养殖等一批脱贫项目。

对贫困户进行精准识别，扣好“第一粒纽扣”，是整个脱贫攻坚工作的关键环节。我们抽调 16 名科级干部投入工作，按照统一规范的识别标准和操作流程，严格把好入户调查关、民主评议关、公示监督关、确认审核关。根据贫困户动态化管理的要求，对稳定脱贫的及时退出，对返贫需扶持的及时纳入，通过组织工作人员入户抽查及辅助分析贫困户银行存款、子女就学、医院就诊、用电量等情况的方式，进行逐一核实，确保了贫困人口识别的精准度，真正解决了“要扶谁”的问题，使精准施策和精准帮扶有了准确的目标和方向。

春耕大忙季节，为了有效解决贫困户缺乏春耕物资的燃眉之急，帮助扶贫对象提高生产能力，发展特色经济，增加农民收入。我们积极协调解决资金 3.08 万元，组织购买了土妈妈复混肥 208 包发放给贫困户，同时，还邀请土妈妈联盟公司技术人员对发放的农资使用技术，进行了讲解培训。当贫困户代表从帮扶干部手中接过一包包沉甸甸的复混肥时，激动地说“党的政策实在是太好了！一定要在党和政府的帮助下，积极努力抓生产、找路子，争取早日脱贫致富。”

春节期间，政协机关挂包干部都会到群众家中看一看、坐一坐、问一问，了解他们的生活情况、身体健康状况，对特别困难户还累计送去了慰问金1.1万元、棉被及棉衣32套，把党和政府的关心、关怀真切地送到群众的心中。广大贫困户对党和政府的关心纷纷表示感谢，并承诺他们一定会勇敢面对暂时的困难，利用党和政府的好政策，努力奋斗，早日过上小康生活。

针对全村人居环境脏、乱、差的实际，我们协助村“三委”进一步完善了卫生管理制度。在全村推行房前屋后卫生自己扫，公共区域分组扫，村内垃圾全部进池，规范了农村垃圾收运管理，切实解决垃圾围村问题，受得了广大村民的称赞。

多为全村争取项目和资金，解决群众实际困难和问题，是全村人民的共同祈盼。为此，我们积极协调，争取整村推进项目资金60万元，完成从木龙村关口村民小组至木龙村魏家堡村民小组维修道路，解决了关口、观音、小河等7个村民小组群众出行难问题。争取资金3万余元，建成便民桥一座，解决了4个社150余户群众的出行难问题。争取资金5万余元，硬化营盘户间路1000余米。争取易地搬迁项目资金30余万元，完成营盘易地搬迁点的征地工作。争取资金20万元，对20户农户的危房进行了改造。争取资金12万元，建成营盘农家文化广场一个，极大地丰富了群众的精神生活。

短期发展靠务工，稳定脱贫靠产业。我们积极协助村“三委”，结合全村实际发展核桃种植259亩，花椒种植114亩，李子种植11亩，砂仁种植18亩；发展养猪480头。积极协调专业技术人员到各自然村开展种植、养殖培训3场次，参训农户250余人次。产业扶持到村到户，为全村脱贫出列打下了坚实的基础。

村“三委”办公条件较差，多有几个人到村上，连坐的都没有。于是，我们帮助村“三委”购置了办公桌椅6套、塑料板凳80个、文件夹和打印纸等办公用品，解决了办公经费6.5万元，使到木龙村开展工作的上各级人员，后勤基本有了保障。

转战寸田，着力提升帮扶成效

2017年10月，政协机关挂钩帮扶点调整为奎香乡寸田村。寸田村辖47个村民小组，国土面积19.8平方公里。主要种植传统农作物为玉米、洋芋等，主要经济作物为豆类、瓜菜等。全村经济来源主要依靠种植、养殖和务工收入。2019年年底，全村有常住人口2806户12044人，有建档立卡贫困户948户4548人。2019年年底，全村未脱贫户余36户151人，村出列七条全部达标，顺利脱贫出列。2020年6月底，全村剩余未脱贫户户脱贫五条全部达标，实现贫困户清零。

自挂联寸田村后，政协机关37名挂包干部，按照网格化管理"挂包干部包户"工作机制，挂包寸田村建档立卡贫困户347户1652人。各挂包干部结合各阶段重点工作，坚持两月入户走访一次群众，把干部走访与政策宣传、扶贫扶智（志）、新民风建设、人居环境整治提升等工作紧密结合起来。既讲清国家扶贫政策、惠农政策、农村变化，又以身边的人、身边的事等典型案例教育感召群众，积极疏通群众思想情绪，争取群众理解支持，筑牢坚决打好打赢脱贫攻坚战的信心和决心。

建设一批覆盖面广、带动力强、群众积极性高的特色产业，才能确保脱贫群众持续稳定增收致富。我们协助村"三委"，结合寸田村实际，精选马铃薯、黄牛养殖作为主导产业，发展黄牛养殖693头，发展马铃薯薯种示范样板种植基地2316.5亩。发展养鸡、花椒、李子等特色产业。新建鸡舍180间，发展养鸡36000羽。发展花椒连片示范样板种植645亩，李子连片示范样板种植500亩，将在两年后逐步产生稳定收益。同时，全面提升产业组织化程度，以"合作社＋基地＋农户"的模式，鼓励全村卡户100%加入合作社。大力宣传动员贫困群众利用好小额扶贫贴息贷款，发展壮大产业，292户贫困户贷小额贷款1228万元。

易地扶贫搬迁是最简单有效的脱贫办法，可是突然离开生活了几十年的故土，很多人有这样那样的顾虑。为打消贫困户顾虑，驻村工作队和村“三委”领导专门约谈应搬迁对象，经过反复做动员工作，最终全村25户搬迁对象圆满完成易地搬迁安置。搬迁户刘正平在迁入发界新居后说：“一分钱没有出，就住上了城市里的楼房，共产党对我们贫困户真是太好了！从古至今都没有过这样的事情，感谢共产党，感谢政府，感谢你们各级领导！”

绿水青山就是金山银山，为给子孙留下一个良好的生态环境，生态补偿脱贫成为“六个一批”之一。我们协助村“三委”，全面落实生态转移支付，对符合条件的农户发放退耕还林补助、公益林生态补偿、耕地地力保护补贴、草原生态补助。鼓励推广使用新能源节能产品，推广使用光伏照明设施。同时，将人居环境提升，作为脱贫成效的重要内容。多方争取资金，建设垃圾房1间，垃圾池47个，购置垃圾车1辆。安排卡户护林员和护路员67个，统筹用好护路员、护林员、小组长三支队伍，建立村、组两级垃圾处理和保洁网络，全村人居环境不断提升。很多在外地务工者春节期间回来，看到全村干净整洁的环境，忍不住感叹：现在的干部真是太厉害了！农村人长年累月养成的坏习惯都能被你们改变过来，动员大家共同来打扫环境卫生，想不到我们的家乡能变得这么干净！希望能长期保持下去。

发展教育是脱贫长效机制中最重要的内容。我们高度重视教育的发展，积极协调推进教育基础设施建设，全村2所完小和1所单小，在2019年顺利通过均衡教育的各级验收。义务教育阶段学生全面覆盖营养餐计划和实施“两免一补”政策，完成资金补助1034人次106.24万元。对中、高等职业技术学校学生开展“雨露计划”资助，共资助学生258人次63.9万元。贫困户学生王国旗，在国家政策和挂包干部的帮扶下，2018年被北京航空航天大学录取，成为全村贫困学子的典范。

社会保障兜底是确保无法扶持的五保、孤儿等特殊对象顺利脱贫的主要方式。我们充分利用县民政局也是寸田村挂联单位的优势，做到了社会保障兜底对象的应兜尽兜。

转移就业对脱贫来说是立竿见影的措施，有没有人外出务工是贫困户收入能否达标的关键。我们每年的工作重点之一就是动员全村劳动力外出务工，无论是自己去也好，还是参加人力资源部门统一组织的也好，总之就是要去才行。对全户劳动力都未外出务工的家庭，我们就组织人员三天两头去做工作，直到该户至少有一人外出务工为止。2019 年年底，全村实现就业 5017 人（其中卡户 2210 人），就业率达 70.76%（卡户 86.8%），零就业家庭实现清零。这其中较为典型的是响水组王银兵，独人贫困户，老实巴交的农民，46 岁了从未到过比奎香更远的地方。在脱贫攻坚政策的帮助下，他的住房、饮水等什么都有了，就是收入仅靠 2 亩地上种的苞谷、洋芋，咋算也不达标。我们每次到他家动员他外出务工，他都说认不得路怕回不来，死活不去。2019 年作为全村脱贫出列年，他再不出去务工是不行了，于是我们通过做响水支部书记陶世伟的工作，安排陶世伟带起王银兵，参加人力资源部门组织的务工队伍一起去务工。2020 年，王银兵务工回来过春节，不但比过去穿得干净整洁了，还买了智能手机。我们问他去打工安逸不，他说安逸得很，感谢党的好政策让他这样的人都能务工挣钱，他说过完年还要去。听了这句话，我们不用再担心他的收入算不起来的问题了。

住房、饮水、道路等基础设施建设是看得见、摸得着的扶贫项目，也是户脱贫和村出列的关键指标。我们积极协调协助乡村两级，组织实施基础设施项目累计投资 3397.24 万元；其中修建自然村公路 16 条 30.6 公里，公路硬化 27.1 公里，建设便道桥 3 座，建设活动场所 8 个，实施人畜饮水改造和提升工程 11 件，新建畜圈 435 户，实施农村危房改造 434 户（新建 417 户，维修加固 17 户），实施特困安居 59 户，建设垃圾房 1 间、垃圾池 47 个、购置垃圾车 1 辆。在这些项目建设过程中，让人难忘的是新村自然村少数民族村寨综合建设项目，该项目包括硬化道路、修建活动广场和公共厕所、安装路灯等多项建设内容，但该项目仅只通过 60 天的苦战，项目从设计到建设就全部完成了，彻底改变了原来“晴天一身灰、雨天一身泥”和人居环境脏、乱、差的面貌。现在，如果你到那里，当地居民都会热情地拿出他们的特产（核桃、梨子等）和自酿的苞谷酒招待你，并会不停地向你宣传党和政府的好政策。住房作为户脱贫五条中最重要的指标，我们的住房建设任务的完成也是颇经周折。由于国家补助资金有限，很多贫困户在修与不修之间摇摆不定，我们在一边反复动员的同时，一边通过动员挂包干部捐款、向挂联单位和社会争取帮助等方式筹集资金，采取一户一个工作组、一户一个方案进行专人管、重点盯，在全县率先完成了农村危房改造任务。其中，陈万文的住房修建是挂包干部真情帮扶的典范，作为后山自然村唯一住房不达标的贫困户，他家住房多次给指标后都因无力修建拖到了 2018 年年底。2018 年 11 月初，陈万文的住房经过反复做工作，终于开工了，但在 12 月 1 日打板那天，板打完了、晚饭也吃了，由于陈万文拿不出工钱，一帮工人在他家等着不走，他不得已，只有打电话给包保干部姜光文求助，姜光文立即联系驻村干部去了解情况。驻村干部到陈万文家了解核实情况后，姜光文决定借款 4000 元给陈万文，解决了他家的燃眉之急。经过这个插曲，陈万文的住房终于如期建成迁入新居，让人记忆深刻的是，只要有人问陈万文他的包保干部是谁，他都会说："姜主任包我家啊！若不是他，我家房子不知哪年哪月才能整好，他就是共产党派来帮我家的大恩人啊，真是太感谢他了！"

激发广大群众内生动力，提振参与脱贫、主动脱贫的"精气神"，引导广大群众共同参与脱贫攻坚、乡村治理，为创建文明乡风、建设美丽乡村夯实基础，是脱贫攻坚的重要目标。我们首先是利用走访日、群众院坝会、田坎会等不同场合和不拘形式的与群众交心谈心、宣讲政策，做实"讲"的工作。其次是以激发群众内生动力为导向，利用文明积分评比、爱心超市兑换物品，对先进集体及优秀个人进行表彰，鼓励先进、鞭策后进和模范带头创示范作用，做实"评"的工作。最终，通过不断的"讲"与"评"，达到扶贫扶志（智）的目的。

脱贫成效一定程度上，还体现在群众满意与否上。为提升群众满意度，我们在 2019 年和 2020 年春节期间，积极协调资金 40 余万元，对全村贫困户进行全覆盖走访慰问。在走访慰问活动期间，每天都有挂包干部进组入户，向广大贫困户宣传就业、教育、医疗、新民风建设等扶贫政策和措施。鼓励各贫困户要想方设法增加家庭收入，改善生活条件，同时，还要积极参加人居环境提升、“十星文明户”的创建等工作。勉励他们不但要在收入上脱贫，在生活质量、行为习惯等方面也要有明显的提升和改变。各贫困户也纷纷表示，感谢党和政府的关心和帮助，他们一定会全力支持好党和政府的扶贫工作，认认真真配合做好各项政策措施的落实，一定会如期实现脱贫摘帽，不拖全村脱贫出列的后腿。

寸田村的脱贫攻坚工作，在挂联单位和乡、村两级的共同努力下，各挂包干部、乡村干部、驻村工作队队员通力协作、密切配合，挂联单位在办公条件、基础设施、临时困难救助等方面给予挂钩村资金和物资上的大力支持。挂包干部在动态管理、“村村清”“户户清”、重点户排查销号、六十日冲刺、百日行动等工作中，都给予大力支援。乡村干部、驻村工作队队员扎实组织开展日常帮扶工作，全村马铃薯种植、花椒种植、养牛、养鸡等产业有序发展，劳动力转移务工、辍学生劝返就学、基础设施建设等工作有序推进，确保了全村如期脱贫出列。

（作者系彝良县政协工作人员）

心系千万家　唱响主旋律

刘林慧

2017 年 6 月 16 日清晨，一层层薄雾笼罩在彝良县洛泽河镇簸以村大大小小的山头。山里稀稀疏疏地下起了蒙蒙细雨，山间小路上的泥块，似乎也跟着行人的步伐“跳跃”起来，走在泥泞的路上，鞋被包裹得“面目全非”。

“老乡，我们来了解一下你家情况，家里有几口人、种了多少洋芋、多少苞谷、养了几头牲口，一年有多少收入……”当天，在洛泽河镇簸以村，作为此次驻簸以村扶贫工作队队长的刘沁侑同志，正率领几名精准识别摸底调查工作队队员，进村入户开展摸底调查，详细记录着每一户的家庭情况，仔细填写着一张张表册。

5 月 18 日，彝良县委、县政府召开全县精准识别摸底调查工作动员暨培训会议，对全县精准识别摸底调查工作进行动员部署，对选派人员开展业务培训。县委宣传部抽调 4 名业务骨干参与全县的摸底调查工作，5 月 20 日，摸底调查队员到达洛泽河镇进行业务培训。21 日，到达洛泽河镇簸以村开展入户摸底调查工作。为了摸清老百姓的实际情况，4 名调查队员顶着烈日，坚持做到与老百姓户户见面，其间工作队队长刘沁侑妻子患急性胆囊炎与多发性胆结石，医生建议尽早手术。但考虑到摸底调查工作责任重大，他硬是没有请假去照顾生病的妻子和五个月大的孩子。为了能按质按量完成任务，调查队员刘林慧强忍母亲做白内障手术都没有请一天假回去尽一个女儿应尽的孝道。

4 名摸底调查队员严格按“五查五看”“三评四定”的要求，经过内部评议会、村民评议大会，全面摸清贫困户的人口信息、收入情况、住房情况等，准确掌握致贫原因和实际需要，及时细化完善档案资料，严格按照“两不愁，三保障”的要求，对建档立卡贫困户进行严格把关，做到不错评、漏评一名贫困户。经过摸底调查与村“三委”干部的多次调查核实，簸以村精准核实建档立卡贫困户 506 户 1626 人。为确保建档立卡户精准扶贫大数据的录入工作顺利完成，从市办到国办系统信息录入工作，我部 4 名摸底调查队员都不辞辛劳，积极参与，经过为期 1 个月的艰苦奋战，按时按质全面完成了簸以村 506 户建档立卡户的信息数据录入工作。

2015 年 9 月至 2017 年 10 月，县委宣传部挂包帮扶洛泽河镇簸以村，我部精挑细选 1 名工作责任心强、党性原则高、乐于奉献、农村工作经验丰富的同志长期驻村开展工作。解决工作经费 8 万元，挂包帮扶干部职工 20 人，包保贫困户 73 户 244 人，走访贫困户 893 人次。2017 年 4 月，指导簸以村成功创建市级文明村。

2017 年 10 月，我部挂包帮扶调至海子镇花园村。海子镇花园村工作经费 3 万元，花园村共有建档立卡贫困户 368 户，其中我部帮扶 214 户，398 人，未脱贫户 163 户，639 人，脱贫户 51 户，235 人。抓住花园村 2017 年脱贫出列的时机，部领导多次与村“三委”商讨脱贫拟定计划和帮扶措施。10 月 27 日，在宣传部副部长梅文义的带领下，开展了第一次“转走访”。11 月 15 日，按照脱贫攻坚“百日行动”的要求，我部再次组织干部职工进村入户，对建档立卡贫困户进行认真细致的识别核查工作，认真履行应进则进，应退则退的原则。2018 年 1 月 12 日、3 月 13 日，县委宣传部副部长梅文义、徐梅分别带领驻村扶贫工作队队员，在花园村与村“三委”座谈研究，明确了花园村脱贫攻坚的方向，制订了种植花椒、核桃和养殖黄牛、生猪以及开展农村危旧房改造、易地搬迁、外出务工等工作的帮扶计划和措施。2018 年 5 月，我单位挂包调至海子镇大田村后，长期派驻驻村工作队队员一名，调至大田村后副部长梅文义带领驻村扶贫工作队队员与大田村村“三委”分析研究，制订了种植天麻、竹笋、花椒、板栗和养殖黄牛、生猪以及开展农村危旧房改造、易地搬迁、外出务工等工作的帮扶计划和措施。9 月 19 日，县委宣传部党支部以“双联系一共建双推进”和“入户走访慰问贫困党员”等内容为主题，到大田村开展 9 月“主题党日”活动。看望了 5 名贫困老党员，为其送去御寒大衣和棉被，帮助他们解决生产生活中存在的困难和问题。

2019 年是我县脱贫出列之年，根据彝良县扶贫开发领导组的决策安排，县委宣传部的挂钩扶贫点调整至海子镇大田村，大田村属全县 82 个深度贫困村之一，有建档立卡贫困对象 490 户 2178 人，2019 年村初定预脱贫 321 户，1427 人，不能实现脱贫的 22 户 66 人，有易地搬迁 92 户 423 人，其中建档立卡搬迁 92 户 423 人。部领导多次深入大田村，与村“三委”商讨研究，结合实际，拟定脱贫计划和帮扶措施。单位在资金紧缺的条件下支持大田村工作经费 4 万元，补短板资金 5 万元，融媒体中心支持 5 万元。切实帮助挂联的贫困村解决困难和问题，共同推进脱贫攻坚工作。通过调研村情民情，在综合驻村队员和挂包干部职工入户调查的基础上，4 月 15 日、4 月 21 日、4 月 23 日，县委宣传部副部长梅文义、徐梅分别带领驻村扶贫工作队队员与大田村村“三委”分析研究，制订了种植天麻、竹笋、花椒、板栗和养殖黄牛、生猪以及开展农村危旧房改造、易地搬迁、外出务工等工作的帮扶计划和措施。5 月 7 日，县委常委、宣传部部长余平亲自深入大田村与村“三委”干部座谈，研究易地扶贫搬迁、农危改、控辍保学、重点户销号等工作，要求村“三委”要细化工作措施，转变工作作风，抓好任务落实，确保全村如期实现脱贫出列。5 月 18 日、7 月 27 日，单位又组织干部职工深入挂钩点开展重点户遍访工作，对每一户群众的生产生活情况、经济收入状况等方面的情况进行再了解，并对人居环境提升、易地搬迁等重点工作进行思想动员。

9 月 12 日，开始组织单位 50% 职工力量下沉，下沉期间又与该村工作队、村“三委”临时组成了一支“搬家队”，在入户的过程中遇到有些老年人、留守儿童因年轻人修好房就出去打工，而无法按时搬进新房的，我们搬家队就立即行动帮忙搬家，一部分人打扫卫生、一部分人收拾东西。12 月中旬的一天傍晚，天空下起蒙蒙细雨，忙碌了一天的工作队队员听说漆树组的王明灯家，因为爸爸妈妈在外打工，爷爷上了年纪，一直无法搬入新房中。了解到这一情况后搬家小分队立即行动，带上为他们准备的窗帘、简易衣柜、电线等常用物资，连夜赶到了王明灯家。看到王明灯和姐姐，爷爷还住在又黑又旧的瓦房内，瓦房旁 200 米左右就是新建的平房，走进新房一看黢黑一片，里面堆满了杂物。搬家队里有个专门负责接电的邹哥，见此情景赶紧让小刘帮他打起手电筒把电接入新房中，半个小时后电接通了。同志们开始收拾那一堆堆杂物，在这个小分队里没有年龄的大小、不论职务高低，大家七手八脚把新房打扫干净，东西收放整齐。当看到楼梯间有一个窗户没有安装玻璃，冷风灌入房间时，我们 55 岁的副部长梅文义担心两个孩子晚上睡觉着凉，硬是不顾他人的劝阻，就地取材找到了一块大大的纸板，爬上高高的窗台亲手制作了一个简易的窗户。在寒冷的夜晚，大家有说有笑一起动手，晚上 11 点左右就让王明灯爷孙三人住进了新家，看上了电视。看到两个孩子愉悦的笑容，每个同事的心里都感到十分温暖。

2020 年新春之际一场没有硝烟的战争打响了，作为宣传部门，在做好全县的疫情防控宣传的同时，我们的驻村工作队队员周训荣也积极加入大田村疫情防控工作中，与村“三委”一道，冒着严寒进村入户宣传疫情防控知识。4 月大田村顺利通过了第三方脱贫攻坚验收，通过人居环境提升、旧房危房拆除、“三墓”动员拆除，现在的大田村面貌已经焕然一新，与以前相比，完全变了一个样。

（作者系中共彝良县委宣传部工作人员）

警民齐心共绘致富图

罗开礼

在一个近14亿人口且并不富裕的国家，要想打赢脱贫攻坚战，实现9000万贫困人口稳定脱贫，这是人类史无前例的非凡事业。党的十八大以后，习近平总书记饱含对人民群众的大爱情怀，代表中国共产党人向全国发出了脱贫攻坚动员令。这是在和平时期用鲜活的事实，向世人深刻揭示共产党人初心未泯的生动实践，更是向世界传播社会主义制度巨大优越性的响亮声音。

一代人有一代人的长征，一代人有一代人的使命

近年来，彝良县公安局深入贯彻落实中央、省、市、县脱贫攻坚部署要求，积极主动领任务、担担子、抓落实，以平安建设为依托，以法治建设为保障，以全面增强人民群众安全感获得感幸福感和满意度为主线，全力以赴推进“包保结对助脱贫、驻村帮扶攻脱贫、法治护航保脱贫”系列工作，全县公安机关和广大公安民警咬定目标苦干实干加油干，在与人民群众，特别是广大贫困群众的朝夕相处和携手奋进中情相牵、心连心，做出了真实绩，赢得了好口碑。

2017 年 10 月，彝良县公安局精准扶贫工作队，吹着脱贫攻坚的号角，来到荞山镇海坝村，将脱贫攻坚作为决胜全面建成小康社会的底线任务。全局上下凝心聚力，攻坚克难，成绩斐然，为全县扶贫工作写下了点睛之笔。

海坝村距离彝良县城近 40 公里，大山深处，道路崎岖险峻，962 户村民分布在 22 个村民小组。常住人口 3842 人，以汉族、彝族、苗族居多。全村有建档立卡贫困户 453 户 1982 人，其中已脱贫户 437 户 1919 人。2018 年前历史脱贫 146 户 686 人，2019 年脱贫 291 户 1233 人，2019 年未脱贫 16 户 63 人，贫困发生率 1.64%。全村 453 户建档立卡户由县公安局 63 名民警和镇政府 4 名干部结对帮扶。

偏僻的海坝村，帮扶民警去一次很不容易。鉴此，每次去都要做点实事。有的给带去棉被、服装，有的送点钱急用，以暖民心；有的在了解到挂包户建房急需和发展项目急需后会带些秧苗、帮些建材等。

6 名“常驻大使”式的民警工作队队员担子可不轻，挂包人员临时入户，几次不可能解决脱贫问题，剩下的全靠这些工作队队员与村民朝夕相处，“同呼吸、共命运”，工作队队员们在村上驻扎了整整 2 年。

扶贫成效如何，上级乃至中央要派考核组来验收啊！队员们想，混是交不了差的，真正的驻扎是“心”的驻扎。挂包单位如果应付，更过不了关。县公安局党委乃至所有负有挂包扶贫任务的民警，都得像肩负社会治安和执法使命一样，把扶贫工作摆到议事日程。

在脱贫思路上帮助理清

加强政策指路，用好宣传“法宝”，消除“等靠要”意识，树立“穷而有志”，观念扶贫先扶志，治穷先治懒。驻村民警深刻认识到“有志”，对贫困户的重要性，为进一步推进脱贫攻坚政策落实，提高贫困户对政策的知晓率，海坝村扶贫干部，在不断实践，总结经验教训的基础上，逐步探索出每月至少召开一次全体贫困户大会制度，以贫困户为主角的谈心会。贫困户在会上可以畅所欲言，谈想法、谋发展、谈感情、拉家常、说建议，提意见，干部在倾听谈心的基础上，通过简短朴实的语言，在大会上向贫困户传达政策精神，解读最新的惠民扶贫政策。让更多贫困群众真正了解党的扶贫政策宗旨，目的和意义，让“浑水摸鱼”和“坐吃山空”者无处遁形，自感愧疚，真正营造“辛勤劳动光荣，好逸恶劳可耻”的浓厚氛围，引导失志群众转变观念、提高自我发展能力和自身造血能力，走上致富之路。

思路，决定出路。扶贫，脱贫，更是如此。农村的贫困户，除了劳动力和生产资源以及相关条件外，就是发展思路问题。有些家庭不是劳动力问题，也不是自然条件的制约，就是缺乏“路子”。围绕项目找出路，这是发展与脱贫可行性依据。工作队队员和帮扶民警，根据每个建档立卡户的劳动力情况和拥有的生产条件，论证发展的可行性，而不是“设定宏伟目标”强加民意。论自然条件，海坝村最高海拔 2200 米，最低海坝 1490 米，气候宜人，既有茂密的林荫条件，又有多种灌木遍布山野，土质较为肥沃，适合发展天麻和竹笋；居住较为分散，村寨附近空地较多适合养殖业；就土壤和气温而言，也适合玉米种植，花椒和核桃生长也较好……

一系列的查摆分析，各家根据劳动力状况，选择合适的发展方向。在帮扶民警和驻村工作队的参与和推动下，虽然规模不同，多数建档立卡户都有了自己的发展思路。

村民深有感触地说：“过去搞点什么没有计划，想起什么搞什么；工作队帮我们一样一样理清楚，能搞什么、适合什么我们心里更有底了。”

诚然，扶贫从根本上扶的是“志”，引的是“路”，激活的是信念，告别的是慵懒，明晰的是脱贫思路；让脱贫的思想元素汇成不衰的动能，让理想盛产出致富的果实。

发展产业上精准帮扶

因地制宜确定产业发展项目，这是实事求是的原则。贫困户的发展，既要有长远产业，又要有吹糠见米、短平快的项目。在论证海坝村发展可能和各项思路的基础上，局领导和帮扶民警以及驻村工作队，既作指导性帮扶，又有实物上的帮助。产业的帮扶，是提升立卡户自身“造血功能”根本性帮扶，大家八仙过海，各显其能。就近就地打工，是一项立竿见影的项目。海坝村共30多公里的村组路和串户路，修筑所需务工人员，承建方一经确定，公安局早早地向承建老板打招呼：建议就地招工，让当地农民在修自己的路中挣到了钱，也能就近照顾家庭。让村民看到成功的样板，等于让村民看到希望，这是县公安局在产业扶持上的“先手棋”。请进来指导、走出去参观，这是县公安局产业帮扶的第一步。2018年，根据海坝村所属山林土地适合天麻种植的特点，第一批组织6个村民小组长及4户种植大户，到小草坝天麻种植基地参观天麻种植情况，听取技术人员讲述种植方法。

为了拓展村民产业发展的选项范围，又组织了第二批参观团分别到两河、龙街、奎香等地，相继参观学习了土鸡、黄牛、黑山羊养殖、大棚蔬菜种植、腊肉腌制等技术。学习归来，家家户户根据能力和条件适度选项发展项目，仅蔬菜种植一项，355户1422人卡户入股彝良县岭上种植专业合作社发展冷凉蔬菜种植，户均增收3500余元。

扶贫资金上帮助筹措

多渠道争取资金，是扶贫攻坚的重要一环。国家拨款多一点，到处宣传“讨”一点，单位经费挤一点，个人腰包掏一点，群众日子好一点。这是县公安局扶持海坝村资金筹措的重要经验。国家下拨扶贫资金的用途是有针对性项目的，哪个地方论证准确，思路清晰，列项迅速，争取资金的力度大，就容易首先争取到下拨资金。县公安局扶持海坝村，不论是思路还是列项，很大程度上走在其他单位的前面，勤协调，出手快，2019 年为海坝村村组路和串户路等项目，争取到 77 万余元交通建设资金；县公安局又从本局经费中挤出 10 万元，用于海坝村委会食堂、党员活动室、文化场所完善等建设。发挥单位和民警个人能量，从其他单位、部门等为海坝村争取到基础建设资金 20 万元；民警自掏腰包为帮扶户购买生产生活资料等达 8.31 万元。扶贫资金的多渠道筹集，汇成了农民脱贫摘帽必要的拉动力量，为改变农村贫困面貌，提供了财力支撑。

居住环境上帮助建设

安居，方能乐业。安居，是扶贫首位。有了如意的居住条件，贫困户心里自然就有了阳光和希望。在住房保障上，除已实施的 179 户农危改外，全村开展了危房清零行动。通过排查，补齐了以前年度低标准脱贫、非建档立卡户存在的住房短板问题，保障了贫困群众住有所居、住得安全，真正实现了危房清零目标。在农村危房改造工作方面，按照“以房找人”和“危房不住人、住人不危房”的要求，共实施农村危房改造 179 户（拆除重建 135 户，修缮加固 44 户），其中 2019 年共实施农危改 69 户（拆除重建 40 户，修缮加固 29 户），实施特困安居工程 24 户。在易地扶贫搬迁工作方面，全村易地扶贫搬迁共有 190 户 865 人（卡户 183 户 837 人，同步搬迁户 7 户 28 人），其中搬迁发界安置点 170 户 791 人（同步搬迁户 7 户 28 人），卯家湾安置点 10 户 47 人，荞山安置点 10 户 27 人，目前所有搬迁户已搬迁入住。

海坝村还是个严重缺水的地方，祖祖辈辈为吃水伤透了脑筋。在驻村队员的多方协调下，2018—2019年，海坝村分别实施22个村民小组安全饮水巩固提升工程，实现农户全覆盖，总投资112万元，目前已实现全村安全饮水有保障的目标。

当干净清洁的自来水，在自家门前哗哗流出时，村里的群众激动地说："脱贫攻坚政策，使我们从梦想跨进现实，感谢党和政府，感谢扶贫的民警们！"

基础建设上帮助完善

农村基础设施建设，是农村建设的重要内容，更是农村经济发展的物质基础。驻村队员清醒地认识到了这一点。在驻村队员的多方协调下，2019年，硬化海坝村委会毛家河坝至下坝至马井公路、马井至海子等公路共计15.89公里。改建关门组至马黄湾（含岔路）公路2.3公里，下关门至上关门公路2公里。新建坪上至民族村寨、丫口至坪上等村组道路共计15.9公里。硬化海坝村坪上、沟口等村民小组户间道路8.5公里。新建海坝村毛家河坝便桥1座，跨度15米，宽4.5米，总投资24万元；新建海坝村姚家河坝便桥1座，跨度10米，宽4.5米，总投资16万元。新建海坝村海坝活动场所1处，建设面积70平方米。项目覆盖222户845人，其中：建档立卡贫困农户65户247人。投资37.1万元，实施沟口、坪上村民小组改厕53户、改灶53户、院坝硬化53户。有了这些增设设施，将生活辅助保障与文化基础建设一并提升起来了。村民生活和工作在这样的环境里，精神状态首先得到了脱贫。

具体实施中协调指导

扶贫攻坚，离不开必要的协调和有效的指导。指导建房。驻村工作队到各家工地四处巡视，尤其是拆除重建较多的上坝、岩湾等村民小组，从选址的条件、生产多方面论证，选准了多项兼顾、群众满意的新地点；同时，对各家建房的施工进度、质量上帮助村民把关。指导环境改善。副县长、县公安局党委书记、局长陆丹要求驻村工作队，在扶贫中一定要优化人居环境，首先体现出脱贫的外在面貌。工作队帮助各村民小组，制订出了公共卫生管理制度：上坝、下坝、核桃、春树等小组，10 天集中打扫一次村寨公共卫生，评比最干净村组，每年奖励 5000 元，卫生达标小组，每年奖励 2000 元。通过进村入户劳动，村组路宽敞了，户间路整洁了，困难群众家里窗户透亮了，屋里干净了，院子也规整了，既美化了环境，又鼓舞了民心。

产品销路上帮助协调

大山深处，为生产出来的产品找销路，这是扶贫很重要的一环，否则，产品就无法变成金钱。海坝村的核桃，个头大，皮薄果实饱满，因村民无经济意识，加之交通条件落后，从没有拿到市场上去售卖，造成极大浪费。帮扶民警和驻村工作队与帮扶户互留电话，积极运用现代通信工具，广泛联系销售渠道，不论哪家核桃在销路上出现困难，都通过各种渠道帮助推销，或自行购买，或联系亲朋购买、或网上销售，仅 2019 年就帮助贫困户销售核桃 4000 多公斤，增收 6 万余元。村民家家都养了猪，除了自己家留一两头作为过年猪，其他一律要卖了换钱。2018 年，驻村工作队队员打电话、发微信帮助 6 户群众的 13 头肥猪卖到县城；岩湾组胡正斌几乎全是用玉米糊糊为主食喂出来的生态猪，养殖成本不低，就近难找销路。正发愁之际，帮扶民警了解情况后，编了一则销售生态猪广告在微信上传播，寻求销路，很快就将两头肥猪卖了出去，收入12000余元。除此之外，群众种植的天麻、竹笋，养殖的土鸡、黄牛，只要出现滞销情况，立即同驻村队员联系，驻村队员和帮扶民警就会第一时间寻求销路，群众只管种植好、养殖好保证质量，销路根本不愁。

访到的难题用心解决

任务、压力、制度，还有贫困群众渴望的目光，让这些人民警察不忍怠慢自己的使命。人，驻扎下来了；心，已经走进了每户的门槛。其他帮扶民警，自从确定了帮扶户，心中就多了份牵挂。思路、项、资、住建、环境、销路，逐一走进帮扶行列。尽管如此，总会发生一些奋发脱贫以外的“难唱曲”，民警们只要了解到，就会设法去奔波解决。

陈显武是海坝村下坝社村民，今年63岁，是一名聋哑残疾人，其儿子十多年前去世，儿媳改嫁，孙子外出下落不明。2018年11月5日，包保民警袁雪花到陈显武家入户核查时，得知陈显武还没有办理残疾证。陈显武妻子李安美哭诉，很想办理残疾证，但年纪都大了，又没有文化，不知道怎么办理。袁雪花随即电话咨询县残联办理残疾证的相关程序，11月6日，袁雪花亲自到县残联领取残疾证申请表，并告知陈显武妻子11月7日，带陈显武到县人民医院五官科做相关检查。11月7日8时许，袁雪花到县人民医院为陈显武排队挂号后，又到县医院桥头等候陈显武夫妇并全程引导陈显武到县医院做检查。通过多方协调联系，成功为陈显武办理了残疾证。

2018年11月20日，帮扶民警刘高涛接到包保对象王登书的侄儿打电话称，王登书的儿子一直在外打工，昨天从浙江回到老家准备把老房子拆了重建，今天刚爬上屋顶就摔下来了，伤势很严重，到县中医院医治，但因为身份证、户口本在回来的路上丢失了，不能住院。接到电话后，刘高涛立即赶到县中医院，同时向治安大队求助，在荞山派出所的大力支持下，为王登书重新打印了户口本，并第一时间送到县中医院，伤者得以住院治疗。

2019 年 9 月 14 日，帮扶民警郑兴奎再次到海坝村核桃林组开展入户核查。作为扶贫干部，他们总是牵挂一个建档立卡户家庭，那就是 10 年前摔断脊椎瘫痪在床的潘玉华家，每次到核桃林，他们总是要到潘玉华家，与潘玉华拉拉家常，询问他的病情，问寒问暖。这次刚踏进潘玉华的家门，就嗅到一股难闻的味道，只见潘玉华躺在床上痛苦地挣扎。经询问得知，因长期躺在床上没有得到较好的护理，潘玉华臀部已经开始腐烂。潘玉华家住在山顶，距离村卫生室较远，加之其瘫痪行动极为不便。不能见死不救！郑兴奎马上联系村医生雷才芬，准备好相关器械和药品，立即驾车赶到村卫生室将雷医生接到潘玉华家中，雷才芬医生亲自为潘玉华清洗患处，消炎止痛上药。处理好后，郑兴奎一再叮嘱潘玉华要按时吃药换药，并表示一定联系潘玉华外嫁的女儿，回家送他到医院住院治疗。潘玉华感动得热泪盈眶，不停地说："谢谢了，没有想到你们扶贫干部会这么好！"

纵观彝良县公安局扶贫攻坚战每一"参战"人员的扎实动作，动因何在？

可以这样解读：领导检查督导是压力，工作条件的保障是压力，每个人肩负的包帮任务也是压力，三重压力无疑可化为动力。这样，以驻村工作队为骨干力量、全警参与帮扶的扶贫攻坚战，以成功告捷。

2019 年年年末，海坝村全村农村经济总收入 2862 万元，人均纯收入 7152 元，超过规定的脱贫底线 3750 元。脱贫的海坝村，实现了六不愁：出行不愁道路，发展不愁思路，产品不愁销路，挣钱不愁来路，上学不愁学费，看病不愁医疗。

经过精准扶贫的磨砺，农民的生活水准脱贫奔小康了，人民警察为民服务的朴素感情，也奔小康了！

我们坚信：精准扶贫这场战役之后，中国农村正在以新的面貌展示给世人。

“今年是脱贫攻坚决战决胜之年，全县公安机关将强化矢志扶贫、决战脱贫的使命担当，凝聚共识，勠力同心，发起脱贫攻坚的最后冲刺。在巩固成果基础上，做好‘后半篇文章’，确保如期高质量完成脱贫攻坚任务，实现脱贫根本目标。”县政府副县长、县公安局党委书记、局长陆丹这样表示。

（作者系彝良县公安局干警）

小河淌水幸福长

赵高魁

自 2015 年全县精准扶贫工作开展以来，彝良县审计局主要挂钩帮扶彝良县角奎镇小河村。该村地处角奎镇东南边，东邻荞山镇和平村，南接角奎镇发达村，西靠角奎镇半边街村，北连荞山镇咪咡村，进村道路为弹石路，距县城 13 公里。全村国土面积 14.1 平方公里，耕地面积 3.3 平方公里，辖区平均海拔 1350 米，年平均气温 17.7℃，年降雨量 770 毫米。全村 20 个村民小组，常住人口 1313 户 4805 人，建档立卡对象 455 户 1921 人。我局 25 名干部职工共包保 266 户 1071 人，同时派出驻村第一书记 1 名，驻村工作督导员 1 名，驻村队员两名。

小河村属于一般贫困村，农民收入主要以种植、养殖和外出务工为主。为全力推进该村脱贫攻坚工作，局党组班子经常深入基层调查走访，与该村挂村领导和村“三委”班子一起，多次召开专题会议研究问题，解决困难。根据家家入户、户户见面、人人达标的原则，全局干部职工深入一线，对标对表强弱项、补短板、提效能，有力解决了全村制约和影响“两不愁、三保障”的突出问题，显著改善了人居环境条件。2018 年 2 月，经上级测评，小河村顺利通过验收，成为届时彝良县仅有的两个脱贫出列村之一。

因地制宜发展辣椒产业

在角奎镇小河村20个村民小组中，有3个村民小组处于高段山区，它们就是松林、垭口和堡镇村民小组。这3个村民小组由于在小河村境内海拔较高，对各级统一规划的农产业发展较不适应，不但浪费了资源，还荒废了土地和人力财力。为因地制宜发展产业，寻求一条切实可行的致富路子，我局班子领导带领挂包干部和村委干部，邀请相关专业人士多次深入调研，与群众召开座谈会，共谋致富路子。终于，功夫不负有心人，经过调研，发现这一带非常适合发展辣椒产业。箭在弦，确定了就要干！但正当大家都在火热布局规划的时候，老百姓又担心一个问题：如此大规模的种植，万一种出来了卖不出去怎么办呢？那么多辣椒，放家里也不能当饭吃，存久了又会腐烂。为解决大家的这一后顾之忧，让群众踏踏实实把辣椒产业发展好，经与相关单位和部门磋商，特引进了昭通绿浪农业有限公司，采取公司+农户模式，由农户与公司签订合作协议：公司免费为农户提供种子，免费补助地膜，免费进行技术培训。辣椒采收后，由公司保底直接向农户进行收购。

消除了对市场前景的忧虑，加之相关优惠政策的扶持，村民对辣椒产业的积极性空前高涨。2019年3月，昭通绿浪农业有限公司派技术员到实地进行技术培训，在培训指导现场，村民咨询了许多辣椒科学种植技术方面的问题，技术专家分别一一予以解答，3个村民小组当即就订立了200余亩的种植协议。

经过半年时间的苦心经营，辣椒大量采收。我们走在下乡的路上，到处都能看见辣椒采收交易的繁忙景象。以往寂静的山村，俨然多了一番闹市区的繁华。我们向村民询问辣椒产值，大家都说，由于跟公司签订了合作协议，销售有保障，价格也稳定，种植辣椒与种植苞谷相比，产值收益轻轻松松翻一番，来年，我们还要干，要大干！

我为空巢老人做儿女

改革开放以来，我国经济社会发展日新月异，农村青壮劳动力不断向城市涌入，随着社会老龄化程度的加深，农村空巢老人越来越多。在小河村，就有这样一群因子女外出务工而独守“空巢”的老年人，他们大多年老独居，有的还带着读小学的孙辈。我记得，曾经有一位彝良人为此写过一首诗：

农村现状

有力气的男人外出找钱去了，
才长大的姑娘被劳务输出了。
连长得一般的寡妇，
也进城给人擦皮鞋了。
老得掉牙齿的老家，
只剩下年迈的父母，
带着上小学二年级的孙辈。
白天在去年的土地上
掰苞谷；
夜晚守着三间瓦房
和两声狗叫。

这是对农村空巢老人现状最为直白的写照：阴森，死寂，无生气。由于他们经常独居农村老家，养老服务体系极不健全，就医出行极为不便，精神生活极度匮乏，由此产生一系列心理失调症状，常常心情郁闷、沮丧，食欲减低，睡眠失调。愁容不展，长吁短叹，甚至流泪哭泣，出现了很多心理和生理疾病。这不仅影响了老年人的晚年生活质量，也成了一个不容忽视的社会问题。为此，我局结合脱贫攻坚工作实际，进行了全方位的走访调研，建立了小河村留守老人档案信息，并根据单位职工人数情况，按照不少于二帮一的比例，结对开展“我为空巢老人做儿女”活动，用实际行动从思想和生活上关心帮助空巢老人，帮助他们解决一些力所能及的事情，如修水管、换灯泡、接电线、使用家电、调电话铃声、存电话号码等等，让夕阳老人老有所依、老有所安、老有所乐。

小河村高坎组李学开，是我们尤为关注的对象。他是一位“五保户”老人，现已 80 多岁。每次开展走访慰问活动，我们在他家待的时间最长。“同志，你们又来了啊？怎么又买起东西来了？上次买的米和油都还在多得很！不用管不用管喽，你们坐。”每次去，老人家都非常客气，大家也像走进自己家一样，该打扫卫生的打扫卫生，该收拾东西的收拾东西。每当这个时候，老人家总是很过意不去，要来阻止大家，让大家坐下休息，还说他自己随后慢慢整。为让大家顺畅地帮忙料理家务，我们活动组组长便拉着他坐下拉家常，询问老人家最近的生活情况和身体状况，给他讲一些养生、保健和防病方面的知识，谈一些他爱好和感兴趣的话题。

每一次，大家都要帮他把家里收拾得井井有条，并千叮嘱万嘱咐才会离开。开始，大家帮他把家里打理好后，下次去又是老样子，大家又重新打扫收拾。后来，情况发生了很大转变，老人家竟然把卫生打扫得干干净净的，家里的东西收拾得整整齐齐的，我们再去的时候，都感觉没什么可做的。对此，老人家看在了眼里，心里乐滋滋的，可能在想：这回你们总能坐下休息休息了吧？

对那些会操作智能手机的老年人，大家还教他们使用微信，互加好友，存电话，同时帮忙联系他们远在异乡的子女，让务工子女抽时间给老家父母打电话，或拍视频、录音问候父母，让在家父母感受到子女来自远方的关爱。

寒门学子的捐资助学

角奎镇小河村垭口村民小组，属于境内的“高寒山区”，这里交通条件和经济发展相对滞后。在这里，有一户情况最为糟糕的建档立卡贫困户户主：彭开绿。该户家庭人口 6 人，上有一位 80 多岁的老母亲，下有 3 个子女正在求学，家庭经济收入基本完全依赖生产经营性收入，年人均纯收入 3000 元左右，正可谓入不敷出。该户于 2013 年年底识别进入建档立卡后，至今仍未摘去贫困的帽子。

为改善生产生活条件，2019 年，在脱贫攻坚政策扶持下，彭开绿家开始修建圈舍和厕所，因自身条件本就艰苦，加之又在搞修建，经济就更显拮据。虽然该户就学子女均享受了相关教育扶贫政策，但对于这个家庭来说依然不堪重负，致使当时在彝良县职业高中 2018 级计算机 2 班读书的彭大敏同学辍学在家。对此，我局班子领导、扶贫工作队队员和包保干部，先后 5 次深入彭开绿家做动员劝返工作。经大家苦口婆心的劝导，2019 年 10 月 9 日，彭大敏同学终于返校就学。

为解决这个贫困家庭的后顾之忧，让彭大敏同学安安心心、踏踏实实地完成学业，我局班子领导经过实地调研，在全局干部职工和小河村扶贫工作队中发起了捐资助学倡议。倡议一发出，便得到大家的积极支持，纷纷踊跃捐款，从局领导、扶贫工作队队员到村委干部都积极行动，慷慨解囊，很快便筹集到助学资金 5300 元，为彭大敏同学正常就学，提供了有力保障。

如今，彭大敏同学已完成高二年级的学业，将步入高中三年级学习。我们将一如既往地关注和关心她，为她顺利完成学业解决实际困难，绝不让贫困因素扼杀寒门学子的大学梦。

小小“口袋书”，宣传大作用

“同志，我那天上街，在广场上看见有些老年人手头拿着一个证。说是有那个证，坐飞机或者去旅游景点要，有的可以打折，有些景区甚至还直接免费。政府扶了我们弄多年，现在家家条件都一天比一天好了，娃儿些说喊我也去办一个，二天出去要唛方便点。那个证要咋个才办得着？”一次下乡工作中，一个60多岁的老者这样问我道。

当时，我知道他说的就是老年证了，但具体怎么办、在哪里办、需要些什么条件和资料，我不得而知，所幸有随身“口袋书”在手，一切都不算事。于是我对他说：“老人家，你等等，我马上打电话帮你问。”

我随即翻出脱贫攻坚宣传手册，根据行业关系，立刻拨打电话向县民政局业务人员咨询。了解清楚后，我即刻向老人家详细解答办理老年证的问题。老人家非常感激，称赞我们扶贫工作组是一帮干实事、不拖拉的队伍。

针对脱贫攻坚工作的宣传需要，我局自行设计印刷了200余册便于随身携带的宣传小手册，进村入户，随身必备，大家都称它为“口袋书”。它收录了老百姓最为关心的易地扶贫搬迁政策、农村危房改造政策、民政社会救助惠农政策、彝良县产业扶贫奖励办法、教育扶贫学生资助政策、雨露计划职业教育资助政策等17个方面的内容，为我们做好脱贫攻坚政策宣传和政策解释解答发挥了巨大作用，这在脱贫攻坚工作中，既是首创，又是一个亮点！

（作者系彝良县审计局工作人员）

红色阿都添新彩

张高静

阿都村——一片承载红色基因的热土，著名军事家罗炳辉将军诞生于此。距离县城5公里，辖10个村小组，国土面积9.32平方公里，全村最高海拔2190米，最低海拔430米，山高坡陡，土地稀少，立体气候特征明显，滔滔洛泽河在山脚奔腾咆哮。全村以种植玉米、洋芋、红苕等传统农作物为主，主要经济作物为樱桃、花椒、蔬菜等，全村经济来源主要依靠务工、种植业和养殖业。

2015年10月至2017年9月，县扶贫办挂包奎香乡仙马村，由于需要统筹全县开展脱贫攻坚工作，工作任务繁重，挂包偏远乡镇不利于帮扶工作的开展，于是在2017年10月，县委、县政府立足单位实际考虑，将扶贫办调整为挂包角奎镇阿都村。

2017年，我单位精准识别摸底调查，确定全村常住人口为561户2622人，有建档立卡贫困对象254户1138人，单位27名干部职工参与挂包帮扶，派出1名副科级领导和2名干部驻阿都村扶贫，此后根据单位人员变动，适时更新调整帮扶干部。2018年第二季度常态化动态管理后，全村有建档立卡贫困对象266户1192人，其中已脱贫105户481人，未脱贫户161户711人，贫困发生率为26.8%，是彝良县82个深度贫困村之一。2019年年底全村常住人口765户2445人，建档立卡贫困对象232户1093人，累计已脱贫 224 户 1064 人，未脱贫 8 户 29 人，边缘户 11 户 46 人，脱贫监测户 13 户 50 人，贫困发生率下降至 1.19%。

2019 年 7 月 26 日，天高云淡，烈日炎炎，酷暑难耐。扶贫办主任赵帮定，副主任陈学洪在镇村相关领导的带领下，来到位于阿都村海拔最高处、位置最偏远的湾子村民小组，召开群众院坝会，成功调解了徐百万家不赡养老人，让高龄老人徐成文独居危房的典型案例，为群众上了一堂“敬老尊老，老有所养”的生动实例课。院坝会上，扶贫办主任赵帮定向群众讲解了不赡养老人产生的法律责任，将受到什么样的处罚，现在的共产党关心老百姓的家事，不再像旧社会那样，改变了群众根深蒂固的陈旧认识，意识到“家事国事天下事，事事关己”，全社群众听得全神贯注、聚精会神。

过去的阿都村，村庄周围垃圾遍地，群众把生产生活垃圾随意丢弃在沟谷中，严重影响村容村貌，污染环境。随着人居环境整治深入推进，群众观念和习惯大有转变。2019 年 10 月 2 日，扶贫办赠送阿都村各村民小组垃圾桶共 50 个，在垃圾桶外表制作上励志醒目的宣传标语，为群众投放垃圾带来了方便。驻村工作队队员利用下乡入户的机会，进一步向农户宣传人居环境的政策，有效改善了阿都村村民人居环境，群众说：“想不到扶贫办给我们把垃圾桶送上门来，以后扔垃圾既环保又方便。”现在来到阿都村，再也见不到垃圾遍地的情景了。

金秋十月，丹桂飘香。70 年国庆，举国欢庆，又是一年毕业升学季，2019 年 10 月 2 日，扶贫办副主任陈学洪带头来到阿都村，为 2019 年年初高中升学考试取得优异成绩，且家庭经济困难的 23 名在校学生发放助学金，单位调节出 1.6 万元资金，按公平公开公正原则，结合学生分数高低和升学学段不同，每人给予 400—1000 元不等的资助。钱虽不多，重在激励，领到助学金的学生，脸上洋溢着幸福的微笑，纷纷表示要更加努力地读书，回报父母和各帮扶干部的真情付出。家长们也表示，将会履行监护人职责，全力以赴支持孩子们的学业。

2019 年 10 月 14 日清晨，正值全国第 6 个扶贫日来临之际，“不忘初心、牢记使命”主题教育，正如火如荼开展。为教育引导全办党员干部，深入学习习近平新时代中国特色社会主义思想和脱贫攻坚知识，激发干部干事创业的积极性和主动性，把“不忘初心、牢记使命”主题教育推向新高潮，扶贫办党支部和工会，联合举办了“不忘初心、牢记使命”主题教育暨国家扶贫日系列活动。党支部书记文才庆同志带领扶贫办全部党员干部，与挂联的角奎镇阿都村党总支部一起，来到罗炳辉故居开展“不忘初心、牢记使命、弘扬革命精神、决战脱贫攻坚”主题党日活动。

将军故居坐落在阿都村偏坡村民小组，清晨的将军故居笼罩在秋天的寒意中，山峦起伏，奇峰巍峨，云雾缥缈。全体党员同志，认真参观了罗炳辉将军故居中成列的生产生活物品、纪念图片、文字介绍等，阿都村党总支书记介绍了罗炳辉将军家世生平，深情缅怀将军戎马一生的显赫战功，重温他伟大的革命精神。随后，党支部书记文才庆同志带领党员干部，在故居门前列队共同宣誓，重温入党誓词。活动结束后，干部职工立即开展入户遍访工作。

2020 年 1 月 21 日至 22 日，冬阳暖照，和风徐畅，正值春节来临之际，扶贫办到阿都村组织“脱贫攻坚知识有奖竞答活动”，抽取了有代表性的 33 户贫困户，对脱贫攻坚相关知识进行现场提问抢答，回答正确的农户给予 300 元慰问金，奖励大米、油、衣架、扫帚、拖把等生活物资，在欢声笑语中，既增长了群众的脱贫攻坚知识，又宣传了扶贫政策，激励了群众扶志扶智的内生动力，增强了农户操家理务的意识，群众高兴地说：“我们生活了几十年，从来没有遇到政府家过年还给我们发放物品的好事，真是感谢扶贫办的一片爱心！”

根据阿都村实际村情，单位加大资金投入，完善基础设施建设。俗话说，要致富，先修路。2018 年，扶贫办协调东西部协作资金 5 万元，维修阿都村水井村民小组公路 1 公里，受益农户 21 户；协调东西部协作资金 7.2 万元，修建阿都村坡头村民小组公路 1 公里，受益农户 30 户。2019 年，协调中央财政资金 32 万元，修建阿都村偏坡村民小组段公路 1.5 公里，受益农户30多户；协调东西部协作资金5万元，修建串户路，受益农户约40户；协调东西部协作资金3.7万元，修建阿都村上寨村民小组段生产路1公路，群众投工投劳参与生产路的建设，极大地改善了群众出行难的问题。立足补短板、助力惠民生，协调东西协作资金25万元，用于阿都村卫生室的建设。

为深入贯彻落实党的十九大精神和中央、省、市、县委关于以优良党风带政风促民风的部署要求，及加强移风易俗、弘扬时代新风、大力推进新民风建设工作的相关要求，推动“扶贫”与“扶志”相结合，进一步激发贫困群众自立自强、摆脱贫困的内生动力，阿都村根据彝良县委、县政府及角奎镇党委、镇政府的安排和指示，通过在村委会“爱心超市”的建设，搭建起扶贫济困、传递爱心的桥梁，激发全村贫困群众脱贫摘帽内生动力。自“爱心超市”建成以来，阿都村环境卫生“脏乱差”问题得到有效解决，村庄道路、活动室等公共区域卫生环境得到提升，村民房前屋后、屋内屋外干净有序，村民之间逐渐形成了“互相对照，不甘落后”的良好风气。特别是对建档立卡贫困户提升内生动力，起到了积极的促进作用。尤其是克服贫困户“等、靠、要”思想方面成效显著，贫困户争先创优意识明显增强，人居环境、家庭美德、遵纪守法、配合工作、主动脱贫等观念进一步加强。

（作者系彝良县扶贫办工作人员）

小数据　大格局

张馨月

"乌蒙磅礴走泥丸""金沙水拍云崖暖"。这就是昭通的自然地理状况，何其巍峨险峻，何其汹涌澎湃，也何其掣肘经济社会的发展。置身于乌蒙山中、金沙江畔的昭通 11 个县（区、市），国家级贫困县（区）占了 10 个，其中深度贫困县就达 7 个。脱贫攻坚大决战打响后，彝良作为"贫中之贫、坚中之坚"的深度贫困地区，如何高质量完成脱贫任务，成为这场攻坚战的"硬骨头"。过去，贫困对象不准、底数不清，影响了扶贫工作的质量，导致许多群众对扶贫工作的不认可，甚至滋长了争当贫困户、"等靠要"思想严重等不良风气。习近平总书记强调"要扶真贫、真扶贫""要精准扶贫、精准脱贫"。总书记的叮嘱，成为无数攻坚战士的精神动力和精准靶向。坚决打赢脱贫攻坚大决战，光荣而神圣，义不容辞！

精准扶贫，贵在精准，重在精准，成败之举在于精准。精准识别是精准扶贫的"第一粒纽扣"，是扶贫成败的关键前提。只有"第一粒纽扣"系对了，整件衣服上身后才得体才周正。在攻坚大决战中，彝良县市场监督管理局紧紧扣住"根据身份证号码的大数据来识别扶贫对象是否办理了营业执照，是否存在经商行为，以此为相关部门提供精准的经商信息，建立起贫困户动态管理"的目标任务，认真核对每一个对象，仔细分析每一个数据，切切实实助力相关部门精准到"谁该扶""该扶谁"这一根本点上。

方向标杆确立，旗帜挥舞起来，一场数据信息战打响了。

“‘张三’是贫困户？为什么‘张三’是贫困户？我咋不是贫困户，不公啊！……”质疑声、抱怨声此伏彼起，甚至绵延不绝。决战之初，由于对部分贫困对象的鉴定缺失“铁”的证据，一度时期群众对“张三”能成为贫困户有争议有怨言。贫困人口的致贫原因多种多样，贫困是动态的，贫困户的确定又是有标准的，究竟谁才是真正的“美猴王”，需得用“慧眼”来识别。精准扶贫，必须摒弃粗放扶贫，要想得到群众的理解支持，就离不开事实依据；要想彻底解决因扶贫对象识别不准、人情扶贫、关系扶贫而造成应扶未扶等不公正现象，就要有强力证据。“有理走遍天下”，用事实来说话，就是明明白白告诉大家为什么“张三”是贫困户。“张三”以前做过生意，办理了营业执照，乡亲邻里街坊团转的大家都知道，后来因为各种各样的原因，他的店铺经营不下去了，早就办理了注销登记。自打精准识别把“张三”家列为贫困户起，在公示时有乡亲们表示不服气说“他们家以前不是做生意嘛，怎么这也算贫困户啊”。好了，问题出来了，得为群众解疑释惑啊。市场监管部门提供出准确的数据，清清楚楚告诉大家，张三家早就没有经商了。通过数据显示，假贫困立即就会现出原形，若是有人争当贫困户，偷偷隐瞒自己的真实信息，在数据比对面前也会无所遁形，因为根据身份证号码，可以筛查全省的工商注册登记信息，再把查询到的信息反馈出来，相关部门和行业对扶贫对象进行综合研判，确保扶到最需要扶持的群众，扶到群众最需要扶持的地方。依托这些小小的数据，可以精确认定扶贫对象的真实性、准确性，最终让群众理解认可和相信政策。千万别小看数据哟，因为数据就是证据，小小数据，讲清了大道理，说服了大众人。

“看似寻常最奇崛，成如容易却艰辛。”千万别小看数据哟，小小数据，来之不易，要准确无误，必须进行比对，此项工作难、任务重。一天下午，突然接到局办公室的电话说要对20多万名群众的数据进行比对，而且要尽快提供比对结果。刚接到电话那一刻我简直懵了，瞬间感觉晕乎乎的。天呐！数量是“20多万”，还得尽快，我不敢相信自己的耳朵，全体数据比对工作员都怀疑这是真的吗！军令如山，容不得半点迟疑马虎。临近下班时间，大厅里办事群众走光了，空调嗡嗡响个不停，敲击键盘的哒哒声与鼠标按键声似织布机穿梭运行的响音，一群人仿佛在编织“一幅壮锦”，但手忙脚乱的样子显得别扭和笨拙。时间流逝得很快，大伙忙活了半天，始终无从下手，屏幕光线反射下的是紧蹙的眉头和焦虑的表情。平时对Excel表格的使用都比较初级简单，基本上就是初浅的信息录入，仔细查看就行了，而现在要将20多万名群众的身份信息提取出来，按照乡镇分类分派到各自手中，再输入系统进行查询，短时间基本上完不成啊。怎么办?时间不等人，办法又没有，思考再三，领导主动协调联系请县扶贫办的业务人员远程指导，大家现场边学边操作，以此解决比对中遇到的难题。

常言说好事多磨。刚开始一切还顺畅，谁知当大家费时费劲将系统内部数据全部导出后用两张Excel表格进行交叉筛选时，又发现如此比对出来的数据会有误差。个体工商户信息简单还好处理，企业就复杂多了，经商信息不仅涉及投资人信息，还涉及公司组织结构等等，公司高管的信息没法导出，若是遇到识别对象担任公司高管的情况，就没法比对出准确的数据。信息误差这么大，怎么可行！精准的数据，是实现精准识别、精准帮扶的基础，是精准脱贫取得成效的前提。关键时刻，不容“掉链子”！领导再次出马，请求上级紧急驰援，几经周折终于联系到云南省市场监督管理局信息处的老师，在听完情况汇报后，老师让我们等待处理办法的回复。窗外雨滴敲打在玻璃上，仿佛敲打在心上一样，要是还没有办法，如何是好，平时常用的几种方法在短时间内根本没法解决这么多的数据啊！大家都沉默着，低头无语，办公室往日忙碌而欢快的气息烟消云散，等待的几分钟，恍如世纪般漫长难耐，感觉整个世界都安静了下来，只能听到墙上挂钟烦人的滴答声。忽如一夜春风来，终于等到了回复，上级部门可以将数据导入系统内部查询，悬着的心立马放飞释然，之前担心的比对结果不精准问题能得到解决了！然一波未平一波又起，新的麻烦又来了，如何在保证数据信息安全的情况下，将 20 多万名群众的比对结果快速直接发送给我们，若直接通过外网发送，一旦数据信息泄露，可是重大事故啊。曲曲折折，几多考量，上级终于确定了用内网平台进行传输。真是柳暗花明又一村呐！“安全了！搞定了！”惊喜声久久萦绕在耳畔。在接到数据的第一时间，大家密切配合将数据整理归类，及时反馈给奋战在一线的其他同志。保质保量按时完成了任务，欢欣之余也真真切切感受了“不是一番寒彻骨、怎得梅花扑鼻香”的个中滋味。

“精准脱贫路上一个也不能少”，精准、精准、再精准，这是历史赋予彝良市场监管人的崇高使命与重任，面对庞大的数据量，没有人选择退缩，而是互帮互助、披荆斩棘，攻克一个又一个难关。在确保数据共享交换实时、准确、安全的前提下，不断完善和挑战自我，加快推进经商信息数据共享交换进程，消除部门间的“数据孤岛”，为相关行业、部门提供精准的比对、分析和运用数据。由于比对工作精确性的特征和高强度的节奏，全体工作者从来没有节假日，除了工作日全天候开展此项工作外，大家还主动利用中午、晚上以及周末休息时间加班加量，殚精竭虑完成好比对工作。

记得那是一个盛夏的深夜，天气闷热得让人心发慌，我加完班后拖着疲惫的身子往家走。快到家了突然发现手机落在了办公室，我又恼又悔的转回办公室。走到办公室门口发现门虚掩着，“是谁忘了关门关灯吗？怎么这么不小心？”推门进去发现闫阿姨还在。“阿姨，这么晚了怎么还没回去休息啊，您最近身体不舒服，一大晚上还熬夜怎么受得了？”我心疼地问道。“是小张啊”，阿姨笑了笑：“这不，年纪大了，学东西速度比不上你们年轻人，就想着利用一下晚上的时间把白天新学习的方法巩固一下，不然明天跟不上进度，拖了后腿，大家都这么努力，不能让链子掉在我这里，影响大家啊。”闫阿姨的话猛地扎在我心上，突然感觉自己眼眶一热，有些禁不住想哭。阿姨名叫闫德宣，是市场监督管理局的老职工了，年纪比我们大很多，已经 50 多岁了。就是这样一个没几年快退休的老同志，不论是炎炎夏日还是寒冬时节一直坚守在岗位上，比起其他同事来，她面临更多的困难，不仅要处理很多的业务，还要想方设法学习一些从来没有接触过的新知识，但阿姨从没说过一句“我不会”，反而比其他人额外花费更多的时间在学习上，好不容易可以休息的时候，总是能看见阿姨还在学习，她常常拿着一个小本子把自己遇到的问题梳理出来，上面写着应对的方法、措施……数据比对是个缓慢的过程，有时候在座位上一坐就是六七个小时，为了准确快捷地比对完数据，基本上没有休息时间，她肩膀常常痛的受不了，起来活动活动又坐下，阿姨从来没有叫过一声苦诉过一声累。当我们开展业务时，面对许多前来办事的群众诘问与不理解，阿姨还得一遍又一遍地耐心解释。每每想到这些，竟情不自禁地浮想联翩地想到我的妈妈“一个忙碌劳累的中年女人，花白的头发，眼角爬满了鱼尾纹，慈祥的目光，和风细语的讲话，微笑的面容温暖温馨。”眼前的女人好像久违的妈妈，连身材姿态都是那么的相像。我走上前轻轻地把手抚在她肩上，真想说一声“妈妈，你受得了吗，女儿真担心您受不了啊！”

家美，姓王，市场监督管理局的一名普通临聘人员，29 岁的她总是笑眯眯的，虽然平时话很少，但比对数据的认真劲一点也不含糊。每次接到需要比对数据的通知时，她总能提前完成任务，把对应的资料整理得井井有条，很多时候大伙都觉得只要有她在，数据的比对一定能保质保量的按时完成。她的两个孩子都还小，尤其是小女儿特别黏妈妈，家美不得已常带着孩子来上班，一旦有数据比对工作时，小孩子加班也成了常态化。平常一放学，大女儿自觉地找一个角落安安静静地写作业，小妹妹坐在姐姐旁边好奇的当观众，乖乖的不乱也不闹。有一次同事问妹妹：“妈妈这么忙，都没有时间陪你们玩游戏，你会不会不开心啊？”妹妹想了想：“我也想妈妈天天能陪我玩，可是妈妈说了，她在做很重要的工作，能帮好多好多的人，叫我乖乖的一个人耍。”

没有惊天动地的事迹，只有记不清的加班干活，一群平凡得让人无法记住姓名的市场监管工作者。不是没有苦累酸楚，而是责任与使命让大家坚持了下来，不论是阿姨、家美还是同事们，都只是市场监管工作者的一个个缩影，是无数个平凡又努力的他们在背后默默的付出，提供出一个个精准的数据，保障了精准识别工作的顺利开展，用小小数据托起了脱贫攻坚的一片碧海蓝天。

有人说数据比对工作轻巧容易，足不出户甚至闭门造车就能完成。是的，比起更多奋战在脱贫攻坚一线的同志似乎显得轻松、平凡，没有走村串户的旅程，没有嘘寒问暖的唠嗑，没有跋山涉水的艰辛，没有乡里乡亲的零距离交情，更没有战犹酣的淋漓快意和丰伟功绩的展现，只有一堆堆一团团冰冷的数据。但是，千万别小看数据哟，数据非人却亦有情，正是这一个个不起眼的小数据，和其他部门的比对数据交织在一起，构成了精准识别的一张大网络，从中找出了真正的贫困村、贫困户、贫困人，从中了解到群众的贫困状况、分析透群众的致贫原因、摸清楚群众的帮扶需求，让群众心服口服认可扶贫对象、认可帮扶措施。精准脱贫要义在于精准，数据会说话，能不重要吗?

用“数据”助力“扶贫”，打通精准脱贫的“经络”，小小数据结出丰硕的果实。截至 2020 年 8 月，在大家齐心协力一致努力和加班加点的奋战下，圆满完成全县所有贫困人口经商信息的数据比对任务，总应比对 27 次、1995357 人次，实际比对 27 次、1995357 人次，比对率 100%。

充分利用比对数据，脱贫路上确保不漏一户、不落一人，这是全体市场监督管理人坚决打赢脱贫攻坚战的决心，层层压实责任，提供最准确的数据，让扶贫对象精准，坚定沿着精准扶贫、精准脱贫的战略方向继续前进。精准脱贫之路，脱贫只是第一步，更好的日子还在后头；摘帽不是终点，而是新生活、新奋斗的起点。

（作者系彝良县市场监督管理局工作人员）

杉林茂盛寨子兴

彭昌宇

彝良县角奎镇杉林村、寨子村均是深度贫困村，贫困发生率高，基础设施条件极差，群众收入单一且极不稳定，村内主要道路坑洼不平，晴天尘土飞扬、雨天泥泞满地。村民住房多是土木结构，要想顺利脱贫出列，任重道远。2014 年以来，彝良县人民检察院先后挂钩帮扶杉林、寨子两个行政村，至今已有 7 个年头。这些年，通过各级党委政府、社会各界、挂联单位和群众的共同努力，如今两个行政村整体情况焕然一新，路硬化好了，房屋建设完工，收入结构变得多元化。走进农户家中，群众的笑容明显增多了，问起当下的生活情况，纷纷表示感谢党和政府的关怀，感谢工作人员的关心，我们现在吃得饱、穿得暖、住得好，相信生活会变得越来越好。

这只是彝良县人民检察院助力脱贫攻坚的一个缩影。在扶贫攻坚“挂包帮”“转走访”工作中，彝良县人民检察院扎实开展遍访工作，精心制订帮扶方案，认真落实帮扶措施，形成了单位真帮扶、帮扶责任人真抓落实、措施真精准、群众真受益的良好帮扶格局。

精准帮扶，精准施策

“有了检察院干部的帮扶和地方党委、政府的关心，我家盖起了新房子，养起了猪，地里种上了方竹，现在过上了好生活”，建档立卡贫困户徐华事由衷说道。在彝良县角奎镇寨子村的徐华事家中，提及干部挂包帮扶贫困户的时候，他脸上挂着幸福的笑容。

徐华事是彝良县人民检察院干警结对帮扶的建档立卡贫困户，帮扶干部通过走访发现，徐华事父亲残疾，目前患慢性疾病，两个孩子年幼，全家就靠他一个人打零工维持生计，要想实现脱贫出列难度巨大。考虑到他家实际情况，帮扶干部、驻村工作队、村“两委”通过认真研判，制订精准帮扶措施，2017 年，在各方的努力下，利用农危改补助资金，加上部分自筹资金，他家拆除了年久失修的旧屋，新建了住房。当年，全家 6 口人搬进了新居，过上了舒心愉快的生活。根据徐华事家的实际情况和地理环境优势，帮助他家积极落实政策扶持，发展养猪、方竹种植，拓宽收入来源，通过政策扶持和自身的努力，现全家年人均收入近 6000 元。

“老张，现在家庭情况如何了？”“我家的情况，你们都清楚的嘛，现在房子修好了，收入稳定了，全家人生活都不愁了”。这是帮扶干部，在遇到角奎镇杉林村学校组建档立卡贫困户张明安时，简单而欣慰的对话。角奎镇杉林村学校组建档立卡贫困户张明安，全家 3 口人，张明安右手残疾，儿子生病去世多年，儿媳改嫁，家中就是两位老人带一个孙子，居住房屋是 40 年前修建的土墙房。家中又无收入来源，生活苦不堪言，帮扶干部了解这一情况后，立即联系驻村工作队和村“两委”干部，入户落实扶持措施。针对住房安全问题，及时对接相关部门实施农危改项目，考虑到一家人收入无稳定来源，结合扶贫政策，引导张明安一家人发展养羊项目，并落实社会保障措施。现在，张明安一家人住进了安全的住房，收入也稳定了。提及彝良县人民检察院、提及检察院帮扶干部，张明安竖起大拇指高兴地说“好好好！”

易地搬迁，安居乐业

在彝良县角奎镇发界易地扶贫搬迁安置点，徐仕洪的新家是一套100平方米的房子。在他的新家里，客厅内饭桌和几张木椅摆放有序，卧室里新床、新衣柜简约大方，厨房里液化气灶、油烟机等厨具一应俱全。“现在的生活真的比以前好太多了，这在以前想都不敢想。”徐仕洪对驻村工作队队员这样讲。搬迁前，徐仕洪一家四口，蜗居在角奎镇寨子村打炉组60余平方米的土墙房里。“那时候一下雨，家里就漏水，外面下大雨，里面下小雨。”徐仕洪回想起以前的生活情景，不禁泪水打湿了眼眶。

精准扶贫，安居乐业很关键。为了扎实有效推进易地扶贫搬迁工作，彝良县人民检察院上下拧成一股绳，坚持从搬得出、稳得住、能致富等方面入手，紧盯建档立卡贫困人口，认真开展搬迁对象精准识别和“回头看”，将有搬迁意愿、符合条件的贫困户全部纳入搬迁范围，确保“不漏搬一户一人，不错搬一户一人”。

目前，除了徐仕洪一家外，县检察院挂钩帮扶的贫困户完成易地扶贫搬迁101户。

脱贫攻坚是一场不能输的硬仗。2014年以来，彝良县人民检察院积极响应上级党委政府开展“挂包帮”“转走访”工作的号召，以助推彝良县角奎镇杉林村、寨子村脱贫攻坚为方向，把贫困村和贫困群众脱贫出列，作为工作的主要重心。先后派出13人到彝良县角奎镇杉林村、寨子村开展驻村帮扶工作，组织干部职工捐资3万余元，下拨、协调扶贫经费80余万元，发放物资若干，帮助挂钩帮扶村和建档立卡贫困户实施产业发展、房屋改造、道路硬化建设等项目，从根本上扭转了两个村基础设施差、住危房情况严重、产业发展滞后、收入来源单一的不利局面。

截至目前，彝良县人民检察院所挂钩帮扶的两个村，已顺利脱贫出列，但在今后的脱贫攻坚工作中，彝良县人民检察院将一如既往，以硬的作风、实的干劲，抓好今后一段时间脱贫攻坚工作，圆满完成脱贫攻坚这一伟大的事业。

（作者系彝良县人民检察院工作人员）

用心实扶　用事扶实

刘昌俊

彝良县总工会在县委、县政府及县扶贫办的领导下，坚持以习近平新时代中国特色社会主义思想为指导，认真贯彻落实习近平总书记考察云南重要讲话和中央、省、市系列重要会议，及县委十二届五次全会精神，坚持稳中求进工作总基调，坚持新发展理念，坚持以供给侧结构性改革为主线，坚持以改革开放为动力，加快推动高质量发展，坚决打赢“三大攻坚战”，全面做好“六稳”“六保”工作，统筹推进稳增长、促改革、调结构、惠民生、防风险、保稳定，坚决打赢脱贫攻坚、全面建成小康社会和“十三五”规划收官之战。我单位挂钩扶贫点 2017 年 11 月前是角奎镇坪政村，后调整为角奎镇河湾村。不管挂钩哪里，我们都全力以赴地为当地办实事，千方百计帮助农户致富增收。

高度重视，迅速行动

精准扶贫一开始，成立了以总工会常务副主席钟琼为组长，全体干部职工为成员的工作组。2017 年 5 月，坪政村成立了以驻村第一书记文开元为组长的坪政村贫困人口精准识别摸底调查领导小组，县总工会的 9 名干部职工参与驻到坪政村走访144天，6月23日，工作组全部完成坪政村1810户农户的遍走访工作，并对相关信息进行统计汇总及核实，确保信息的准确。6月25日，在摸底调查工作的基础上，坪政村“一评一审一公示”工作启动。2018年4月以来由主要领导牵头开展脱贫攻坚工作，单位9名包保干部各负其责，挂包河湾村61户贫困户243人，派5名干部驻河湾村、发界片区开展扶贫工作（其中1名副主席担任河湾村第一书记，1名副主席脱岗到发界易迁安置点指挥部），做到分工明确、责任到人。2019年10月，搬迁工作开始后，安排常务副主席带队牵头，组建职工服务队伍参与安置点搬迁志愿者服务工作，抽调2名工作人员参与安置点搬迁志愿者服务工作。

加强基础建设，协调发展产业

总工会挂钩坪政村扶贫情况。投入资金5万元，维修了总长度3.8公里，涉及11个村民小组436户2036人的林口小学至红子林村社公路；为坪政村解决了建设“儿童之家”建设缺口资金3万元；投入资金6.9万元，帮助解决制作制度牌、公示栏等宣传经费，购买办公桌椅，改善村办公条件；筹集资金8.2万元，建成村级文化活动广场和田湾村民小组文化活动广场；按照扶贫工作队制订“雨露计划”扶贫培训的工作方案，认真开展“雨露计划”宣传，帮助贫困大专生申请经费补助；协调资金7万元解决了街上、下发等6个村民小组的安全饮水问题，协调完成红石片区21个村民小组的农网改造，为农民提供了充足、安全、稳定的电能；帮助解决春耕生产购买农药、良种和沟渠维修等资金1.5万元，同时安排挂村指导员积极推广农业科技，参与完成玉米单株定向密植5000亩；在脱贫攻坚动态管理摸底调查工作中，筹集资金9万余元解决交通工具等系列问题，从根本上确保了工作的顺利开展。

总工会挂钩河湾村扶贫情况。投入资金 12 万余元，改善河湾村办公环境和村级基础设施，帮助修建党员活动室、村办公场所、村社公路，购置办公设备等，为村级组织和干部开展工作提供有力保障，促进脱贫攻坚各项工作有序开展；向河湾村捐赠电脑、桌椅、空调等价值 2.7 万元的办公设备。全力支持河湾村发展规划，一是在镇大力支持下，运用扶贫产业发展资金 56.2 万元建设养鸡场，现主体工程已全面完成，于 2020 年 6 月 10 日 5150 只小鸡顺利进场正常开展养殖；二是积极与镇项目办沟通协调项目资金 21.07 万元修建田坝、高坎两个村小组产业及人行桥，总工会支持观音小组人行及产业桥建设 16 万元，维修及新修公路建设投入资金 15.5 万元，饮水巩固提升修建水池 9 个，主管及到户管网 4400 米，现 3 座桥、公路、水池都已正常使用。

总工会发界安置点扶贫情况：一是易地抓职工服务阵地建设，搭建易地搬迁安置点工会工作平台。按照省总工会，关于在万人以上安置点建职工服务站的要求，积极向县委、县政府汇报，得到了县委、县政府的大力支持。经 2020 年 3 月 16 日彝良县第十六届人民政府第 36 次常务会议和 3 月 26 日调研专题会研究，拟同意将彝良县发界安置区面积 1177.9 平方米，造价 375 万元的 S1 栋和面积为 986.92 平方米造价 295 万元的 S4 栋房屋，一起规划给县总工会，用于发界安置点职工服务站建设，责成县总工会积极向上级工会争取专项资金，待资金到位并完善相关程序后，将该服务站产权划归县总工会所有。

抓组织建设，确保搬迁群众归属感和认同感

总工会以助力搬迁群众“搬得出、稳得住、能致富”为核心，切实加强易地扶贫安置点的工会组织建设。依托社区工会，大力开展安置点农民

工建会入会工作，最大限度把符合入会条件的搬迁群众吸纳到工会中来，进一步扩大工会组织覆盖面、增强工会组织凝聚力。2020 年 4 月，拨付建会资金 4 万元，启动发界安置点团结、前进、远航、扬帆 4 个社区建会入会工作；2020 年 4 月底，4 个社区已按建会程序完成了建会工作，吸纳社区工作人员、楼栋长、保安人员、物业管理人员、已稳定就业务工人员等会员共 4538 人。下步将进一步加大宣传力度，逐步引导已就业人员入会，确保安置点现有就业人员 11918 人全部吸纳入会，并结合 2251 名未就业人员逐一落实就业情况，逐步将有劳动能力的搬迁群众吸纳入工会组织。

结合单位实际，开展帮扶慰问

一是开展元旦春节送温暖活动。2015—2020年每年春节来临之际，总工会班子成员带领干部职工，分别到挂钩扶贫点坪政村、河湾村、塘房社区、发界安置点楼栋长、安置点社区、河湾村、庙林村、木营村、大竹村、发界安置点警务室等省、市、县、乡、村，发放各级扶贫干部慰问金共 14.81 万元、毛毯 60 床、棉被 93 床，棉袄 50 件，让困难群众过上一个温暖、欢乐、祥和的春节。二是开展“六一”慰问。每年‘六一’儿童节，总工会干部职工，都要为扶贫点儿童送去 1000 多元铅笔、学习本、文具盒等学习用品，与孩子们共同度过欢快的节日。三是开展金秋助学活动。按照“扶贫先扶智、治贫先治愚”的工作思路，发挥工会职能，近年来挂钩扶贫点角奎镇坪政村和河湾村，为 42 户子女在大中专院校就读的建档立卡贫困户，发放了 8.4 万元“金秋助学”慰问金；对工会帮扶工作管理系统在档的 83 名企业下岗困难职工子女，发放了 24.4 万元助学金，进一步推进精准扶贫工作。四是开展扶贫点临时帮扶。投入 0.45 万元对挂钩扶贫点塘房社区、河湾村 2 家遭受意外致困的建档立卡贫困户，开展临时慰问和窗户维修。帮助患重病的单华元联系对接多家部门，解决其去昆明看病住院无钱缴纳手术费等事宜，帮助其顺利到医院做完手术保住生命，并为其发放 5000 元的帮扶资金。五是开展中秋国庆送温暖。中秋国庆期间，对 222 户困难职工家庭开展了送温暖活动，通过生活救助、医疗救助、临时帮扶等共发放了 62 万余元慰问资金。

发挥工会行业作用，技能培训促脱贫

一是结合“新工人·新成长·新市民”脱贫攻坚行动，2017 年 9 月，投入资金在坪政村开展为期一周的电焊工技能培训班，对 80 多名贫困群众，进行农民工素质提升及引导性培训，通过培训方式助力脱贫攻坚。2018 年投入资金 40 多万元，聘请专业培训老师分别在钟鸣、荞山、小草坝等 5 个乡镇，开展了 4000 名农民工技能培训；对枇杷修枝及施肥、辣椒大田移栽、花椒种植、酒店艺术插花等种植技术、家畜饲养、技能技术，进行了理论知识和实用技术现场实地操作演示培训，进一步提高了农民工技能水平和就业能力，促进农村劳动力向非农产业和城镇转移，助力脱贫攻坚。其中扶贫点河湾村 30 名农民工参加了艺术插花技能培训，投入资金 3000 元。二是开展育婴师、电工技能培训，帮助 140 余名困难职工、农民工学习职业技能，提升就业或再就业能力。其中在扶贫点河湾村投入资金 6.3 万元，对 84 名农民工开展了电工技能培训；2020 年 8 月在发界安置点团结社区和前进社区，举办技能培训班，对 137 名易地搬迁贫困户进行电工和焊工技能培训。结合发界易迁点扶贫车间工种要求和特点，筹集资金 4.2 万元，依托中云大慈集团昭通大慈旅游投资开发有限公司“公司 + 合作社 + 绣娘”的少数民族刺绣文化产业运作方式，筹集资金 4.2 万元，在安置点开展“彝花绣”绣娘第二、三期提升培训工作，帮助妇女灵活就业、就近就业、居家就业。通过培训获得技能资格证，为他们就业提供了新的机会，“授人以鱼，不如授人以渔”。三是在渔湖新城二期建筑施工场地，举办建设行业“质量月”活动启动仪式暨重点工程技能竞赛，120余名农民工参加了电工、钢筋工、泥工技能竞赛。通过比赛为高楼大厦的建设者们，提供相互交流、相互学习、展示才华的机会，搭建培育企业精神和建设高素质职工队伍、增强劳动者劳动本领、激励职工创造辉煌业绩的平台。四是扎实开展城镇困难职工解困脱困精准识别“回头看”促脱贫工作；为准确掌握目前在档的企业下岗困难职工基本情况，进一步做好企业下岗困难职工解困脱困工作，2017—2020年，工会牵头粮食、供销、工科等5个系统部门和角奎镇五个社区人员，分组对我县351户困难职工开展了精准识别“回头看”入户走访工作，对困难职工家庭收入、家庭致困原因和住房、医疗、社保、子女上学等基本情况，进行详细了解和登记，准确掌握困难职工的致困原因、脱困诉求，及时清理、完善不合格档案，为实施精准帮扶、精准脱贫、解困脱困奠定基础。

发挥工会职能，做好疫情防控工作

今年1月以来，我们遭遇了突如其来的新冠肺炎疫情，我单位严格落实“堵、排、控、查、治”综合措施，全面筑牢“外防输入、内防扩散”的严密警戒线，坚决打好打赢新冠肺炎疫情防控的人民战争、总体战、阻击战。一是选派人员参与病情宣传和高危人员排查工作。在彝良县疫情防控期间，除了选派人员参加对途经湖北或武汉、县外返彝人员、河湾户籍到境外和近期拟从境外入彝人员，出境包括港、澳、台人员的排查上报和严格落实监管。对排查出的13名途经湖北和武汉人员，实行居家观察监管。县监管负责人和村医生每天上门监测体温，观察14天满统一组织到县中医院去体检，合格后解除居家观察。对我村县外返彝42员实行居家观察，满14天组织到村卫生室体检，合格后解除居家观察。二是加强宣传引导身体合格的农民工返岗就业。疫情防控期间，一共宣传动员河湾村210名农民工健康体检合格人员返岗就业（返岗方式随政府包车或自行）。三是落实好疫情防控一线人员的慰问工作。根据上级文件精神，我单位在疫情期间，分别对卫建局一线医务人员、疾控中心一线医务人员、县医院一线医务人员、县中医院一线医务人员、公安一线干警、交通一线干警、发界易迁点社区一线干部、蚕桑林社区一线干部、大河社区一线干部、花生地社区一线干部、中河坝社区一线干部、河湾村一线干部、一线乡村医生等疫情防控一线工作的党员干部，发放慰问金或物资共计27.62201万元。截至目前，全县未发生新冠肺炎确诊病例。经济社会秩序加快恢复，疫情防控工作取得了阶段性胜利！

城镇困难职工解困脱困精准识别，“回头看”促脱贫工作

为准确掌握目前在档的企业下岗困难职工基本情况，进一步做好企业下岗困难职工解困脱困工作，2017—2020年，工会牵头粮食、供销、工科等5个系统部门和角奎镇五个社区人员，分组对我县351户困难职工开展了精准识别“回头看”入户走访工作。对困难职工家庭收入、家庭致困原因和住房、医疗、社保、子女上学等基本情况，进行详细了解和登记，准确掌握困难职工的致困原因、脱困诉求，及时清理、完善不合格档案，为实施精准帮扶、精准脱贫、解困脱困奠定基础。

高质量完成脱贫任务

河湾村2020年脱贫的2户12人（韩湾组易迁户王兴兵共7人，分销组杨永香5人），2019年时分析研判会上因此两户转移性收入过高，收入相对不稳定，则拟为未脱贫户。现王兴兵户：王兴兵及其妻子进行引导在彝良县城打零工，王顺权、王天禄、王顺朋3人解决C类农村低保182元/月/人，6552元/年；周文秀1人城镇低保375元/月/人，4500元/年；帮助落实王天禄、周文秀共2人城乡居民社会保障，206元/月，2678元/年；帮助落实王顺权、王天禄、周文秀3人残疾人补贴3人，190元/月，2280元/年。现杨永香户：组织引导杨永香、余波、余清梅3人外出务工，每月2500元，合计45000元/年，余杨梅参加彝良县教师招聘考试，于2020年9月正式考入角奎镇中心幼儿园任教，成为公职人员；帮助落实刘富珍1人城乡居民社会保险103元/月，1236元/年；帮助落实余杨梅、刘富珍2人B类农村低保245元/月/人，5880元/年。2户的年人均纯收入远超于2019年的脱贫标准3750元；2020年两户未脱贫户5项指标均能达标，稳定脱贫。

（作者系彝良县总工会工作人员）

税务官的蓝色情怀

夏文清

殷殷善举，春华秋实。在这场脱贫攻坚大决战中，彝良县税务局一如既往不懈的努力，写在将军故里日渐殷实的土地上，绽放在父老乡亲们的笑脸上。千里之行，始于足下，彝良税务人将永远在路上，把这一抹动人的“税务蓝”涌动在英雄的家乡，见证着彝良税务人对这片将军故里长情的爱恋与坚守。

群众利益无小事，贴心帮助显担当

“谢谢税务局的同志，将我家的事情一直放在心上，没想到你们那么快就帮我解决了一件大事，衷心感谢共产党的好政策！和党委政府那么多热心的同志，来帮我家解决了几年来的担心”。2020 年 7 月 17 日，彝良县角奎镇坪政村脱贫户张候早，将一面“忠于职守　勤政爱民”的锦旗送到了彝良县税务局挂包扶贫干部郑玉芬的手中，以表达自己对彝良县税务局帮扶干部真情帮扶的感激之情。

张候早是彝良县税务局挂钩扶贫点角奎镇坪政村的一户农民，家中 6

口人，2016 年被识别为贫困户。彝良县税务局挂包干部坚持“扶贫先扶志（智）”的思想，积极动员张候早外出务工，通过劳动脱贫、劳动致富，已于 2019 年达到脱贫出列标准。他的女儿张雪因为长期跟随父母在外务工，户口问题还没有落实，张候早说，“我们一家人在外面务工，来回，孩子的落户的问题一直让我们放心不下，生怕耽误了孩子以后的上学问题，让我们在外面打工也是放不开手脚”。挂包干部郑玉芬了解这一情况后，及时向单位领导反映，并及时联系相关部门，在最短的时间内，帮他女儿解决了户口问题。“真的感谢各位扶贫干部，我在外面务工得到了很多好心人的帮助，在家乡也有那么多扶贫干部在帮助我家，现在党和国家的政策那么好，我们老百姓的日子也越来越好了，解决了孩子户口问题，我在外面挣钱就无后顾之忧了，可以放开手脚大干一场了！”张候早在拿到女儿的户口本时激动地对扶贫干部说道。

减税降费强底气，精准扶贫壮筋骨

走出彝良税务办税大厅，杨昌龙脸上写满了幸福，满怀信心地踏上了回家的路。因为他刚刚办理了建档立卡贫困人口从事个体经营的税收优惠退税业务，虽然当期只有 3600 元的税收优惠，却让他增强了致富的底气。

杨昌龙是彝良县角奎镇漆树村贫困农户，2013 年被识别为建档立卡户，随着国家精准扶贫一系列政策措施的逐一落地，杨昌龙经过 3 年的努力，于 2016 年成功脱贫。但不惑之年的他在和下乡扶贫干部的多次交流中，开阔了眼界，打开了致富的思路。看到近年来农村建设正蓬勃兴起的机遇后，他于 2018 年 8 月，在县工商局登记注册了彝良县昌龙工程服务部，从此便开始了他的创业致富之路，杨昌龙也成了漆树村有名的致富能手。随着国家更大规模减税降费的实施，一系列税收优惠政策，也为杨昌龙这样的建档立卡个体经营户，带来了实实在在的多重好处。

杨昌龙连连感叹：“习总书记一直牵挂着我们这些普普通通的群众，党和国家各种税收优惠好政策，让我们家发生了翻天覆地的变化，‘脱贫不忘习主席，致富感恩共产党’，有党和国家的强大支撑，这就是我们老百姓致富的底气啊！”

透过“一只眼睛”，呈盛世中国梦

2019 年 2 月，挂包帮扶干部在彝良县角奎镇坪政村红籽组入户走访的过程中，发现有一个小女孩怯懦地蹲在地上不与旁边的孩子一起玩耍，仔细一看才发现她的左眼眼球上，被一颗黄豆般大小的肉球完全覆盖，与她稚嫩天真的脸庞显得格格不入，让人看着心生怜悯。听周边群众说起，才知道原来她叫王志敏（小敏），是坪政村上石组的一名留守儿童，父母长年在外打工，孩子跟着外婆在家生活。几年前就发现了这种情况，但因为家庭贫困，父母一直就没送小孩去检查治疗，这一耽误就恶化成现在这样。帮扶干部立即把这个情况向局领导反映，领导决定立马带孩子去治疗，并由单位承担所有的医疗费用。

随后，经彝良县人民医院初步检查，由于发病时间太长，左眼视网膜已经完全受损，没有办法恢复视力了，又立刻联系安排专人带小敏去华西医院进行检查。然而，华西医院的检查结果也同彝良县医院的一致：眼睛已经无法恢复视力了，但为了防止肉球继续变大，导致癌变以及增生的痛苦，还是建议将肉球切除。但小敏的家人不愿意做手术，为此，彝良县税务局经常给小敏爸妈打电话，给他们做思想工作，最终小敏的父母同意进行手术。2019 年 11 月中旬，小敏终于完成了眼睛肉球增生的切割手术。在手术后几天，小敏恢复得好，装上了眼片（假眼）。眼片装上后，小敏一直咯咯咯地笑个不停，照着镜子对妈妈和工作人员说："呀，这只眼睛也有了，好漂亮啊，以后再也没有人说我是'独眼龙'了！"

做完手术从四川回来后，小敏的父亲泣不成声，激动地说："真的太谢谢你们了，感谢党和政府啊，这下我这个当爹的不用再担心我娃儿会因为眼睛问题，影响她以后的生活了，谢谢你们，谢谢你们！我会告诉娃儿，要一辈子记得感谢党和政府！"

门口的小板凳上，小敏穿上扶贫干部给她买的新衣服，摆弄着给她买的书本和文具，歪着头坐着，甜甜地笑着。一个6岁孩子其实真的很容易满足和开心，这样一个天真的年龄，虽然左眼视力没有恢复，但是她却拥有了美丽的"眼睛"，在彝良县委、县政府的关心下，在彝良县税务局及社会各界的帮助下，小敏重新装上了一扇窗，从此之后，她的童年梦不会再残缺。我们坚信，在往后的日子里，她也一定会用这份善意去温暖更多的人。大爱无疆，岁月静好，在她以后的成长道路上，她重生的"眼睛"，温柔地吸吮着这世间最美好的阳光，沐浴着她心里的那颗在医院、在手术室、在她治疗过程中给她温暖、鼓励、力量和帮助的人，给她种下的真善美的种子，伴随着她一天天茁壮成长。

（作者系彝良县税务局工作人员）

第七编　东西协作情谊深
社会帮扶携手行

滇粤情深

杨文根

“喔喔喔……”听，一只昂首挺胸的“凤羽鸡”正在竹林里高声啼鸣，此时，周围数十家农户大小不一的放养场和圈舍里鸡的啼叫声，正此起彼伏。在东西协作政策的引领下，我县脱贫攻坚工作正如这热闹的景象一般，红红火火蒸蒸日上。

自东西部扶贫协作工作开展以来，彝良县与东莞市坚持“中央要求、彝良所需、东莞所能、优势互补、合作共赢”的原则，通过聚焦产业合作、深化结对帮扶、创新协作思路等，多形式、深层次、宽领域、全方位的扶贫协作，在劳务输出、消费扶贫、创新带动等方面效果显著，两地“携手共奔小康”的蓝图正从画中走出来，逐渐变为美好现实。

加强组织领导，凝聚工作合力

扶贫办会议室里，座无虚席，正在召开彝良县2020年东西部扶贫协作工作推进会，这是今年来召开的第17次由县领导主持召开的会议。与会人员包括各涉标部门和乡镇的主要领导和业务员，以及协作办的全体成员。

习近平总书记强调，东西部扶贫协作和对口支援，是推动区域协调发展、协同发展、共同发展的大战略，是实现先富帮后富、最终实现共同富裕目标的大举措。彝良县高度重视，成立了由县委、县政府主要领导任“双组长”，相关县处级领导任副组长，有关部门主要负责人为成员的扶贫协作领导小组，下设扶贫协作办公室。在县扶贫办，东西部工作人员合署办公，每项工作都有条不紊地进行着。

“为了扎实开展携手奔小康行动，东莞市与彝良县签订了‘携手奔小康’框架协议，就产业发展、劳务输出、教育卫生等协作领域开展交流对接。在框架协议的基础上，相继签订了其他相关协议，制订了《东西部扶贫协作规划》。”扶贫办挂职副主任黎伟通说，他来彝良县挂职已经三年有余，大家都笑称他为吃不了辣的本地人。在彝良的三年时间里，他跑遍了彝良大山的村村寨寨，对每一个地方的情况都了然于心。

“我们还制订了《扶贫协作工作制度》，建立广东省东莞市结对镇街与彝良县交流互访、联席会议、扶贫协作等工作机制，明确党委政府主要领导每年开展互访，其他领导不定期互访、对口部门行业互访，每年至少召开1次扶贫协作工作联席会议，协商解决扶贫协作工作中的重大问题。结对帮扶以来，两地党委政府主要领导先后开展了19次交流互访，召开了东西部扶贫协作党政联席会议17次，对扶贫协作推进情况进行了对接磋商。”扶贫办副主任许坤接过黎伟通的话茬说。

东西协作引“双资”，多管齐下助脱贫

——“双资”之资金

从彝良县城出发，沿着蜿蜒的山路驱车40分钟，就到了远近闻名的天麻之乡——小草坝。提起阴雨绵绵的小草坝，你的脑海是否浮现出一幅烟

雨蒙蒙的美景，抑或是草丛里那个大肥美的天麻正在破土而出？而在小草坝能繁母猪繁育场项目的施工现场，汗水和雨水正交融在一起。该项目规划用地 112.6 亩，设计规模最大容纳母猪存栏 2000 头，投入 2020 年东西协作市级财政资金 1000 万元。建成后每年可提供优质仔猪 4 万头，实现全县生猪养殖产业健康发展。为了克服天气影响，按照时间节点按质按量完成任务，雨衣雨靴雨棚成了工地上的必需品。工人们任劳任怨，昼夜施工，“我们即将完成的不止是一个项目，而是全县人民的希望，更是东部帮扶地区的殷殷期盼！”业主单位驻项目负责人单吉伟说。

2016 年以来，东莞支援我县资金总额达 15529.7 万元，市级财政资金共 13000 万元，携手奔小康资金 1166 万元，社会帮扶资金 1363.7 万元，其中 15208.4026 万元用于实施项目 98 个，涵盖教育、医疗、公共卫生、基础设施、劳务协作、产业合作等各个方面，全县 63.15 万人受益。

引入资金只是东莞帮扶彝良县的第一步，完成了“输血”，接下来就是“造血”。

——“双资”之物资

为深入贯彻落实全国“万企帮万村”精准扶贫行动现场会精神，东部民营企业家秉承“重信重义、自强不息”的精神，积极参与“万企帮万村”行动，千方百计为彝良县脱贫摘帽贡献力量。

“我们始终把发挥东部商会作用贯穿始终，注重发挥商会密切联系企业的优势，通过商会积极联系各行业、各领域的代表性企业和领军人物，引领更多的企业参与到‘万企帮万村’行动中来。”彝良县委常委、挂职副县长罗小勇说。

结对帮扶以来，数百个东部企业通过善基金会和商会参与“万企帮万村”行动，对我县贫困村进行结对帮扶。捐物折资近两千万元，捐赠物品涵盖生产、生活、学习等各个方面，包括米、面、粮、油、冬衣、医疗用品、电脑、烘干机、书籍等。“当贫困群众收到捐赠物资的时候，我们看到了他们淳朴灿烂的笑脸，有的沟壑纵横，有的天真烂漫……那一刻，我觉得我们所做的一切都是值得的！”公益组织狮子会成员雄起哥说。

——让贫困户家家有产业，人人能就业

提起彝良，大家的第一印象应该是小草坝天麻。其实彝良不止有天麻，还有黄毛猪、百草羊、山地牛、魔芋、竹笋、花椒、苹果等多种农特产品。这里特殊的地理气候环境造就了多种多样的生物资源，加之没有工业污染，生产方式传统，彝良县的农副产品是当之无愧的纯天然、无污染、纯绿色、无公害产品。但受制于落后的交通运输条件和产业发展理念，彝良县农副产品产业呈现出品种多、规模小，精品多、商品少的特点。

自对口帮扶工作开展以来，东西双方协力寻找合作商机，拓宽农产品销售渠道，开展消费扶贫，最终解决运输问题、成本问题和市场问题，通过市场力量架起彝良农产品到东部餐桌的桥梁。

“解决了市场问题，就可以放手干了。”彝良浩益天麻种植场创始人张科委说。如今他带领全村人一起从事天麻种植、天麻系列产品生产和销售工作。说起浩益天麻种植场，张科伟十分自豪，从一个人摸爬滚打，到现在全村人齐心共进，不仅让自己实现了财务自由，更为全村人脱贫致富贡献了自己的力量。

“不管是种花椒还是种竹子，还是养鸡养鹅，政府都给补贴，卖得好政府还给奖励呢。不过最后我还是选择了养猪，我跟彝良宸宇农业科技有限公司签订了协议，公司提供猪仔，负责技术培训指导，我负责日常养护，等肥猪出栏公司又收回去，一点都不用担心销路，地方还是原来的地方，活路还是熟悉的活路，既拿工资又有分红，相当于自己给自己打工。对了，你看这猪圈，也是政府出钱给修的！”正在猪圈里忙碌着的李志洪咧嘴笑着说。

“在彝良县政府和东西协作政策的大力支持下，现在公司已经和 15 家养殖专业合作社签订了合作养殖管理协议，直接带动的农户近五千人，间接带动的近三万人。”彝良宸宇农业科技有限公司负责人邹锐说，“公司运营模式采用‘农业发展协会＋龙头公司＋合作社＋农户’的发展模式，依托政府支持，由公司建立畜禽养殖培育种苗基地，免费提供技术指导，根据市场需求规划产品种类，为养殖合作社及农户垫资畜禽幼崽、有机饲料等款项；由合作社、农户根据公司统一部署及生产要求，养殖优质、畜禽，交由公司统一屠宰、加工、销售。”

我县还吸引了10个东部企业在彝良县落地和增资，新增投资6000余万元，带动建档立卡户4300余户。在多方的共同努力下，仅2019年和2020年两年就帮助落实消费扶贫5100万元，带动贫困人口数千人。

发展产业带动就业，既是解决当前贫困人口脱贫的重要举措，也是保障已脱贫人口不返贫的有效措施。为了实现贫困户“家家有产业，人人能就业”的目标，彝良县因地制宜发展特色产业，打造出以天麻、花椒为代表的种植业，以山地牛、生态猪为代表的畜牧业等产业，结对帮扶以来实施了近百个产业项目并取得了如期效益。

就业扶贫拔穷根，幸福生活有盼头

就业是民生之本，也是脱贫之要。一人就业，全家脱贫。增加就业是最有效最直接的脱贫方式，贫困劳动力通过自身劳动得到收入，可以获得更多的满足感、成就感和幸福感，激发脱贫的内生动力，解决贫困代际传递。

在决战决胜脱贫攻坚的过程中，彝良县在东西协作的支持和帮助下努力开拓就业空间，挖掘就业岗位，让贫困劳动力端稳端牢“饭碗”，持续稳定脱贫。

——扶贫车间助脱贫，奔向小康新生活

清晨7点半起床，简单洗漱后，步行10分钟，就到了工作单位——东

莞市诚盛线材有限公司，来自龙海镇红岩村的蒋应芬，就这样开始了在彝良的一天。没错，是在彝良的一天，这里并不是笔误，东莞市诚盛线材有公司是进驻发界安置区东西扶贫协作标段一家东莞企业，蒋应芬在这里工作有一段日子了。说起这份工作，蒋应芬十分满意和骄傲，平时沉默寡言的她一下子就打开了话匣子："离婚后，我又当爹又当妈，一个人拉扯两个儿子，还要照顾78岁的老母亲，搬到这里之前，我像个男人一样下地干活，连件像样的衣服都没有。现在好了，我在家门口就可以上班，原来靠天吃饭，一年到头只能挣几千块钱；现在靠自己吃饭，多劳多得，一个月就能挣几千。可算是过上了体面的生活……我大儿子在东莞市商业学校读大二，等毕业就能帮家里分担了；老二在县职高读三年级——现在政府有政策，去东莞读书可以减免学费，还有生活补助，老大读书就没怎么花钱，毕业了还好找工作。老二我打算也把他送到东莞去读书……"

同样在东莞市诚盛线材有限公司上班的还有罗培秀。2019年，罗培秀的丈夫张中雨，务工时不小心从高处坠落，造成九处肋骨骨折。家庭的重担一下子就落到了40岁的罗培秀身上，两个孩子都还在读中学，一边是需要花钱的孩子，一边是需要照顾的丈夫，生活给罗培秀关上了一扇门，却没忘记给她开一扇窗——"在这里上班，每月能拿到两三千元，这可比在家务农强多了！除生活支出外还能存点钱，最重要的是离家近，可以照料孩子他爹。"罗培秀一边说，一边灿烂地笑着。

发界安置区共规划建设扶贫车间3.4万平方米，其中东西扶贫协作资金援建1.1万平方米。目前累计进驻企业5家（泉州运时通制衣有限公司、四川巴食川珍食品有限公司、昭通市大慈旅游开发投资有限公司、东莞市诚盛线材有限公司、云品家云平台有限公司），预计全部投产运营后可解决数千人就业。

自东西协作以来，我县立足易地搬迁集中安置点群众缺乏稳定增收产业的实际，依靠现有土地条件、资源禀赋和产业基础，积极引进新型经营主体，采取"政府＋企业＋卡户"的方式，将扶贫车间建在易地搬迁集中安置区，把工作岗位送到群众家门口，真正做到让贫困群众就近就业，保障了易地搬迁人员就业问题。东部地区援建我县扶贫车间共四个，分别是洛旺乡竹笋加工扶贫车间、荞山镇集镇安置点扶贫车间、奎香乡奎阳安置点扶贫车间、发界易迁安置点扶贫车间，总规模达 35318.9 平方米，共投资 2822.45 万元，带动建档立卡户 33787 人。

在东部地区的帮助下，我县在扶贫车间建设中探索出了依托“主导产业＋生产服务＋易地搬迁＋东西扶贫协作”的厂房式、地头式、互助式扶贫车间发展模式，把扶贫车间建在家门口，既解决了贫困群众就近就业增收的难题，实现了挣钱顾家两不误；也激发了贫困群众脱贫致富的内生动力，实现了劳动致富光荣脱贫，确保贫困群众实现稳定脱贫的主要载体和重要抓手。

——落实帮扶政策，稳住贫困群众增收基本盘

“俗话说‘天荒饿不死手艺人’，在农村，要是哪家的小伙子有门手艺，那可是抢手货。以前学手艺都要去拜师傅，一个师傅带不了几个人。现在好了，政府开了培训班，全是挖掘机、家政服务、农特产种植加工这些热门紧俏的培训，参加培训还给我们提供食宿，政府对我们真是太好了！”彝良县角奎镇拖脚村松林组搬迁发界安置区的文兴荣兴奋地说。现在他已在浙江省杭州市萧山国泰建筑有限公司上班了，从事挖掘操作，月工资 6500 元。

就业培训只是我县稳住贫困群众增收基本盘的举措之一，为激发贫困群众的务工热情和内生动力，通过政策撬动作用促进贫困群众稳定务工就业，在东西协作资金的支持下，我县还在交通补助、稳岗补助、公岗托底、专车护送、跟踪服务、致富带头人培训等方面持续发力。仅 2020 年投入的东西协作资金就达 1170.24 万元，直接惠及 6079 人，间接惠及数万人。

“原本高高兴兴地返乡过年，没想到疫情突然来了，想回去上班也没有办法，好多班线都停运了。”李俊定说，他是 311 名外出务工群众中的一名，他们不约而同地踏上了第一批前往深圳、中山和东莞的专车，开启了新一年的务工之旅，“我们出去，每个人都要体检，所以非常的安全也非常的放心。不仅没有花一分钱，还能得交通补助和稳岗补助。到了工作地之后，我一定好好地工作，才不辜负政府对我们的关怀！”

2020年在疫情影响下，和李俊定一样通过县政府和东莞人社部门贴心、暖心服务，“点对点、一站式”转移输送的外出务工者还有6382人。自2016年结对帮扶以来，在东部地区的帮助和支持下，我县有序转移农村劳动力到东部地区务工人数达30260人。

还有很多人因为各种原因不能外出务工，角奎镇马腹村宋坪组杨华军就是其中之一，“这些年家里经济确实困难，看着别人外出务工挣钱回来，日子越过越好，我们也不是不羡慕，但家里有5个孩子，最大的才15岁，正是需要照顾的时候。幸亏政府帮我安排了1个打扫卫生的工作，一个月只扫四天地，就有800元劳务补助。其余时间还可以务农、打零工，还能照顾家里，真的是太感谢党委和政府了！”说起自己现在的情况，杨华军非常地感恩，由衷地说。

同样不能外出务工的还有我县近4万的残疾人，我县坚持在全面奔小康的路上，一个都不能少。贫困残疾人是弱势群体中的弱势群体，更应该受到广泛的同情、关注和扶持。

为了进一步做好残疾人的扶贫解困工作，彝良县东西部扶贫领导组办公室和县残联高度重视，将残疾人创业培训作为2020年的重点工作，投入东西部扶贫协作资金50万元，用于开展农村残疾人实用技术培训、残疾人致富带头人创业示范基地建设、摩托车维修专项培训、残疾人创业扶持等项目。这样，可以使230名残疾人掌握实用技术，提高生存技能，扶持带领25户残疾人致富，带动100余名残疾人抓好农业生产。

在东西两地的勠力同心下，彝良县145435名贫困劳动力实现就业124644名，就业率达85.7%。如今不管你是徜徉在声声蝉鸣的田间地头，还是驱车在蜿蜒曲折的村组公路上，抑或是漫步在热闹的安置点新区，都能看到群众洋溢着真诚淳朴的笑容。就业扶贫拔穷根，是脱贫攻坚迈出的伟大一步，要让群众幸福生活有盼头，还要继续对就业群众进行长期跟踪摸底，防止困难群众因故返贫，东西协作将持续发力打出就业帮扶“组合拳”，让群众能够真正安身立命！

有一种情谊叫心手相连，有一种牵挂叫粤滇情深。多年来，东莞市倾力帮扶彝良县，注重扶“基”、扶“业”、扶“智”、建“制”，在越来越紧密的交往中，两地共建帮扶大格局，“规定动作”不折不扣、“自选动作”有声有色。一曲横跨东西部、携手奔小康的友谊赞歌，在彝良这片红色沃土上回响。

〔作者系彝良县扶贫办（协作办）工作人员〕

饮水不忘掘井人　居安当思归来源

杨文根

“三年前，大山里的那个少年，只敢奢望几盏电灯。他害怕过年，因为糖果和春晚，只属于别人。17 岁前他最远只到过县城，对深度贫穷有着切肤之痛。得益于东西部扶贫协作，郭明毅第一次走出县城，远赴广东，踏入职高，坐了飞机，见了大海。如今，心向大海不惧贫困，那时心愿，此时憧憬。”——这是新华社微纪录片《那时心愿》的编者按。

纪录片里曾经的家徒四壁，现在变成了明亮的新房，家具家电一应俱全。少年曾经的局促窘迫和惴惴不安也已褪去不见，取而代之的是由内而外散发的大方自信和对未来的憧憬向往。

提起过往，少年湿润的双眼让我不禁泪目。三年前，在彝良这个国家级深度贫困县，像郭明毅一样的贫困家庭不胜枚举。傍晚时分，万家灯火初上时，他们像被遗忘的辰星，零零散散地撒落在大山深处。那昏暗的灯光像是在有气无力地述说着贫困的种种不幸和悲哀，他们住着摇摇欲坠的房子，穿着补丁摞补丁的衣衫，吃着简陋粗糙的食物，甚至喝不上干净的水。他们没有钱读书，没有钱看病，甚至没有钱离开大山。除了认命，他们似乎别无选择。

这一切从 2017 年 7 月 13 日开始，将注定发生翻天覆地的变化。这是一个让人铭记的时刻，这一天广东省东莞市积极响应党中央、国务院关于东西部扶贫协作工作重大战略决策，与彝良县结成帮扶对子。三年来东莞紧紧围绕脱贫攻坚“两不愁、三保障”，从人力、物力和财力上给予我县大量支持。那些曾经散落的星辰在东莞的无私大爱和倾情帮扶下，像旭日正冉冉升起，汇聚成一股强大的信念，将彝良县高高托举起来，在脱贫攻坚这场战役中熠熠生辉。

“我刚嫁过来的时候，家里一穷二白，靠低保维持生计，吃不好穿不暖，生了病就硬扛着，反正病不死，去医院还不知道要花多少钱……”回想起当初，刘正红不好意思地说。紧接着她话锋一转，“如今，住上了安居房，吃上了自来水，我老公在村委会食堂帮忙做饭，收入虽然不多，但是吃饭管饱，政府还出钱给我们修了圈舍，我自己喂了头牛，眼看马上就要下崽了。真是赶上了好时代，日子越过越好，父母都给不了的，党和政府都给了我们！”说话间，刘正红的眼角泛着喜悦的泪光。

“一二年级的时候，我特别害怕来学校。学校的厕所经常汪着水，基本不让用。上厕所要去很远的地方；教室里的墙像生锈了一样，上课的时候我经常盯着墙走神，担心它什么时候塌下来；我最讨厌上的是体育课，因为操场坑坑洼洼的，上课的时候经常摔倒。”一个穿着校服领戴着红领巾的女孩子说。她叫张子芬，今年六年级，谁能想到她口中说的这所学校，竟然是眼前这座环境优雅的洛泽河太平小学。放眼望去，太平小学像一座璀璨的明珠坐落在大山中间，那红绿相间的跑道和足球场格外引人注目。

结对帮扶以来，东西协作投入2433.55万元用于贫困村学校建设和贫困生帮扶，其中太平小学耗资1239.68万元。新建的太平小学教学设施设备齐全，每个教室都配备了多媒体，学校图书阅览室、微机室、科学室、体育室，学生运动场地达标，运动器材配备充足，教学楼、食堂、卫生间布局合理，环境优雅。

张子芬看了看崭新的教学楼，深情地说：“我马上就要离开这里了，真的很舍不得！但是我还要去更漂亮的学校，念更多的书，我要去县城，去市里，去省会，去大城市！”她坚定的口吻和神情，让人怀疑眼前这个孩子只有12岁。

而在山的另一边，21 岁的万良军比张子芬更早地实现了走出大山的愿望。2019 年东西协作投入 77.55 万元输送学生到东莞职业学校就读，8 月，万良军来到了东莞技师学院。翻越大山来到海边，这里的一切都新鲜和刺激着万良军的神经，使他不敢懈怠。闲暇时，同学们都去“开眼界”了，只有他常年如一日地在教室里埋头苦练。他说读书是他改变命运的唯一途径，而这条路是东西协作为他打通的，党和政府出钱把他送到这里，再出钱把他培养成才，这是他的父辈想都不敢想的事情。他必须牢牢地抓住命运的橄榄枝，绝不辜负党和政府关怀。他要把广阔的世界带回家乡去，让身边的人都过上好日子。

“我做梦都想不到，可以过上现在这样的生活。”83 岁的残疾老人刘珍举高兴地说，“以前我很少去集市，那个路坑坑洼洼、稀泥烂窖的。现在路修到了家门口，坐车方便，孙子读书也方便。以前路烂的时候，娃娃都穿不到什么干净的衣裳。”老人沟壑纵横的脸笑起来褶皱更深了。

2016 年以来，在东部地区的支持和帮助下，彝良县共建成（含新建、硬化、维修等）硬化路 735 公里（含农村公路、产业路、串户路等），投入东西部协作资金（含财政资金及帮扶资金）414.3 万元。

如今彝良县具备条件的建制村基本都通了硬化路，农村群众“出门硬化路、抬脚上客车”的梦想正在变为现实。

在经历了 7 次搬家之后，小云一家人搬进发界安置点，这应该是他们最后一次搬家。“家里没有房子，感觉我的童年一直都是在搬家中度过，爸爸的工作在哪儿，家就搬在哪儿。”小云打趣地说，她是发界安置点里的一名社区社工。有人说大学生当社工太屈才了，小云却不以为然，她说：“因为我们这边太落后了，才会对社工有这么深的误解，社工是服务于他人和社会的专业化、职业化的活动，并不是老百姓认为的是打杂的，做好社工工作有利于促进新移民的社区融合。在大城市，对社工的要求很高，有很多高学历的社工。”说起自己的工作，小云十分自豪，“我选择应聘社工更多的是想为百姓服务，回报社会，政府给我的不仅是一间房子，而是一个家，搬进安置点我们一家人终于结束了居无定所的日子，家安稳下来，心才会安稳。现在政府还给了我一份工作。我也建不了什么丰功伟绩，唯一能做的就是把本职工作做好，用行动回报社会。”小云就这样怀着一颗感恩的心，挨家挨户地走访、辅导孩子功课、开展社区文化服务，她温和的性格深受社区群众的喜欢。

山乡巨变，承载着东莞人民的帮扶之情；大地无言，寄托着彝良人民的感恩之心。自结对帮扶以来，东莞市持续投入上亿元财政资金，在彝良县实施近百个项目。这些项目为彝良县实现“两不愁，三保障”做出了卓越的贡献。东莞鱼渔相授，通过人才交流、劳务协作、产业合作等多项举措，激发群众脱贫内生动力，从“在家靠种地；外出不愿意”到“近有扶贫车间，远可外出务工”；从“等着天上掉馅饼”到“劳动致富才光荣”，彝良县的贫困面貌发生着由表及里的深刻变化。正是：帮扶情谊难相忘，两地携手奔小康！

〔作者系彝良县扶贫办（协作办）工作人员〕

开启幸福的“金钥匙”

徐　霁

天空开阔而深远，一座座农家小楼掩映在碧树翠竹之中，平坦的水泥路蜿蜒于山岭之上，群山葱茂，雾霭氤氲。发界安置区人头攒动，喧腾的景象映衬着鳞次栉比的高楼。仲夏时节，昭通市彝良县的一幅幅现代新农村画卷正在徐徐展开。

彝良县是国定贫困县、云南省5个革命老区县和27个深度贫困县之一，也是乌蒙山片区集中连片扶贫开发的重点区域。贫困面大、贫困程度深、脱贫攻坚任务十分繁重。2019年5月，正当彝良脱贫攻坚大决战之际，云南省烟草专卖局（公司）（以下简称：省局（公司），带着对昭通的深情厚谊，带着讲政治的站位雪中送炭，采用“项目＋资金”帮扶方式，在2019年至2020年两年时间内，向彝良捐赠帮扶资金3亿元，助力彝良县打好脱贫攻坚战。资金用在刀刃上，齐心协力拔穷根，省局（公司）聚焦“两不愁、三保障”和易地扶贫搬迁“一配套两支撑”，重点实施贫困地区群众安全饮水、基础教育、基本医疗、产业增收等4大类11个帮扶项目，将烟草人的责任与担当，洒在了乌蒙大地之上，用飘香的“金叶”编织出了深情与大爱。

帮扶工作启动以来，省局（公司）召开7次党组会议专题研究帮扶工作，主要领导5次深入昭通开展专题调研，分管领导8次到一线研究问题，坚持把彝良贫困群众最期盼、需求最迫切、短板最突出的问题作为帮扶重点，及时选派精兵强将常驻彝良，跟踪、督查、指导扶贫项目，使项目阳光、高效、快速推进。同时，与昭通市委、市政府共同成立了“中国烟草总公司云南省公司帮扶彝良县脱贫攻坚项目建设工作领导小组”，负责帮扶项目建设工作的组织领导和统筹协调实施。2019 年 5 月 8 日，印发了《资金监管办法》《帮扶项目督导办法》，搭建起项目申报、审批、招投标、建设督导等覆盖全流程的制度体系，确保项目落实规范有序。5 月 14 日，市帮扶领导小组办公室彝良县项目督导组正式进驻彝良开展督导工作……尽锐出战，乘势而上！如今，帮扶成效已日益凸显。

奏响饮水新篇章

五黄六月，夏山如碧。彝良县钟鸣镇麻窝村村民朱绍东，正捧起自来水洗去身上的汗渍。“真没想到今年夏天，干完活回家，能用这冰凉的自来水洗上一把脸！”清泉从水龙头里汩汩流出，“哗哗”的水声驱散着夏日的烦闷，朱绍东的脸上洋溢着幸福的笑容。

钟鸣镇麻窝村，是典型的深度贫困村。多年来，村民们远距离拉水，人背马驮，苦不堪言。水是生命之源，却给麻窝村的百姓们蒙上了一层挥之不去的阴影。

农村饮水安全，事关亿万农民福祉，省局（公司）帮扶彝良县脱贫攻坚工作启动后，随即把钟鸣镇供水工程纳入烟草帮扶项目，响应号召、勇担责任，捐资 1459.82 万元建设供水项目，以实际行动奏响了一曲润泽一方的金叶乐章。

2019 年 5 月 20 日，省局（公司）帮扶钟鸣镇麻窝片区供水工程项目正式开建。一台台挖掘机开始清理地表、工程车来回穿梭，工人们卖力地浇筑着混凝土，车辆的轰鸣声、现场的指挥声、工具的碰撞声声声入耳……一派紧张忙碌的施工场景。村民们看着工程现场一天一个样，你一言我一语，感叹着靠天吃水的苦日子终于要到头了！

作为一项圆梦工程，钟鸣镇麻窝片区供水项目，承载着为当地百姓破解水困、保障供水的希望，托起了广大村民们殷切期盼。项目建设主要分为取水工程、管网工程、蓄水池工程和水处理厂工程四项内容。管网总长173118.6米，其中：引水主管5条长19773.3米，引水支管3条长9457.6米，配水主管12条长11647.7米，到村民小组配水管27000米，到户配水管105240米。取水池1个，500立方米蓄水池5个，200立方米蓄水池7个，100立方米蓄水池4个，50立方米蓄水池3个。水厂管理房建筑面积76.8平方米，封闭雨棚91.52平方米，水厂占地约433.1平方米。

2020年3月25日，钟鸣镇麻窝片区供水项目全面完工并投入试运行，到户水管已全部通水。解决了钟鸣镇麻窝、钟鸣、扯炉3个村27个村民小组877户3632人用水难的问题，其中包括建档立卡贫困户309户1232人、1所小学（师生共225人）和1所幼儿园（师生共31人），将满足覆盖区内15年增加人口的饮水需求，同时钟鸣集镇片区用水水质不达标问题，也将得到有效解决。

如今，纵横交错的输水管道，蜿蜒于麻窝村起伏的群山之间，一个个蓄水池星罗棋布，浩大的工程项目在鬼斧神工的自然景色中拔地而起，麻窝村终于“焕然一新”。

钟鸣镇麻窝片区供水工程，只是省局（公司）聚焦饮水安全保障的一部分。省局（公司）在彝良县角奎镇马窑片区，投入1005.4万元新建引水工程，解决15个村民小组888户3208人（其中建档立卡贫困户170户728人）的人畜饮水问题及4075亩耕地的灌溉问题；在彝良县角奎镇拖脚片区，投入400万元建设引水工程，解决8个村民小组376户1564人（其中建档立卡贫困户186户754人）的人畜饮水问题及1770亩耕地的灌溉问题。

兴修水利，润泽一方。省局（公司）共计投入资金2865.22万元进行安全饮水项目建设，结束了村民们无水可用的“苦日子”。潺潺的流水，灌溉了土地，滋润了民心，也圆了几代人“引来清水奔小康”的脱贫致富梦。

“搬”出致富新门路

发界易地搬迁安置区，在群山环抱中，一栋栋新居整齐排列，宽敞明亮的水泥硬化路四通八达，下班工人闲坐在餐馆里拉着家常，村民们三五成群悠闲地逛着夜市……如今，搬迁户的生活已发生了翻天覆地的变化。

搬迁只是方式，脱贫才是目的。解决好就业问题，才能确保搬迁群众稳得住、逐步能致富、防止返贫。云南省局（公司）按照“搬得出、稳得住、能致富”的目标要求，对易地搬迁安置区产业就业等进行重点帮扶，把稳定就业、发展产业作为增强群众自我发展能力、实现增收致富的根本出路。

为实现易地搬迁贫困群众在家门口就业，省局（公司）共计投资 4800 万元，援建发界安置区扶贫车间厂房（投资 4100 万元）及附属设施（投资 700 万元）。扶贫车间 1#、2# 厂房总建筑面积 23302.2 平方米，其中新建扶贫车间生产车间 21117.8 平方米，配套门卫、厕所、雨水收集池、室外亮化、室外停车场等附属设施。该项目以“群众增收、企业增效、脱贫增速、解决易地搬迁人员就业问题”为目标，灵活用工方式，着力在“扶贫车间”的经营运作上，打出“扶贫 + 创业”组合拳，让多种类型的“扶贫车间”百花齐放。通过组织创办劳动密集型企业分厂或加工车间，带动发界易地搬迁安置区闲散劳动力从事农产品初加工、来料加工制造等劳动密集型工作，帮助易地搬迁贫困群众在家门口就近就业。

在厂房内工人们正在进行室内装修，通过深入招商洽谈，已有 5 家劳动密集型企业，计划入驻扶贫车间，可为搬迁群众提供 1200 余个就业岗位。村民们多年来“挣钱顾家两不误”的愿望终于实现了。

“短期靠就业，长期靠产业。”为增强易地搬迁贫困群众的产业发展支撑，省局（公司）投资 12640.44 万元，帮扶彝良县发展食用菌生产项目。项目分两期进行建设，一期计划投资 9133.36 万元，主要包含生产厂区（菌棒生产车间、多功能厂房、培养房、深加工车间、综合用房与出菇试验用房）、500个12×25米标准种植大棚及相关配套设施，种植区规划用地539亩，其中生产区规划用地100.00亩，总建筑面积1.67万平方米。

该项目以食用菌为主要栽培品种，运用先进自动化工厂化产业栽培模式，建立起规模化、标准化食用菌产业园，引导贫困群众以承包种植、参与管理、务工就业等方式增加收入。项目运行后，将带动发界易迁安置区500户贫困群众参与食用菌大棚种植，同时可安排100名贫困群众在生产厂区务工，种植户年户均增收6.5万元左右，务工人员年均增收3万元左右。

此外，省局（公司）充分结合彝良县土地资源、气候条件等优势，以小草坝优质天麻资源为依托，因地制宜，助力产业发展。共投资4377.27万元，在小草坝镇援建保鲜冷库（投资3500万元）和天麻“两菌”厂（投资877.27万元）。项目建设将解决天麻、竹笋等非收获季度保鲜储存难题，使得未能销售的天麻、竹笋进入冷库保鲜储藏，实现错峰销售，不断增加高原特色农产品的附加值，为彝良天麻、竹笋产业发展提供有力支撑。同时，将解决181名贫困群众就业问题。另外，天麻“两菌”厂每年可生产1000万瓶菌种，弥补了当地菌种产量不足的问题，并能满足全市80%的天麻产区“两菌”需求，补上了昭通天麻产业“两菌”培育短板。且每瓶售价低于外地采购价格2元左右，可直接给当地麻农带来2000万元左右收益。同时，在当地生产的两菌，更能适应当地天麻种植的生长需求，提高单位产量，也为种植户带来了便利和间接经济收入。

为巩固提升脱贫攻坚成果，壮大彝良县传统优势产业，省局（公司）投资3000万元，援建能繁母猪养殖基地育种区项目，项目建设地点位于彝良县小草坝镇小草坝村，规划用地401.1亩。项目建成后，预计年生产仔猪6万头，每年可提供优质仔猪4万头，稳定全县仔猪价格，实现全县生猪养殖产业健康发展。同时，带动贫困农户以生猪养殖巩固提升脱贫攻坚成效，促进农业持续增效，农民持续增收。

省局（公司）根据群众发展需求，精准孵化新产业，共计投资24817.71

万元，帮扶彝良县发展产业增收项目，以“产业＋就业”的模式让易地搬迁贫困群众自力更生脱贫致富，让增收之路越走越稳。

“搬”出幸福新生活

彝良县发界易地搬迁安置区，共建设卫生院1个，卫生室4个，为确保搬迁群众及时享受到优质医疗服务，省局（公司）伸出援手，雪中送炭，投入资金320万元，用于采购配置发界易地搬迁安置区卫生院及所有卫生室的设施设备，其中卫生院配置基本设施设备300万元，4个卫生室合计配置基本设施设备20万元，每室配置设施设备5万元。

走进发界易迁安置区，新建卫生院和卫生室干净整洁、一台台崭新设备仪器投入使用，一间间现代化病房设施齐全。卫生院（室）的投入使用，为搬迁群众提供了基本医疗保障，解决了群众看病困难的后顾之忧。卫生院内检查设备、治疗设备、医疗设施、办公设备、污水处理设备、医疗器材一应俱全，诊断室宽敞明亮、药房室配药齐全，针灸理疗室、儿童保健室、档案室等建成投入使用，让搬迁户真正享受到基本公共卫生服务的均等化。

此外，为解决安置区学生就近就读问题，省局（公司）投入资金1997.07万元，用于购置发界安置区学校设施设备，包括安置区内4所幼儿园、1所完全小学、1所九年一贯制学校共6所学校的图书、食堂设施设备、多媒体交互式LED一体机及计算机网络教室、校园广播监控灯光音响、功能室设施设备、课桌椅办公家具及户外玩具设备等6大类设施设备。项目受益迁入群众27381人，直接受益3—5周岁幼儿1262人、6—11周岁小学适龄人口3238人、12—14周岁初中适龄人口1652人。学校的建设，让搬迁学子有学可上；教育设施设备的投入，改善了学校办学条件，让搬迁学子能接受公平而有质量的教育，阻断了贫困代际传递。

几年前，一栋栋茅屋散落在彝良的深山之中，寒来暑往，孩子们踏过清冽溪水，翻过几座山头；晨光熹微，孩子们打着火把照亮求学之路。几年前，洛泽河镇毛坪中学教师入户开展学生就学意愿调查及控辍保学工作，山高谷深，蛇行斗折，车辆不幸翻下 400 米斜坡，2 名教师当场死亡，众人纷纷扼腕痛惜。而今，一座座教学楼，在发界易迁安置区拔地而起，桌椅、黑板、图书、实验设备整齐地陈列在宽敞明亮的教室内，书声琅琅、朝气蓬勃，孩子们放学后奔跑在平整的水泥路上，他们脸上纯粹的笑容，是如今幸福生活的真实写照。

举全局之力，聚全员之智，云南省烟草专卖局（公司）以明确的目标、有力的举措、高效的行动将每一笔帮扶资金都精准落实到每一个项目之上，让一个个承载着云南烟草人深情厚谊的帮扶项目，在彝良的土地上开花结果，把烟草企业的责任、担当写在脱贫攻坚的大道上，把真心、真情根植在贫困群众的心坎里，把幸福的“金钥匙”紧紧地握在贫困群众的手心里。

踏平坎坷成大道，斗罢艰险又出发。云南省烟草专卖局（公司），始终以脱贫攻坚成效和群众满意度，来检验责任担当和工作作风。彝良县虽已实现脱贫摘帽，但扶贫脚步不会停歇，脱贫摘帽不是终点，而是新生活、新奋斗的起点。岂曰无衣，与子同袍。在新起点上，云南省烟草专卖局（公司）将继续与彝良县携手合作，统筹推进脱贫攻坚与乡村振兴有机衔接，推动乡村产业、人才、文化、生态、组织等全面振兴，向着更加美好的未来前进，向党和人民交上一份满意的答卷。

〔作者系彝良县烟草专卖局（分公司）职工〕

爱心助学　情暖山区

黄　猛

2017 年 3 月 3 日，香港凤凰慈善基金会“爱心送暖到云南，扶助童梦可成真”团队一行 40 余名社会公益爱心人士，在基金会创办主席、北京市政协委员、太平绅士李鋈麟博士带领下，不顾山高坡陡、路途遥远，来到彝良县荞山镇官房小学开展爱心捐赠活动，为彝良边远贫困山区的孩子们送来了一份新学期的“开学大礼包”。

捐赠仪式上，李鋈麟博士代表香港凤凰慈善基金会，向荞山镇官房小学捐赠了凤凰慈善基金会武术广场、宿舍及食堂工程款、课桌椅凳、学生校服、文具套装、迪士尼玩具包等总价值 56.21 万元的各类物品。之前的官房小学，环境条件差，基础设施非常落后。李鋈麟博士勉励孩子们要刻苦学习、胸怀理想，用优异的成绩，来回报国家和社会的关爱，做一名对社会有用的人。李鋈麟表示，今后还将充分利用基金会的优势继续关注、支持彝良贫困山区的教育事业和贫困学生，大力支持社会公益事业，为云南贫困山区的教育事业贡献一份积极的力量。

彝良县自 2012 年“9・7”地震以来，由李鋈麟博士发起创建的香港凤凰慈善基金会基金会“爱心送暖到云南，扶助童梦可成真”团队，长期关注彝良县贫困山区的教育事业和困难小学生。李鋈麟博士连续四年不远千里、跋山涉水，带领团队亲自来到学校，开展捐款捐物爱心活动。自 2013

年以来，已累计向彝良荞山镇各学校和小学生捐款捐物达百万余元，为彝良灾区人民和贫困山区的教育事业，提供了很多无私的支持和帮助。贫困山区的孩子，收到新学期的开学大礼包，喜出望外，学习的劲头更足了。

第四所绿叶众心小学捐赠仪式隆重举行

2018年9月3日，秋高气爽，山雨初歇。绿叶科技集团、绿基金代表，来到军事家罗炳辉将军故居所在地——云南省昭通市彝良县，代表绿基金捐资100万元援建绿叶众心小学，向国定贫困县彝良县的教育困境伸出援手、贡献绿叶力量，以实际行动助力学校翻新重建，为全校300余名师生创造更好的教学条件。

彝良县位于云南省东北部，地处云、贵、川三省结合部的乌蒙山区，受气候、地理等条件制约，经济发展相对落后，是国家新一轮扶贫开发的重点县。绿基金此次援建的绿叶众心小学，位于昭通市彝良县钟鸣镇庙林村，海拔900多米。由于年限已久且屡经地震灾害，学校已无法保障师生们安心教学。出于安全考虑，2014年学校已整体拆除亟待重建，在校学生为接受教育均已分散至其他学校。此情况绿叶科技集团董事会高度重视，经多方协调，通过实地调查和董事会决议：由绿基金向学校捐资100万元，将绿叶人的公益爱心传递到乌蒙山区的教育第一线。

受绿叶科技集团董事长徐建成，董事、总裁李仙霖之委托，绿叶科技集团董事长助理、副总裁、绿基金副理事长杨佳霖，苏州众心咨询有限公司董事长魏磊，执行总裁李好、李玉宁、张润苗，总监唐章万、钟明英、汝燕伶、张秀等绿基金代表跋山涉水、不远千里来到钟鸣镇，捐赠绿基金善款。

上午10时，绿基金援建绿叶众心小学捐赠仪式，在钟鸣镇中心小学正式开始。

出席捐赠仪式的领导有：彝良县委常委、副县长罗小勇，彝良县民政局副局长张德安，彝良县委教育工委副书记、副局长郑忠贤，钟鸣镇镇长李维英。接受捐赠的有钟鸣镇中心学校领导班子及全体在校师生，捐赠仪式由李维英镇长主持。伴随着欢快的《运动员进行曲》，少先队员们首先为主席台就座的领导系上鲜艳的红领巾，并敬礼致敬。

绿叶科技集团董事长助理、副总裁、绿基金副理事长杨佳霖首先发表讲话，他介绍了绿基金长期捐资助学的公益事迹，特别代表徐建成董事长寄语全场同学们，在新学期继续勤学好问、求知向上，在学习成绩不断进步的同时，快乐生活、健康成长，鼓励同学们在心中种下梦想的种子，付出辛勤的汗水。少年强则国强，未来的世界是科技和知识飞速发展的世界，为了成就自己的远大理想，不辜负父母的养育、老师的教诲、祖国的期望，同学们一定要珍惜光阴、刻苦学习。在国家加快推进教育事业发展和改革的今天，绿基金能够参与到昭通市彝良县的教育工作中来，绿叶人深感荣幸和自豪。

彝良县委常委、副县长罗小勇发表讲话，向杨佳霖、魏磊等绿基金代表的到来表示热烈欢迎，向绿叶科技集团和苏州众心咨询有限公司及时伸出援手、慷慨解囊捐资助学的公益善举，表示真诚的感谢。彝良县山高谷深、沟壑纵横，高山、二半山地貌占多数，以天麻、魔芋、竹笋为主要生物资源的农业大县，也是国家级贫困县之一。在此特别代表彝良县委、县政府及全县 62.79 万人民，感谢绿基金关注、关爱彝良县的教育发展，为全县提升教育水平、打赢脱贫攻坚战送来了绿叶人的暖暖爱心，也特别希望绿叶尽快来到彝良县开设店铺，将绿叶优质、惠民的产品送到彝良百姓身边。最后，罗副县长鼓励同学们珍惜绿叶的关爱之情，在新学期树立新目标，早日成为国家栋梁、回报社会。

绿叶众心小学校长李洪芳发言，向绿基金无私奉献、捐资助学，解决全校师生教学困境的大爱善举表达感激之情，并表示一定专款专用，联合各方力量，争取早日将学校建设完成，接回师生安心上课。同时，学校将着力提升教学质量，切实提高办学水平，大力改善学生受教育环境，不辜负社会各界的殷殷期待与深切关爱。

最后，出席捐赠仪式的领导和所有爱心人士，与师生代表合影留念，记录下这播种希望的美好时刻。

绿基金是由绿叶科技集团注资成立的公益基金会，2014 年 8 月 27 日，正式获得苏州市民政局批准。从 2009 年至今，绿基金多次捐助全国各地教育事业的发展，累计捐助北京大学贫困大学生、西北甘肃贫困大学生、湖南、广西、贵州、江苏等地贫困学生共计 1800 余名，捐助公益总额达 5000 多万元。

为向绿叶科技集团和苏州众心公司表达感谢，彝良县教育局特将钟鸣镇庙林小学命名为绿叶众心小学。本次捐助的绿叶众心小学是第四所绿叶小学，也是绿叶科技集团绿叶小学援建计划的再一次有效实施，体现了绿叶人以实际行动奉献祖国教育事业的决心，绿叶人将继续满怀热情和真心，不断推动绿叶小学项目的发展建设。

新西特“蓝动未来”
暨彝良县新西特小学奠基仪式圆满落幕

2019 年 6 月 10 日，由厦门澳新西特进出口有限公司发起的“蓝动未来”关注儿童健康成长公益活动云南站正式拉开帷幕，新西特爱心团从全国各地出发，远离城市喧嚣穿过坑坑洼洼泥泞的羊肠小道，小车走上去颠簸不平，却一点也不影响爱心团前进的步伐。来到彝良县钟鸣镇寨上小学，为学校带来了 70 万元的爱心助学物资。

此次爱心助学物资，将用于改善钟鸣镇寨上小学办学条件及教学教育环境，促进义务教育均衡发展，让偏远落后地区的孩子们，能够拥有更好的学习环境成长成才，同时也让这所极具少数民族特色的学校，能够延续文化传播，发扬民族特色。

此次新西特“蓝动未来”得到彝良县政府的鼎力支持，同时也引起了教育局的高度重视。彝良县人民政府领导、教育体育局领导、钟鸣镇领导、中心学校校长等纷纷到达捐赠现场，共同参与新西特小学（原寨上小学）奠基仪式的重要时刻。

捐赠现场，彝良县人民政府副县长高正坤，代表彝良县委、县政府，向为寨上小学捐献爱心的爱心团表示衷心的感谢，每一份物资都寄托着爱心团对孩子们的关心。希望孩子们能够努力学习，用更加优异的成绩回报社会。

与此同时，澳大利亚澳药集团董事、厦门澳新西特总裁宋海华，代表爱心团向寨上小学表达了美好的祝愿，希望通过自身的努力，点亮山区孩子们通向光明未来的长廊，也衷心希望借由新西特与彝良县的爱心桥梁，让孩子们得到社会各界更多的关注与关怀。

此次新西特“蓝动未来”云南站正式启动前期，不仅得到了企业合作伙伴的大力支持，同时也获得了来自新西特爱心妈妈大使以及社会各界人士的热情参与，澳大利亚澳药集团董事、厦门澳新西特总裁宋海华，作为新西特“蓝动未来”的发起企业领导者，用自身行动代表新西特，率先捐赠善款 50 万元，为贫困地区儿童的健康成长助力。

捐赠仪式上，县政府领导、教体局领导、钟鸣镇政府领导分别向爱心企业赠送捐赠牌匾证书，感谢来自全国各地的爱心人士，奉献爱心，传递温情。

奠基仪式后，组织部分人员，走访了当地特别贫困家庭，希望通过小小的行动，保障寨上小学孩子们得到最基本的教育，让他们更有勇气和信心去面对生活的困难，战胜困难，让未来更加美好。

奠基仪式结束后，苗族同胞为了让千里迢迢、远道而来的社会各界爱心人士以及各级领导，感受钟鸣镇寨上苗族风情，安排了苗族同胞盛情款待客人的苗家敬酒歌，让远方的客人喝上一杯满怀爱心的羊角酒，淳朴热情的特色风情，让此次爱心助学别具一格。

一直以来，新西特“蓝动未来”关注儿童健康成长公益活动，为留守儿童、特殊儿童等有需要的人群提供多样化支持，在发动公众参与对贫困儿童文化教育、心理辅导、能力培养等各方面的帮扶中，给予他们社会关爱，为他们健康成长努力营造更好的社会环境。

奠基仪式，只是孩子们梦想起航新的开始。爱心助学任重道远，相信新西特“蓝动未来”爱心团的付出，可以给西部贫困地区的孩子们种下一颗爱的种子、一颗感恩的种子，相信他们未来能够奋发自强，立志成才，相信在拥有光明未来的时候，不会忘记回馈这个曾经关怀过他们的充满爱的社会。

狮子会第十二次助学服务，在彝良县洛旺乡圆满完成

2020 年 6 月 6 日，彝良县东西扶贫协作办公室，携手深圳里程服务队、松岗服务队和云南帅狮服务队的狮友们，到洛旺乡开展“情暖乌蒙·助学圆梦”系列第十二次服务活动。

狮友们来到洛旺乡洛坡小学，为全校 323 名小学生带来了儿童节礼物，给每个学生一套水彩画笔和笔记本，并为学校捐赠一套广播设备和体育用品，还为贫困学生带来了床上用品，价值 2 万余元。

随后，狮友们又来到洛旺中心学校，与县教育系统、县东西扶贫协作办公室分管领导进行座谈，进一步了解孩子们在学习中遇到的困难，为稳步推进“情暖乌蒙·助学圆梦”系列助学活动，进行了深入的沟通。会后，狮友们又参观了新建的怀来小学，宽敞明亮的怀来小学修建在山下的平坝上，听着在球场玩篮球的孩子们的欢声笑语，狮友们也露出欣慰的笑脸。

狮友们兵分三队，一队来到中厂小学发放500套学生床上用品，价值16.5万余元；二队来到中厂小学贫困学生家庭入户走访；三队到新建的云台小学考察，云台小学地处高山顶上，由深圳松岗服务队捐建。由于地理位置的特殊性，建设中可谓困难重重，云台小学主题工程基本完工，有望在今年9月开学。

狮子会是一个历史悠久的全球慈善志愿服务组织，成立于1917年6月7日，遍布200多个国家和地区。2005年6月14日，经国务院批准，中国狮子联会正式成立，并在深圳、云南等地设代表处。中国狮子联会遵循“自主建会、独立运作、坚持宗旨、依法办事”的办会原则，探索具有中国特色的办会机制，建立符合中国国情的组织体系和管理运作方式，是中国慈善服务领域一支充满活力的生力军。

（作者系彝良县教育体育局工作人员）

深山来远亲

黄　丽

坚决打赢脱贫攻坚战，到2020年稳定实现农村贫困人口“两不愁、三保障”，确保所有贫困地区和贫困人口同全国一道同步迈入小康社会，是我们党的庄严承诺。上海新沪商、北京通盈集团、兴业证券积极响应党中央号召，坚持“义利并举、内圣外王”的理念不忘初心，奉献自我，全力践行社会责任，积极帮助彝良县奎香乡开展脱贫攻坚。

2016年12月24日，上海新沪商结对兴业证券在昆明举行了向彝良捐赠帮扶资金仪式。捐赠仪式上，新沪商成员单位鹏欣集团、银都集团、致达集团、永达集团、证大集团、东华环球6家企业，共同捐资4500万元，分三期支持奎香特色产业发展、基础设施建设、人居环境改善、能力素质提升、社会事业和生态环境保护等工程建设。兴业证券出资2800万元，计划设立“彝良县（革命老区）教育扶贫专项资金”，在奎香开展安全饮水等工程项目建设。

挪穷窝、换穷业、拔穷根

首期投资1500万元，对口帮扶奎香乡，在黑拉罗寨这片乱石旮旯上打造一个异地搬迁安置示范点。黑拉村的71户建档立卡贫困户，每户只需缴纳 2 万元左右，即可入住漂亮的乡村别墅。这对于罗寨的苗族同胞来说，无异于幸福从天而降。

奎香系革命老区，红色文化圣地，脱贫攻坚伴随老区精神如火如荼。2017 年是对口帮扶彝良奎香的第 1 个年头，这一年，老区进一步加强了对接，继续通过开展产业扶贫、劳务协作和人才支援等系列措施不断深化，增强老区发展后劲，激发内生动力，推进民生改善，形成了多层次、全方位的对口帮扶协作格局，老区脱贫路上捷报频传。

2017 年 11 月 22 日，奎香乡黑拉罗寨迎来首批搬迁安置的贫困户，来自各个村民小组的 71 户 351 名贫困群众喜搬新房，正式入住黑拉罗寨安置点。

当日，奎香乡党委，组织全体乡村干部帮助农户搬迁安置点，引导搬迁群众有序入住，并逐户进行房屋交接，检查核对水电安装等情况是否全部齐备。安置区家具运输车来来往往，搬迁群众提着大包小包的行李，上下搬运家具家电，怀揣对未来生活的无限遐想，走进新家。

入住期间，县乡村长期派帮扶干部到罗寨安置区驻点，帮助群众解决好衣食住行等相关问题，做好入住工作。此外，新沪商（一期）建成之时，兴业证券捐资 800 万元建设饮水提灌站项目同期完成，解决黑拉 17 个村民小组历史以来为饮水困难的极大困惑，同时新建村级卫生室医疗点，为搬迁入住群众提供医疗服务。搬迁群众全部入住后，乡人民政府将组织贫困群众开展技能培训，力促贫困群众稳定就业增加收入，实现脱贫致富。

既要安迁，更要安居。安置点的规划设计背后，处处彰显的是精准帮扶、系统帮扶的工作思路。

罗寨安置点是新沪商、兴业证券对口帮扶黑拉易扶贫搬迁安置的重点项目，安置点的建设立足于奎香乡高寒、偏远、落后部分贫困山区“一方水土养不活一方人”的实际，结合奎香脱贫攻坚实际，在奎香核心区域进行高标准规划和高起点定位，以建设功能完善、配套齐全、环境优美、绿色宜居的扶贫搬迁安置示范点为基本要求，探索实现贫困群众分散、落后、小农经济意识直接向集中式、先进、规模化新模式逐步总体跨越，打造奎香第一张名片样板工程、对口帮扶的标志性工程。

项目总体规划以罗寨易地搬迁安置点为中心，延伸覆盖奎香乡黑拉和奎阳2个行政村、32个村民小组、2226户、10422人，其中建档立卡户669户、2399人，规划总投资3201.70万元，建设内容涵盖产业发展、基础设施、安居工程、素质提升、社会事业、生态环境6个方面，重点用于黑拉村罗寨易地搬迁点安全住房及配套设施建设，覆盖罗寨、射嘎、拖落、小河、黑拉、大坪、环山、大寨、青杠、水丫10个村民小组，共71户建档立卡贫困户351人。

新建安全住房71户7950平方米，其中75平方米户型8户，100平方米户型21户，125平方米户型42户，从上至下分四排梯次布局。配套建设安置区挡墙4800平方米，村级文化活动室470平方米，文化活动场地1000平方米，村级标准化卫生室120平方米，公厕40平方米。安装太阳能路灯50盏，铺设安置区地下排污管道3公里，新建垃圾房2个，化粪池1个，安装垃圾桶32个，硬化4.5米宽村组道路7.5公里，1.5米宽户间道路4.2公里2个。

集中建设标准化牛棚3个1200平方米，猪厩71间710平方米，畜厩排污沟400米，100立方米沼气池1个，购置西门塔尔能繁母牛159头。按照“专业合作社+农户+基地”的发展模式，覆盖和带动黑拉村159户622人建档立卡贫困户实现增收。

整合电力、林业等部门项目和资金，实施了安置区电网改造和美化、绿化工程。

又建“幸福家园”

俯瞰彝良县奎香乡松林村大桥易地扶贫搬迁安置点，一幢幢崭新漂亮的新房错落有致；一块块微型菜园镶嵌在房前屋后；村文化室、文化广场等群众文化娱乐设施一应俱全……这是上海新沪商联合会对口帮扶奎香乡，继捐资1500万元在黑拉罗寨建成"新沪新村"之后，又捐资1500万元在松林村建成一个集中安置点，命名为"幸福家园"。"告别过去破烂的危房，住上宽敞明亮的新房。"谈起生活的变化，79岁的老奶奶杨昌碧脸上满是甜甜的笑容。

松林村大桥易地扶贫搬迁示范点新建安全住房60户，安置建档立卡贫困户273人。规划总投资1548.8万元，建设内容涵盖基础设施、产业发展、社会事业、生态建设4个方面，重点用于安置点安全住房及配套设施建设。

新建安置区防洪堤1180立方米，防洪堤护栏400米；生活用电用水全覆盖；硬化安置区产业道路2.2公里，新建产业便桥1座；新建村文化活动室200平方米、文化活动场地1000平方米、公厕40平方米，安装太阳能路灯71盏，铺设安置区地下排污管道800米，新建垃圾房2个、化粪池1个，安放垃圾桶20个。

项目于2018年8月启动，2019年4月建成达到搬迁入住条件。目前，来自全村18个村民小组的60户建档立卡贫困户已全部搬迁入住。

情暖苗乡谱壮歌

"搬新房、住新居、感党恩、跟党走""吃水不忘挖井人，致富不忘共产党"一条条标语，一副副对联，洋溢着仙马村花场安置点53户贫困群众对党和政府的感恩之心，也荡漾着一首情暖苗乡的社会扶贫壮歌！

习近平总书记视察云南时强调，全面小康是全体中国人的小康，脱贫攻坚要同步推进，不能让一个少数民族兄弟掉队。仙马是一个少数民族聚居村，苗族占49.7%。花场安置点是一个以安置苗族同胞为主的易地扶贫搬迁安置点，53户易地扶贫搬迁贫困户中，就有39户是苗族，占安置户数的73.58%。北京通盈集团不忘初心，秉持义利并举的发展理念，主动承担社会责任，出资1500万元对口帮扶奎香乡仙马村，建设花场示范安置点。

项目覆盖仙马村512户1870人，其中：建档立卡贫困户53户222人。建设内容涵盖基础设施、产业发展、社会事业、生态建设4个大项，累计投入资金1555万元，其中：北京通盈集团出资1500万元，群众自筹55万元。集中建设安居房53套5200平方米；配套建设安置区挡墙2400立方米，硬化安置区院坝1060平方米、道路3200平方米；新建安置区垃圾池2个、化粪池1个，铺设地下排污管800米，设置垃圾桶20个；安装太阳能路灯12盏；新建取水工程1件、标志牌1个。分散建设牛圈95间，扶持发展黄牛养殖95头；发展魔芋种植501亩；硬化产业道路4条5.17公里。

2019年10月13日，省委书记陈豪一行，在上海新沪商对口帮扶建设的彝良县奎香乡安置点，调研项目建设和易地搬迁群众生产生活情况。昔日的深度贫困村变成了规划整齐、设施齐全、鲜花盛开的社会主义新农村，充分体现了在党的领导下，东西部扶贫协作的制度优势和支援成果。

陈豪和企业家们边走边看，实地了解对口帮扶示范项目情况。陈豪感谢京沪两地的企业家们响应党中央的号召，积极履行社会责任，为当地群众摆脱贫困办了实事好事。

“吃水不忘挖井人，幸福全靠共产党。”他叮嘱当地党员干部，有了党中央的亲切关怀，有了社会各界的大力帮扶，大家更要发扬自力更生、艰苦奋斗的精神，带领各族群众苦干实干，建设美丽家园，发展乡村旅游，大力实施乡村振兴战略，用自己的双手创造更加美好的生活！

（作者系奎香乡政府工作人员）

涓涓溪水　汇流成河

王礼忠

彝良，贫困人口列全市第二。打赢脱贫攻坚战，既是全县的首要政治任务，也是县政协和广大政协委员履行职能、服务大局的主攻方向。2018年8月，省、市政协相继作出在政协系统开展脱贫攻坚“六个助推”“九个一活动”和“七个助推”“十个一活动”要求，县政协聚焦五项重点工作任务，围绕“群众所需、政协可为、委员所能”精准发力，主动作为，助推行动取得明显成效。

不忘初心，同频共振

党的初心和使命就是人民政协的初心和使命。省、市政协发出助推行动号召后，县政协党组及时成立了由党组书记、主席担任组长，副主席和秘书长任副组长的组织领导机构，制订了实施方案，下设六个助推行动小组，领导牵头、委室负责、全员参与抓落实，助推行动迅速在全县236名政协委员和39名政协机关干部中全面展开。

“我们动员和引导广大委员、政协各单位统一思想和行动，把智慧和力量凝聚到彝良的脱贫摘帽和跨越发展上来，与县委、县政府同频共振，主动担当，倾力助推，为扎实开展脱贫攻坚助推行动贡献政协力量。”在全县政协系统助推脱贫攻坚推进会上，政协主席李堂发这样讲。县政协九届三次会议向全县各级各界政协委员发出助推行动倡议。两年多来，召开党组会议7次、主席会议8次，适时召开助推行动推进会，掌握工作进展，分析存在问题，层层压实责任。2019年7月12日，全市政协系统脱贫攻坚助推行动第二次推进会议在彝良召开，肯定了彝良在助推产业扶贫、就业扶贫、健康扶贫及充分调动委员参与等方面的成功做法。

“目前，我县全民信息化服务已实现县、乡、村三级医疗机构互联互通。远程诊疗服务已基本成熟，患病群众在家门口享受上级优质医疗服务已不再是空谈，明确收费项目并纳入医保报销范围是远程诊疗服务持续开展的基本保障。”政协委员郑世辉在政协九届三次会议健康扶贫专题协商会议上这样发言。围绕脱贫攻坚建言资政和凝聚共识双向发力，县政协先后组织召开了教育扶贫、产业扶贫、就业扶贫、健康扶贫、易地扶贫搬迁后续管理等5个专题协商会议，97名参会委员代表直面脱贫攻坚中存在的困难和问题，向县委、县政府及有关职能部门提出对策建议。

开展助推行动以来，县政协组织对涉及扶贫的农村基础设施建设、人居环境整治提升、招商引资办学、卫生健康发展、脱贫攻坚措施落实等32个议题进行了协商讨论，为加快脱贫发展议政建言。开展了精准脱贫、义务教育阶段教育教学质量、少数民族村寨人居环境整治提升、易地扶贫搬迁、远程医疗乡乡通运行情况等专题调研视察，形成调研视察报告，向县委提出工作建议。征集委员提案224件，其中涉及脱贫攻坚工作提案建议95件，占42.4%。所提出的“倒排时序建机制、突出重点真扶贫”“加快农特产业发展、助推就业脱贫”“有序组织贫困户劳动力转移就业”“以严的要求和实的作风推进脱贫攻坚”等提案，如实反映了百姓心声和愿望，得到县委、县政府主要领导的充分肯定，得到职能部门的采纳应用。

典型引路，同向发力

从大黑山脚到白水江畔，从洛旺茶园苗寨到奎香后山彝寨，将军故里助推典型频现，亮点纷呈。市政协委员、彝良山益宝生物科技有限公司总经理钱武刚采用“龙头企业 + 合作社 + 种植农户”的链接模式，让彝良的资源优势与山益宝的高新技术联姻，打造一流天麻、竹笋等农产品深加工企业，更好地带动百姓脱贫致富，为产业扶贫开辟了一条新途径。所加工的天麻、竹笋生产覆盖小草坝、龙海、两河等 12 个乡镇 56 个村 29300 户农户，其中建档立卡贫困户 2300 户 8961 人。彝良城垣地农业科技有限公司经理付友萍、彝良彝江红农业开发有限公司经理曾敬香等委员，依托公司优势，采取“企业 + 村集体经济组织 + 合作社 + 种植农户”的经营模式，发展蔬菜种植营销、辣椒生产加工等产业，覆盖贫困户 1000 户 4240 人；熊慧委员在洛旺乡洛旺村大力扶持群众发展林下养蜂产业，年产蜂蜜量 63450 斤，年均经济收入 444.15 万元，覆盖卡户 516 户 2371 人；彭泽源、李应会委员在小草坝镇助推创建竹产业示范基地和天麻种植基地，在荞山镇创建贡椒示范种植基地，覆盖卡户 150 户 623 人；杨艳秋委员发挥专长举办名师公开课和示范课，培训教师 90 余人；郑世辉、刘真富等委员依托行业优势，积极开展义诊义医和乡村医生培训，服务患者 4550 人次、培训乡村医生 134 人；胡绍鸿委员立足部门特点，加大卡户劳动力培训力度，帮助贫困群众落实转移就业 2000 余人。宗教界胡世银委员组织教牧人员结对帮扶建档立卡贫困户 92 户，禄汉柏委员引导建档立卡贫困户搞好环境整治，耐心做易地搬迁苗族同胞的思想工作，促其及时搬迁……各级政协委员助推脱贫攻坚的典型事例，起到了较强的示范引领作用。

担当使命，示范助推

县政协班子7名领导，1人挂钩联系1个村，帮助挂钩联系乡镇村理清思路、寻找项目、争取投入、落实措施。抽派7名熟悉农业农村工作、业务能力强的党员领导干部作为驻村队员长期分驻奎香乡寸田村、吉塘村、黑拉村、松林村及角奎镇进行帮扶，机关投入力量300余人次参与一线工作，确保各项帮扶措施全面落实到位。

县政协专门抽派两名副主席到靖安、发界新区指挥部负责易地扶贫搬迁工作，围绕“搬得出、稳得住、有保障、能脱贫”开展助推行动。“彭家的房子还没拆迁，影响进场道路的开挖，旋挖机无法进场”“三丘田还有30座坟墓还没搬迁”“颜营的老百姓又阻工了，电力铁塔要几时才能移走”……电话一个接一个，这是参与负责发界安置区征地拆迁和项目建设等工作的政协副主席李珊梅的来电。2018年年底那段时间，她压力空前，没有节假日、没有周末，每天都在千方百计地做群众思想工作，一边征地拆迁，一边施工建设，最终一栋栋高楼如雨后春笋般拔地而起，配套项目全面投入使用。

“老乡，这个危房太不安全了，不能再住人，你要赶快搬进新房头去住！如果差缺什么东西，我们会想办法帮助你解决。”在寸田村炭山村民小组，带队下沉一线的政协秘书长王方贤反复在做一直不愿搬到新房居住的王金全老人的思想工作；而在院子村民小组程良虎家中，李萍、章芬等政协干部正在手把手地教他家怎样摆放家什用具、房前屋后怎样搞好环境卫生……

挂包帮扶奎香乡寸田村以来，政协机关39名在岗干部职工挂包帮扶建档立卡贫困户376户1632人、联系重点户137户554人。全面参与了挂钩村重点户问题整改销号、动态管理、补短板强弱项、住房建设、人居环境整治、感恩教育、入户核查等工作，竭尽所能帮助贫困群众解决生产生活中的实际困难。进村入户指导帮扶 193 次，走访建档立卡贫困户 988 户，干部职工帮助协调解决危房改造、子女上学等揪心事、烦心事、操心事 200 余件。全方位推动了挂钩村产业、就业、教育、健康、基础设施建设等脱贫攻坚民生工程，为寸田村如期脱贫出列增添了力量。

万涓成溪，汇流成河

截至目前，全县三级政协委员和政协机关干部，至少参加了一项助推活动，委员参与面达 100%。政协委员共挂包帮扶建档立卡贫困户 2621 户，重点户 697 户，进村入户指导帮扶 27168 次，为贫困家庭办实事 1398 件（次）。帮助贫困户选择合适产业项目 232 个，提供销售渠道 50 次；举办种养殖等培训 220 场次，受益群众 38910 人；引导发展养牛 3760 头、养猪 23821 头、养鸡 54500 只，种植辣椒 1192.6 亩、马铃薯 62367 亩、花椒 3084 亩、竹子 2201 亩、天麻 23000 亩。林产业提质增效 15 万亩，竹产业建设示范长廊 4 万亩。组织培训卡户劳动力 1840 次，帮助落实转移就业 5975 人，工商企业、专业合作社吸纳卡户劳动力 1373 人；走访贫困学生家庭 527 次，劝返辍学生 206 名，教育系统委员到基层学校上示范课 133 节，开展教研活动 91 次，培训学校管理 50 次，通过落实雨露计划等帮扶困难学生 119 人，委员捐资助学 5.53 万多元；组织开展义诊活动 78 次，诊疗和服务群众 12372 人，走访贫困户重病家庭 123 户，家庭医生签约服务 5580 人；开展卫生环境整治和操家理屋培训 426 次 7727 人；新民风建设培训 124 场次 9978 户 2147 人，感恩文化教育活动 19 场次 11100 多人次；为精准扶贫提好建议 365 条。在寸田村后山彝寨开展彝花绣培训，让 67 名紧握镰刀、锄头的手再拿上绣花针，农闲之余也增收入。此外，承办了昆明市政协赴彝良开展的助推活动，捐资 32 万元资助学生 320 人，医卫界专家为贫困群众诊治700余人次，送药价值30000余元；通过省政协文化文史和学习委员会联系邀请，省农科院、省农业农村厅专家到我县开展天麻种植与加工、肉牛养殖2场专项技术培训，培训专业技术推广人员、能人大户130余人。

两年多来，全县各级政协委员和政协机关干部，凝聚共识担使命，齐心协力助脱贫，在脱贫攻坚一线，积极参与，主动作为，用实际行动谱写了新时代人民政协履职的新篇章。

（作者系彝良县政协工作人员）

大鹏腾飞报桑梓

王顺林

大山深处的贫困学子，一旦走出乡村，不再“面朝黄土”，过上相对稳定且富足的生活，人们称之为“金凤凰”。自史德鹏“飞”出大山后，当地老百姓没有一个不竖起大拇指称赞：“这个小伙子不简单！老高山飞出了金凤凰，是年轻学生娃娃的好榜样！”雏既壮而飞兮，乃衔食而反哺。史德鹏便是一只高飞后反哺家乡的“金凤凰”。

史德鹏 1990 年 2 月出生于钟鸣镇钟鸣村牛角组，2012 年 7 月毕业于玉溪师范学院，现任云南合一母婴儿童用品有限公司法人代表、董事长，云南锦沃品牌管理有限公司创始人、总经理，玉溪师范学院教育发展基金会理事，玉溪师范学院大学生创新创业导师。

寒门出“贵子”，读书改变人生轨迹

史德鹏的家在彝良县钟鸣镇钟鸣村牛角组，在他很小的时候，那里土壤贫瘠，山高坡陡；那里的农民家庭，种着玉米和土豆，一年四季只为了一季庄稼一份衣食；那里的学生，要走很远的路到镇上上小学，远的一两个小时才能到学校，读书要花钱，吃饭要自己做，困难的家庭更是书都念不上。史德鹏的家距离学校有足足5公里，想起小时候去镇上读书的场景，他满怀感慨："虽然家庭很困难，但那时候觉得有书可以读就已经很幸福，我没有放弃自己，我的父母也没有放弃我。家人都希望我上大学，有更好的未来。"史德鹏深知只有知识才能改变一个农村孩子的命运。要走出大山，就要拼命读书，他很努力很争气，2008年9月，他如愿以偿考入了玉溪师范学院化学专业就读，成为一名别人口中的寒门"贵子"。大学是放飞理想的地方，史德鹏虽是寒门学子，却有着"穷且益坚"的志向，在大学期间，他做过各类兼职寒暑假工，一方面挣点生活费给家里减轻负担，一方面使自己的能力得到了极大的锻炼提升。他从未虚度光阴，依旧勤奋好学，多方面锻炼自己，最终成为一名品学兼优的学子，为毕业后的创业之路打下了坚实的基础。

一片乡土一片情

2012年7月，史德鹏大学毕业走出了大学校园，凭借自身学到的真本领和大学期间赚到的人生第一桶金，创立了云南合一母婴儿童用品有限公司。从2013年年底成立第一家门店，至2017年在云南省连锁门店已超过70家，门店遍布玉溪、昆明、普洱、临沧、大理等地。2017年10月，他作为创业代表得到了省委书记陈豪的接见与鼓励，至今，史德鹏的连锁门店已有100余家，合作门店超过200家。作为"金凤凰"的史德鹏，拥有幸福的家庭，事业稳步攀升，生活美满，但树高千丈，落叶归根；人行万里，难舍故土。故乡的一切总像一只无形的手，一头牵着故乡一头牵着他，"事业有了起色后，总想回来为钟鸣做点什么。"史德鹏说道。每隔一段时间，史德鹏总想着回到老家看看，能不能为家乡做点什么，无不体现着他满怀思绪的乡愁。

雏既壮而飞兮，乃衔食而反哺

2019年年初，史德鹏回到彝良县钟鸣镇钟鸣村，全县脱贫攻坚正如火如荼进行，干部职工万众一心，力争年底脱贫摘帽。他看着这些年脱贫攻坚以来村庄的变化，感慨良多、思绪万千。约老同学吃饭时，史德鹏把多年来想为家乡做点事的想法说了出来，“要致富先修路，要想改变农村孩子的命运生活，最好的途径就是读书。要想提高群众生活质量，就要大力发展产业致富。”随后，史德鹏列出了帮助计划，说干就干，他联系了钟鸣村党委书记陈正波，得知刚好钟鸣村有一条村组公路需要建设，史德鹏慷慨答应给予2万元支持资金，帮助修建钟鸣村牛角组村组路公路。2019年4月，史德鹏听说钟鸣村漆树小学设施陈旧，随即联系所能帮扶的企业，共同联合向钟鸣村漆树小学带来了42万元的建设资金，主要用于操场、食堂及围墙的修建；同时，他还向钟鸣村攻读博士研究生的陈正庭捐赠了5000元，主要用于学费支付。2020年，史德鹏还参与了麻窝村的魔芋种植产业，流转了20亩土地，带动周边群众帮忙种植，提供劳动岗位200余人次，通过产业促进增收。据悉，下一步，史德鹏在钟鸣镇麻窝村的魔芋种植土地流转规模即将达到300亩，能带动贫困劳动力就业500余人次。史德鹏的公司团队每年还向全省100余户贫困群众家庭婴幼儿长期捐赠奶粉及尿不湿等用品。

所谓“集腋成裘，聚沙成塔”，史德鹏一点一滴汇聚起的爱心，不仅仅铺就一个个孩子的前途、点亮一个个家庭的希望，还为社会播撒了爱的种子，树立了好榜样，感召更多的学子用知识改变命运，让更多的群众用勤劳致富。

“我在外打拼这么几年，深深体会到知识的宝贵。让家乡的学子接受更好的教育，走出大山变成‘金凤凰’，是我一直想做的事情，以后我还会做更多。”史德鹏表示，作为钟鸣飞出去的“金凤凰”企业家，积极弘扬社会公德，履行社会责任和义务，是我的分内事。我希望通过个人的小小善举，能呼吁和带动更多的“金凤凰”参与帮困扶贫中来，帮助更多的贫困家庭坚定信心，早日脱贫奔小康，过上幸福美好的生活。

史德鹏给家乡带来的不仅是金钱上的帮助，更是精神上的鼓舞、榜样的力量。多年来，史德鹏积极回报社会，援助家乡发展，持续资助彰显了企业家乐善好施、达则兼济天下、无私奉献的博大胸怀，弘扬了正能量，传递了真善美。

（作者系彝良县扶贫办工作人员）

金融扶贫活水来　脱贫浇灌幸福花

庹　莹

农发行彝良县支行以“不负脱贫攻坚银行使命”为目标，认真贯彻落实精准扶贫工作部署，支行支委带领全行员工秉承家国情怀，强化责任担当，以脱贫攻坚为重点，以易地扶贫搬迁为主战场，举全行之力打出精准扶贫“组合拳”，全心全意服务脱贫攻坚。

扶困，强基础设施搬得出

群山重叠，雄关漫道。“三年行动计划”期间，13000多贫困人口依然在大山深处苦苦挣扎。依然是晨曦飞升而作，繁星眨眼而归。易地扶贫搬迁，是他们脱贫的最好选择，也是幸福的希望所在。

初春时节，二月春风裁剪出岸柳新绿，大地萌动春的旋律。我们来到海子镇新场村建档立卡贫困户李玉朝家中，他握着农发行彝良县支行党支部书记陈顺明的手一个劲地道谢：“感谢政府的好政策，感谢农发行，帮助我们住进了新房。”

李玉朝，今年68岁。3个儿子都外出打工了，老家就剩下他和他的老伴住在老旧的土墙房里，阴天又是漏风又是漏雨，蜗居简陋，生活不便。恰逢易迁政策，老两口搬进了集中安置点的新房，新家在马路边上，宽敞、明亮，还通了自来水，李玉朝感恩之情溢于言表，平凡之语开口流出，激动地说：“现在真是太享福了，我也可以过几年好日子了！”

精准扶贫，不落一人。2015年8月24日，昭通市委、市政府与农发行云南省分行召开农业政策性银行金融支持昭通重点项目推进座谈会，会议就农发行和昭通市各级政府深化合作有关事宜形成一致共识，达成一致意见。农发行彝良县支行趁势而为，发挥超常规态势，狠抓落实，抢抓机遇，积极与县政府、发改局、扶贫办等部门对接，掌握易地扶贫搬迁项目规划、进展和资金需求情况，准确把握发展的关键时间和节点，做到快、优、好，争取第一批项目落地。同年9月底完成了彝良易地扶贫搬迁项目8亿元上报工作，10月获批，当月向彝良县城乡投资有限责任公司发放贷款4亿元，信贷资金的投入，有效地解决了政府扶贫资金瓶颈问题，对改善老百姓居住环境、出行环境和水电路等配套设施建设起到了积极的推动作用。

农发行彝良县支行把支持易地扶贫搬迁作为落实“精准扶贫、精准脱贫”的有力抓手，支持脱贫攻坚的“头号工程”，认真落实脱贫攻坚工作精神和要求。截至目前，彝良县已建成55个易迁安置点，安置11203户，50957人。

助力地方，带动发展。一直以来，农发行彝良县支行积极支持贫困地区农村基础设施建设、水利建设、美丽乡村建设、农村公路建设、林业生态旅游保护开发等，着力改善农民基本生产生活环境。彝良多高山峡谷、自然条件恶劣，农业基础设施薄弱。为全面助力地方发展，近年来累计发放贷款6.4亿元，中国农发重点建设基金6000万元，支持农村路网、奎香和松林水库、小草坝林业资源保护与开发等地方重点项目基础设施建设，极大地改善了人畜饮水等民生环境。

扶志，助产业发展稳得住

授人以鱼不如授人以渔，输血扶贫不如造血扶贫。彝良恒基环保科技有限公司作为劳动密集型的企业，是彝良县政府招商引资的扶贫型企业，也是农发行彝良县支行金融支持的重点企业，公司的进驻为彝良脱贫攻坚注入新的力量。2019 年，通过就地招聘的方式，公司已吸纳建档立卡贫困人口 33 人，随着生产设备的不断调试运行，建档立卡就业人员也在逐步增加，一定程度上缓解了部分建档立卡户就业难、就业远的问题。

由于国家政策及环保要求，彝良县白水江周边纸厂相继关停，白水江沿岸竹农的慈竹销售问题急需解决。彝良县白水江沿岸有牛街、柳溪、洛旺三个乡镇，拥有慈竹约 41 万亩，年产量达 160 万余吨。恒基公司生产环保餐具所需桨板以竹子作为原材料，随着环保餐具生产线的建成需购进大量的原材料竹子制作竹浆板，必将有效地解决竹农担心的销售问题，“竹”你发财。

扶智，重政策宣传思路广

五年来，农发行彝良县支行的挂钩扶贫点不断调整变化，从白水江畔的牛街镇花果村到雨龙山中之奎香乡松林村，再到大黑山下的海子镇瓦厂村又海子镇新场村，不变的是干部职工想要帮助贫困户脱贫的心。

一分耕耘，一分收获。每一次遍访，入户的同志都向挂包的贫困户宣传国家“两不愁、三保障”，外出务工奖励等政策。李堂义家住在海子镇新场村的山上，他的妻子罗在英患帕金森已经好几年了，由于不了解国家慢性病政策，高昂的自费药费让本不富裕的家庭雪上加霜。2019 年一整年，行长陈顺明同志每个月都到李堂义家宣传国家在医疗保障方面的好政策，动员他带着妻子到定点医院进行全面检查，办理慢性病相关手续，缓解家庭压力。但从山里到三甲医院看病的路对身患残疾，驼背多年的罗在英来说，是遥远且漫长的。两位老人一直迈不过心里的坎，不愿外出。老人的工作做不通，大家就把思路转向老人外嫁的女儿，几经周折，终于在今年，罗在英的慢性病手续办下来了，并根据医嘱换了更有作用的药，病情也有所缓解。听到这个好消息，陈顺明同志悬着的心终于放下了，曾到过他家的同志们已都露出了欣慰的笑容。

通过走访，发现李堂富独自带着三个孩子，仅靠着做农活维持一家人的生活，有一个孩子是聋哑人，有一个孩子身体不太好休学在家。支行职工潘忠莉同志入户时，自掏腰包叫李堂富给孩子买一点营养品，养好身体好回到学校继续读书。2020 年 4 月，李堂富的女儿兴高采烈地对曾帮助过她的那位同志说："阿姨，等到疫情过了学校开学了，我就回去上学，以后也要成为像您这样的人！"

任重路艰，行稳致远。脱贫攻坚是一项系统工程，彝良县支行也将在脱贫不反弹的路上不断延伸触角，继续发挥好金融精准扶贫"主力军"作用，进一步稳固脱贫成效，用坚实的脚印书写有担当、有情怀的金融扶贫步康庄的新篇章。

（作者系中国农业发展银行彝良县支行职工）

“贷”动苍生奔小康

王 啸

一条条公路进村到户，一幢幢新房拔地而起，一个个产业欣欣向荣……如今之彝良，随处可见喜人场景。

由于历史、地理等条件制约，彝良基础差、底子薄、历史欠账大。全县经济社会发展相对滞后，是国家重点扶持贫困县、云南省5个革命老区县和27个深度贫困县之一，也是乌蒙山片区集中连片扶贫开发的重点区域。扶贫攻坚，是一场必须打赢的硬仗。为全面贯彻落实习近平总书记“做好金融扶贫这篇文章”的指示精神，使金融扶贫成为打赢脱贫攻坚战的关键支撑，截至2020年6月30日，全县累计发放精准扶贫贷款7.35亿元，惠及建档立卡贫困户81159人次。建档立卡贫困人口贷款余额6.8亿元，全县风险补偿金总额7466.74万元。通过“政府增信、银行增贷、企业带动、贫困户增收”的风险补偿产业扶贫贷款，金融扶贫展现出前所未有的力度，走进了金融扶贫的“春天”。

脱贫攻坚，产业先行。众所周知，要实现贫困户脱贫，增强“造血功能”，发展产业是关键。由于政策性银行支持力度有限，使得资金短缺成为制约贫困户发展产业的瓶颈。为促进产业发展，进而带动地方特色优势产业做大做强，带动贫困户增收致富，金融必须聚力，活力才能迸发。2017年以来，针对农业融资难，银行支持力度有限，政府设立风险补偿资金进行增信，云南彝良农村商业银行股份有限公司、中国邮政储蓄银行股份有限公司彝良县角奎镇支行、中国农业银行股份有限公司彝良县支行积极放贷，有效解决了资金难题，有力助推脱贫攻坚，形成了金融扶贫“杠杆模式”。

明确放贷流程，开设绿色通道。针对常规办贷流程操作中贷款环节多、时间长、效率不高的问题。云南彝良农村商业银行股份有限公司、中国农业银行股份有限公司彝良县支行建立办贷绿色通道，对符合条件的贫困户在准入、评级、授信、调查等环节直接由县级统一负责，极大地缩短了办贷时间，提高了办贷效率。

扩大支持范围，降低准入门槛。彝良县扶贫办出台《彝良县产业扶贫小额信贷管理（暂行）办法》，确立“五步法”原则，明确了扶贫小额信贷审批放贷流程、风险补偿金建立、财政贴息及部门职能职责等工作内容。扶贫小额信贷专项工作组每季度召集相关部门和承贷银行研究工作，切实解决工作推进中存在的困难和问题，确保扶贫小额信贷工作顺利推进。

古人常以不吝“铢镜”字于碑刻，流传后世；今朝金融“信贷”普惠，助力脱贫攻坚，达天下人之共同富裕。农发行、农商行、邮储、小额信贷齐上阵，唤起奋力脱贫人万千。“人穷志短，马瘦毛长”将无容身之地。信贷人信心满满，决心早日步入小康殿堂。

扶“微”解困，助力百姓腾飞。“以前贷款，想都不敢想，没人愿意给我担保，因为穷得还不起。自打建档立卡精准脱贫惠农政策实施以来，我的‘养殖梦’终于实现啦！”“有党委和政府给我们贫困户撑腰做主，第一次拿到了 5 万元的小额信用扶贫款养牛，一年时间，就赚了 1 万元，以后这日子，可就越来越有盼头啦！”洛旺乡树草坪环山组的母光强，爱惜地用他粗糙的大手摩挲着正在吃草的牛鼻子，乐得合不拢嘴。“要是没有扶贫贷款的话，我这个规模根本不可能这么快发展起来！”母光强高兴地说，“这都是沾了扶贫小额信贷的光。”

尝到了金融扶贫甜头的母光强，“养殖梦”越做越有滋味，2018 年，他申请了 5 万元的小额贷款养牛，通过养牛，圆了脱贫梦。

如今在彝良，像母光强这样依靠金融扶贫小额贷款自主经营或参与生产经营走上致富路的贫困户不在少数。一个个生动的例子，客观印证了全县金融部门积极联动，认真落实县委姚勇书记把金融创新作为重要保障，通过建立贷款风险补偿基金、加大扶贫小额贷款落实力度，着力破解脱贫攻坚投入不足问题的指示要求，坚持以支持产业发展为主，认真落实支农再贷款、扶贫再贷款，增强农民“造血”功能，助推农民脱贫目标稳定实现。

承贷银行积极探索金融带动扶贫措施，配合政府扶贫项目和政策，让涉农金融机构成了精准扶贫的重要力量，扶贫信贷投放也由过去的大水漫灌变为精准滴灌。为提升金融扶贫精准度，我县金融部门通过深入了解贫困户的基本生产、生活信息和金融服务需求信息，建立了“金融扶贫农户清单”，通过对特色产业的调查，把履行社会责任，带领贫困人口脱贫作为本职，政府与银行、贫困户结成了“利益共同体”。精准支持贫困户发展特色产业，实现稳定脱贫。

创新驱动，“五五”机制谱新篇。随着精准扶贫持续推进，一些基层干部、金融机构负责人反映，脱贫攻坚进入新阶段后，金融精准扶贫也要进入一个新的发展阶段，应适时调整部分政策措施，打造金融扶贫“升级版”。为此，我县三家承贷银行与彝良各方共同携手，紧密结合脱贫攻坚、乡村振兴需求，进一步充实完善“金融扶贫模式”内涵，带动群众增收致富，推动“杠杆模式”取得更大成效。

不仅如此，还把扶贫小额信贷作为打赢精准脱贫攻坚战的有力抓手，创新机制，狠抓落实，以坚持组织领导到位，确保“贷得到”，坚持机制运行到位，确保“贷得准”，坚持要素保障到位，确保“贷得快”，坚持利益联结到位，确保“用得好”，坚持风险管控到位，确保“还得上”的“五到位”“五确保”原则，进一步完善扶贫小额信贷机制，加大风险防控，改进工作方法，努力提高扶贫小额信贷助推脱贫，步入小康。

莫道今春君相助，明年春色倍还人。站在历史的新起点，撸起袖子加油干。相信全县金融“血脉”律动的力量，必将推动彝良经济航船杨帆起锚行稳致远。

（作者系彝良县扶贫办工作人员）

农商扶贫喜农商

袁　勃

彝良农村商业银行的前身是1953年成立的彝良县农村信用合作小组，半个多世纪风雨兼程，历经信用合作小组、乡信用合作社、县信用联社，县农信社，现已长成“参天大树”，发展成为市场份额最大、惠及群众最多、服务半径最长的地方性金融机构，并于2020年5月22日正式对外开业挂牌，组建成立农村商业银行（后以县农信社、联社行文）。机构名称变了，没变的是初心。

长期以来，县农信社始终坚定不移执行县委、县政府脱贫攻坚工作决策部署，牢固树立全县“一盘棋”思路，坚持“立足三农，服务城乡，支持中小微企业，促进地方经济社会发展”的市场定位，努力为县域脱贫攻坚注入金融活水。

信贷扶贫是农信社扶贫的主要工作内容。通过筹措资金，发放各种扶贫贷款，并实行利率优惠等政策措施，支持全县工、农业经济全面发展。截至2020年5月末，共发放扶贫再贷款11907户，金额53292万元；投放扶贫小额信贷13178笔，金额59194万元，现有存量扶贫小额信贷11907笔，金额53292万元；投放“基层党员带领群众创业致富贷款”贷款余额2576万元；投放烟草产业贷款935笔，金额5372万元；发放“天麻贷”5221户，余额28336万元；发放高原特色农业种植农户贷款15323户，金额73860万元；共计发放“贷免扶补”创业小额贷款873笔，金额6071万元；共计发放“两个10万元”贷款余额540万元。

2015—2017年发放农危改（含抗震安居）贷款3071户，金额14133万元；截至2018年6月，共计发放农村危房改造贷款3138户，余额11555万元。

一个数字一个音符，一个个音符组成农商扶贫大合唱，勾勒出一幅幅山乡水墨画图：农商活水注农商，互惠双赢富乡邦。土地长出金元宝，金融甘露沐康庄。

金融甘露麻得跳

彝良麻得跳小花椒农业商贸有限公司，始建于2016年8月9日，是经县人民政府招商引资成立的集花椒种植、加工和销售为一体的民营企业。在获得我社1500万元流动资金贷款支持下，经过近三年发展，已建成占地面积8800平方米，设计产能2万吨，预计产值近3亿元，提供季节性岗位100人的县域农业龙头企业。公司采用“公司+农户+合作社”的经营模式，与建档立卡贫困户签订花椒购销协议，免费提供花椒秧苗发放给建档立卡贫困户种植，以5—8元每斤的价格从椒农手中进行果实回收。花椒虽小，不但入口即麻，而且触手就麻，确实麻得跳，每斤花椒椒农可获利近50%，有力带动了彝良县角奎镇发界村和奎香乡寸田村40余户建档立卡贫困户脱贫致富。

年初，受新冠肺炎疫情影响，企业临近3月还没有复工复产。停产就意味着失去收入来源，与合作企业订购的1200万株青花椒苗（已支付了300万元，尚有1500万元的尾款未交付。）无力支付尾款，苗木无法交接。眼看又要错过花椒种植的黄金时节，一旦延误农时，种植规模跟不上、花椒产量上不去，损失将难以估量。

就在企业负责人心急如焚、一筹莫展之际，彝良县农信社工作人员的不期而至，为企业注入了一针“强心剂”。原来，为积极响应金融支持企业复工复产要求，县农信社指定专人对县域各中小微企业生产经营状况进行台账式管理、动态化监测，在获知该企业复工复产困难的第一时间即开展上门服务，帮助企业化解难题、渡过难关。企业负责人欣喜若狂，连声感谢：“谢谢！真是太感谢了！能想到的办法都想了，这几天实在是焦头烂额、束手无策了啊，幸亏信用社还记挂着我们，关键时刻给我们送来了申贷喜讯，解决了尾款问题，真是帮助我们解决了大问题啊！”

在县农信社工作人员的悉心指导下，企业即向县农信社提交支农专项再贷款信贷申请资料。我社本着特事特办、急事急办的原则，认真组织开展贷前调查、资料审核、评级授信、会议审议，仅用时3个工作日，即将支农专项再贷款资金，全额发放至企业账户，有效缓解了企业复工复产燃眉之急。

专项贷款资金注入，企业将花椒种植规模扩大至近1000亩，花椒年产量将达200万斤、产值1960万元，经深加工后，预计可实现年销售收入3360万元，利润1120万元，有效带动周边建档立卡贫困户70户产业增收，实现300人脱贫致富，提供就业岗位150个。

县农信社用实打实的举措和心贴心的服务，为县域花椒产业注入了发展“新引擎”，将“小果果”变成了“摇钱树”。

借新还旧“枭龙飞”

昭通市枭龙实业有限公司主要从事建材销售、矿石料批发等项目。经过近6年的发展，公司已具备年产砂石60万方、商用混凝土50万方、免烧砖8000万匹的规模，与上下游近70家建筑公司建立有良好合作关系。

公司在县农信社借贷千万元，曾因账款未能及时回笼，致资金周转困难共办理展期 2 次和借新还旧 1 次，现有存量贷款 532 万元。受新冠肺炎疫情影响，公司各项生产经营活动完全停滞，无营业收入，无力按时偿还即将到期的贷款。

按照省、市、县在疫情防控期间有关金融文件精神，县农信社及时建立工作台账，指定专人对即将到期贷款进行电话跟踪，逐一了解企业生产经营现状。

掌握了解到昭通市枭龙实业有限公司因受新冠肺炎疫情影响，暂时无力偿还贷款本息的情况后，业务人员主动与其进行了政策宣讲，明确告知县农信社对于中小微企业不抽贷、不断贷的工作要求，并表示可以采用无还本续贷方式对即将到期的贷款进行借新还旧。得知这一重大利好消息的企业负责人不禁感叹道："县农信社不遗余力支持中小微企业的举措，真是解了我们的燃眉之急啊！"1 月中旬，公司将流动资金贷款借新还旧资料通过快递方式送达。联社本着急事急办、特事特办的原则，仅用时 7 天时间顺利完成贷前调查、资料审核、会议审议等环节，将原本近半个月的工作量压缩至 1 个星期，2 月末，联社派出工作人员，上门服务，完善贷款面谈面签等手续。顺利完成贷款借新还旧，为枭龙插上了腾飞的翅膀，为企业顺利复工复产赢得了主动、争取了时间。

"天麻贷"出符老欢

小草坝天麻遨游太空，与星球为邻，正谓：乌蒙天麻甲天下，天下天麻甲彝良。天麻原产地的麻农，喜不惊，忧不愁。自 2017 年开办"天麻贷"品种以来，共发放天麻贷款 5221 户（笔）余额 28336 万元。

小草坝镇大桥村老二组的符礼书，没有像往年那样忙碌。他坐在自家院内，头顶着暖阳，细品着野茶，不时哼哼小曲，悠然自得。受新冠肺炎疫情影响，家中两个儿子尚未外出务工，现在扛起了天麻种植的“大梁”，挖塘、松土、码材……样样都干得有板有眼。至于天麻购种的资金问题，他更是早就胸有成竹。老符和小草坝信用社已经打了10多年交道，从最初的几百、上千元贷款，到如今几万、十几万元，贷款金额越来越大，日子也越来越红火。

2017年县农信社用“手握手的承诺、心贴心的服务”，托起广大农民朋友脱贫致富奔小康的希望火种。推出的“天麻贷”更是让老符成了第一批受益者。贷款优先、利率优惠的政策，让老符不禁喃喃自语：“今年是不是再扩大一下种植规模啊！”

摩托车发动机轰鸣声打扰了老符的小憩，小草坝信用社的工作人员不约而至，对于这样一辆小摩托走村串户的出场方式老符再熟悉不过了。老符热情地起身招呼，一边招呼一边又忙着去泡茶，工作人员熟稔地拍拍老符肩头，笑着说道：“走吧，先去你家地里看看！”老符也不矫情，领着工作人员就往地里走，刚到地头，老符颇有点“指点江山”的感觉，指着前方一片坡地说道：“就是这里了，今年计划做个20亩吧，太多的话，实在忙不过来，其他都准备好了，就是还差15万资金购种！”熟悉归熟悉，该有的借贷环节一样不能少。两人随意地坐在路边，一个问、一个答，很快就把流程走完。工作人员谢绝了老符留下吃饭的建议，挥挥手说道：“走了，最多两天，我打电话给你来信用社签字！”说完，一脚油门下去，摩托车伴着暖阳，缓缓消失在乡间小道上……

烟草产业“贷”农富

为扎实做好“三农”金融服务工作，努力支持地方经济社会发展，县农信社在实地调研、充分酝酿的基础上，结合县烟草产业发展实际和烟农信贷资金需求，创造性地推出“烟草产业”贷款，为县域烟草产业发展注入了强大动力。

地处川滇黔交界的乌蒙山区的彝良，重峦叠嶂、溪流纵横。蜿蜒流过的长江支流，北回归线的和煦阳光，乌蒙山区的斜风细雨使彝良烟草产业占据得天独厚的优质环境。73 年的烟草种植历程中，始终保持较高品质，成为县域经济发展的支柱产业。截至 2020 年 4 月末，全县共有烤烟种植户 2886 户，烤烟种植面积 4.63 万亩，计划收购烟叶 11.5 万担，预计实现产值 1.6 亿元，种植范围覆盖龙街、洛泽河和奎香等 7 个乡镇。

众多烟农通过多年的烤烟种植实现了发家致富，家里建起了新房、买上了新车，日子也越过越红火，但是想要把产业做大，必然要投入更多资金，找亲戚朋友东拼西凑也只是“杯水车薪”，着实愁坏了许多烟农。这时，县农信社在先后推出“天麻贷”“易贷通”等专业特色贷款后，又将发展的目光，聚焦到了烟草产业上。联社于 2019 年 4 月及时制订并印发了《彝良县农村信用合作联社支持烟草产业贷款管理办法（试行）》，最大限度给予烟农、种植大户、烟草生产专业合作社和卷烟经销商信贷资金支持，最高授信额度可达 60 万元，有效缓解了广大烟农资金紧张、发展乏力等困难。“烟草产业贷”的投放使用，严格执行“一次授信、循环使用、利率优惠、随用随贷”要求，利率标准以 LPR＋150BP 优惠利率执行，有效减轻烟农融资负担。贷款申办过程中，开通“绿色通道”，实行“阳光信贷”，优化办理流程，从烟农提交贷款申请，到贷款发放上卡，实行 3 日内限时办结，让烟农“少跑路、只跑一次路”。截至 2020 年 4 月末，联社一年时间已累计投放“烟草产业贷”889 户、金额 5313.12 万元，有力支持了县域烟草产业发展。

龙街乡龙洞村瓦厂社的村民林世虎就是“烟草产业贷”的受益者。说到信用社的帮助，林世虎黝黑的脸庞不时绽放出激动的笑容，眼角闪动着对未来的期盼，他兴奋地说：“前几年我还是村里的建档立卡户，孩子在昆明上大学，每年一到开学，我家两口子都得去亲戚家，东拼西凑借钱交学费。从 2014 年开始种烤烟，信用社就一直帮助我，家里的经济状况才逐渐有了改观。现在信用社推出了新的贷款，我立马就去办理5万元，金额变大了、利息变少了，去年我种的22亩烤烟，收入有8万多元，不但还了贷款，还解决了孩子的上学问题，也把贫困户的帽子甩掉了。种烟虽然辛苦，但是现在生活越来越好，越来越有盼头，今年我打算再向信用社借点钱，把烤烟种植面积提上去！”林世虎和妻子一有空就往烟地里跑，查看烟叶情况、处理烟叶问题，说起这片烟林，他们总有说不完的话题，他们播撒下的已经不止是烟叶，而是“希望”。

洛泽河镇仓盈村刘坪组的苏云祥说起“烟草产业贷”也是喜上眉梢，他兴奋地指着自家雪白的平房和绵延的烟地说道：“我去年在信用社贷款5万元，种了34亩烤烟，收入有10来万元，今年我又多租了几亩地，凑齐了40亩。我相信，只要能吃苦，肯下力气，日子一定会越过越好！”

扶贫攻坚大决战，县农信社坚持“零售银行”市场定位，主动回归本源、回归主业，重点聚焦县域龙头产业、支柱产业，不断创新推出新型特色金融产品，将金融“甘露”播撒田间地头，助力产业“扬帆起航”，“贷”出了县域产业发展“加速度”！

（作者系云南彝良农村商业银行股份有限公司职工）

第八编　乌蒙铁军战贫困
巍巍丰碑青史铭

强基固本筑铁军

王运新

彝良是军事家罗炳辉将军、革命先烈刘平楷和英雄徐洪刚的故乡，是红军长征的福祥之地，是一块让人魂牵梦萦的红色革命沃土，这里的人民自古以来就有埋头苦干、拼命硬干、真抓实干的精神，加之受到红色文化的熏陶以及红色基因的赓续传承，在革命战争和改革开放的过程中逐渐形成了属于彝良人民的“红色”精神。在新时代，彝良人民不断发扬和传承这种精神，继续书写着属于彝良的种种传奇。

今天，“红色”精神俨然成为彝良人民永远保持旺盛斗志和进取精神的强大动力，不断在彝良战贫事业上迸发出新活力，创造了扶贫史上的人间奇迹。截至目前，137 个贫困村顺利出列，贫困人口实现全部脱贫，贫困县的帽子已被摘掉。彝良千百年来存在的绝对贫困问题在这一代彝良人的身上历史性地得到解决，告别了千百年来的贫困困扰，谱写了彝良人民反贫困的壮丽史诗，为全面建成小康社会，顺利实现“十三五”圆满收官奠定了坚实的基础。

在脱贫攻坚这场战役中，我县坚决贯彻落实中央和省市决策部署，立足脱贫攻坚实际，突出党建引领，创新管理机制，狠抓扶贫干部队伍建设。以最有效的干部人才资源助推全县精准脱贫工作深入开展，为确保如期打赢脱贫攻坚战、顺利实现全县脱贫摘帽提供坚强的组织保障。

精锐出击、尽锐出战，脱贫队伍有实力

“作为一名有着多年党龄的老党员，在组织最需要的时刻，应该挺身而出，为脱贫攻坚添砖加瓦，加之家里孩子已长大成人，不需要照管，我第一个申请驻村扶贫，望组织给予批准，提供一个参与决战脱贫的机会”，县直某单位刚接到选派驻村通知后的一名干部激动地向单位领导说道。

“干部是脱贫攻坚的核心因素，能力强弱和选派是否精准事关脱贫攻坚能否如期完成，要按照党群干部到弱村、政法干部到乱村、经济部门干部到穷村、涉农部门干部到产业村的原则和思路开展驻村干部选派，做到下派干部与贫困村、贫困群众需求相匹配。重点选配政治素质好、文化程度高、专业能力强和敢于担当负责的年轻干部投入脱贫攻坚一线。同时，挖掘本地创业致富带头人、返乡创业人才、生态畜牧业合作社负责人等参与全县脱贫攻坚工作，充分发挥他们自身的优势，为带领群众走出贫困创造更多的有利条件。确保如期高质量完成脱贫，向组织交上一份优秀的答卷”，县委主要领导在全县脱贫攻坚专题会议上强调。

自脱贫攻坚工作开展以来，除省、市下派的人员外，先后从各级各部门中抽调驻村扶贫人员 619 名、驻村第一书记（工作队队长）139 名，乡镇脱贫攻坚第一书记 15 名，为基层一线脱贫攻坚提供了人才支撑。

精准式培训、全覆盖轮训，能力提升有保障

“终于搞清楚脱贫攻坚‘两不愁、三保障’的具体含义了，这为我们下步的工作提供了方向，使我们的工作目标更加明确”，参与脱贫攻坚的其中一位扶贫干部培训后说道。“在培训之前，我一直认为党建与扶贫没有多

大关系，甚至是有点浪费时间的感觉，经过此次培训，大大提升了我的理论水平，能够充分理解党建与扶贫的关系，抓党建就是抓扶贫，只有把党建设得更加有力，扶贫工作推进才能更加顺利，党建扶贫要双推进”，参加扶贫的另一名干部培训后如是说。

我县立足知大局、干实事、促脱贫，围绕精准扶贫需要，坚持理论武装强党性、业务培训强素质、技能学习领发展三大思路和举措，突出实训、实战、实践，采取线上线下相结合、小班化、精准化和县、乡、村三级干部联动培训模式，对脱贫攻坚干部开展扶贫业务、党建业务和专业技能素养培训，大力提升素质能力。2015 年以来，共开展各级各类脱贫攻坚培训 43 期，累计培训 8000 余人次，扶贫干部党性意识得到进一步增强、专业能力素养得到进一步提高，脱贫攻坚能力得到进一步加强，实现了扶贫干部教育培训全覆盖。

树牢鲜明导向、坚持能上能下，干事创业有激情

“这次提拔的几位同志确实都非常优秀，党性比较好、能力比较强、作风比较正。降级的几位同志是应该的，工作不积极、态度不端正，安排工作给他的时候还挑肥拣瘦。从这次干部任用情况来看，充分说明了组织的眼睛还是雪亮的，侧重从基层一线选拔任用优秀干部，这是好事”，几名村干部聚在一起议论道。

我县始终坚持新时期好干部标准，把政治标准放在首位，把脱贫攻坚一线作为历练、考察和选拔干部的主阵地，让干部在脱贫攻坚一线实践锻炼、增长见识、砥砺才干，提高干部处理复杂问题和做好群众工作本领。不断加大对脱贫攻坚一线优秀干部的提拔使用力度、调整力度和激励力度，构建在脱贫攻坚一线考察识别干部的鲜明导向，真正提拔一批脱贫攻坚一

线想干事、能干事、会干事的干部充实到基层一线重点岗位历练，对不担当、不作为的干部坚决果断调整。2015年以来，先后从脱贫攻坚一线提拔重用优秀干部240名。对2名干部实行了召回管理，对2名干部进行了就地免职。对工作不在状态、情况不清、底数不明、工作推进滞后、事业心不强、律己不严及健康原因不适宜担任现职的135名干部作了“下”的调整处理。对敢担当、善作为、工作实绩明显的354名干部作了进一步使用或者职级晋升，充分保护干事创业积极性，推动干部履职尽责、担当作为。

激励约束并举、严管厚爱并重，扶贫责任有落实

“幸亏组织提醒得及时，否则我将会越走越歪”，被通报的其中一位扶贫干部说道。“今年的工资上涨了，还为我们购买保险提供补助，整体待遇得到了提升，只要大家努力干，年底还有集体经济分红”，参与扶贫的一名村干部高兴地说道。

我县坚持严管厚爱并重，注重调动县、乡、村三级干部在脱贫攻坚工作中的积极作用，激发各级干部决胜脱贫内生动力。首先是立下“军令状”，管严脱贫攻坚干部队伍。组织所有驻村工作队队员、驻村第一书记、包保干部和镇村（社区）干部签订决胜脱贫攻坚“军令状”和扶贫领导干部政治生命“承诺书”，层层压实责任。其次是制订《彝良县驻村扶贫工作队选派管理办法》，建立健全全程纪实管理链条，从严督查，落实精准脱贫责任制。始终坚持从严管理，严格执行“日督查、月通报”管理机制，通过“云岭先锋APP”后台打卡签到抽查、电话抽查、实地督查、微信位置共享督查等方式，对全县驻村工作队队员在岗情况进行全覆盖督查检查。先后印发通报30期，累计通报138人次。再次是完善激励机制，引导一线干部担当作为。县级财政投入资金提升村组干部待遇，村组干部报酬人均提高百

余元，脱贫一线干部意外伤害保险实现全覆盖，定期组织扶贫干部进行健康体检，有效调动了脱贫一线村干部工作积极性、增强了扶贫一线干部的纪律意识，为我县如期脱贫摘帽奠定了坚实的基础。

（作者时任中共彝良县委组织部干部股长）

党建扶贫双推进

段隆娇

脱贫攻坚战打响后，彝良县认真贯彻落实中央和省、市关于扶贫开发的重大部署安排，落实党建扶贫“双统领”“双推进”“双保障”要求，积极找准党建扶贫结合点，加强领导，强化措施，充分发挥脱贫攻坚中基层党组织战斗堡垒作用和党员先锋模范作用，为决战决胜脱贫攻坚提供坚强的组织保障。

强化政治建设，布好“一盘棋”

彝良县始终认真履行县委抓党建促脱贫攻坚主体责任，将党建引领提升产业扶贫、就业扶贫、易地扶贫搬迁“三个组织化”，党支部＋村级集体经济＋合作社，党员“双带”能力提升等作为基层党建重点工作任务扎实推进。由县级党员领导担任乡镇脱贫攻坚“第一书记”，将抓党建促脱贫攻坚作为县、乡、村三级党组织书记抓基层党建工作、责任和问题清单的重要内容，明确党务干部具体责任，将抓党建促脱贫攻坚重点任务考核结果与干部选拔任用、评先评优等紧密挂钩。通过压实党员干部党建扶贫责任，切实构建起主体明确、职责清晰、上下衔接、环环相扣的党建扶贫工作责任体系。

打牢基层基础，建强“战斗堡垒”

“村子建得好，支部要领跑。”基层是党的执政之基、力量源泉，重视支部、大抓支部是我们党加强自身建设的宝贵经验。为着力提升彝良县基层党支部组织力，制订了彝良县党支部规范化建设达标创建3年工作计划，建立创建进度明细台账，实行动态管理、销号整改。2018年达标命名376个基层党组织，2019年达标命名742个基层党组织，规范化建设累计达标93.5%。2020年在完成应完成达标建设的104个基层党组织的基础上，深入开展村（居）民小组党支部规范化建设，树立党的一切工作到支部的鲜明导向，抓严抓细抓实支部工作，打造坚强战斗堡垒，为脱贫攻坚、乡村振兴提供坚强组织保障。同时自2017年以来，在持续巩固已建成村组活动场所作用发挥的基础上，全县新建了361个村民小组活动场所，整合资源修缮了77个村民小组活动场所，累计投入使用620个村组活动场所，完成全县139个贫困村（社区）及所辖2971个村（居）民小组（党支部）全覆盖，为脱贫攻坚提供了坚实的“战斗阵地”。柳溪乡水果村活动场所自从修好以来，每天都有人在水果村活动场所的篮球场打篮球，逢年过节开展篮球比赛，每天下午广场上人们载歌载舞，遛娃、散步的人熙熙攘攘，下午的广场是人们健身的重要场所，同时也促进了人们的情感交流。“有了文化广场，村干部就能带领村民开展更多的文艺活动了。以前农闲的时候村民们就是打麻将、玩扑克，现在大家更愿意到广场健身、跳舞了，老百姓日子过得是越来越充实了。”

建强基层队伍，组建“工作标兵”

2020 年 5 月，钟鸣镇钟鸣村党委书记陈正波被选树为云南省“百名好支书”。“敢啃硬骨头、善打攻坚战，先后完成两个软弱涣散村党组织整顿提升，增强了基层党组织的凝聚力和战斗力。敢闯敢试，带领群众因地制宜发展天麻种植和猪、牛、鸡养殖等产业，有效增加群众收入，确保贫困群众如期脱贫，积极维护群众利益，办事公平公正，群众认可度较高。”这是陈正波的事迹简介。

“支部强不强，关键看头羊”，彝良县始终将村干部队伍建设作为核心工作来抓。一是拓宽视野，选优配强。对工作推进滞后或群众意见突出的进行提醒指导或调整撤换，2019 年共撤换村级党组织书记 41 名，并从乡镇下派了 13 名干部担任村党组织书记。深入实施农村人才回引计划，2020 年全面摸底排查农村优秀人才 798 名，确定回引对象 168 名，并及时将回引对象纳入青年人才党支部进行联系培养。二是加强培训，提升能力。每年分级开展一次村组干部全覆盖轮训；先后组织 110 名村干部到云南开放大学接受学历教育，提升能力素质和学历水平；安排乡镇党委班子成员“一对一”帮带新上任村党组织书记，帮助迅速进入战斗状态。三是从严管理，加强约束。由 15 家县直单位组成彝良县村（社区）干部任职资格联审领导小组，严格对村（社区）干部拟任人选开展任职资格审查，同时按照村（社区）党组织书记县级备案管理要求，对拟任的村（社区）党组织书记开展干部考察，全面掌握拟任村（社区）党组织书记基本情况。2019 年对全县在职的 1234 名村（社区）干部和 3589 名村（居）民小组干部（含 762 名支部书记）开展县级联审，2020 年 1 月，在前期开展排查清理的基础上，再次组织对全县 1288 名村（社区）干部开展联审“回头看”，坚决将“回头看”中发现存在问题的村（社区）干部清理出村干部队伍，极大地增强了脱贫攻坚干部队伍的战斗力。

突出党建引领，啃下“硬骨头”

“因为要照顾老人、小孩，还有疫情的影响，部分搬迁群众没有外出务工，为了解决他们的就业问题，发界安置区积极响应国家地摊新政策，由发界安置区临时党（工）委牵头，与物业管理公司、城管等单位协调，在发界安置区组织了256个临时占道摊点，采取“社区党委+物业管理公司”的管理办法，为易迁群众提供就业岗位，解决收入问题，让他们真正搬得进、住得下、能致富。”团结社区党委书记冯莉说道。彝良县着力在搬前准备、安全搬家、服务发展3个环节下足功夫，压实工作责任，强化力量整合，精准服务保障。全县42个集中安置点成立了3个党委、4个党总支、38个党支部、27个党小组，派驻党建指导员9名，实现基层党组织全覆盖；有力有序完成县内发界安置区5630户25725人（卡户5390户24626人；党员332名）、靖安新区910户4475人（卡户847户4184人；党员40名）、卯家湾安置区481户2297人（卡户393户1909人；党员31名）如期搬迁入住，实现安全住房有保障。

2017年，彝良县洛泽河镇簸迤村依托当地丰富的草山资源和牲畜交易市场，通过政府支持、整合资金、群众志愿入股等方式成立集体资产经营管理有限公司发展集体经济，在当地建起了一个占地面积约6亩、标准化厂房面积达2240余平方米的现代化养殖场，一门心思带领群众养牛、发展“牛”事业，带动了周边群众和建档立卡农户实现“家门口”创业，致富增收。“这个养殖场建得好，不但帮我们村民解决了饲养的难题还节约了成本，老百姓基本上什么都不用管，年底分红后大家都有收益，很好！”养殖场工人说道。围绕党建引领抓产业发展，着力提升产业扶贫组织化程度，聚焦重点产业，不断提升产业规模，着力延伸产业链条，推进产业规范发展，积极创建产业品牌。目前，我县以天麻、竹笋、花椒、辣椒种植和生猪、肉牛、黑山羊、土鸡为重点发展产业的格局已经形成，产业规模逐年扩大、产值不断提升。“小草坝天麻”“百草羊”“彝山宝”“万物生”等一批农特产品品牌创建进展顺利。同时，产业扶贫组织化程度不断加深，以“党支部＋村集体经济公司＋合作社＋农户”为主的村级集体经济组织形式初步建立，以村集体经济公司为平台的村级集体经济运营管理模式初步形成，以直接运营或与其他市场主体联营的多元化模式正在发展，以村集体、合作社（龙头企业）、农户为构架的利益联结机制正在完善，全县139个贫困村（社区）集体经济均实现收益，村级集体经济“空壳、空心”的情况得到有效改善，全县村级集体经济正步入发展的良性轨道。

彝良县委坚持把党的领导贯穿劳动力转移就业全过程，充分发挥党组织战斗堡垒作用和党员先锋模范作用，以提前摸底、提前组织、提前对接、提前准备“四个提前”布局，全力推动农村劳动力转移就业。2020年9月，彝良县在外出务工流动党员较为集中的浙江省嘉兴市建立了彝良县在浙流动党组织和就业服务工作站，进一步加强了我县在浙江省内的流动党员管理，支持流动党员工作，解决流动党员困难，保障流动党员权利，强化党建引领提升就业组织化程度。“我从老家出来到嘉兴务工已10多年了，工资报酬还行，但也曾遇到劳动关系、社保缴纳方面的问题，当时不知道找哪里、哪个部门寻求帮助，现在好了，我就找党总支，找就业服务站。”来自洛旺乡的付朝春讲到过去的困惑时长出了一口气。

自脱贫攻坚工作开展以来，彝良县认真贯彻党的十九大精神和习近平新时代中国特色社会主义思想，落实中央和省、市关于扶贫开发的重大部署安排，牢固树立党建扶贫双推进、双融合的理念，把夯实基层党建基础与脱贫攻坚紧密结合，积极推进各项脱贫工作，为打赢脱贫攻坚战提供了坚强有力的组织保证。在下步工作中，将继续以党建引领为抓手，持续推进脱贫攻坚与乡村振兴的有机结合。

（作者时任中共彝良县委组织部组织股长）

独臂老战士　扶贫立新功

吴长江

张明乾，男，汉族，1967 年 8 月出生，中共党员，大学专科学历。现任彝良县残疾人联合会副理事长、工会主席，彝良县残疾人联合会派驻彝良县荞山镇安乐场村第一书记（工作队队长）。先后荣获中宣部、公安部、中华见义勇为基金会第四次全国百名见义勇为先进分子，司法部“十岗千优”先进个人，国务院第五次全国人口普查领导小组办公室“第五次全国人口普查优秀指导员”。从 2015 年年底，作为扶贫工作队队长到荞山镇安乐场村开展扶贫工作。

从办实事开展工作

安乐场村，距荞山镇政府所在地 1 公里，距县城 32.5 公里，是典型的贫困村。全村平均海拔 1670 米，21 个村民小组，主要居住有汉、彝、苗三个民族。

2016 年，张明乾初到安乐场发现，当地居民收入低，思想观念陈旧，社会发展滞后，村委会办公设施简陋，尽管如此，他一直要求自己按照党委、政府的统一部署，按时驻村开展工作。

为解决该村的实际问题，他多方筹集资金26万余元进行农网改造、建成石院组活动场所；为27户挂联户购买化肥、建成残疾人社区康复活动室，组织开展残疾人技能培训，以“阳光家园”项目帮助挂钩帮扶村39名重度残疾人，解决生活困难问题，他所做的这些工作，对帮扶村基础设施建设、农业产业发展、剩余劳力输出、实用技术培训等有较大的促进作用。

张明乾在精准识别摸底调查中，和其他同志全身心投入工作，完成摸底调查和输机录入，因连续一周加班加点工作，过度疲劳引发心脏病，大家将他送县医院治疗，躺在病床上，他仍然要求其他同志做好工作，不能出现一丁点儿的错误。施行心脏支架手术后，医院要求他休息两个月，他仅休息了一周，就返回工作岗位继续工作。

“通过近半个月的努力，今天，庙湾村民小组赵富美家的住房问题终于得到解决，竣工入住了。这是我永远也忘不掉的一天。”这是张明乾2019年9月29日的民情日记。

赵富美和丈夫是重新组合的家庭。2012年“9·7”地震震塌了赵富美家的房屋，当时她和丈夫罗利兵分别住在街上村民小组和庙湾村民小组，各是一户，重新组合家庭后，他们将党委政府给他们的两个恢复重建指标并在一起修建。但天有不测风云，就在他们刚打板结束，孩子突发疾病，送彝良、昭通，最后转昆明治疗，多方筹借无果，将7.6万元恢复重建补助款用于医治孩子，孩子没有救活，钱却全部花光了，灾后恢复重建的住房建设也就此停摆了，而赵富美也由于孩子的死亡，过度悲伤，导致身体不好，女儿又在大理学院读书，在这样的情况下，丈夫罗利兵只好外出务工了。

由于他们双方都享受了灾后恢复重建项目，再没有办法进农村危房改造项目，张明乾等驻村队员和村“三委”看在眼里，急在心上，每次研判的时候，只要谈到赵富美家住房的问题，每个人都头疼。

直到2019年5月，县委、县政府提出“补短板、强弱项”的政策，这时候，张明乾知道机会来了，与村党委的同志们一道，积极向镇党委、镇政府汇报，希望能用补短板的资金，采用修缮加固的形式，为赵富美户解决住房问题，争得镇党委、镇政府同意后，积极协调加固公司，由于赵富美家离公路太远，材料二次转运费很高，加固公司要求必须把材料运到，否则就不给加固。于是，张明乾以残疾之身亲自背起背篓，组织村干部、驻村扶贫工作队队员、生态护林员、公益性岗位人员 50 多人，用 5 天时间，把砖、水泥、砂等建筑材料给运到了赵富美家。9 月 22 日，施工方开始施工，9 月 28 日全面竣工，9 月 30 日，赵富美户喜庆搬入新居。

当提到这件事情，张明乾说："搬迁那天，我百感交集，既感到欣慰，欣慰的是赵富美户终于有安全住房，又感到扶贫工作任重道远，必须从点点滴滴的小事做起，必须从群众的利益出发，站在群众的角度去思考问题，才能真正做好群众工作。"

寻找"良方"治"顽疾"

张明乾以前所做的工作，在他看来，只能解决村民们的燃眉之急，要想真正地找到一个好"秘方"治疗好贫困群众的"贫困"这一大顽疾，才是最根本的问题。为了找到好的法子，张明乾利用极少的休息时间，结合当地的自然资源和地理条件，在网上寻找项目。同时带领村干部，配合驻村工作队和乡干部开展调研，召开贫困户座谈会，让贫困户自己分析致贫原因，寻找脱贫措施，制订脱贫计划，在充分尊重贫困户意愿的基础上，科学确立了发展种植和养殖业为主的脱贫致富的路子，以成立合作社的方式进行了产业结构调整，组织村"三委"及贫困户，召开安乐场村建档立卡贫困户魔芋种植推进会，介绍合作社的发展前景，经过商议，最终由 8 个村干部和另外 7 个建档立卡贫困户集资 32 万元成功成立了合作社。

张明乾了解到，曲靖市富源县的魔芋种植项目适应安乐场村的种植，为了搞好魔芋种植，2018 年 2 月 27 日，他带领村干部，一起到富源县就魔芋种植进行了实地考察。经过考察，最终从富源引进了共计 30.4 万元的 27 吨魔芋良种，种植了 100 亩，2019 年通过土地流转的方式种植了 618 亩。为了解决生产和加工问题，经过多番联系，与四川益龙公司合作，引进益龙公司投资 300 万元建设了魔芋加工厂，年生产量 2000 吨，解决了脱贫后的产业支撑。

疫情一线献爱心

2020 年 1 月底新冠肺炎疫情爆发以来，张明乾积极投身新冠肺炎疫情防控工作，他既是指挥员，又是战斗员，和村“三委”干部、驻村工作队队员一道，时而走村串户开展返乡人员、外来人员排查，时而又拉起音箱在集镇上广泛宣传疫情防控相关政策，时而拿着喇叭向街道居民喊话，时而又深入防控卡点检查值守情况，在刺骨的寒风中奔波。张明乾左手断臂处都长了冻疮，大家劝他去医院治疗，他却说：“治疗什么呀？疫情防控工作来不得半点马虎，不就是冻疮吗？没关系，会好的。”直到 2 月 26 日，始终坚守在疫情防控一线的他，才按照全县的总体部署休假 3 天。

张明乾历来古道热肠，在疫情防控的关键时期，他看到一线医务工作者、公安民警每天只能吃方便面，担心一线工作者长期高负荷工作不吃蔬菜身体会拖垮，便拿出自己的 4000 元工资在安乐场村购买了 11000 斤萝卜，捐给彝良县公安局看守所、疾控中心等 4 家单位。在捐赠现场，他说：“疫情防控一线的同志们太辛苦了，能帮助解决一些实际困难，是我的荣幸。”

一封来自村民的联名信

光阴似箭，岁月如梭。弹指一挥间，张明乾驻村扶贫五年多了。这五年多，亲身经历了不少的酸甜苦辣，帮助村民背砖建房、解决村民住房问题，亲自带人考察产业，推动产业经济发展，解决脱贫后没有产业支撑问题等等。积极为安乐场村脱贫做了许多力所能及的事，不管是村民吃的、穿的、住房、教育、就医、饮水等方面的事，还是生态扶贫、就业扶贫、产业扶贫、教育扶贫、医疗扶贫等方面的事，张明乾都亲力亲为，尽其所能，每年 4 次遍访农户，牢记初心使命，扎根在安乐场村。这些虽然很苦、很累，他都感到是自己工作没有做好导致的，不能叫苦叫累。真正使他永远都记忆犹新的，就是那封来自村民的联名信。

追溯那封来自村民的联名信，还要从 2017 年 1 月说起。因张明乾驻村已经二年，按照有关规定可以回单位了。加上身体原因，单位领导已同意他回单位上班，另外安排一名同志来开展驻村扶贫工作。

时值春节将至的 1 月 26 日，张明乾正在给理事长杨大清同志汇报驻村扶贫工作，他所驻的荞山镇安乐场村党委书记李云华同志一行 6 人，带着安乐场村村民的联名信来到杨理事长办公室。李书记是一个不折不扣的急性子，进门就说："张书记，你走不了了，我们今天来，是专程带着安乐场村村民的深情厚谊来请你留下来的，这是村民的心声，请杨理事长您看看。"说罢就将那封联名信交给了杨大清理事长。杨理事长看完信笑着说："李书记，不急，你们先喝水，我和张副理事长商量商量，他身体不好，再征求一下他的意见。"说完，他就将那封 100 多人签名，按着红手印的联名信递给张明乾，说："张副理事长，你先看看吧！"张明乾接过联名信，看到联名信上的串串红手印，心里像打翻了"五味瓶"，真不是滋味。拿着信的手开始颤抖，眼泪决堤般涌出，不知是感动还是害怕，心潮澎湃，思绪万千。大约过了两分钟，杨理事长的喊声才把他从万千思绪中拉回来。他再一次看了看那封信上的红手印，动情地对李书记说："书记，这些红手印代表着村民的心声，代表着村民对我的信任，既然村民相信我，信任我，我就留下来继续干吧！"

张明乾汇报完工作后，又和荞山镇安乐场村李书记一行踏上了回安乐场村的征途。

"作为一名共产党员，坚持吃苦在前享受在后，才能完成这场没有硝烟的战斗。"张明乾是这样说的，也是这样做的。扶贫工作开展以来，张明乾情系农村，情系乡民，和乡村干部同吃同住，入户走访座谈，访贫问苦，积极争取项目，上为政府分忧，下为百姓解愁，为贫困群众做了许多实事好事，得到群众的一致好评。让党放心，让群众满意，是张明乾的永远追求。以自强不息的奋斗精神和爱岗敬业的工作热情，献爱于农村，服务于农民，他在带领广大群众脱贫致富、创造幸福生活的进程中，真正体现着一名共产党员的先进性和初心本色。

（彝良县残疾人联合会供稿）

红色热土巾帼魂

李　瑜

有人说70后是垮掉的一代，80后是迷失的一代，90后自然是蜜罐里泡大的一代，可我并不认同。今天，我讲述的就是一位90后，一位与这些标签格格不入的90后。

她叫陈健，今年27岁，是彝良县奎香乡寸田村的一名村医。先后负责孕产妇健康管理、儿童健康管理等基础医疗服务，在昭通的偏远农村当村医，那可不是件容易的事儿。

奎香地处彝良南部，山高坡陡，想当年还是红二六军团乌蒙回旋战的主战场。今天，在这块红土地上，医生们也常走一两个小时的山路去村里，给村民看病，做各种常规体检。

尽管条件十分艰苦，但陈健一丝不苟地当着村医。她所在的寸田村，辖47个村民小组，有12000余人。她准备了一个笔记本，把辖区内每名孕产妇的预产期都记录在案，随时提醒该做检查了、孩子脐带是否出血了、一天要喂几次奶……唠唠叨叨、啰啰唆唆，但被陈健唠叨和啰唆惯了的村民，都夸她是个水平高、学问大、像亲人一样的好医生！

扎根农村，心系广大群众疾苦，是陈健的行医信念和做人的根本。2020年1月，新冠病毒爆发，新冠肺炎疫情阻击战全面打响，寸田村12000余人，其中两三千人由异地返乡，7名村医承担了115个居家观察对象的观测任务，陈健医生负责新房、中街、后山等5个村民小组。

她在朋友圈写道：我们必须全面了解所有监测对象的医学观测情况，并且确保监测到位、记录完善，没有一人遗漏才能安心回家。

陈健是那么说的，也是这么做的。第一天去给居家观察对象量两次体温，早上出门，夜里10点多陈健一行人还奔走在路上，天上飘着雪，雾又大，家里打了好几个电话来，电话里都听到孩子哭得厉害，要知道，家里除了年迈的公婆，还有两个孩子，一个三岁，一个刚满周岁还在哺乳期。一整天没有喝到一口母乳，孩子怎么能不哭啊？但陈健只是轻轻地对着电话那头说："你背着他走走吧，我忙完就来。"之后每天她都要骑电动摩托车去给居家观察人员量体温，并指导他们进行家庭消毒，认认真真，从不间断。

陈健就是这样一个踏实肯干，恪尽职守的人。

2月12日，天气晴，陈健一早就赶着出门，因为这天早上9点多，她要参加村卫生室关于疫情防控的工作会议，一向乖巧懂事的大儿子，却一反常态哭闹着不让她走。为了哄儿子开心，陈健用手机帮他拍了张照片，儿子对着镜头比了个剪刀手，这个动作他练习很久了。因为妈妈说过，等忙完这段时间，咱全家人一起去拍第一张全家福。

孩子当然不会想到，这竟然是妈妈帮他拍的最后一张照片。

8点50分，陈健从家出发，到卫生所开完会后，和同事迟焕琴一起骑摩托车去后山组为村民测量体温，12点多两人又往响水组方向行驶，到李家湾子路段时，这个下坡的U形转弯又窄又陡，当时车速并不快，但陈健的刹车按到底了都刹不住，糟了，要出事！只听到"嘭"的一声巨响，两人被甩了出去，迟焕琴摔在陈健背上，而陈健的头砸在了两米开外的石碑上。

附近的村民赶来时，迟焕琴慢慢地恢复了意识，而陈健立马被送到了一间由病房改造出来的"抢救室"，踉跄着赶来的丈夫守在门外，一直在说："不会有事、不会有事……"，当听到机器刷刷的声音时，他觉得有救了，因为他以为，那是妻子心跳的声音。

漫长的两小时过去，15点45分，抢救无效，陈健走了……

在陈健的追悼会上，被陈健唠叨和啰唆的村民们，哭得泪人一样；陈健的丈夫，这个胡子拉碴的七尺男儿，悲痛得站立不稳；三岁的儿子捧着妈妈的遗像，一遍又一遍地亲吻着妈妈的脸庞，“妈妈，妈妈，你不是说要和我们去拍全家福吗……”

哪里来的岁月静好，只是因为有人用生命在负重前行！

在陈健牺牲前后的几个月里，全国共派345支国家医疗队，4.26万医护人员支援武汉，同时，社会各界都在奔赴抗疫一线，用生命向武汉“逆行”，他们中，有张伯礼、有李兰娟、有钟南山，还有无数个陈健。

陈健只是平凡岗位上的一个普通村医，但她是我们心中真正的英雄！她们，她们，还有他们都是这个时代的英雄！

正是因为有她们，全国上下万众一心、勠力同行，神速10天建成了火神山、雷神山医院，救援总投入超10亿元，不惜任何代价，打赢了这场没有硝烟的战争！

正是因为有他们，我们的“医疗保障”，才能切实得到保障，中国才能如期取得脱贫攻坚战的决定性胜利。

更是因为有无数个他们，中国路、中国车、中国网、中国港、中国飞机、中国北斗等无数的中国制造，才能让世界颔首刮目，才能铸就让世界瞩目的中国新时代！

（作者时任彝良一中团委书记）

亮剑护航写忠诚

张静茂

1936年2月，红军挺进彝良，开始了著名的“乌蒙回旋战”，成功打破了国民党军重兵围歼的计划，为中国革命从低谷一步步走向胜利奠定了基础。

83年后，洛泽河畔、将军山下，革命老区儿女再一次创造奇迹，实现了全县137个贫困村出列，贫困发生率从33.82%降至1.58%。2019年顺利实现全县摘帽目标。

初心呼唤担当，使命催人奋进。在这场史无前例的脱贫攻坚大战中，全县纪检监察机关和广大纪检监察干部牢记习近平总书记“要把全面从严治党要求贯穿脱贫攻坚全过程”的基本要求，在市纪委和县委的坚强领导下，赓续英雄精神、传承红色基因，围绕脱贫攻坚工作大局，担当尽责、主动作为，持续推进群众身边腐败和作风问题整治，用苦干实干书写了革命老区脱贫攻坚的纪检监察篇章。

县乡联动、提级办理，把监督“探头”架到扶贫一线。

“大伯，你家有几个低保？”

“没有啊，我没有领到过低保。”

2019年，彝良县纪委在提级办理角奎镇拖脚村相关问题线索过程中，了解到这一问题，工作组当即引起高度重视，顺藤摸瓜，该村村干部张某非法占有群众低保“一本通”及其他违纪问题随即浮出水面。同年5月，张某受到开除党籍处分，贪污群众款物及时清退。

这是我县落实扶贫领域问题线索提级办理，将监督“探头”架到扶贫一线的一个缩影。近年来，为确保党的好政策一贯到底、精准落地，县、乡纪委上下联动，紧盯主体责任、政策落实、项目资金、脱贫实效等内容，通过脱贫攻坚专项监督检查、专项督查指导、专项巡察和扶贫领域腐败和作风问题专项治理等方式，切实惩治扶贫领域腐败问题，有效扭转干部队伍作风。

“持续开展脱贫攻坚督战，围绕干部履职到位情况、脱贫攻坚重点项目推进情况、扶贫领域作风问题等群众关注的热点开展精准监督，目的是推动实现扶贫工作务实、脱贫过程扎实、脱贫结果真实。”彝良县纪委监委相关负责人说。

为坚决贯彻落实“扶贫攻坚的工作任务在哪里，监督执纪问责就跟进到哪里”要求，彝良县成立脱贫攻坚督战队，下沉脱贫攻坚一线，紧盯问题、短板、弱项和干部纪律作风，着力解决在脱贫攻坚工作中贯彻政策精神不到位、业务操作不规范、工作作风不扎实、组织领导不力等问题，督促职能部门从严从实担负起扶贫政策、项目、资金落地监管的主体责任。

彝良县纪委监委全面压实乡镇纪委和派驻（出）纪检监察机构责任，对履行主体责任和监督责任不到位，缺乏对打赢脱贫攻坚战的清醒认识，工作作风不扎实、工作精准度不高、帮扶措施不力等突出问题和薄弱环节严肃问责。同时，建立工作机制，加强与扶贫开发领导小组成员单位信息共享、联合督查、线索移送，形成扶贫领域问题线索排查、处置、整改、反馈完善链条。

“陈主任说要弄个农危改指标的话，需要出点钱打点打点。”

2017年8月，彝良县纪委监委在开展扶贫领域腐败和作风问题专项检查中，收到群众反映龙街乡龙洞村民委员会副主任陈某某利用职务之便，违规帮助多名群众获得农危改指标，并收受群众好处费的问题线索。最终，陈世斌受到留党察看一年处分。

“作为村干部，违规套取农危改指标，并收受好处费，不仅侵害了群众的利益，同时也损害了党和政府的形象，必须坚决查处。”彝良县纪委监委领导在部署脱贫攻坚专项监督工作会议上说。

彝良县纪委监委始终紧盯群众身边的腐败和作风问题，把纪律和规矩延至最基层，挺在最前沿，主动出击，加大执纪监督审查力度，狠抓正风肃纪，让腐败无处遁形。聚焦脱贫攻坚推进，围绕扶贫资金管理使用、易地扶贫搬迁、“农危改”清零、东西部协作项目建设、干部纪律作风等，开展 14 轮脱贫攻坚专项监督检查，形成清单反馈整改问题 243 个。

脱贫攻坚的重心在基层、主体在基层、落脚点也在基层，针对基层扶贫领域监督事项多、力量薄弱等问题，彝良县纪委监委制订出台《纪检监察机关监督执纪审查调查网格化管理实施办法》，压实机关领导、执纪监督审查调查部门、派驻纪检监察组、乡镇纪委“四级”责任，积极探索破解乡镇纪委“专职不专干”问题。坚决落实监察体制向基层延伸，完成向 15 个乡镇派出监察室，有效打通监督“最后一公里”。

坚持严查快处、露头就打，对动扶贫“奶酪”者决不手软。

打赢脱贫攻坚战，纪律作风是保证。彝良县纪委监委始终坚持把稳高压态势、稳惩治力度、稳干部群众对持续反腐的预期作为正风反腐第一任务，突出重点削减存量、零容忍遏制增量。坚持重点查处在扶贫领域、救助、低保、医保等涉及民生政府专项资金管理使用中以权谋私、优亲厚友、截留挪用、贪污侵占、与民争利、侵害群众利益等不正之风和腐败问题，以零容忍的态度严肃执纪问责，重拳惩治腐败，向基层传递“越往后执纪越严”的强烈信号。2015 年以来，共排查处置扶贫领域问题线索 337 件，给予党纪政务处分 168 人。

“农村基层党员干部虽然‘官’小，但掌握的都是与农民息息相关的‘硬’权力，如果处理不当会直接损害党和政府的形象，脱贫攻坚成效就得不到有效巩固……”在扶贫领域问题线索“清零”行动动员会上，彝良县纪委监委相关负责人这样强调道。

彝良县纪委监委紧紧围绕“推动全面从严治党向基层延伸”，盯紧发生在群众身边的腐败和作风问题，针对农村基层党员干部侵害群众利益、惠农政策分配优亲厚友、贪污贿赂等违纪违法行为，严惩发生在基层群众身边的腐败，不断增强人民群众的幸福感和获得感。2015 年以来，共查处农村党员干部 212 人，占处分总人数的 45.89%。

“角奎镇农村危房改造工作落实不力，存在对象识别不精准，资金管理不严等问题”，县委主要领导在角奎镇农危改工作会议上指出。县纪委监委高度重视县委指出意见，及时启动调查程序，发现角奎镇党委落实农危改工作主体责任不力，造成农危改资金损失 40 余万元。最终，角奎镇党委被通报问责，15 名党员领导干部被给予党纪政务处分，2 名党员领导干部被问责。

推进脱贫攻坚，关键在责任落实。彝良县纪委监委在查处扶贫领域不正之风和腐败问题时，严格落实“一案双查”，既追究当事人责任，又倒查追究相关领导责任，以严肃问责倒逼各级党委（党组）落实好脱贫攻坚这一重大政治责任。

同时，县纪委监委把“一案一整治”工作与做好脱贫攻坚相结合，通过发放《纪律检查建议书》和《监察建议书》方式，从查处的案件分析一个行业暴露出的问题，到剖析一个行业、一个领域存在的共性问题，既用身边典型案例教育身边人，又通过深挖问题根源，健全完善制度，从根本上和源头上解决问题。

问责只是手段，落实责任才是目的。彝良县纪委监委通过严肃问责，有效推动各级党组织和行业部门把旗帜鲜明讲政治落实到具体行动上，切实扛起脱贫攻坚主体责任，守责、担责、尽责，通过以上率下，形成一级抓一级、层层抓落实的局面，确保党的政策更多更好地惠及贫困群众。

全面建成小康社会是重大的政治任务，事关党在人民心中的形象，事关脱贫攻坚的士气人心，不能有半点投机和水分。

脱贫摘帽不是终点，而是新的起点！下一步，彝良将继续巩固脱贫成效，在为夺取脱贫攻坚决战之年根本性胜利提供强有力保障的基础上，推进民生监督进社区，进一步延伸拓展普惠制民生的监督工作，保障惠民利民政策落地落实。

（作者时任彝良县纪委监委办公室负责人）

大事记

2015年

9月18日，彝良县扶贫攻坚和“挂包帮”“转走访”工作暨农村危房改造、抗震安居工程建设会议在县政府七楼会议室召开。

12月3日，国土资源部地质环境司地质灾害应急办公室主任崔瑛到彝良县调研指导工作，并赠送彝良县“地质灾害信息系统”。

2016年

1月29日，县扶贫开发领导组第1次会议召开，专题研究易地扶贫搬迁相关工作。

3月15日，国家教育部科技司司长王延觉、科技司信息化处副处长舒华、中央电化教育馆副馆长韩骏到彝良县海子镇中心小学、新场小学和骑龙小学调研。王延觉一行与学校教师座谈、调查了解彝良县未接入互联网的教学点状况，对彝良县教育信息化工作作出指导。

3月25日，全国政协副秘书长、民进中央副主席朱永新到彝良调研中等职业教育工作。朱永新一行实地视察了彝良县职业技术高级中学，深入到建筑施工、服装设计与工艺、酒店服务与管理、农村经济综合管理等专业班级与师生座谈交流。朱永新肯定了彝良办学取得的成绩，并就下步工作提出了要求。

4月15日，省委书记李纪恒到彝良县柳溪乡白虾村调研易地扶贫搬迁工作，并到小草坝镇调研天麻产业发展情况和参观了天麻园区博物馆。

5月27日，省委副书记钟勉到彝良调研脱贫攻坚工作。钟勉在小草坝镇、柳溪乡实地查看产业扶贫、易地扶贫搬迁、驻村扶贫工作队等情况，并入户看望贫困群众。

10月8—15日，市委书记范华平和市长郭大进带领市级脱贫攻坚观摩组到彝良视察工作，观摩组先后参观了彝良山益宝生物科技有限公司施工现场、县政务服务中心施工现场和小草坝三道村庙坪易地扶贫搬迁安置点，对彝良脱贫攻坚工作取得的成绩给予了肯定。

12月2日，省委副书记李秀领到彝良县小草坝镇三道村调研人居环境提升、易地扶贫搬迁、天麻产业发展等工作。

2017年

5月9日，交通部党组书记杨传堂、昭通市市长郭大进到彝良县洛泽河镇调研“9·7”地震灾后交通恢复重建项目。受2012年9月7日的地震影响，洛泽河镇毛坪大桥至水泥厂路段属于地震重灾区。地震发生后，时任国务院总理温家宝亲临灾区现场查看灾情并作出重要指示。恢复重建项目于2013年3月开工，总里程7.25公里，总投资10470万元。2014年3月，对边坡防护、交通安全设施、景观工程的施工全面结束。2016年6月16日，工程竣工验收通过，工程质量评定为优良工程。

5月18日，彝良县贫困人口精准识别摸底调查动员暨业务培训会召开。

8月30日，市委书记杨亚林、市委副书记王忠到彝良调研脱贫攻坚、产业发展、抢险救灾等工作。

9月9日，省长阮成发和省委常委、常务副省长宗国英到彝良山益宝生物加工基地调研农特产品深加工、天麻产业发展等情况。

10月17日，全县脱贫攻坚“百日行动”动员会召开。

10月20日，市长郭大进到彝良调研脱贫攻坚、信访维稳等工作。

10月23日，以中央政策研究室信息局原局长、中国老区建设促进会副会长薛宝生为组长的调研组一行6人，在市委常委、副市长沈文海的陪同下，到龙街乡双塘易地扶贫搬迁安置点调研脱贫攻坚、外出务工、产业发展、农村低保等情况。薛宝生肯定了彝良县的脱贫攻坚工作，并提出了相关要求。

11月6日，彝良县贫困对象动态管理暨帮扶措施信息采集录入工作业务培训会召开。

12月20日，市长郭大进到彝良调研彝良（县城）至牛街的二级公路建设。“彝牛”二级公路全长87.2公里，按照中央补助资金10.92亿元控制工程规模建设的要求，该项目于12月8日完成招标，12月25日举行开工典礼，标志着“彝牛”二级公路改造工程正式启动建设。

2018年

1月22—23日，为发挥绩效评价对财政专项扶贫资金使用管理的导向和激励作用，国家财政部扶贫资金第三方绩效评估组到彝良就中央财政专项扶贫资金绩效进行评估。评估组先后到海子镇中沟村、龙街乡梭嘎村开展实地检查评估。此后，在昭通市召开的反馈会议上，评估组以龙街乡梭嘎村道路建设情况为事例，给予了彝良县财政专项扶贫资金使用效率的肯定。

2月26日，省委常委、省委秘书长刘慧晏和市委记杨亚林到彝良调研脱贫攻坚工作。刘慧晏一行到小草坝镇金竹村委会查看脱贫攻坚档案资料，并召开座谈会与县、乡、村三级干部及驻村工作队队员、群众代表座谈。随后还到山益宝生物科技有限公司、小草坝天麻科技示范园调研。

3月22日，县扶贫开发领导组第12次全体会议召开。会议传达学习习近平总书记在成都召开的打好精准脱贫攻坚战座谈会上的重要讲话精神，及全市扶贫开发领导小组2018年第一次全体会议精神；通报《云南省纪律检查委员会关于扶贫领域六起违规违纪问题的通报》《昭通市纪委关于对11起扶贫领域腐败和作风问题的通报》和“中央纪委脱贫攻坚督导调研组暗访云南反馈的主要问题”；研究部署彝良县扶贫领域作风建设、脱贫攻坚责任落实等工作。会上，各乡镇签订2018年度脱贫攻坚责任书。

4月12日，省委书记陈豪，省委常委、省委秘书长刘慧晏，副省长陈舜，到彝良调研脱贫攻坚工作。陈豪一行同上海“新沪商”联合会的企业家前往奎香乡黑拉村，实地查看“新沪新村”和“兴业证券”饮水工程的建设等情况。陈豪对“新沪商”联合会的帮助给予了赞扬，就彝良县脱贫攻坚工作作出了指示。

5月11日，省委副书记李秀领到彝良县牛街镇水田村调研深度贫困村产业发展及合作社带动贫困户增收的情况。

6月3日，市委书记杨亚林，市委副书记王忠，市委常委、市委秘书长尹朝禹，到彝良部分深度贫困地区调研脱贫攻坚及易地搬迁安置工作推进情况。杨亚林一行先后到洛泽河镇笋叶村王家坪村民小组、彝良县易地扶贫搬迁发界安置点调研。

6月14日，中共中央政治局委员、国务院副总理、国务院扶贫开发领导小组组长胡春华到彝良调研。胡春华一行先后到彝良县伯格勒黑山羊种羊开发有限公司、洛泽河镇笋叶村调研。在笋叶村，胡春华一行入户走访了罐窑村民小组建档立卡贫困户季兴周、季天环2户人家，详细了解贫困群众生产生活情况；与基层干部、驻村工作队、第一书记等深入交流，就产业发展、就业扶贫等相关工作作出重要指示。胡春华一行还走访调研了笋叶小学和笋叶村卫生室。

7月4日，县委召开脱贫攻坚“村村清、户户清”暨“百村示范、千村整治”工作会。会议以视频的方式召开到乡镇，县四套班子领导及其他县处级领导在主会场参加会议，各乡镇领导班子、站所长、驻村第一书记、驻村队员、村党总支书记、村委会主任在乡镇分会场参会，以此确保政策及要求“一竿子插到底”。

9月13日，国家水利部扶贫调研组到彝良县龙街乡、奎香乡调研饮水工程及松林水库建设。

10月31日，市委书记杨亚林到彝良调研易地扶贫搬迁、产业发展等工作。

12月18日，省委常委、组织部部长李小三到彝良县柳溪乡水果村调研基层党建工作。

2019年

1月9日，国家财政部调研组到彝良，专题调研角奎镇马腹村贫困群众饮水安全及发界易地扶贫搬迁学校建设情况。

3月11—12日，省委常委、省委秘书长刘慧晏率领调研组到彝良调研脱贫攻坚工作。调研组一行先后到彝良县发界易地扶贫搬迁安置点、恒基环保科技有限公司及钟鸣镇山河村核桃坪安置点、麻窝村浩林村民小组、麻窝村周家厂村民小组、范家嘎易地扶贫搬迁安置点现场查看产业扶贫和易地搬迁安置项目实施情况，走访慰问结对帮扶对象，与基层干部群众座谈。刘慧晏肯定了彝良县脱贫攻坚工作的阶段性成效，并就下步工作提出了具体要求。

3月23日下午，在县行政中心的会议中心召开彝良县决胜脱贫攻坚誓师大会。会上，各乡镇签订并递交脱贫攻坚责任书，县委、县政府向各乡镇和相关部门交办重点户问题，研究讨论《中共彝良县委、彝良县人民政府关于建立约束机制压实脱贫攻坚责任的通知》；参会人员集体宣誓，会议动员全县干部群众“不忘初心、齐心协力、争分夺秒、埋头苦干，决战决胜脱贫攻坚”。

6月14—15日，市委书记杨亚林到彝良调研。杨亚林一行前往龙街乡龙洞村、彝良县发界安置区、龙安镇木坪村和摸槽村、龙海镇龙海村、小草坝镇小草坝村、牛街镇三合村和花果村、洛旺安置点，调研脱贫攻坚工作、易地扶贫搬迁“五清”工作、农村危房改造、饮水安全及脱贫攻坚、基层党建“双推进”情况和产业结构调整、路域环境整治、“彝牛”二级公路重点工程建设、“河长制”落实等情况。

8月5日，市委书记杨亚林到彝良县奎香乡仙马村花场调研贫困村脱贫攻坚工作及北京通盈集团帮扶安置点、魔芋产业发展情况；在彝良县发界安置区调研项目建设及“一配套两支撑”建设情况；在角奎镇大马村龙碉村民小组调研安全饮水保障相关情况。

8月13日，副省长陈舜到彝良开展“2019年脱贫攻坚督查巡查”工作，并就“两不愁、三保障”存在问题召开座谈会和提出工作要求。

9月5日，国家水利部水文司副司长张文胜到彝良县龙街乡恒底村调研，对龙街乡的水利扶贫工作给予了肯定。张文胜要求，要继续用好用活国家水利扶贫政策，加大农村饮水安全巩固提升工程建设力度，切实开展水利工程后续管理和维护，确保所有水利工程长期高效地服务于受益群众。

9月6日，省委副书记王予波到彝良调研脱贫攻坚工作。通过实地调研、座谈交流、随机走访，王予波在了解易地扶贫搬迁、控辍保学、产业发展、劳务输出等情况的基础上，对彝良县脱贫攻坚作出指示。

10月13日，省委书记陈豪到彝良县奎香乡仙马村易地扶贫搬迁安置点、奎香乡松林村大桥幸福家园安置点调研易地扶贫搬迁安置情况。

10月30日，彝良县首例拒不送子女入学案在洛泽河镇龙潭村石头寨组开庭审理。经法庭调解，被告保证于2019年10月31日前送辍学的子女返校接受义务教育。“依法控辍”取得社会成效。

11月2—3日，中国农工民主党中央调研组赴彝良县开展脱贫攻坚民主监督调研。民主监督调研分为考察访谈小组和调查访谈小组。考察访谈小组先后到“小草坝洪述天麻种植合作社”、小草坝镇大雄村、大桥村和彝良县发界安置区，查看贫困人口“两不愁、三保障”情况，考察健康扶贫、教育扶贫、农村危房改造、易地扶贫搬迁及后续发展、产业扶贫等情况。调查访谈小组到龙街乡龙洞村，就安全饮水点的水质水量等开展调研。

11月4日，全县脱贫摘帽动员大会在县行政中心的会议中心召开。会议号召，全员出动，力量下沉，冲刺奋战60天，正视问题，对标对表补齐短板，着力化解摘帽难点和风险点，一鼓作气，乘胜追击，全面掀起百日攻坚大决战热潮，正式吹响“百日攻坚大决战”集结号。

11月16—17日，市委书记杨亚林到彝良县洛泽河镇虎丘村、角奎镇漆树村、彝良县发界安置区调研脱贫攻坚工作，到小草坝镇调研竹产业、天麻产业及万物生屠宰深加工厂。

11月18—21日，国务院扶贫办调研督导组到彝良调研和督导脱贫攻坚工作，并召开小额扶贫贷款座谈会和反馈会。

12月5日，省委常委、省委秘书长刘慧晏到彝良县发界安置区调研，并走访看望慰问贫困群众。

2020年

3月19—20日，省委常委、省委秘书长刘慧晏到彝良县发界安置区、角奎镇马腹村、宸宇农业科技有限公司调研易地扶贫搬迁、产业发展、复工复产等工作。

4月11日，省委常委、省纪委书记、省监委会主任冯礼志到彝良县发界安置区调研易地扶贫搬迁工作。

是日，省委副书记王予波到彝良县牛街镇芭蕉村芭蕉村民小组，调研农村危房改造和农村人居环境整治情况。

4月16—21日，由云南师范大学第三方团队组成的考评组，对彝良县脱贫攻坚成效进行考核评估。考评组对彝良县实行全覆盖考核评估，累计考评全县15个乡镇24个村165个村民小组，调查农户1715户（建档立卡对象849户、非建档立卡对象866户）。其间，考评组开展了访谈县政府领导、县直属部门领导、各级人大和政协代表、乡镇主要领导等工作。5月16日，云南省人民政府以“云政发〔2020〕14号”文件正式批准彝良县等31个县市区退出贫困县序列。

5月1日，中央军委政治工作部相关领导到彝良县龙街乡尖山村督查军队扶贫工作落实情况。

7月18日—8月12日，根据国家和省、市安排部署，由威信县、永善县组成的脱贫攻坚普查工作组共646人，对彝良县全覆盖进行脱贫攻坚工作普查，累计普查彝良县132个村（社区）的建档立卡贫困对象56649户。至8月30日，经审核，普查通过国家、省、市、县四级验收。

9月4—8日，国家脱贫攻坚普查事后质量抽查组一行5人，在国家统计局出版社副总编辑、国家脱贫攻坚普查云南抽查组副组长孙志强的率领下，分别到彝良县两河镇田黄村、角奎镇位卓村、奎香乡奎阳村开展抽查工作。7日晚抽查组到昭阳区靖安安置区，对由彝良县奎香乡奎阳村易地扶贫搬迁的4户搬迁入住户进行调查。抽查组对彝良脱贫攻坚的工作给予了肯定。

本卷后记

2020年是具有里程碑意义的一年，是脱贫攻坚决战决胜之年。彝良县如期脱贫摘帽，同全国人民携手奔小康。

正值脱贫攻坚大决战“东南西北传捷报，日月星辰奏凯歌”之时，市委决定，由市政协组织，以文史资料的形式编撰出版《昭通市脱贫攻坚大决战实录》系列丛书。县委高度重视，及时成立《昭通市脱贫攻坚大决战实录·彝良卷》编撰工作领导小组，由县政协文化文史和学习委员会具体负责编撰工作。同时，从县直相关部门和单位抽派专兼职工作人员，聘请了王顺华、杨明、赵远禄等退休同志参与指导和编辑工作。

按照有关要求，彝良县政协积极组织开展了《昭通市脱贫攻坚大决战实录·彝良卷》征编工作。先后8次以党组会议、主席会议、专题会议、编委会议作专题研究和部署，反复研讨和编审。

为确保该书的高质量和规范化，在各指导老师按各自负责的篇目修改把关的基础上，整体业务和《概述》等重要篇目最终由县政协副主席李珊梅审改把关，并对整个编撰工作强化领导和指导，发现问题及时解决，适时提出修改意见。经过5个月艰苦奋战，于2020年11月5日形成初稿。

本书着眼全县脱贫攻坚全局，注重历史思维，以记史实、存史料的态度，以扬主线、出特色的目标，体现政协文史资料亲历、亲见、亲闻的特点，真实记录彝良县脱贫攻坚大决战历史。以叙事性故事为主，点面结合，真实感人。本书通过大量的史实，全面反映各级党政组织在脱贫攻坚大决战中发挥的重要作用，反映全县各级领导亲力亲为的领导作风，反映驻村扶贫干部、乡村干部的事迹和风采，反映东西部扶贫协作区和社会各界的爱心帮助，既有战略部署的经验总结，又有鲜活事例教化育人，是存史、资政、团结、育人的重要史料。

在市政协指导下，在县委、县政府的坚强领导下，在全县各单位、各乡镇和各级帮扶单位的大力支持下，经过全体工作人员的共同努力，编撰任务圆满完成。在编撰过程中，各位指导老师倾注全力指导文稿撰写，并尽心尽力修改，从近300篇纪实文稿中“花园里选花”，共选录这些纪实文章编辑成书；凝聚了撰稿人员和指导老师的心血和汗水。

在付梓之际，谨向所有关心、支持、帮助本书编辑出版的单位和个人表示衷心的感谢。

2021年是中国共产党成立100周年，是“十四五”规划开局之年，也是全面建设社会主义现代化国家新征程开启之年，我们把《昭通市脱贫攻坚大决战实录·彝良卷》作为一份小小的礼物，献给中国共产党百年华诞，衷心祝愿我们伟大的党兴旺发达，伟大的祖国繁荣昌盛，人民政协事业再谱华章。

本书编辑出版时间很紧，涉及面广，难以面面俱到，不足之处在所难免，敬请读者见谅。

编　者

2020年12月

《昭通市脱贫攻坚大决战实录》后记

经过半年的筹划，历时一年的编撰，《昭通市脱贫攻坚大决战实录》〔全套书共19卷，其中市级8卷、县（市、区）11卷〕终于在党的百年华诞之际与广大读者见面了。这既是政协昭通市第四届委员会文史工作的成果展示，又是对我市脱贫攻坚工作客观真实的记录，更是用真实的故事展示历史资料的大胆尝试。

反贫困是世界性难题，也是现代国家面临的迫切任务。党的十八大以来，以习近平同志为核心的党中央把扶贫开发摆到治国理政的重要位置，提升到事关全面建成小康社会、实现第一个百年奋斗目标的新高度，纳入“五位一体”总体布局和“四个全面”战略布局进行决策部署，加大扶贫投入，创新扶贫方式，出台系列重大政策措施，扶贫开发取得巨大成就。

昭通作为全国、全省脱贫攻坚的主战场，是最难啃的“硬骨头”。2015年习近平总书记首次离京考察就到昭通，对昭通脱贫攻坚工作提出了“三个更加”的重要指示要求。昭通全市上下牢记习近平总书记的殷切嘱托，坚持把脱贫攻坚作为全市工作的主题主线，坚持“双统领”“双保障”“双推进”，践行“133”工作思路，汇聚中央和省定点单位、东西部扶贫协作、社会扶贫和各族干部群众磅礴力量，在昭通脱贫攻坚主战场上打响了一场史无前例的脱贫攻坚大决战，长期困扰昭通发展的主要“瓶颈”得以突破，实现根本性跨越，全市 185.07 万贫困人口全部脱贫、1235 个贫困村全部出列、10 个贫困县（区）全部摘帽，昭通大地发生了翻天覆地的变化，困扰昭通千百年的绝对贫困得到历史性解决。

为充分发挥政协文史资料“存史、资政、团结、育人”功能，客观、真实地记录昭通市在脱贫攻坚中各项建设和群众生活发生的变化，记述各级干部群众在脱贫攻坚工作中可歌可泣的感人故事，市政协党组拟组织相关部门、专家对 2015—2020 年我市开展脱贫攻坚的重大事件、典型故事进行搜集整理，编撰《昭通市脱贫攻坚大决战实录》丛书。

在市政协成联远主席亲自关心和指导下，编委会拟订了编撰工作的初步方案和《昭通市脱贫攻坚大决战实录》的整体框架，并于 2019 年 8 月 7 日向市委报送了关于编撰《昭通市脱贫攻坚大决战实录》的请示，市委杨亚林书记批示“此项工作很有意义，同意组织编写，请联远主席牵头负责”。按照市委的批示，市政协党组迅速行动，成联远主席亲自安排、统一部署，及时组织专家拟出了《昭通市脱贫攻坚大决战实录》编撰任务分解方案，经反复讨论、多次修改后，于 2020 年 3 月 30 日上报市委，市委杨亚林书记批示“同意所报方案，客观精准务实地做好工作”。

2020 年 4 月 14 日，市政协组织召开了《昭通市脱贫攻坚大决战实录》专题会议，市委副书记朱家伟出席会议并作动员讲话，编撰工作在全市正式启动，会议统一了认识、明确了要求。为进一步细化任务、落实责任，编委会于 2020 年 4 月 23 日印发了《昭通市脱贫攻坚大决战实录》编撰任务分解方案的通知，加强对市级单位和县区市编撰工作的指导。随后，市政协副主席陶仁带领专家对 11 个县（市、区）的编撰工作进行了调研、培训、指导、督促，推动各县（市、区）编撰工作有效开展。针对全市编撰工作存在的问题，编委会经反复研究，统一思想，召开了由 40 多个市级部门参加的征求意见协商座谈会，在此基础上，进一步完善了编撰任务细化量化分解方案，印发到各县市区加强指导，并于 2020 年 7 月 16 日召开了《昭通市脱贫攻坚大决战实录》编撰工作推进暨培训会议，推进编撰进度，提升编撰水平。

为把《昭通市脱贫攻坚大决战实录》打造成“建党一百周年特别献礼工程”“昭通脱贫攻坚工作特别纪念”，市政协抢抓时间，及时出台系列配套文件，明确了市政协机关各委室联系各单位、部门及市政协委员，专门负责催稿工作，2020年10月底稿件收集基本结束。为使编辑审稿工作有序推进，落到实处，市政协从昭通学院和市委党史研究室聘请专家对编辑工作进行审稿（其中，昭通学院教授唐靖负责市级篇章《综合卷》和《巧家卷》，市政协原经农委主任王华国负责市级篇章《产业就业扶贫卷》和《鲁甸卷》，昭通学院教授傅奠基负责市级篇章《基础设施建设卷》和《盐津卷》《大关卷》，昭通学院教授陈玥负责市级篇章《易地搬迁扶贫卷》和《永善卷》，昭通学院教授王琼负责《民生扶贫卷》和《镇雄卷》，昭通学院教授任继敏负责市级篇章《挂钩帮扶及社会扶贫卷》和《水富卷》，昭通学院教授周玲负责市级篇章《扶贫协作卷》和《彝良卷》《威信卷》，市委党史研究室副主任翟昭明负责市级篇章《组织保障卷》和《昭阳卷》《绥江卷》）。2020年11月18日，市政协陶仁副主席主持召开《昭通市脱贫攻坚大决战实录》统稿工作会，统一了丛书形式和内容、结构和逻辑框架。

在市政协党组的坚强领导下，在各位编撰专家、市直各单位、市政协机关各委室、各县市区政协以及编撰办公室成员的大力支持和共同努力下，经夏历冬，数易其稿，2021年3月初，《昭通市脱贫攻坚大决战实录》样书基本成型。2021年3月17日，市政协副主席陶仁主持召开《昭通市脱贫攻坚大决战实录》样稿讨论会，进一步推动《昭通市脱贫攻坚大决战实录》编辑出版工作。

首先，本丛书的编撰出版得益于各级领导的正确领导，特别是市委杨亚林书记、市政府郭大进市长、市委朱家伟副书记的指导和支持。其次，本丛书的编撰出版得益于市政协党组的坚强领导，特别是成联远主席亲自指挥，亲自督战，亲自修订纲要，并亲自撰写总序和文章。第三，本丛书的编撰出版得益于全市200余家单位和部门的积极参与，全市领导干部，基层工作人员，脱贫攻坚督导员、驻村工作队员，政协委员，他们不仅是脱贫攻坚一线指战员，同时还撰写亲身经历脱贫攻坚工作的真实故事。据统计，全市共有 1700 余人参与《昭通市脱贫攻坚大决战实录》撰稿工作中，收到初稿 2526 篇。应该说，本丛书的编撰工作是我市脱贫攻坚工作的有机组成部分，同样也凝聚着全市干部群众的智慧和心血，是集体智慧的结晶。最后，特别要提的是昭通学院对本丛书编撰工作的支持和帮助。昭通学院党委大力支持《昭通市脱贫攻坚大决战实录》的编撰工作，在师资紧缺的情况下，委派出周玲、傅奠基、唐靖、陈玥、任继敏、王琼等六位教授参与编撰工作中，为编撰工作注入了智慧和力量。

在编撰《昭通市脱贫攻坚大决战实录》时，编撰专家精心筛选、整理、提炼，力求将那些散落于基层的珍珠捡拾起来，洗尽铅华，还原本真，形成真实的历史故事。这套书注重文史资料“亲历、亲见、亲闻”原则，以第一人称行文，部分新闻通讯、消息类稿件，在公开媒体上发表过，体现新闻的真实性，也作为资料收录，补充《昭通市脱贫攻坚大决战实录》内容。编者旨在通过真实、感人的故事让脱贫攻坚工作在时代的聚光灯下接受检阅，给过往和经历者以心灵的依稀穿越，获取一种灵魂的战栗和反思。同时，给不曾经历，甚至不曾听闻过的后人以另一种历史的演绎，告诉他们当年自己的祖先那段荡气回肠、可歌可泣的脱贫史。

虽说《昭通市脱贫攻坚大决战实录》丛书已呈现在读者面前，但由于编撰时间紧迫、人手不够、水平有限，不免存在内容欠全面、认知不到位、归类难把握等问题和瑕疵，恳请各位方家在阅读过程中批评指正，不吝赐教，我们定当虚心接受意见建议，进一步加以修改完善，以遗后人，真正达到“存史、资政、团结、育人”之目的。

编委会办公室